JN437297

개정판

국제통상개론

최낙복 저

도서출판 두남

불법복사는 지적재산을 훔치는 범죄행위입니다

저작권법 제97조의 5(권리의 침해죄)에 따라 위반자는 5년 이하의 징역
또는 5천만원 이하의 벌금에 처하거나 이를 병과할 수 있습니다.

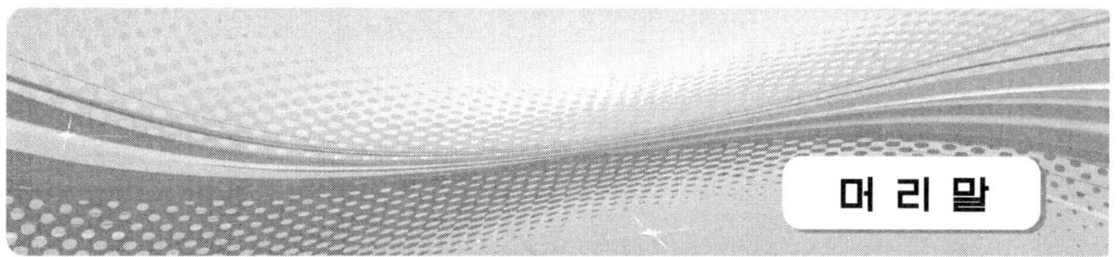

머리말

WTO체제 출범 이후 세계 경제의 Globalization은 더욱 가속화되고 있다. 아울러 국제통상의 새로운 질서는 지구촌 경제를 하나로 통합하려는 방향으로 진전되고 있다. 우리나라 무역규모가 1조달러를 상회하면서 세계시장에서 10위 안으로 진입하는 경제대국으로 자리매김하였다.

국제통상은 상품의 교역은 물론 서비스, 자본과 노동, 기술과 투자, 지적재산권 등 각종의 유형재, 무형재를 포함하는 국제간의 모든 교역을 뜻한다. 따라서 국제통상은 복잡 다양하고 종합적인 성격을 띠고 있다. 국제정치, 국제경제, 국제금융, 국제통상환경, 국제법, 국제투자 등 다양한 요인들이 상호작용하고 있다.

국제통상을 둘러싼 환경이 최근 대내외적으로 급속하게 변화하면서 외적으로는 WTO를 중심으로 한 다자주의(Multilateralism)와 EU 등과 같은 경제통합체 중심으로 한 지역주의(Regionalism)의 두 물줄기가 동행하기도 충돌하기도 한다. 우리나라경제는 해외의존도가 90%를 상회하고 있는 현재의 상황에서는 국제통상의 연구가 무엇보다 우선시 되어야 할 것이다. 이 책은 국제통상의 큰 틀과 국제금융시장을 분석하여 우리의 대응책을 모색하고자 한다.

저자는 금융기관에서 30년 종사하면서 특히 London, Jakarta, Singapore, New York 등에서 12년간 근무하여 익혀왔던 국제통상체험과 대학강단에서 연구해왔던 지식들을 접목하여 본서를 집필하였다.

본서는 국제통상학을 공부하는 학도는 물론 국제통상을 이끌고 있는 현장의 기업가, 공무원들에게도 지침서가 되리라 믿는다.

끝으로 본서를 저술하는데 수고를 아끼지 않으신 도서출판 두남의 전두표 사장님과 편집부 직원에게도 감사를 드린다.

2012년 2월

최 낙 복

차 례

제1장 국제통상 개념 및 정책 • 11

제2장 국제무역 • 21

제3장 국제통상환경 • 49

제4장 FTA • 115

제5장 국제통상체제 • 125

제8장 INCOTERMS 2010 • 231

제9장 국제 Transportation • 265

제10장 국제 통상보험 • 285

제11장 International Finance • 317

제12장 외국환(Foreign Exchange) • 349

제13장 Risk Management • 377

제 1 장 국제통상 개념 및 정책

제1절 국제통상의 개념

1. 국제통상의 의미

국제통상이라는 용어를 영어로 표현하자면 International Trade, International Business 또는 International Commerce로 혼용하여 쓸 수 있다. 이를 다시 우리말로 번역하면 다 국제무역 또는 국제통상의 의미로 해석할 수 있기 때문에 두 용어 사이에 실제로 큰 차이는 없다고 볼 수 있다.

그러나 일반적으로 국제통상이란 “국제적인 상거래를 통하여 상업적인 이익을 추구하는 행위”라고 정의할 수 있다. 즉, 국제통상은 국가간의 상품 및 서비스 교역활동으로 무역과 근본적으로 동일한 개념이지만, 무역의 경우는 일반적으로 유형재인 상품의 국제적 이동과 이에 수반되는 기술, 용역의 수출입을 지칭한다. 이에 반해 국제통상은 상품의 수출입은 물론 서비스, 지적재산권, 자본, 노동 등 각종의 유형재 및 무형재를 포함하는 국제간의 모든 교역활동을 뜻한다. 따라서 국제통상은 광의의 무역과 동등한 개념으로 볼 수 있다.

국제통상의 개념을 요약하면 국경을 넘어 이루어지는 물품, 서비스, 기술, 자본 등을 포함하는 모든 형태의 상행위와 이를 지원하는 모든 활동이라고 할 수 있다.

2. 국제통상의 특성

1) 규범성

두 나라 사이의 국제거래는 기본적으로 매도인과 매수인간의 계약에 의해서 이루어진다. 그러나 그 계약의 과정과 조건은 양 당사자의 뜻대로만 이루어지는 것이 아니라 거기에도 엄연한 질서와 규칙이 존재한다. 왜냐하면 계약의 대상이 두 나라 사이의 국경(경제적 의미로는 관세선)을 통과하기 때문이다. 계약상의 대상이 관세선을 통과하기 위해서는 적절한 통관절차를 거쳐야하고 이 과정에서 정해진 관세 등을 납부해야 한다. 만약 통관절차와 관세납부 등이 수입국 마음대로 이루어지거나 또는 명확한 기준이 없다면 통상거래는 지연되고 통상물량은 줄어들 수밖에 없다.

오늘날의 WTO 협정은 기본적으로 이러한 나라 사이의 국제거래(모든 경제거래 포함)에 질서를 부여해 주는 국제규범이다. 즉, 국제거래과정에 대한 명료한 원칙과 규칙을 제정함으로써 국가간의 통상이 보다 더 원활하게 이루어지도록 하려는 것이다.

2) 통상마찰의 상존

통상마찰이란 특정국이 어떤 이유로 국제통상에 대하여 영향을 주는 조치를 취했거나 또는 취하려고 했을 경우, 그 조치에 따라 불이익을 받거나 받을 우려가 있는 상대국과의 사이에서 발생하는 국제적 분쟁이라고 할 수 있다. 예를 들어, 일국의 특정품목에 대한 상대국 시장진출의 급격한 증가와 이에 따른 거래의 불균형이 발생하여 상대국 시장에서 거래질서의 혼란과 불공정성이 야기되거나 또는 실업증대 등으로 위기감이 초래되었을 때, 상대국은 당해 국가로부터의 수입을 억제하거나 또는 그 나라에 대해 수입확대 및 시장개방 등의 대응방안을 요구하면서 발생하는 통상행위의 상호작용이라고 볼 수 있다.

이러한 통상마찰의 현상은 초기에는 개별상품 중심으로 나타났으나 점점 제도·관습에 이르기까지 광범위하게 파급되고 있다. 즉 통상마찰에 대응하여 나라마다 규제조치를 취할 뿐 아니라, 규제대상도 상품거래에만 한정하지 않고 서비스·금융·직접투자 등 경제의 전분야로 확대되고 있으며, 국가의 정책적 대립에서부터 국민 감정적 대립으로까지 전개되기도 한다.

3) 언어와 관습의 차이

각국은 언어가 다르고 역사와 전통이 다르다. 이것은 상관습의 차이를 초래하므로 어떤 나라에 진출하기 위해서는 그 나라의 언어는 물론이고 풍속·관습·법에 대한 이해가 필요하다. 따라서 세계무역기구(WTO)를 비롯하여 국제 상공회의소(ICC : International Chamber of Commerce) 등에서는 국제규칙을 제정하여 각국의 서로 다른 상관습을 통일화시키려는 노력을 기울이고 있다.

그러므로 우리는 국제통상의 확대를 위해서 영어는 물론 일본어, 불어 등의 외국어 습득에 각별한 노력을 기울여야 할 것이며, 국제상관습을 이해하기 위해서 국제통일규칙에 대한 학습이 필요하다.

제2절 국제통상정책

1. 국제통상정책의 의의

일반적으로 국제통상정책이란, 국제무역 및 생산요소 흐름의 구성, 방향, 크기 및 증가에 대해 직접 또는 간접적으로 영향을 주는 정부의 각종 행위를 말한다. 따라서 국제통상정책은 관세정책과 같이 국제거래에 직접적인 영향을 주는 정책 이외에도 재정 및 금융정책 등 국제무역과 투자에 간접적으로 영향을 주는 정책들도 포함하고 있다. 그런데 경제활동들은 상호의존적이기 때문에, 국제통상정책도 상호의존적으로 그 국가의 국제통상활동뿐만 아니라 대내경제활동에도 영향을 준다. 또한 어떤 국가의 국제통상정책은 여러 교역상대국의 경제활동에 영향을 주게 되므로 각국은 국내여건뿐만 아니라 대외여건을 고려하여 경제정책을 수행하고 있다.

따라서 한 나라의 국제통상정책은 수출입을 포함한 대외통상에 관한 정책이라는 점에서 대외정책에 속하지만 국내의 경제주체들 간에 이해조정을 수반한다는 점에서 대내정책이기도 한다.

오늘날 국제무역과 관련되어 경제활동의 영역이 확대됨에 따라 국제통상의 개념과 국제통상정책의 범위가 넓어지고 있으며, 외교정책과 또 다른 경제정책과의 경계도 점차 모호해지고 있다.

어떤 국가이든 추구하는 경제목적을 갖고 있으며, 이를 달성하기 위한 정책수단을 보유하고 있다. 그 중 대외적으로 경제거래를 조절하기 위하여 동원되는 수단이 바로 국제통상정책이 된다.

따라서 국제통상정책이란 일국이 특정 경제목적을 추구하기 위하여 양국간 혹은 다국간 무역관계의 이해조정을 통해 자국의 통상이익을 극대화하기 위한 정책을 말한다. 즉, 국제통상정책은 자국의 산업정책과 비교우위를 바탕으로 교역상대국의 특수성과 여건변화, 세계경제의 환경변화에 대응함으로써 한 나라의 대외무역거래에서 나타나는 모순을 극복하고자 하는 정책이다.

이와 같이 모순을 해결하기 위하여 정부는 직·간접으로 무역업자가 행하는 수출입행위를 규제할 뿐만 아니라 때로는 조정하기도 하고 촉진시키기도 한다. 수입초과인 때에는 수출을 촉진하는 동시에 수입을 억제하기도 하며 또한 수출초과인 경우에는 반대의 방안을 모색하는 등 다양한 방법으로 정책을 시행한다.

특히 국제통상정책은 경제발전목표와 부합하여, 통상관련 제반 국내경제정책과의 긴밀하게 연계되어, 자국경제의 세계적 위상변화에 따른 번영에도 기여함으로써 자국경제와 세계경제체제를 상호의존적인 관계로 연결시키게 된다.

제3절 국제통상정책 목적

국제통상정책은 비록 경제정책의 일환에 지나지 않는다고 하더라도 무역을 대상으로 하고 또 수출입거래에 대하여 직·간접적으로 영향을 미치게 된다. 그러므

로 국제통상정책은 당연히 한 나라의 입장에서뿐만 아니라 국제적 입장에서 논의되고 실현되어야 한다는 측면에서 목적을 살펴볼 수 있다.

1. 경제적 후생의 향상

국제통상정책은 경제정책의 하나로 국민의 경제적 후생을 향상시키는 것을 궁극적인 목적으로 삼고 있다. 그러나 경제정책에 의하여 형성된 경제력으로 타국을 지배하기 위한 침략적 수단으로 사용해서는 안 된다.

자유무역정책이나 보호무역정책은 모두 궁극적으로 국민의 사회적 필요를 충족시키고 경제발전에 의한 국민 복지향상에 그 목적을 두어야 한다. 그러나 국민의 경제적 후생수준을 증가시키려고 한다면 일반적으로 자유무역정책이 보호무역정책보다 더 효과적일 수 있다.

2. 효율적인 자원 배분

자원의 효율적 배분을 정책목적으로 설정하는 것은 어느 나라이든 자원을 무한하게 가지고 있지 않기 때문이다. 일반적으로 선진국에서는 자본이 풍부하지만 노동력은 부족하고, 개발도상국에서는 노동력은 풍부하지만 자본이 부족하다. 일반적으로 개발도상국에서는 노동력이 풍부하다고는 하지만 그 노동력은 현대의 산업기술 아래서 그들의 국민경제를 능률적으로 운영하는 데 부적합한 경우도 있다.

그러므로 이러한 노동력을 능률적으로 배분하기 위하여 각국은 무역상의 정책적 조치를 취하고 있으며, 자본, 토지 등의 다른 생산요소에 대해서도 마찬가지이다.

3. 경제성장의 달성

각국은 경제성장을 추구하기 위하여 경제개발계획을 수립하기도 한다. 또한 이를 성공적으로 실현하기 위하여 국내경제의 여건을 정비하고 다양한 정책적 수단을 동원하고 있다. 그러나 일국이 경제성장을 달성하려고 할 때 대내적인 재정금융정책 등 국내경제정책만으로는 절대부족하다. 따라서 수출입정책, 국제수지정책 등 국제통상정책을 함께 수행하는 것이 더욱 효과적이다.

4. 물가안정

물가의 급격한 등락은 국민경제의 안정기조를 파괴할 뿐 아니라 경제성장을 저해하고 완전고용에 악영향을 미친다. 물가불안은 또한 수출과 국민경제생활에 대하여도 심각한 충격을 가한다. 그러므로 물가안정은 통상정책의 중요한 목표가 된다. 국내물가의 등귀는 오직 국민경제의 내적 요인에 의해서만 발생되지 않고 외적 요인에 의하여 발생되는 경우가 많으므로 국제통상정책을 통하여 국내물가를 안정시키려는 노력이 필요하다.

오늘날 각국의 국민경제는 개방체제하에 놓여 있기 때문에 국제경제의 변혁에 따르는 수입물가상승이 만연되고 있다. 따라서 이러한 요인에 따른 인플레이션을 극복하려고 한다면 국내경제정책만으로는 부족하므로 필연적으로 국제통상정책을 활용하게 되는 것이다.

5. 국제수지의 개선

각국이 국제수지개선에 주요한 정책목적을 설정하고 있는 것은 국제수지가 그 나라의 대외경제활동을 반영하기 때문이다. 상품의 국제비교우위가 확립되어 수출이 증가되고, 수입이 감소되는 동시에 자본이 유입되면 국제수지는 개선되어 금을 비롯한 외화준비고는 증가된다. 이와 반대의 경우는 국제수지가 악화되어 대외지급준비자산은 감소된다. 한편 국제수지의 개선은 외환시세를 안정시키게 되므로 각국은 외환시세의 안정화를 통하여 국민경제의 균형적 성장을 도모하게 된다.

6. 국내산업의 보호

각국은 국내산업을 보호하기 위하여서도 국제통상정책의 조치를 취하고 있다. 예를 들어 외국상품이 저렴한 가격으로 국내시장이 들어온다면 해당산업의 국내기업은 외국기업과의 강력한 경쟁에 부딪쳐 심각한 타격을 받게 될 것이다. 이에 따라 그 국내산업은 생산활동이 단축되거나 또는 조업을 중단시키지 않을 수 없다. 국내산업의 위축은 또한 실업을 발생시키며 국민의 전반적인 소득수준은 감소될 것이다. 그러므로 국내산업을 보호하기 위하여 모든 국가는 관세 및 비관세장벽을 설치하여 외국상품의 수입을 규제하고 있다.

제4절 국제통상정책의 특징

1. 복합성(interface)

국제통상정책은 근본적으로 대외정책인 동시에 그 효과가 국내에 미치는 양면적인 성격을 가지고 있기 때문에 타국과의 관계조정뿐만 아니라 국내 이해관계자들 간의 이해 조정을 필요로 한다. 따라서 국제통상정책은 산업정책 등 국내경제정책과 상호 보완적이면서도 때로는 상호 갈등을 내포하는 관계를 가진다.

2. 포괄성(comprehensiveness)

과거의 무역정책이 단순한 재화의 수출입과 관련된 무역정책을 의미했던 것과 달리 최근의 통상정책은 서비스무역, 자본의 이동, 노동기준, 기술 및 투자관련 조치, 지적재산권 등 무형재를 포괄하여 그 범위가 확대되었을 뿐 아니라 국제협상과 관련된 외교 정책으로서의 성격도 지닌 것으로 해석되고 있다.

3. 상호성(interactiveness)

각국의 국제통상정책은 기본적으로 독립적으로 결정되지만, 정책의 구체적인 대상이 되는 통상은 상대국과의 관계에서 이루어지는 것이기 때문에 상대국과의 의사조정은 물론 상대방 국가의 경제적·정치적 상태를 고려해야 하는 상호성이 존재한다. 이러한 상호성은 두 국가 간의 통상관계의 경우는 물론이고, 다수의 국가가 참여하는 통상관계에 있어서도 선진국과 후진국간, 선진국과 선진국 상호간에서도 집단적·개별적으로 작용한다.

4. 다중성(multiplicity)

WTO의 출범 이후 국제통상활동은 단일화된 규범 아래 단일화된 시장을 추구하고 있으나, 다른 한편으로는 지역협정에 의한 경제 블록화(trade bloc)가 매우 급속도로 진행되고 있다. 한국 역시 WTO의 가입국인 동시에 여러 국가나 지역과의 자유무역협정 등을 추진하고 있다. 이러한 다양한 국제협약에의 가입은 매우 상이하고 복잡한 성격을 갖는다. 즉, 다중성이란 통상협상의 경우에도 어떠한 기구나 협약에서 논의되고 또한 어떤 국가나 지역과 협의하고 있는가에 따라 규범의 강도가 달라지게 되며 양허 내용 자체가 차이가 날 수 있음을 의미한다.

제5절 국제통상정책의 주체와 대상

1. 국제통상정책의 주체

국제통상정책은 일국 경제의 대외거래에 대한 입장을 반영한다는 점에서 각국의 국내경제체제에 의하여 직접적으로 영향을 받는다. 경제체제는 크게 자본주의적 시장경제와 사회주의적 계획경제로 분류된다.

시장경제에 있어서는 원칙적으로 비교우위에 입각한 무역거래가 이루어지며, 어디까지나 개발기업이 이윤동기에 의하여 수출입을 수행하는 주체가 된다. 이때의 통상정책은 정부가 경제목적을 실현하기 위하여 대외거래를 바람직한 방향으로 유도하는 간접적인 수단이라 할 수 있다.

이와는 대조적으로 사회주의국가의 무역은 사회전체의 행위로서 경제계획의 일환으로 행해지며 이에 따라 국가의 독점 아래 있게 된다. 보통 국가계획위원회가 경제계획을 실천하기 위한 방법으로 무역계획을 수립하고 대외무역성과 그 산하에 있는 부문별 무역공단으로 하여 이를 집행하게 한다. 즉, 당국에 의하여 수행되는 국제통상정책은 국가 전체의 무역 규모나 구성을 직접 결정하며, 해당 기업들은 구체적으로 이러한 국제통상정책을 실행하는 집행기관에 불과하다.

자유경제를 원칙으로 하였던 시대의 국가는 원래 소극적인 태도를 취하여 개별경제적 활동에 간섭을 하지 않았다. 그러나 제1, 2차 세계대전의 시기에는 경제단위로서의 국가의 지위가 강화되어 표면상으로는 자유로웠던 개인의 경제활동이 이른바 경제법에 의하여 제약받게 되었다. 또 이 경제법은 자국중심으로 행사되며

다른 나라의 입장은 고려하지 않았다.

일반적으로 관세율의 결정도 국가의 권한이므로 관세법의 제정 및 수정이 무역 대상국을 무시한 채로 행하여지고 있다. 예컨대 국제통상조약에 최혜국 약관이 있다고 하더라도 그것은 관세인하 그 자체를 저지할 수 없고, 또 국제통상조약이 관세협정을 포함하지 않는 한 관세의 인상을 저지하는 기능은 없다.

대외무역거래에 있어서 무역을 실제로 행하는 것은 개별기업이며, 또 자본주의 사회에서의 개별기업은 자유로이 이윤을 추구하여 활동할 수가 있다. 그러나 표면상으로는 자신의 행동을 규제하는 것은 자본의 논리일 뿐이지 실제로는 국가가 경제의 주체로서 규제자로서의 기능을 수행하고 있다.

전술한 바와 같이 국제통상정책이란 일국 정부가 특정 경제목적을 추구하기 위하여 외국과의 경제거래에 개입하는 정책수단을 의미하므로 국제통상정책을 실시하고 수행하는 주체는 어디까지나 정부나 공공기관이라고 할 수 있다.

2. 국제통상정책의 대상

국제통상정책이 일국의 경제적인 측면의 국경선인 관세선(customs line)을 통과하는 거래에 대한 정부의 개입을 의미하므로 그 대상은 당연히 수입과 수출이 된다.

국제통상정책의 대상을 좁게 본다면 자주적 국제통상정책이 미치는 범위 안에 속하는 순상품무역에 관련된 제 정책이라고 할 수 있다. 그러나 실제에 있어서는 그것은 국제통상정책의 목적과 수단에 의하여 규정되므로 상품무역에 관련되는 무역외의 서비스, 국제적 무역결제의 문제, 무역관련 투자 등에도 그 효과를 미치게 될 것이다.

일반적으로 무역에 관련된 규제는 두 가지가 있다. 하나는 국가에 의한 국내법의 테두리 안에서의 규제로서 이것은 자주적으로 행해지는 것이며, 다른 하나는 국제적 규제로서 국가 간의 협정 및 조약의 체결에 의하여 행해지는 것이다. 이 경우 만약 협정이 타결되면 양국 간의 무역관계에 대하여 명확한 법적 기초가 설명될 수 있다. 이 법규가 다수국의 참가에 의하여 일반적 기초 위에서 성립되면 무역은 일반적으로 국제법의 규제 아래 들어가게 되며, 국가에 의한 통제는 국가적 규제의 테두리 안에 한정된다. 여기에서 전자는 대외국민경제법의 형태를 취하며, 후자는 국제경제법으로 구성된다.

국제경제법은 다수국간 협정·조약의 형태를 취하지 않는 한 경제주체로서의 국가의 의향이 표면에 나타난다. 국내법과 국제법은 이원성의 원리에서 있으나 제2차 세계대전 후 국제조직 또는 국제법에서 볼 수 있는 바와 같이 국제경제의 질서유지에 필요하다면, 가맹제국의 합의에 의하여 주권국가의 행동을 제한하게 되므로 주권국가의 행동이라고 하더라도 절대적인 것은 아니다.

국제무역의 성격에 비추어 볼 때에 통상정책은 자주적으로 해결될 수 있는 것은 아니다. 그것은 국가 간의 협정을 필요로 하는 문제이기도 하다. 국제통상정책의 대부분은 상대국과 협정이나 조약을 체결함으로써 비로소 효력을 발생하게 된다. 대개 개인과 기업이 외국에서 향유하고 있는 생활 또는 상업상의 권리도 정부 간에 미리 교섭을 통하여 타결되었던 협정과 조약에 의하여 규약되어 있는 것이다.

오늘날 각국의 국제통상정책은 상품거래를 주된 대상으로 삼고 있으나, 실제로는 이것과 관련된 국제적 경제거래의 거의 모든 분야에 그 효과가 미치고 있다.

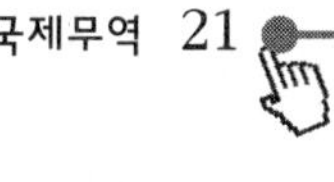

제 2 장 국제무역

제1절 국제무역의 개념

1. 국제무역의 의의

오늘날 인간의 경제생활(생산↔소비)은 끊임없는 재화(goods)와 용역(services)의 매매활동(selling and buying activities)을 통하여 이루어지고 있다.

여기서 재화라 함은 상품(commodities) 등과 같은 유형재화(visible goods)와 자본(capital) 등과 같은 무형재화(invisible goods)를 말하며 용역이란 기술, 노동, 운임, 보험 등과 같은 무체물(invisible services)을 말한다.

무역(trade)란 이와 같은 재화와 용역의 이동현상을 의미하며 이러한 이동현상은 일국 내에서 이루어질 수도 있고 국경을 넘어서 이동할 수도 있다. 재화와 용역이 일국 내에서 이동하는 현상을 내국무역 또는 국내무역(home trade, domestic trade)이라 하고 국경을 넘어서 이동하는 것을 국제무역(international trade), 외국무역(foreign trade), 대외무역(external trade), 세계무역(world trade) 등 여러 가지로 표현하고 있다. 그러나 재화와 용역이 일국 내에서 이동하더라도 외국인에게 상품 및 용역을 판매하여 그 대가로 외화를 받으면 내국무역이 되고 그 대가를 자국화로 받으면 국내무역이 된다.

2. 국제무역의 역사

무역의 역사를 흔히들 자본주의 시대에 접어들면서 비로소 출현한 것이라고 생각하고 있다. 그러나 무역의 역사는 자본주의의 역사보다 훨씬 오랜 역사를 가지고 있는데 생산품이 상품으로 교환될 때, 즉 고대 오리엔트 시대부터 존재하면서 이익을 추구하고 있었다.

원래 무역의 발생은 편역상업(Wanderhandel) 형태를 취하고 있었다. 나무나 돌・동물의 뼈・광물가공품 등이 가끔 원산지에서 멀리 떨어진 곳에서 발견되고 있는 일은 선사시대에 이미 교역이 이루어지고 있었다는 사실을 입증한다. 그런데 선사시대의 상업형태와 범위에 관해서는 확실하지 않다. 즉 교역대상물이 국지적인 생산물인가, 아니면 외부로부터 수입한 것인가, 또 교역문제였는지, 약탈문제였는지 혹은 유랑민이 유기한 것인지 확실하지 않다.

그러나 확실히 말할 수 있는 것은 증여가 교환을 대응하고 있었다는 데 있다. 그리하여 증여물(munera, dona, xenia, benedictoiones)의 교환이 매매형식으로 바뀌어지고 이때부터 시대의 흐름과 함께 무역이 발전하였다고 한다. 또한 Seiler에 의하면 'mangon', 즉 '상업을 영위한다'(mangere, mangari, manger)는 말은 그 후 철물상·어물상·모직물상으로 전환되었는데, 이 말은 원래 인신매매를 뜻하는 것으로 상업이 아니라 약탈상업, 즉 약탈한 상품(노예)을 판매하는 것으로 유래되었다고 한다. 무역은 이처럼 오랜 시대로 소급할 수 있는데, 애덤 스미스는 교환을 인간의 본성이라 하여 자기의 점유물을 서로 교환한다는 것은 다른 동물에서 볼 수 없는 인간독자적 행위라 하였다. 무역도 본원적으로 이러한 인간의 본성에 근거를 둔 점유물교환에서 발생하였을 것으로 생각된다. 이 때, 무역을 발생시킨 상품 교환은 무엇보다 부족간・공동체간의 교환이었다.

무역의 역사를 좀 더 체계적으로 정리하여 보면 B.C. 3천년경 부터 A.D.8세기까지의 원시공동체사회의 교환무역이 이집트(Egypt)·메소포타미아(Mesopotamia)·페니키아(Phoenicia) 등을 중심으로 물물교환(barter trade), 침묵무역(silent trade)·무언무역(mute trade) 등의 형태로 이루어졌으며 10세기경의 중세무역을 거쳐 15세기 말의 근세무역으로 이어졌다. 본격적인 근세무역의 시작은 16세기경 중상주의(mercantilism)를 배경으로 한 초기자본주의 시대에서 뒷받침 해주고 있다. 그 후 19

세기 후반부터 세계교통의 발달과 산업혁명의 결과로 일어난 물자의 국제적 수급은 현대와 같은 무역패턴을 생성시켜 각국의 국민경제뿐만 아니라 세계경제에도 커다란 영향을 미치게 되었다.

3. 국제무역의 발생원인

국제무역을 국가와 국가 간의 재화와 용역의 이동현상으로 본다면 왜 이러한 이동현상이 일어나는 것일까. 이동의 원인을 크게 두 가지로 구분할 수 있다. 그 첫째는 자국에서 생산되지 않는 것을 보충하기 위한 것이고 다른 하나는 자국에서 생산은 되지만 양적인 면에서 미미하든가 아니면 오히려 수입하는 것이 더 경제적이라고 생각하기 때문일 것이다.

이와 같이 국제무역의 원동력은 물자의 교환에 의한 상호보완에 있는데 원리적으로는 영구의 고전파 경제학자 애덤 스미스(A. Smith)가 말한 국제 분업의 원리를 근본으로 하고 있다. 이에 의하면 자본·노동 등이 자유로이 이동하여 가격의 불균형을 시정하는 국민경제와는 달리, 타국간에 있어서는 그 격차가 쉽사리 메워지지 않지만 각국이 가장 생산성이 높은 산업에 집중함으로써 생산성이 다른 각국간의 분업에 의해 국제적으로 부(wealth)의 균형을 가져올 수 있다는 것이다. 고전화 무역이론으로서는 절대우위론(absolute advantage)과 비교생산비설, 상호수요설을 들 수 있고 근대적 무역이론으로는 하벌러의 기회비용설, 헥셔-오린(Heckscher-Ohlin)의 무역이론, 레온티에프(Wassily W. Leontief)의 역설과 스톨퍼-사무엘슨 정리 등을 들 수 있으며 새로운 교역이론으로는 인적 자원이론과 기술격차이론 그리고 제품수명주기이론과 대표적 수요이론, 산업내 교역이론 등을 들 수 있다.

무역의 발생원인은 위와 같은 이론적 근거 이외에 현실적으로 자원이 빈곤한 국가가 자원획득을 위하여 그리고 더 나아가서 국제유동성(international liquidity), 즉 외화획득을 위하여 자연발생적으로 무역의 필요성을 느끼게 된다. 이것은 국민소득창출방정식에서 보는바와 같이 자국의 국부를 위한 필연적인 발생원인이라 할 수 있다.

그러나 우와 같은 발생원인은 자국을 중심으로 한 소극적인 발생원인이라고 말할 수 있다. 그것은 최근과 같이 '지구촌'이라는 국제환경에서 살고 있는 우리는 세계각국으로부터 강요된 무역을 하지 않을 수 없지만 책임 있는 국제사회의 일원으로서 보다 더 적극적인 무역을 통하여 자국의 국익을 보호함은 물론 세계경제에 기여함으로써 적극적인 무역발생의 원인을 찾을 수 있기 때문이다.

제2절 국제무역의 성격과 특징

1. 국제무역의 성격

국제무역은 한 나라의 국민경제를 기반으로 하여 출발되나 궁극적으로는 세계경제와 연계되어 있기 때문에 국민경제적 성격과 더불어 세계경제적 성격도 지니고 있다고 하겠다. 또한 국제무역은 개인과 개인 간의 사적 물품매매활동에서 비롯되므로 경영경제적 성격을 지니고 있으며 국제무역은 경제적·사회적 조건과 법역이 다른 국가 간의 거래이기 때문에 국제무역 관습과 각종 통상규범을 준수해야 하는 국제적 성격을 지니고 있다. 이와 같은 국제무역의 결과는 당사국의 국제수지, 통상정책, 경제성장 등에 영향을 미치게 된다.

2. 국제무역의 특징

국제무역은 언어와 풍습, 기후, 문화, 법률, 제도 등이 상이한 국가 간의 거래이기 때문에 다음과 같은 특성을 지니고 있다.

첫째, 국제무역은 언어와 문화, 상관습 등이 서로 다른 국가 간에 이루어지므로 언어와 문화, 관습의 차이에서 오는 장애를 극복할 수 있어야 한다.

둘째, 국제무역은 각국의 정치, 경제, 행정제도상의 차이에 영향을 받게 되는 특징이 있다. 각국은 자국의 이익을 위하여 각종 무역관련법규를 운용하고 있는데, 이러한 관련법규는 상대국들에게도 직·간접적으로 영향을 미치게 된다.

셋째, 국제무역은 국제상관습과 국제법규에 따라서 이루어지게 되는 특수성이 있다. 따라서 각국은 국제상업회의소가 제정한 신용장통일규칙(UCP 600)이나 정형거래조건의 해석에 관한 국제규칙(Incoterms 2000)등을 준수하게 된다.

넷째, 국제무역이 이루어지면 환율이 개재하므로 환율변동에 따른 환위험을 부담하게 되는 특징이 있다.

제3절 국제무역의 분류

1. 내국무역과 국제무역

두 무역은 재화와 용역이 국경을 통과하느냐 또는 일국 내에서 이동하느냐의 기준에 따라 구분된다.

내국무역(home trader or domestic trade)이란 일국을 중심으로 볼 때 국경을 통과하지 않는 무역을 말하는데 일국 내에서 이동하더라도 외국인에게 상품과 용역을 판매하여 그 대가를 외화로 받으면 내국무역이 되고 그 대가를 자국화로 받으면 국내상업(domestic commerce)이 되는 것이다.

한편, 국제무역 또는 국제통상(international trade or commerce)이란 재화와 용역이 국경을 넘어서 이동할 때의 무역을 말하는데, 일반적으로 무역이라고 하면 이 국제무역을 의미한다.

2. 수출무역과 수입무역

물품의 이동방향에 따른 구분으로 일국을 중심으로 재화와 용역이 외국으로 유출되는 경우를 수출무역(export trade)이라 하고 그 반대로 자국으로 유입되는 경우의 무역을 수입무역(import trade)이라고 한다. 이때 수출무역(export)이 수입무역(import)을 초과하게 되면 국제수지(balance of payments)의 흑자(surplus)를 가져오고 그 반대의 경우는 국제수지와 적자(deficit)를 가져오게 된다.

3. 민간무역과 공공기관무역

무역을 경영하는 주체가 누구냐는 기준에 따라 구분된 무역형태이다. 민간무역(private trade)이란 무역경영의 주체가 민간인 또는 민간회사인 경우를 말하며 공공기관무역(public corporation trade)이란 무역경영의 주체가 공공기관인 경우를 말한다. 공공기관무역은 다시 무역경영의 주체가 구소련 · 중국 등과 같이 국가인 경우의 무역을 국영무역(state trade)이라 하고 정부가 비영리의 목적으로 무역거래의 당사자가 되는 경우의 무역을 정부무역(government trade)이라고 한다. 또 다른 표현으로 공공기관무역을 공무역이라 하고 민간무역을 사무역이라고도 한다.

4. 자유무역과 보호무역

무역행위에 대한 국가의 간섭 여부로서 구분된 두 무역형태이다. 자유무역(free trade)은 무역 및 외환면에서 전혀 간섭을 하지 않고 자유로운 수출입을 보장하는 무역이다. 이것은 관세 및 무역에 관한 일반협정(GATT) 정신에 입각한 무역이지만 현재 진정한 자유무역을 취하고 있는 국가는 하나도 없다고 보아야 할 것이다.

보호무역(protective trade)은 무역행위에 대하여 국가가 여러 가지 형태로 수출입을 규제하는 무역이다. 수출입규제의 목적은 국내유치산업의 보호, 사양산업의 유지 · 보전, 고임금의 유지, 덤핑방지 및 그 외의 군사·외교상의 이유로 관세정책이나 비관세장벽 및 수입억제정책 등의 수단으로 수출입을 규제하는 것이다. 보호무역은 19세기에 미국과 독일에서 자국의 유치산업보호육성과 재정수입을 위하여 수행된 이래 현재까지도 자유무역의 대세 속에서 병존하고 있다.

5. 관리무역과 협정무역

이들 모두 국가의 간섭을 받는 무역으로서 관리무역(controlled trade)이란 수출입거래에 행정적 수단을 통하여 국가의 직접적인 통제하에 운영되는 무역으로 국가가 무역의 전체 또는 일부에 대하여 그 총액이나 내용, 상대국, 결제방법 등을 규제하는 무역이다.

협정무역(trade by agreement)은 두 나라 간 또는 다수의 국가 간에 무역 거래에 관한 조약이나 협정을 체결하여 무역량을 조절하거나 국제수지를 조정하는 무역이다. 협정방법에는 무역협정(trade agreement), 대금결제협정(reimbursement agreement), 호혜통상협정(reciprocal trade agreement), 쌍무협정(trade by bilateral agreement), 청산협정(open account agreement), 경제협정(economic agreement), 상품협정(commodity agreement) 등이 있다.

6. 유형무역과 무형무역

수출입상품의 형태 유무에 따라 구분되니 무역형태이다. 상품(commodities)등과 같이 형태가 있는 무역을 대상으로 하는 경우 유형무역(visible trade)이라 하고 운임, 보험료, 용선료, 관광수입, 외환수수료, 배당금 등과 같이 형태가 없는 수출입의 경우를 무형무역(invisible trade)이라고 한다. 즉, 상품의 수출입에 있어서 세관의 통관절차를 거치고 무역통계상 상품수지(commodity balance)로 분류되는 국제거래를 유형무역이라고 하는데, 세관의 통관절차를 거치더라도 견본, 기증품, 선물, 이삿짐 등 무환수출입(nondocumentary import and export)은 제외된다. 그리고 무형무역은 용역(services)거래로서 국제간 외화의 수취 또는 지급이 이루어져 국제수지표(international balance of payments; BOP)상 외환계정으로 나타나지만 무역통계에는 나타나지 않는 국제거래이다.

7. 직접무역과 간접무역

무역거래가 수출상과 수입상 당사자간에 직접계약에 의하여 이루어지느냐, 아니면 제3국의 무역상을 통하여 이루어지느냐의 기준에 따라 구분된 무역 형태이다. 직접무역(direct trade)이란 수출상과 수입상이 직접계약에 의하여 무역이 이루어지는 경우이고 간접무역(indirect trade)은 외국의 무역상을 통하여 수출입이 이루어지는 경우이므로 직접무역의 회계처리는 수출입마진이 되지만 간접무역의 회계처리는 중개수수료(merchandising commission)가 된다.

8. 화환신용장에 의한 무역과 계약서 베이스에 의한 무역

수출입거래에 있어서 은행으로부터 신용장(Letter of Credit ; L/C)을 발급받아

무역거래를 하는 경우를 화환신용장방식(documentary credit method)에 의한 무역이라고 한다. 한편 은행이 개입하지 않고 수출업자와 수입업자간에 체결된 무역계약서(trade contract)에 의하여 무역거래는 하는 경우는 계약서 베이스에 의한 무역이라고 한다. 따라서 화환신용장방식에 의한 수출입은 거래과정상 하자가 없는 한 은행이 보증하기 때문에 수출상과 수입상이 안심하고 수출입에 입할 수 있지만 계약서 베이스에 의한 수출입은 한쪽의 계약위반으로 수출입이 성사되지 않을 수도 있다.

9. 송금방식에 의한 무역과 추심결제방식에 의한 무역

송금방식에 의한 무역이란 수출입 이전에 수입업자가 수출업자 앞으로 수출대금을 수출업자가 지정하는 통화로 미리 송금하여 수출입이 이루어지는 무역을 말한다. 추심결제방식에 의한 무역이란 계약서 베이스에 의한 무역의 경우 은행에서 화환어음(documentary bill)의 매입(negotiation)을 기피하므로 추심(collection)에 의존하는 경우의 무역을 말한다.

10. 수탁판매무역

수탁판매수입(import on consignment)이란 물품을 무환으로 수입하여 당해 물품이 판매된 범위 내에서 수입대금을 결제하는 계약에 의한 수입을 말한다. 위탁판매수출(export on consignment)이란 물품을 무환으로 수출하여 당해물품이 판매된 범위 내에서 수출대금을 결제받는 계약에 의한 수출을 말한다.

이와 같이 수탁・위탁판매무역에서 수출업자는 수입업자에게 물품의 소유권을 이전하지 않고 수출업자가 자기의 책임하에 수입국에 물품을 수출한 후 판매된 범위 내에서 대금을 영수하게 된다.

11. 수위탁가공무역과 일반가공무역

수탁가공무역(improvement trade on trust)이란 외화가득액을 영수하기 위하여 대상원자재의 전부 또는 일부를 거래상대방의 위탁에 의하여 외국에서 수입하여 이를 가공한 후 위탁자 또는 그가 지정하는 자에게 가공물품을 수출하는 수출입을 말한다. 위탁가공무역(improvement trade on consignment)이란 가공임을 지급하는 조건으로 외국에서 가공할 원자재의 전부 또는 일부를 거래상대방에게 수출하거나 외국에서 조달하여 이를 가공하게 한 후 자국으로 가공물품을 수입하거나 외국으로 인도하는 수출입을 말한다.

한편, 일반가공무역(processing trade)이란 수출업자가 원자재 또는 부품을 수입하고 이를 가공하여 반제품 또는 완제품을 생산하고 수출한다. 따라서 농산물, 임산물, 광물 등을 수출하는 경우는 가공무역의 대상이 되지 않는다. 일반가공무역은 수출신용장을 받은 후 수출용원자재를 수입함으로써 수출계약과 수입계약이 별도로 이루어진다. 물품의 가공도가 높거나 인건비의 비중이 클수록 수출의 부가가치가 높아지며 수출업자의 이익이 많아진다. 가공무역을 일명 CMT{cutting(자르고), making(만들고), trimming(다듬는다)}무역이라고도 한다.

12. 임대차방식의 무역

임대차방식의 수출입(export and import on leasing)이란 임대차계약에 의하여 당해물품을 수출입하여 일정기간 후 다시 수출입하거나 그 기간의 만료 전 또는 만료 후에 당해물품의 소유권을 이전하는 수출입을 말한다. 이 때 물품을 수출하여 일정기간 후 다시 수입하거나 기간만료 후에 물품의 소유권을 이전하는 것을 임대수출이라 하고 당해물품을 수입하여 일정기간 후 다시 수출하거나 기간만료 후에 물품의 소유권을 이전받는 것을 임차수입이라고 한다.

13. 중계무역

중계무역(intermediary trade)이란 수출할 것을 목적으로 상품을 외국으로부터 수입하여 가공하지 않고 원형 그대로 외국에 수출하는 무역을 말한다. 이것은 일명 통과무역과 유사하며 수출액(FOB 가액)과 수입액(CIF 가액)의 차액, 즉 중계차익이 그 목적이다. 중계무역은 홍콩이나 싱가포르와 같은 중계무역항(intermediary port)이 주로 이용되는데 관세가 부과되지 않는 자유항(free port)이어야 하며 교통이 편리하고 외환관리가 까다롭지 않아야 하며 금융편의시설이 있어야 하고 물품의 집산지이어야 한다. 이와 같은 중계무역은 수출액과 수입액의 차액만을 수출실적으로 인정한다.

14. 중개무역

중개무역(merchandising trade)이란 수출국과 수입국 사이에 외국의 중개인이 개입하여 거래를 성사시키는 무역을 말한다. 예컨대 A국과 B국 사이에 제3국인 C국의 중개인이 개입하여 무역을 중개하는 경우 C국의 입장에서 본 무역을 중개무역이라 한다. 이때 C국의 중개업자는 A·B 양국으로부터 중개수수료(merchandising commission)를 받는다.

또 다른 중개무역으로는 중개상인이 자기의 위험과 비용부담(at his own risk and expense)으로 수출업자로부터 상품을 매입하여 수입업자에게 매도하는 방식이다. 따라서 중개상인은 수출업자와의 수입계약을, 수입업자와는 수출계약을 체결하되 물품은 중개상인이 소속된 국가를 거치지 않고 수출국으로부터 수입국으로 직접 운송된다.

15. 연계무역

연계무역(counter trade)이란 수출과 수입을 연계하는 조건으로 수출입을 허용하는 무역을 말한다. 이것은 구상무역과 유사하며 수출입을 균형시킬 목적으로 하는 무역인데 일반적으로 연계무역의 조건에서는 연계무역에 따르는 특수신용장, 즉 동시개설신용장(back-to-back L/C), 사후개설보증신용장(Tomas L/C), 기탁신용장(escrow L/C)방식에 의하여 수출입이 이루어짐을 원칙으로 하고 있다. 연계하는 방식으로는 수출액만큼 수입한다든가 (counter purchase), 물물교환형태의 바터무역(barter trade) 또는 플랜트(plant)수출에 따른 제품환매(buy back), 군수물자수입에 따른 절충교역거래(off-set deal) 등 수출과 수입을 연계하는 무역이다.

제4절 고전파 무역이론

1. 국제무역과 국제분업

국제분업(international division of labor)이란 한 나라가 자국에서 필요한 물자를 생산하여 자급자족할 수도 있으나 자국에서 가장 효율적으로 생산할 수 있는 물자를 특화(specialization) 또는 전업화하여 생산한 후 타국과 무역을 통하여 필요한 물자를 교환하면 자국에서 필요한 물자를 모두 생산하는 것보다 양국이 모두 이익(gains from trade, 무역이익)이라는 것이다.

국제분업론을 처음으로 주장한 사람은 영국의 경제학자 애덤 스미스(A. Smith)[1]였다. 애덤 스미스는 1500~1700년의 기간 중 약 300년간 유럽을 지배하고 있었던 중상주의(mercantilism)를 비판하고 자유무역을 주장하였다. 중상주의 경제사상에 의하면 한 나라의 부(national wealth)는 금・은 등 귀금속의 절대보유량에 의해 결정되며 금・은 등을 늘리기 위해서 국가는 수출을 장려하여 금・은 등의 유입을 증대시키고 수입을 억제하여 귀금속의 유출을 막아야 한다는 것이다. 따라서 중상주의하에서의 무역정책은 무역수지흑자를 실현하기 위하여 각종의 국가개입을 통해 수출을 장려하고 수입을 억제하는 보호무역주의를 취하지 않을 수 없었다.

이러한 중상주의하에서는 모든 국가가 동시에 수출을 증대시키고 수입을 억제할 수 없으므로 한 나라의 부의 증대는 곧 상대국의 손실을 통해서만 이루어진다는 영화게임(zero-sum game)으로 인식되었다.

그러나 애덤 스미스는 1776년에 발간한 「국부론」(The wealth of nations)에서 한 나라의 부는 금・은의 증가에 있는 것이 아니라 국민들이 해마다 만들어 내는

---

1) 애덤 스미스(Adan Smith;1723~1790)는 스코틀랜드(Scotland) 지방에서 태어나 글래스 고우대학과 옥스퍼드 대학에서 수학하고 글래스고 대학에서 논리학과 도덕철학을 강의하였으며, 이때의 강의내용을 책으로 엮은 것이 「도덕감정론, Theory of moral Sentiments(1759)」이다. 또한 스미스는 1776년에 「국부론, An Inquiry into the Nature & causes of the Wealth of Nations」을 출판함으로써 '보이지 않는 손(invisible hand)'이라는 자유경쟁의 원리와 분업의 원리를 국제경제현상에 확대적용시켜 자유무역이론을 체계화하였다.

생산물에 있다는 것이다. 그리고 국가의 부의 원천은 생산물을 생산하는 노동이라는 것이다. 그러므로 국부가 증대되기 위해서는 노동생산성이 높아져야 되며, 이를 위해서 국가통제하에 있는 보호무역보다는 자유무역을 통한 국제분업을 촉진시켜서 각국이 생산물을 교환하게 되면 시장은 확대되고 경제는 발전하게 되며, 국제분업을 통해 사람들을 경제적으로 상호이익을 얻을 수 있다는 것이다. 따라서 국제분업에 의한 자유무역은 중상주의와는 정반대로 정부의 간섭을 배제하고 자유방임(laissez faire) 상태에 일임함으로써 보이지 않는 손(invisible hand)에 의하여 국가 간의 교환이 일어나며 이를 통해 상호이익이 된다는 것이다. 애덤 스미스는 다음에서 설명하는 절대우위론을 통하여 국제분업에 의한 자유무역주의를 더욱 부각시켰다.

2. 절대우위론

애덤 스미스(A. Smith, 1723~1790)는 그의 저서 국부론(The wealth of nations, 1776)에서 국가의 부(富)는 외국무역에서 얻게 된 금·은 등 귀금속으로부터가 아니라 국민들이 해마다 만들어 내는 생산물로부터 나온다고 하여 중상주의(mercantilism)를 비판하면서 국제무역에 국제분업(international division of labor)을 적용시켜 자유무역의 필요성을 주장하였다.

어떤 나라가 자기들이 필요한 상품을 스스로 만드는 것보다 자기들은 외국에 비하여 좀도 익숙한 부문의 산업에 종사하여 그 생산물의 일부를 판 대가로 값싼 외국상품을 사오는 것이 외국이나 자기 나라에 모두 이익이라는 것이다. 스미스는 이것을 무역이익이라고 하였는데, 이와 같은 무역이익은 일국이 타국보다 생산에 있어서 절대우위(absolute advantage)에 있을 경우에 국제분업이 발생한다고 하여 절대생산비설(theory of absolute advantage, 또는 절대우위론)을 주장하였다. 이 절대생산비설에 따르면 절대생산비차(absolute difference of cost)가 있을 경우에 국제분업이 발생하게 된다.

절대생산비설은 노동을 유일한 생산요소로 가정하여 국부가 증대되기 위해서는 노동생산성을 증대시켜야 한다는 노동가치설을 바탕으로 하고 있다. 즉, 각국이 절대생산비의 차가 발생하는 생산에 특화 또는 전업화하여 교환하면 각국은 노동생산성이 증대되어 더 많은 국부를 창출할 수 있다는 것이다. 절대생산비설에 의한 무역이익을 살펴보면 다음과 같다.

〈표 2-1〉에 의하여 영국과 포르투갈이 라사복지와 포도주만을 생산하며 노동만이 유일한 생산요소이고 지구상에는 영국과 포르투갈만이 존재한다고 가정하자. 표에 의하면 영국은 라사복지생산에 절대우위가 있고, 포르투갈은 영국에 비해 포도주 생산에 절대우위가 있다. 따라서 영국은 라사복지생산에 특화할 것이고 포르투갈은 포도주 생산에 특화할 것이다. 이러한 가정하에 양국이 교역을 개시한다면 영국의 라사복지생산은 22인의 노동력으로 2.2(22÷10=2.2)단위의 생산증가를 가져오고, 포르투갈은 19인의 노동력으로 포도주 2.375(19÷8=2.375)단위의 생산증가를 가져와 양국은 무역개시 전보다 무역개시 후에 영국은 라사복지생산에서 0.2(=2.2-2)단위의 무역이익을, 포르투갈은 포도주생산에서 0.375(=2.375-2)단위의 무역이익을 얻을 수 있다.

이와 같이 절대생산비설에 입각하여 무역을 하게 되면 무역당사국들은 모두가 무역이익을 얻을 수 있다는 것이다. 그러나 노동만이 유일한 생산요소라고 주장하여 비현실적인 면이 있으며 노동의 절대적 생산비차가 아닌 상대적 생산비차가 존재하는 경우를 규명하지 못한 한계가 있다.

▮표 2-1▮ 절대생산비차와 무역이익

		영국		포르투갈		양국합계
		투입노동량	생산단위	투입노동량	생산단위	(생산단위)
무역전	라사	10인	1단위	11인	1단위	2단위
(특화전)	포도주	12인	1단위	8인	1단위	2단위
무역후	라사	22인	22÷10=2.2단위			2.2단위
(특화후)	포도주			19인	19÷8=2.375단위	2.375단위

3. 비교생산비설

애덤스미스의 절대생산비설의 이론적 한계를 보완하여 무역의 발생원인을 설명한 이론이 리카도(D. Ricardo, 1772~1823)의 비교생산비설(theory of comparative cost)또는 비교우위이론(theory of comparative advantage)이다. 리카도는 그의 저서 「정치경제 및 과세의 원리(Principles of Political Economy and taxation, 1817)」에서 비교우위론을 제시하였는데, 애덤 스미스가 제기한 절대우위론의 단점을 보완하여 자유무역이론을 더욱 체계화한 이론이다. 리카도는 애덤 스미스가 제기한 생산비의 절대적인 차이뿐만 아니라 상대적인 차이에도 무역이 발생할 수 있다고 역설하였다. 즉, 한 나라가 두 상품 모두에 절대우위를 가지고 있고 다른 나라는 두 상품 모두에 절대열위(absolute comparative disadvantage)에 있다고 하더라도 상호이익이 되는 무역이 발생할 수 있다고 주장하였다. 그 이유로서 두 나라 모두 두 상품 중에서 상대적으로 우위에 있는 상품에 특화하여 상대국에 수출하면 두 당사국뿐만 아니라 세계 전체적인 면에서도 이익이 된다는 것이다. 이와 같은 비교생산비설도 역시 노동가치설(labor value theory)에 근거하고 있다고 하겠다.

▌표 2-2▌ 비교우위론에 의한 무역이익

		영국		포르투갈		양국합계
		투입노동량	생산단위	투입노동량	생산단위	(생산단위)
무역전	라사	10인	1단위	9인	1단위	2단위
(특화전)	포도주	12인	1단위	8인	1단위	2단위
무역후	라사	22인	22÷10=2.2단위			2.2단위
(특화후)	포도주			17인	17÷8=2.215단위	2.125단위

〈표 2-2〉에 의하면 무역전에 영국에서는 라사복지와 포도주 1단위를 생산하는데 각각 10인과 12인의 노동력이 필요하며 포르투갈에서는 라사복지와 포도주 1단위를 생산하는 데 각각 9인과 8인의 노동력이 필요하다. 여기서 포르투갈은 영국에 비하여 라사복지와 포도주 생산에 있어서 모두 절대우위(absolute advantage)에 있으며 영국은 포르투갈에 비하여 각각 절대열위(absolute disadvantage)에 있다.

그런데 포르투갈은 두 상품 중에서 영국과 비교할 때 포도주 생산에서 비교우위의 강도가 더 높다. 영국은 포도주 1단위를 생산하는 데 노동력을 12인을 투입해야 하나 포르투갈은 8인을 투입해야 하므로 투입노동량이 영국의 66.7%(8/12)밖에 되지 않는다. 사라복지는 영국이 10인, 포르투갈이 9인 이므로 포르투갈이 영국에 비하여 절대우위에 있기는 하나 투입노동량이 영국의 90%(9/10)에 해당되어 포도주 66.7%보다 23.3%가 더 높기 때문에 포도주 생산에서 비교우위의 정도가 높은 것이다.

이와 같은 비교생산비설은 애덤 스미스가 주장한 절대우위론의 결함을 보완하여 무역발생의 원인과 무역패턴 그리고 무역이익을 규명한 점에서는 높이 평가되고 있다. 그러나 비교생산비설의 가정 역시 비현실적인 노동가치설[2)]에 근거한다는 점과 극히 제한적인 전제하에서 정립되었다는 점 그리고 수요측면을 무시하고 공급측면만을 고려하였다는 점에서 많은 비판을 받아 왔다.

4. 상호수요설

밀(J. S. Mill)은 리카도가 규명하지 못한 교역조건(국제교환비율)과 교역당사국에 분배되는 무역이익에 대하여 그의 저서인 「정치·경제학 원리」에서 설명하고 있다. 밀은 무역이익의 배분결정에 관하여 무역상대국의 수요(수입) 요인을 도입하여 두 나라 사이의 무역이익의 배분비율과 무역상품의 교환비율(국제교환비율=교역조건)을 규명하였는데 이것이 이른바 상호수요설(law of equation of reciprocal demand ; 상호수요균등의 법칙)이다. 밀에 의하면 교역조건은 자국상품에 대한 외국의 수요와 외국상품에 대한 자국의 수요가 상호일치 되는 점에서 결정되며 이 교역조건(국제교환비율)에 의하여 교역상대국에 대한 무역이익의 배분비율이 결정된다는 것이다. 교역조건이 어떻게 결정되어지는가에 대하여 밀은 다음과 같은 예를 들어 설명하고 있다.

〈표 2-3〉에서 보는 바와 같이 동일한 노동량으로 영국에서는 라사복지(cloth;C) 10야드, 린넨(linen, 아마포;L) 15야드를 생산하고 독일에서는 라사복지 10야드, 린넨 20야드를 생산할 수 있다고 가정한다. 이 생산조건하에서는 영국과 독일 모두 라사복지(C)보다 린넨(L) 생산이 한층 유리하다. 그러나 동일한 노동력을 투입하여 생산되는 라사복지(C)의 양은 양국이 동일하지만 린넨(L) 생산에 있어서는 영국보다 독일이 더 많이 생산할 수 있다. 이 경우 비교우위론의 원리에 의하면 영국은 라사복지생산에 특화하고 독일은 린넨 생산에 특화하여 양 생산물

---

2) 노동만이 유일한 생산요소이며, 모든 노동은 모두 동질적이라고 보는 고전파 무역이론이다.

을 교환하는 경우에 양국 모두가 이익을 얻을 수 있다.

▮표 2-3▮ 동일한 노동을 통한 생산비 비교

국가 / 상품	영국	독일
라사복지(C)	10야드	10야드
린넨(L)	15야드	20야드

따라서 영국은 라사복지를 특화·생산하여 수출할 것이고 린넨을 특화·생산하여 수출하고 라사복지는 수입할 것이다. 그러나 밀은 양국간 상품교환비율이 어떻게 결정되는가 하는 문제를 제기하고 있다. 무역이 발생하기 전에 양국의 국내교환비율은 라사복지 10야드에 대하여 린넨 15야드였고, 독일에서는 라사복지 10야드에 대하여 린넨 20야드였다. 밀에 의하면 국제교환비율(교역조건)은 양국의 국내교환비율사이에서 상호수요가 일치되는 점에서 결정된다는 것이다. 따라서 무역개시 후 교역조건(terms of trade)의 범위는 영국은 라사복지 10야드를 수출하여 린넨 15야드 이상을 얻는 것이 유리하고 독일은 라사복지 10야드를 얻는 대가로 20야드보다 적은 린넨을 준다면 교역조건이 유리하게 된다. 왜냐하면 영국에서는 10야드의 라사복지를 제공하고 15야드 이하의 린넨 밖에 얻을 수 없다면 린넨을 직접 생산하는 것이 유리하고, 독일의 입장에서는 10야드의 라사복지대가로 20야드 이상의 린넨을 주어야 한다면 영국과 교역을 하지 않고 직접 생산하는 것이 유리하기 때문이다.

〈그림 2-1〉은 영국과 독일의 교역조건의 범위를 도해한 것이다.

▮그림 2-1▮ 교역조건의 범위

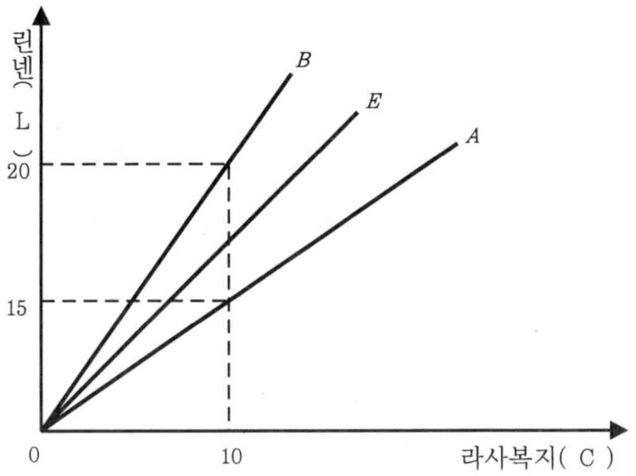

주 : OA…영국의 국내교환비율 10C:15L
OB…독일의 국내교환비율 10C:20L
OE…무역가능교역조건범위…OA와 OB사이
A·B…무역불능교역조건범위

제5절 근대적 무역이론

1. 하벌러의 기회비용설

고전파 무역이론인 스미스의 절대생산비설이나 리카도의 비교생산설은 다 같이 노동가치설을 근간으로 하여 전개되어 왔는데, 이것은 한 상품의 가치나 가격은 그 상품의 생산에 투입된 노동량과 일치하거나 또는 노동량에 따라 좌우된다는 것이다. 이와 같은 노동가치설은 오늘날 많은 비판을 받고 있는데 그것은 노동이 생산에 있어서 전부는 아니며 다른 요소도 생산에 참가하고 있을 뿐만 아니라 생산요소 상호간의 관계가 더욱 중요한 것으로 인식되어 대체비용설(theory of substitution cost)또는 기회비용설(theory of opportunity cost)의 원리가 하벌러(G. Haberler)에 의하여 도출하게 된 것이다. 여기서 기회비용이란 한 재화를 생산하는 데 필요한 내용을 측정할 때 그 생산에 의하여 희생되어진 다른 재화의 생산량을 말한다. 즉 *X*재한 단위를 생산하려면 *Y*재 2단위를 감산(희생)해야 한다. 그러므로 1*X*재의 생산비용(가치)=2*Y*재의 생산비용(가치)이 되고, 결국 *Y*재의 단위=*X*재의 단위 $X^1/_2$이 된다.

하벌러는 기회비용의 개념을 통하여 생산가능곡선(production possibilities curve)을 도출하였는데 생산가능곡선이란 상품생산에 일정한 생산요소를 완전히 투입하여 최대로 생산할 수 있는 두 상품(X재・Y재)의 생산량을 나타내는 곡선이다.

생산가능곡선은 생산비가 불변, 체증 또는 체감하느냐에 따라서 각각 다르게 나타난다. 불변생산비(불변기회비용;constant cost)하의 생산가능곡선은 직선으로 표시되며, 체증생산비(체증기회비용;increasing cost)하의 생산가능곡선은 원점에 대하여 오목(concave to the origin)한 형태로 표시되고 체감생산비(체감기회비용;decreasing cost)하의 생산가능곡선은 원점에 대하여 볼록(convex to the origin)한 형태로 표시된다.

1) 불변생산비하의 생산가능곡선

〈그림 2-2〉에서 어떤 나라가 모든 생산요소를 투입하여 X재만을 생산한다면 100단위를 생산할 수 있으며, Y재만을 생산한다면 50단위를 생산할 수 있다고 하자. 그러나 X재와 Y재를 동시에 생산하려고 하면 P_1점에서는 50단위의 X재와 25단위의 Y재를 생산할 수 있으며 P_2점에서는 60단위의 X재와 20단위의 Y재를 생산할 수 있다.

이 그림에서 *X*재와 *Y*재의 기회비용은 전혀 변동하지 않으므로 이것은 불변기회비용이며 그 생산비는 불변생산비이다.

이와 같은 불변기회비용은 어느 한 가지 상품의 생산량을 점점 증가시킴에 따라 상품의 생산량은 동일한 양으로 감소하게 된다. 그러므로 불변생산비하의 생산가능곡선은 직선으로 표시되며 두 상품의 가격선과 일치한다. 그림에서 AA'의 기울기는 두 상품의 상대가격을 각각 나타낸다. 그 외 체증생산비하의 생산가능곡선 체감생산비하의 생산가능곡선이론이 있다.

▮그림 2-2▮ 불변생산비하의 생산가능곡선

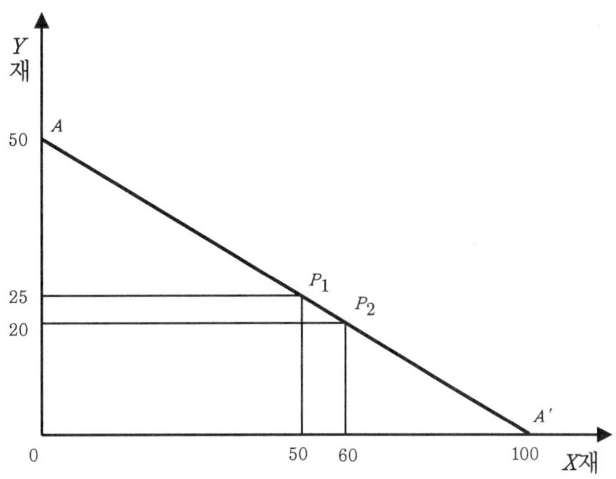

2) 국제무역과 기회비용설과의 관계

하벌러는 기회비용과 생산가능곡선의 개념을 도입하여 노동투입량만으로 국제상품가치가 결정된다는 종전의 고전파 무역이론인 노동가치설을 비판하였는데, 이것이 기회비용설이다. 기회비용설에 의하면 한 재화의 비교우위는 생산물의 기회비용에 의하여 결정되는데, 교역상대국에 비하여 기회비용이 상대적으로 낮은 재화에 그 나라는 비교우위를 갖는다. 그런데 기회비용은 앞에서 살펴본 바와 같이 생산가능곡선으로 나타내며 생산가능곡선의 기울기는 다른 재화 1단위를 더 생산하기 위하여 그 나라가 포기해야 하는 어떤 재화의 양을 가리킨다.

하벌러의 기회비용설은 종전의 고전파 무역이론에서 주장하는 단일의 생산요소(노동), 동질의 생산요소(노동의 동질성) 그리고 불변생산비라고 하는 비현실적인 가정에서 벗어나 현실에 적합하면서도 다양한 생산요소를 전제로 무역이론을 전개하였고, 가변비용(체증・체감)하에서도 상호이익이 되는 비교우위가 성립된다는 무역이론을 전개하였다.

2. 헥셔・오린의 무역이론

리카도가 주장한 비교생산설에 의하면 무역의 발생원인이 국가 간의 동일한 상품생산에 있어서 노동생산성의 상대적 격차, 즉 상품생산에 필요한 노동량의 차이에 기인한다고 보았다. 이러한 국가 간의 생산성의 차이가 곧 재화가격의 차이를 초래하여 무역이 발생한다고 주장하였다. 그러나 리카도는 이러한 비교생산비차가 왜 발생하는지를 규명하지 못하였는데 이러한 이유를 규명한 이론이 헥셔·오린의 무역이론이다.

헥셔(E.F.Heckscher)는 1919년에 발표한 외국무역이 소득분배에 미치는 영향(the effect of foreign trade on the distribution of income)이라는 논문에서 비교생산선의 발생원인을 규명하려는 연구를 시도하였고, 그 후에 그의 제자인 오린(B. Ohlin)에 의하여 연구가 구체화되었다. 이러한 비교생산비설의 발생원인에 관한 연구를 헥셔·오린 정리(Heckscher-Ohlin theory : H-O Model)라고 부르는데 이 이론은 요소부족이론과 요소가격균등화 정리 등 두 개의 명제로 나뉜다.

1) 요소부존이론

요소부존이론(theory of factor endowment)이란 국가 간에 비교생산비차가 발생하는 원인은 각국의 생산요소의 부존상태의 차이(difference in factor endowments)에 기인한다는 것이다. 즉 어떤 국가에는 다른 국가에 비하여 상대적으로 노동이 풍부하고, 한편 다른 국가는 어떤 국가에 비하여 자본이 풍부하다는 것이다. 여기서 중요한 것은 상대적 개념이다. 예를 들어 미국은 한국보다 노동과 자본이 풍부하다. 그러나 이들 생산요소들을 비교해 볼 때 미국은 역시 노동보다는 자본이 상대적으로 풍부하고 한국은 자본에 비하여 노동이 비교적 풍부하다고 할 수 있다.

이와 같이 각국에 부존된 생산요소의 상대적인 부존량의 차이는 생산요소의 상대적인 가격의 차이를 가져와 무역이 이루어진다는 것이다. 왜냐하면 무역이 이루어지기 전에 각국에서의 생산요소에 대한 수요조건이 서로 비슷하다면, 상대적으로 풍부한 요소(abundant factor)의 가격은 낮을 것이고 희소한 요소(scare factor)의 가격은 높을 것이기 때문이다.

A·B 두 나라가 두 생산요소(예컨대, 자본(K)과 노동(L))를 투입하여 두 가지 상품(X재와 Y재)을 생산한다고 가정한다. 이들 두 국가는 요소부존량이 달라서 A국은 노동이 풍부하고 B국은 노동보다 상대적으로 자본이 풍부하다면 A국에서는

상대적으로 노동가격(임금)이 싸고 자본가격(이자율)이 비쌀 것이며, B국에서는 상대적으로 자본가격이 싸고 노동가격이 비쌀 것이다. 한편 *X*재와 *Y*재 생산에 있어서 투입되는 요소의 비율(요소집약도)이 각각 달라서 *X*재 생산에는 노동을 더 많이 사용하고(이 때 *X*재는 노동 집약재 :labor intensive goods), *Y*재 생산에는 자본을 보다 많이 투입한다면(이 때 *Y*재는 자본집약재 : capital intensive goods), A국과 B국에서 상품의 생산에 있어서 상대적으로 차이가 발생하게 된다. 이렇게 될 때 A국은 노동집약재인 *X*재 생산에 비교우위를 가지게 되어 *X*재는 수출하고 *Y*재는 수입하게 되며, B국은 자본집약재인 *Y*재 생산에 비교우위를 두어 *Y*재를 수출하고 *X*재는 수입하게 된다. 이것을 헥셔·오린 정리의 제1명제인 요소부존비율이론(factor endowment proportion theory)이라고 한다.

2) 요소가격균등화정리

요소부존이론에 의하여 A국은 *X*재에 특화하고 B국은 *Y*재에 특화하여 수출한다면, 노동이 풍부한 A국은 무역전에 *Y*재 생산에 사용했던 노동과 자본의 일부 또는 전부를 *X*재 생산으로 전환하게 될 것이다. 그런데 *X*재는 노동집약재이므로 자본보다 노동을 집약적으로 사용해야 되기 때문에 노동의 수요는 상대적으로 증가하는 반면에 자본의 수요는 감소한다. 따라서 노동의 가격(임금)은 상대적으로 인상되고 자본의 가격(이자율)은 하락되므로 생산요소인 노동가격과 자본가격은 점차 균등화되는 경향을 보인다. 그 결과 무역에 의하여 양국간의 요소가격은 균등화하는 경향을 보이게 되는데, 이것을 헥셔·오린 정리의 제2명제인 요소가격균등화정리(factor price equalibrium theorem)라고 하며 그 후 스톨퍼(W. F. Stolper)와 사무엘슨(P.A.Samuelson)이 이 이론을 계승하여 더욱 발전시켰다.

스톨퍼(W. F. Stolper)와 사무엘슨(P. A. Samuelson)은 지난 1941년에 발표한 그들의 논문인 「보호무역과 실질임금(protection and real wages)」에서 고임금수준의 국가와 저임금수준의 국가가 자유무역을 할 경우에 두 국가의 임금이 종국적으로는 균등화된다는 이론을 전개하여 헥셔·오린 정리의 제2명제인 요소가격균등화이론과 동일한 결론에 도달하였다. 따라서 그들은 고임금수준의 국가에서 노동자의 실질임금을 유지하기 위해서는 보호관세 제도가 필요하다는 것을 주장함으로써 이 이론은 보호무역주의의 이론적 근거를 제공해 주었는데, 이것이 스톨퍼

-사무엘슨 정리(S-S정리)이다.

A국을 자본풍부국(노동희소국), B국을 노동풍부국(자본희소극)이라 하고, *X*재는 노동집약재, *Y*재는 자본집약재라고 하자. 이때 A국은 노동이 희소하기 때문에 노동의 가격(임금)은 높고 자본의 가격(이자율)은 낮다. 따라서 요소부존이론에 의하여 자유무역이 이루어지면 A국은 자본집약재에 특화하게 됨으로써 자본에 대한 수요가 늘어나고 노동에 대한 수요는 줄어들므로 노동의 가격이 무역 후에는 하락한다. 반면에 노동의 가격이 낮은 B국에서는 무역 후에 노동집약재에 특화하게 됨에 따라 노동에 대한 수요가 늘어나므로 노동의 가격이 종전보다 상승됨으로써 두 국가 간에는 요소의 이동이 없어도 무역 후에는 두 국가의 임금수준이 균등화된다는 것이다. 스톨퍼-사무엘슨은 요소가격과 요소의 투입비율과의 상관관계를 통하여 요소가격의 균등화과정을 밝히려고 한 것이다.

3. 레온티에프의 역설

헥셔·오린 정리의 제1명제인 요소부존이론이 현실적으로 무역발생의 원인을 규명하고 있는지의 여부에 대하여 1953년도에 레온티에프(Wassily Leontief)가 1947년도의 미국의 200개 산업의 투입산출표(input-output table 또는 산업연관표)와 무역수치를 이용하여 분석하였다. 분석결과 미국은 헥셔·오린 정리의 내용대로 자본집약재를 수출하고 노동집약재를 수입하는 것이 아니라 노동집약재를 수출하고 자본집약재를 수입하는 정반대의 결과로 나타났는데 이것을 레온티에프의 역설(Leontief's paradox)이라고 한다.

레온티에프는 수출상품과 수입경쟁상품의 생산에 투입한 노동과 자본을 비교하였는데, 수출상품 및 수입경쟁상품 각각 100만 달러 상당을 생산하는 데 소요되는 자본과 노동의 양을 비교한 결과는 〈표 2-4〉와 같다.

〈표 2-4〉에서 1947년도의 경우에 미국의 수출상품과 수입경쟁상품의 요소 투입비가 1.29(=18.184÷14.068)이기 때문에 미국의 수출상품은 수입경쟁 상품에 비하여 보다 노동집약적이라고 할 수 있으므로 미국과 같이 자본이 풍부한 국가는 자본집약재를 수출할 것이라는 헥셔·오린 정리와는 상반되는 결과가 나와 그 후 레온티에프는 1951년의 미국의 투입산출표를 이용하여 2차검정을 실시한 결과 수출상품과 수입경쟁상품의 요소투입비율 역시 1.06으로 나타나 1차검정결과와 동

일한 검정결과가 나왔다.

헥셔·오린 정리에 대한 반대결과로 나타는 레온티에프의 역설은 그 후 많은 경제학자들에게 이론과 현실 사이의 모순해결이라는 연구과제를 던져 주었다.

레온티에프의 역설이 헥셔·오린 정리의 제1명제인 요수부존이론을 검정한 결과라고 한다면 스톨퍼-사무엘슨 정리는 헥셔·오린 정리의 제2명제인 요소가격균등화명제를 검정한 이론이라고 하겠다.

▮표 2-4▮ 미국의 수출상품과 수입경쟁상품 각 100만 달러의 생산에 필요한 노동과 자본량

구 분	1947년(1차 검정)		1954년(2차 검정)	
	수출상품	수입경쟁상품	수출상품	수입경쟁상품
자본(1947년 달러가격)	2,550,780	3,091,339	2,256,800	2,303,400
노동(연간노동인원수)	181.31	170	175.91	167.81
자본/노동(K/L)	14.068	18.184	12.829	13.726
비율	1	1.29	1	1.06

제6절 현대적 무역이론

1. 대표적 수요이론

대표적 수요이론(the theory of representative demand)이란 스웨덴의 경제학자인 린더(S. B. Linder)가 주장한 무역이론으로서 무역의 대상이 되는 상품을 농산물 부문(1차 산품)과 공산물 부문(2차 산품)으로 구분하고 농산물 부문의 무역패턴은 헥셔·오린 정리의 요소부존도의 격차로서 설명될 수 있지만, 공산물 부문의 무역패턴은 수요의 입장에서 설명되어야 한다는 것이다. 여기서 대표적 수요란 어떤 상품의 잠재적으로 수출상품이 되기 위해서는 그 전제조건으로서 어느 정도 큰 규모의 국내수요가 선행되어야 한다는 것이다. 여기서 어느 정도 큰 규모의 국내수요를 린더는 대표적 수요(representative demand)라고 하였다. 그리고 린더는 그러한 수출상품의 가장 유리한 시장은 소득수준과 기호가 국내시장과 비슷한 다른 나라에서 찾을 수 있다고 주장하였다. 다시 말하면 각국은 우선 국내시장을 기반으로 상품을 생산하고 그 중 일부분은 국내시장과 수요가 비슷한 다른 나라로 수출하게 된다는 것이다. 이 이론은 수요의 측면만을 지나치게 강조한 나머지 수출이나 수입이 모든 수요에 의하여 결정된다는 견해로 그 논리적 타당성이 부족하다. 또한 대표적 수요라는 개념자체가 애매하다는 단점이 있다.

2. 연구개발요소이론

연구·개발요소이론(theroy of research and development factor)이란 R&D 이론이라고도 하는데, 버논 연구팀(W. Gruber, D. Mehta 및 R. Vernon)과 키씽(D. B. Keesing)에 의해 제기된 이론으로 연구·개발요소가 국가 간 비교생산비의 차이를 발생시켜 국제무역패턴의 결정요인으로 작용한다는 것이다.

키씽은 미국산업이 주요 선진국 산업과의 경쟁에서 어떤 비교우위를 갖고 있는가를 실증적으로 연구·분석한 결과, 연구·개발에 종사하고 있는 과학자, 기술자 및 숙련노동자를 많이 보유할수록 그렇지 않은 국가에 비하여 국제 경쟁력이 강하고 수출비율도 높다고 보았다.

한편, 버논 연구팀도 미국의 산업이 주요 선진국인 영국, 독일, 프랑스 제국에 등에 비하여 연구개발요소비율이 높고, 그 비율이 높기 때문에 수출 경쟁력에 있어서 비교우위가 있다고 주장하였다.

이 이론은 무역패턴의 결정요인을 연구개발비를 투자하는 기술혁신에 두고 있는데, 무역패턴을 설명한 이론이라기보다는 국내의 기업이 수출산업화가 될 수 있는 조건을 제시한 이론이라고 볼 수 있다.

3. 기술격차론

기술격차론(theory of technological gap)이란 특정상품의 생산에 있어서 각국 간의 기술격차가 무역패턴의 결정요인이 된다는 이론으로 기술갭설이라고도 하며 포스너(M. V. Posner)와 허프바우어(G. C. Hufbauer)에 의해 전개된 이론이다. 이 이론에 의하면 기술선진국은 기술격차에 따른 비교우위를 가져 신상품을 독점적으로 생산하여 기술후진국에 수출할 수 있으며 기술 후진국은 기술선진국으로부터 당분간 신제품을 수입하지만 기술선진국의 생산기술을 무역을 통해 모방할 수 있다. 이 모방기간(imitation lag)이 끝나게 되면 양국간의 기술격차가 해소되고 선진국의 기술이 후진국에 이전되어 무역패턴이 변화한다는 무역이론이다.

〈그림 2-3〉에서 A국을 기술선진국, B국을 기술후진국이라 하고 종축은 각국의 생산과 수출의 관계를 나타낼 때, A국이 기술선진국으로서 신제품을 개발한 시점은 t_0이다. 그 후 시간이 경과함에 따라 A국의 신제품 생산은 증가하여 t_1시점에 도달하면 동제품을 B국에 수출하기 시작한다. 이 때 t_0-t_1 시점은 A국이 신제품의 자급자족을 이룩하던 기간으로, 포스너는 이를 국내 수요기간(demand lag)이라 하였다. 이후 시간이 경과함에 다라 A국의 생산과 수출이 계속 증가하여 t_2시점에서 A국의 생산과 수출이 최대가 되는 반면, 기술후진국인 B국도 동일한 상품을 모방·생산하기 시작함으로써 t_0-t_2시점까지를 가리켜 포스너는 기술후진국인 B국의 반응기간(reaction lag)이라 하였다.

이와 같이 기술선진국이 수출이익(무역이익)을 얻을 수 있는 이유는 기술 후진국의 반응기간이 기술선진국의 수요기간보다 길기 때문이며 반응기간과 수요기간 사이의 시차(time lag)가 크면 클수록 기술선진국의 이익은 커진다. 이러한 반응기간이 지난 후 t_2-t_3점 사이에서는 B국이 A국의 기술을 습득하여 국내생산을 증가시키고 t_3시점 이후부터는 오히려 기술후진국인 B국이 기술선진국인 A국에 역수출하게 되는데, 이와 같은 것을 기술격차에 의한 무역역전이라고 한다.

■그림 2-3■ 기술격차와 무역패턴

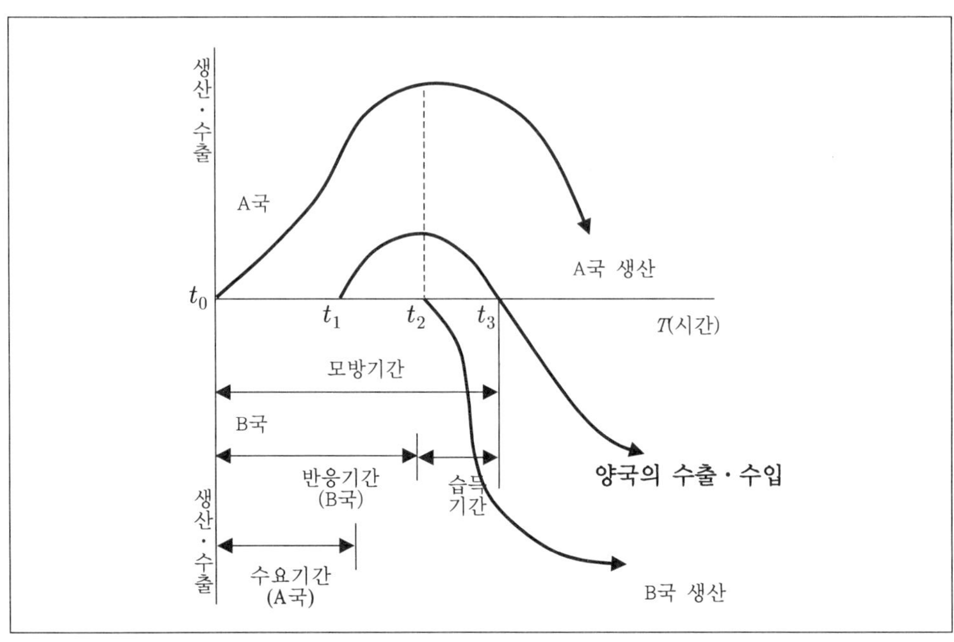

4. 제품수명주기이론

제품수명주기이론(theory of product life cycle)이란 하나의 상품이 신제품으로 개발되어 시장에 알려지고 판매되기 시작하는 도입기(introduction stage)를 거쳐 판매량이 급속히 증대되는 성장기(maturity stage)를 지나서 대체상품의 출현 등으로 시장수요가 감퇴되는 쇠퇴기(declining stage)에 이르기까지의 과정인 제품 수명주기를 중심으로 무역패턴의 결정요인을 설명하려는 이론이다. 이 이론은 1966년에 버논(R. Vernon)에 의하여 최초로 제창된 후 웰스(L. T. Wells), 킨들버거(C. P. Kindleberger) 등에 의하여 일반화되었는데, 이를 각 단계별로 소개하면 다음과 같다.

1) 도입기

이 단계는 새로운 제품(또는 서비스)이 소개되는 단계로서 연구개발요소 집약적 제품이 처음으로 시장에 소개된다. 경쟁제품이 없고 대체상품이 존재하지 않기 때문에 독점적 요소가 존재하며 대규모의 연구개발비 투입으로 생산비용은 많이 들고 수요가 적은 단계로서 시장적응을 위하여 노력하는 단계이다.

2) 성장기

이 단계는 대량생산에 의한 생산비가 저하되고, 수요확대로 판매가 증대되어 이익이 급속도로 증가된다. 그러나 경쟁상품이 출현하기 때문에 판매촉진과 서비스를 강화해야 하며 이때부터 신제품개발에 착수해야 한다.

3) 성숙기

이 단계는 제품이 표준화되어 미숙련 노동으로도 생산이 가능하게 된다. 시장이 거의 포화상태이므로 판매량과 이익은 저하되기 시작하고 경쟁은 더욱 가열된다.

4) 쇠퇴기

이 단계는 대체품 및 신제품의 출현으로 급격히 감퇴하여 현상유지나 재고정리를 하게 된다.

이와 같은 각각의 단계 중 선진국에서는 도입기에 놓여 있는 상품에 비교우위를 가지며, 국내시장이 큰 공업국에서는 대량생산과 분배로 성장기에 있는 상품이 비교우위를 가지게 되고, 개발도상국에서는 성숙기에 들어와서야 상품을 수출할 수 있는 기회가 주어진다는 것이다. 따라서 이 이론은 각 단계별 특징을 선진국과 개발도상국에 적용시킴으로써 무역패턴의 결정 요인을 설명하고 있다.

▌그림 2-4▐ 제품주기

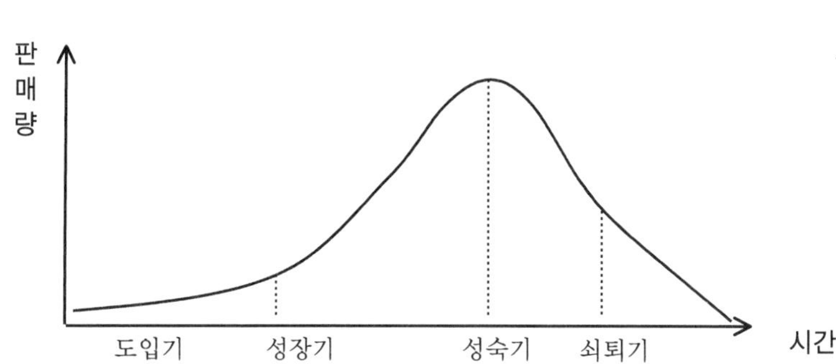

제 3 장 국제통상환경

제1절 경제통합의 개념

1. 경제통합의 의의

경제통합(economic integration)이란 용어에 관하여 폴란드의 경제학자인 턴버겐(J · Tinbergen)은 경제가 최적상태로 움직이는 것을 저해하는 인위적인 장애를 제거하고 조정(coordination)과 통일(union)에 필요한 모든 요소를 의식적으로 도입함으로써 가장 바람직한 국제경제의 구조를 만들어 내는 것이라고 하였다. 또한 스웨덴의 경제학자인 미르달(K. G. Myrdal)은 국제경제통합이란 서로 다른 여러 나라의 민중 사이에 있어서의 기회균등 이라는 동일한 이상의 실현이라고 하였다.

그러나 일반적인 정의는 지리적으로 근접한 국가 또는 그 이상의 국가가 서로 동맹을 맺고, 그 가맹국은 비가맹국에 대하여 관세 및 그 밖의 방법에 의하여 차별화하는 것이며 가맹국 상호간의 무역은 자유화되고 나아가서 공통의 재정 · 금융정책을 시행하고 공통의 통화를 제정하여 경제문제뿐만 아니라 정치 · 사회적인 면에서도 협력하는 것이라고 정의할 수 있다.

이러한 경제통합문제가 대두되기 시작한 것은 제2차 세계대전 이후 세계무역의 자유화를 추구하는 GATT와 외환의 자유화를 추구하는 IMF를 중심으로 세계화(globalization)가 추진되려는 경향과 함께 유럽연합(European Union; EU)을 비롯한 블록경제(bloc economy)에 의한 지역화(regionalization)경향이 나타나기 시작하면서부터이다.

2. 경제통합의 단계

발라샤(B · Balassa)는 경제통합의 발전과정을 다음과 같이 5단계로 구분하고 있다.

1) 자유무역지역(free trade area)

가맹국 간에는 무역을 저해하는 관세나 수량적 제한을 철폐하여, 역 내에 있어서 무역의 자유로운 이동을 보장하는 초기적인 단계이다. 구주자유무역연합(EFTA), 라틴아메리카 자유무역연합(LAFTA) 그리고 오스트레일리아와 뉴질랜드의 자유무역협정 등이 이에 속한다.

2) 관세동맹(customs union)

이는 2개국 또는 다수국 관세에 대한 동맹을 체결하여 동맹국 간에는 관세를 감면 또는 폐지하고 비동맹국에 대해서는 관세의 자주권을 포기하고 동맹이 결정한 대외 공동관세를 채택하는 것이다. 이와 같은 관세동맹은 경제통합의 중추를 이루는 것이며 베네룩스(Benelux) 관세동맹, 적도 아프리카 관세동맹(ACU) 등이 그것이다.

3) 공동시장(common market)

이는 관세동맹에서 한 단계 더 나아가 마치 국내에서처럼 동맹국 간에 상품의 자유로운 이동뿐만 아니라 노동, 자본 등 생산요소까지도 자유로운 이동을 보장함으로써, 경제적인 측면에서 거의 동일한 국가와 같은 상태를 이룩하려는 형태이다. 중남미 공동시장(Central American Common Market; CACM)이 이에 속한다고 하겠다.

4) 경제동맹(economic union)

이는 앞의 공동시장을 더욱 발전시킨 단계로서 2개국 또는 다수국이 경제에 관한 동맹을 체결하여 외환, 산업, 재정 그리고 통상 등의 정책적인 면에서 상호보조함으로써 통합하려는 형태이다. 그 예로서 EEC(1958. 1), 베네룩스 경제동맹(1960. 11) 등이 그것이다.

5) 완전경제통합(complete economic intergration)

이는 경제통합의 최종단계로서 각국의 주권으로부터 완전히 독립된 초국가적 기구의 설립에 의하여 통화, 금융, 재정, 사회 그리고 경제정책 등을 통일화함으로써 사실상 새로운 국가형태의 경제통합을 말한다. 심지어는 경제 통합뿐만 아니라 정치통합까지도 이룩하려는 단계이다. 유럽연합(EU)이 현재 추진하고 있는 궁극적인 목표는 단일통화, 유럽중앙은행, 단일국기사용 등으로 되어 종국에는 유럽통합국이 될 것이다.

■그림 3-1■ 경제통합의 제5단계

경제통합단계 / 실현항목	자유무역지역	관세동맹	공동시장	경제동맹	완전경제통합
관세 및 비관세 장벽의 제거	■	■	■	■	■
대외공통관세		■	■	■	■
생산요소이동			■	■	■
경제정책조정				■	■
초국가적 기구 설립					■

제2절 EU

유럽지역의 경제통합(economic intergration)은 마샬플랜(Marshall Plan)에 의한 미국의 원조를 수용하기 위한 구주경제협력기구(Organization for European

Economic Cooperation ; OEEC)로부터 출발하여 1944년 9월에 조직되었던 베네룩스 관세동맹(Benelux Customs Union)으로부터 시작되었다. 이 관세동맹으로 베네룩스 3국(벨기에, 네덜란드, 룩셈부르크)간의 역내 무역은 크게 증대되었고, 역외에 대한 교섭도 강화되었다. 이에 자극을 받은 서독, 프랑스, 이탈리아가 이 동맹에 참가하게 되어, 이들 6개국은 프랑스의 슈망(Schuman)외상에 제기한 슈망 플랜(Schuman Plan)에 따라 유럽 석탄·철강공동체(European Coal and Steel Community ; ECSC)를 1951년에 발족시켰다.

ECSC 6개국은 1957년 3월에 유럽원자력공동체(European Atomic Energy Community; EAEC)와 유럽경제공동체(European Economic Community; EEC)의 창설을 위한 로마조약에 조인하였고, 이는 1958년 1월 1일부터 발효하게 되었다.

이와 같이 그 동안 별개의 기본조약을 근거로 탄생·발전해온 ECSC, EEC, EAEC 등은 1967년 7월 1일 통합조약(Merger treaty)에 의해 유럽공동체(European Community; EC)로 통합되었다. 이와 같이 1967년에 발족한 EC는 ① 역내통화의 완전한 교환성의 확립과 환율변동의 제거, ② 평가의 고정, ③ 자본이동의 완전자유화, ④ 단일통화의 창출 등을 목표로 활동을 개시하여 역내무역의 확대와 수평분업관계의 진전이라는 측면에서는 통합의 성과가 진전되고 있었다. 그러나 대외경쟁력구조의 개선이라는 측면에서는 큰 성과를 보이지 못하고 있었다. 따라서 EC의 시장통합의 취약점을 보완하고, 완전한 공동시장에 접근하기 위하여 1985년 EC 위원회는 1992년까지 상품과 요소의 자유이동을 저해하는 제한요인의 철폐안을 제시하고 있었다. 그 후 EC는 1993년 11월 1일 자로 유럽동맹조약(Treaty on European Union)이 발효됨에 따라 EC 각료회의(The Council of Ministers of European Union)로 변경되었고, 이로 인하여 EC 명칭도 EU(European Union; 유럽연합)로 변경되었다. 그리고 1995년 1월 1일 오스트리아, 스웨덴, 핀란드 3개국이 참여함으로써 27개국에 인구 5억만 명, GDP 15조 5천억 달러의 거대한 경제동맹체제가 태동하게 되었다. 그리하여 EU는 1999년 1월부터 단일통화(Euro화)의 사용을 시작하였는바 향후 대외경쟁력구조면에서도 새로운 진전이 이루어지고 있다. 2007년 6월 정상회의에서 EU 헌법조약을 대체하는 리스본 조약 초안을 합의하여 2008년 6월 아일랜드 국민투표에서 부결 되었으나 2009년 10월 3일 2차 국민투표에서 비준동의안이 승인되었다.

현재까지 EU의 대표는 27개 회원국 정상들이 임기 6개월간 돌아가면서 맡아와 회원국 이해가 엇갈리면 자국 사정부터 살펴야 했고, 이로 인해 공정성문제도 불거져 EU 차원의 합의가 나오기 힘들었다. 그러나 EU 대통령이 선출되면 임기가 2년 6개월을 보장받음으로써 현안에 대해 회원국의 의견조율이 가능해지고 대외적인 문제에 대해서도 신속하게 대응할 수 있다. 때문에 국제무대에서도 EU 영향력이 커진다. 미국, 중국, 러시아가 주도해온 국제질서에 EU가 가담함으로써 적지 않은 변화가 예상된다.

■ 리스본 조약 : 2005년 부결된 유럽헌법을 대체하기 위해 마련된 EU 개편조약 "미니 EU헌법"으로 불려진다.

EU 대통령과 외교총재 대표직(외무장관) 신설 등 EU 정치·경제적 통합을 위한 내용을 담고 있다.

EU 가입국은 2009년 말 현재 영국, 아일랜드, 포르투갈, 스페인, 프랑스, 룩셈부르크, 독일, 벨기에, 네덜란드, 덴마크, 오스트리아, 이탈리아, 몰타, 슬로베니아, 헝가리, 루마니아, 불가리아, 그리스, 키프로스, 체코, 폴란드, 슬로바키아, 스웨덴, 핀란드, 에스토니아, 라드비아, 리투아니아로 구성되어 있다.

제3절 NAFTA

1. NAFTA의 설립배경

전후 세계경제를 주도하였던 미국은 1970년대 이후 경상수지 적자, 재정적자의 확대와 불황 그리고 실업의 증가로 인해 국내의 경제여건이 악화되었을 뿐만 아니라 일본과 EU의 경제력 부상은 미국의 경쟁력을 약화시켰다. 결국 미국은 일본과 EU로 인해 약화된 협상력을 회복하여 아시아, 유럽을 견제하려는 목적을 가지고 NAFTA를 설립하기에 이르렀다.

미국은 1988년 캐나다와의 자유무역협정(free trade agreement, FTA)을 체결한 후 1991년 6월에는 미국, 캐나다, 멕시코 3국협상을 개시한 끝에 1992년 8월 북미자유무역협정(North America Free Trade Agreement, NAFTA)이 타결됨으로써 인구 3억 9천만명, GDP 규모 8조 5천억 달러에 이르는 세계 최대의 자유무역지대가 탄생하게 되었다.

지금까지의 경제통합이 경제발전 정도가 비슷한 국가끼리 이루어진데 반하여 NAFTA는 선진국과 개도국간의 생산요소의 상호보완적 결합을 통한 산업경쟁력 제고를 목적으로 하는 최초의 경제통합이라는 특징을 가지고 있다. 다시 말해 미국의 입장에서는 북미 3국간 비교우위에 의한 산업구조조정을 통해 상품의 국제경쟁력 향상과 이로 인한 생산 및 고용의 증대는 물론 멕시코시장을 개방함으로써 국제수지 개선 효과를 기대하고 있으며, 다른 한편으로는 EU 및 일본에 대한 견제와 그 당시 난항을 겪고 있었던 UR협상에서의 협상력을 강화하려는 것이었다.

멕시코의 입장에서는 1980년대 이후 시장개방을 비롯한 경제개혁 조치를 시행하고 있었는데, 이러한 개혁조치의 성공적 수행을 위해서는 미국의 직접투자에 의한 자본유입과 70% 이상의 무역의존도를 가지고 있는 미국시장의 안정적 확보가 필요한 입장이었다.

한편 캐나다는 이미 체결되어 있는 미국과의 FTA에서 충분히 반영되지 못한 정부조달, 금융 서비스시장 개방 등과 같은 부분에 대한 추가협상의 필요성과 아시아 신흥공업국들에 비해 상대적으로 경쟁력이 열위에 있는 노동집약적 산업의 구조조정과 미국시장에서의 기득권 유지를 위해 멕시코의 저렴한 노동력을 확보할 필요성이 있었다.

2. NAFTA의 주요내용

NAFTA의 주요 내용은 무역장벽 제거, 원산지규정 강화, 투자제한규정 철폐, 서비스시장 개방, 지적재산권보호 강화, 분쟁해결, 노동·환경·긴급수입제한에서의 협조 등으로 1988년에 체결된 미국과 캐나다간의 FTA를 기본 틀로 하여 멕시코와의 관련분야를 추가하는 형태로 체결되어 1994년 1월부터 발효되었다. 그 내용을 좀 더 구체적으로 살펴보면 다음과 같다.

첫째는 무역장벽의 철폐이다. 미·캐간의 관세는 이미 발효중인 미·캐 FTA에 의해 1997년까지 거의 모든 품목에 대해 완전 철폐하였고, 멕시코의 관세는 북미산 품목에 대해서 5~10년내에 철폐되며, 일부 농산물 등 수입민감 품목은 15년내에 관세를 철폐하기로 하였다. 또한 수량제한, 반덤핑, 수입허가제도 및 상계관세 등의 비관세장벽도 원칙적으로 철폐하되 농산물, 섬유 및 의류, 자동차에 대한 비관세장벽은 협정 발효와 동시에 관세쿼터 또는 일반관세로 전환하고 동 관세도 단계적으로 철폐하기로 하였다.

둘째는 원산지 규정강화와 투자제한 철폐이다. 원산지의 기본원칙으로는 가공도기준(세번변경기준)을 채택하고 역시 산업보호가 필요한 자동차에 대해서는 자동차부품 현지조달비율을 협정발효 후 4년 내에 57%로 올리고 그 후 4년에 걸쳐 62.5%로 인상할 것에 합의하고, 섬유부문에 있어서는 북미산 원사(原絲)로 생산된 섬유류제품에 한하여 무관세혜택을 인정하도록 하였다.

투자에 있어서는 타협정국의 자국 내 투자에 대하여 내국민 대우를 부여하며, 투자시 부과되는 각종 제한규정을 15년 내에 완전 철폐한다. 다만 멕시코의 에너지산업에 대해서는 멕시코 정부의 독립권을 인정하여 멕시코 내 유전개발사업에 미국과 캐나다가 참여하더라도 그 서비스에 대한 대가만을 지급 받게 되며 유전개발에 따른 수익의 일정지분을 보장받을 수 없도록 하였다.

셋째는 서비스시장의 개방이다. 금융서비스에 있어서는 상호주의와 내국민 대우 원칙을 적용하여 상호 금융시장을 개방하되, 멕시코 금융산업에 대한 미국과 캐나다의 금융기관의 심장점유율은 제한하기로 하였다. 통신부문에서는 투자제한을 완전히 철폐하여 멕시코의 통신장비 및 통신서비스 시장이 개방되고 멕시코 공중전화사업에서 미국과 캐나다 기업에 대한 비차별적 시장접근을 보장하였다. 한편 미국의 대 멕시코 교역량의 90%가 육상운송에 의해 이루어지고 있는데, 이 육상운송부문에서는 역내국 국경지역간의 화물운송서비스를 개방하여 6년 후에는 역내 전 지역으로 동 서비스를 개방하기로 하였다.

넷째는 지적재산권 보호강화와 분쟁해결 및 환경분야에서의 협조이다. 각국이 지적재산권의 보호를 강화하고 지적재산권의 침해 행위에 대해서는 보상을 청구할 수 있는 권리를 보장하였다. 또한 분쟁해결을 위한 제도적 장치로 무역위원회와 사무국을 설치하기로 하고 신속한 분쟁해결을 위해서 분쟁해결을 각 단계에 대한 처리기간을 제한하였다. 또한 노동규정은 미국 내 근로자의 실업방지를 위한 제도적 장치로서 미국기업의 멕시코 이전추세를 사전에 방지하기 위해 멕시코의 느슨한 노동법규를 강화하려는 것이다. 환경규정은 멕시코의 느슨한 환경기준을 강화하기 위해 국제환경협약의 내용을 NAFTA 규정에 반영한 것인데, 협정국은 환경보호수준을 설정하고 엄격한 표준, 위생 및 검역기준을 운용하도록 하였다. 긴급수입제한조치(safeguard)는 멕시코로부터 농산물, 섬유, 의류제품이 미국 내 급격한 수입급증에 대비하여 마련된 것이다.

이러한 내용의 NAFTA가 EU와 다른 점은 NAFTA는 역내국 간의 경제협력에 관한 협정에 불과하기 때문에 역외국과의 문제는 각국 정부의 주권에 일임하고 있으나, EU는 역내국간의 통상문제는 물론이고 역내국과 역외국간의 통상문제도 통합적으로 수행하고 있다는 점이다.

3. 향후 전망

NAFTA를 EU식 통합틀로 전환하기 위해, 공동 화폐를 도입하는 것을 비롯한 국경개방을 통한 자유로운 이동, 제한 없는 취업 등을 추진하기로 합의하는 등의 구체적인 움직임을 보이고 있다. 뿐만 아니라 NAFTA의 설립을 주도한 미국은 이에 그치지 않고 중남미를 포함한 미주 전역을 하나의 자유무역지대로 묶는 이른바 미주자유무역지대(Free Trade Area of America, FTAA)을 창설하려는 계획을 추진하고 있다. 이러한 노력의 이면에는 동구권을 포함하는 전 유럽경제권을 구체화시키려는 EU에 대한 견제와 세계경제질서의 주도권을 놓치지 않으려는 의도가 있는 것으로 파악되고 있다.

미주 34개 국가들은 지난 2001년의 미주정상회담에서 2005년 1월까지 FTAA협상을 종결짓고 2005년 12월부터 협정을 발효하기로 합의함에 따라 FTAA 출범이 가시화될 전망이다. FTAA 출범은 인구 8억, GDP 12조 달러에 달하는 세계 최대의 단일시장 형성을 의미하며, 특히 FTAA는 미국과 같은 선진국, 멕시코와 같은 신흥공업국, 중남미 저개발국들간의 통합체이기 때문에 산업구조의 상호보완성으로 인해 역내 국간 산업, 교역상의 시너지 효과가 매우 클 것으로 보인다.

NAFTA의 출범은 우리나라에서도 영향을 미칠 것으로 보인다. 우선 산업구조와 대미수추품목 구조가 유사한 멕시코가 무관세혜택을 향유하게 됨에 따라 대미수출에 부정적인 영향을 미칠 것으로 전망되는데, 우리나라의 무역흑자 시장인 중남미 지역에 대한 수출은 10~12%(7억 달러) 감소되고 우리나라의 외국인직접투자유치에 불리하게 작용할 것으로 분석된다. 따라서 FTAA 출범에 대비하여 우리나라 주요 경제권과의 대중남미 투자진출 확대 등의 다각적인 전략의 강구가 필요하다.

제4절 APEC

1990년대 들어 세계경제는 지역주의(regionalism)와 관련하여 경제공동체간 제휴·확대·강화가 활발히 이루어지고 있다. 주요 선진국들은 WTO 출범에 따라 범세계적인 자유무역체제(free trade system)를 강조하면서도 다른 한편으로는 유럽연합(EU), 북미자유무역협정(NAFTA)등 지역경제공동체를 구축하거나 타경제공동체와의 제휴를 통해 강화하는데 앞장서고 있다. 이에 대항하여 개도국들은 개도국 나름대로 기존 경제공동체의 결속을 강화시키거나 역시 선진국들과 마찬가지로 타경제권과의 연합을 모색하고 있다.

1. APEC의 설립배경

아·태지역의 경제협력 및 경제통합에 관한 논의는 지난 1950년대 말부터 진행되어 왔지만 최초의 정부간 공식협의체인 아·태경제협력체(APEC : Asia Pacific Economic Cooperation)는 1989년에야 탄생되었다. 그러나 동 지역의 실질적인 경제통합은 역내 상호의존도의 급속한 증가를 바탕으로 이미 1970년대부터 실현되어 왔다고 할 수 있다. 1970~1980년대에는 아·태 지역국가들, 특히 일본·ANIEs·ASEAN·중국 등을 포함하는 동아시아지역의 고도성장이 실현되고 이에 따른 지역간의 경제활력 유지와 경제적 상호의존성을 효율적으로 관리하고자 하는 필요성이 증대됨에 따라 정부차원의 협력기구가 긴요하게 되었다.

EU나 NAFTA가 시장확대로부터의 이익을 추구하기 위한 경제통합인데 반해 아·태 지역국가들은 별다른 제도적인 틀 없이 상호의존도의 증가에 따른 실질적인 경제통합의 이익을 누려왔다고 볼 수 있다. 이러한 아·태 지역의 역동적 경제발전에 부응하고 세계경제의 지역화·블록(bloc)화 추세에 대응하기 위해 지난 1989년 11월 한국과 호주 주도하에 캔버라에서 APEC이 공식 출범되었다. APEC의 최초 회원국은 12개국(한국·미국·일본·캐나다·호주·뉴질랜드·싱가포르·인도네시아·말레이시아·브루나이·필리핀·태국)이었으나 1차로 중국·홍콩·대만이 2차로 멕시코·파푸아 뉴기니·칠레가 3차로 러시아·베트남·페루가 추가되어 2000년 말 현재 APEC의 회원국은 21개국이며 사무국은 싱가포르(1993. 2. 12 설치)에 위치해있다.

2. APEC의 전개과정

APEC은 1989년 11월 호주 캔버라에서 개최된 제1차 각료회담에서 출범한 최초의 정부간 다자협의 포럼이다. 수차례 정상회담을 거치면서 처음에는 회원국간 대화와 협력을 주된 목적으로 하는 구속력이 약한 비공식적 형태의 협력체였던 APEC이 1994년 11월 인도네시아의 보고르에서 선진국은 2010년까지 개도국은 2020년까지 2단계로 나누어 각각 무역자유화를 달성한다는 정상들의 선언이 있었으며 1996년 11월 마닐라에서 개최된 4차 정상회담에서는 3차 오사카 정상회담에서 채택된 행동지침에 따라 구체적인 행동계획인 마닐라 실행계획(MAPA : Manila Action Plan for APEC)을 승인하였는데 MAPA의 채택으로 회원국들의 관세인하는 물론 비관세장벽(non-tariff barrier)의 제거를 통하여 역내 무역 및 투자 활성화를 이루게 됨으로써 APEC은 내실 있는 경제협력체로 발전할 수 있는 계기를 마련하게 되었다.

3. APEC의 특징

APEC은 역외국가들에 차별적인 대우를 취하고 있는 EU나 NAFTA 등과는 달리 기본적으로 역내무역·투자자유화 및 기술·경제협력의 성과와 혜택이 역외국가에 차별적으로 부여되어서는 안 된다는 개방적 지역주의를 표방하고 있으나 APEC이 역내 무역·투자자유화의 혜택을 역외국가에도 동등하게 부여할 것인가의 문제는 회원국간에 논란이 되고 있다. 회원국간 이러한 논란의 근거는 APEC 회원국들의 다양한 경제적 배경에서 찾을 수 있다. 즉 APEC의 21개 회원국들간에 존재하는 상이한 경제발전단계 및 시장개방 그리고 이러한 상황을 참작한 각국이 국가별 무역자유화 이행일정에 차등을 두자는데 있다.

현재 APEC에는 개방적 지역주의의 실천방법과 관련하여 상반된 두 가지 입장이 존재하고 있다.

1) ASEAN 국가들의 견해

ASEAN국들의 지역주의에 대한 입장은 APEC 지역차원의 무역자유화의 이익이 최혜국(MFN : Most Favored Nation) 대우원칙의 무조건부적 기준으로 역외국에도 적용되어야 한다는 포괄적인 최혜국대우원칙을 의미하는데 역외국가들에 대한 무조건부적 MFN 대우는 무임승차(無賃乘車)의 문제를 야기하게 된다. 현실적으로 APEC에서 거래되는 상품교역의 73% 이상이 역내에서 이루어지기 때문에 역외국의 무임승차의 정도는 미약하여 역외국가에 무조건부적인 기준으로 무역자유화를 실시하더라도 역내국의 경제적 피해는 크지 않을 것으로 전망된다.

2) 미국의 견해

미국은 EU를 견제하기 위해 개방적 지역주의의 혜택을 EU가 APEC이 추진하는 정도의 자유화 조건을 준수하는 경우에만 상호 호혜적으로 부여하자는 입장인데 역외국가에 대해 상호주의에 입각한 역내자유화 혜택을 부여하기 위해서는 APEC으로 하여금 역외공동무역조치를 취하도록 해야 하는데 이것은 현재 역내 회원국간의 상이한 경제발전단계에 따른 상충되는 이해관계를 고려할 때 실질적인 자유무역지역의 형성을 요구하는 이 같은 미국의 제안은 비현실적이라고 평가할 수 있다.

EPG는 이러한 상반되는 입장에 대해 이 두 가지 입장을 충분히 반영하고 있는 다음 네 가지 실천방안을 제시하고 있다.

① APEC 회원국들은 독자적 자유화(unilateral liberalization)를 최대한 실시해야 한다. 이는 각국의 경제발전단계, 문화・사회・정치적 여건에 맞게 자유화 일정 및 범위를 자율적으로 결정하도록 하는 것이다.

② 독자적 자유화와 병행하여 상호주의(reciprocity)에 입각한 역내외 자유화를

실시하는 것이다. 즉 아 · 태 지역의 완전무역자유화를 이룩하기 위해서는 구속력 있는 협상을 통해 상호주의적 원칙에 입각한 자유화가 실시되어야 한다는 것이다.

③ 역외국에 대한 무역과 투자의 장벽을 상호주의 원칙에 입각하여 지속적으로 낮추어 나가는 것으로 역외국으로 하여금 APEC에 상응하는 자유화를 이행하게 함으로써 APEC이 범세계적 무역자유화를 선도한다는 의미를 가지고 있다.

④ APEC 수준 이상의 자유화는 각 회원국이 역외국에 대한 MFN 대우 여부를 자율적으로 결정하게 하는 것으로써 역내 선 · 후진국간의 마찰을 방지할 수 있게 된다.

아시아 · 태평양 지역의 다양성에 비추어 볼 때 역내국간에 무역자유화를 위한 통일된 의견을 도출한다는 것은 매우 어려운 일이다. 역내국가간에는 다양한 경제적 · 사회적 · 문화적 · 역사적 · 언어적 · 인종적 · 정치적 배경이 존재하고 경제발전단계의 차이, 즉 미국 · 일본을 위시한 선진국과 개도국과의 의견차이가 상존하고 지역간의 차이인 아시아 지역과 비아시아 지역의 입장차이도 존재하여 APEC이 하나의 통합된 경제권으로 발전하는 데에는 상당한 시일이 소요될 것으로 보인다.

4. 주요국의 입장

1) 미국의 입장

1989년 1월 호주가 아 · 태 경제협력체 구상을 제안하였을 때 미국은 즉각적인 반응을 유보하였다가 1989년 6월에 동참의사를 밝혔는데 APEC 출범 당시 미국의 참여 의도는 미국을 배제하는 아시아 지역협력체의 성립을 방지하고 APEC을 통해 UR타결을 촉구하여 EU와의 협상력을 제고시키는 것이었다. 따라서 당시 미국을 APEC을 UR 타결을 위한 보조수단 정도로 인식하여 APEC의 활동에 소극적이었으나 UR 타결이 계속 지연되고 협상결과도 기대에 못 미칠 가능성이 커지자 미국은 APEC을 주요 대외정책수단으로 새롭게 인식하게 되었다. 즉 1990년대 초반을 기점으로 미국은 동아시아의 성장잠재력이 세계에서 가장 크다는 점을 중시하여 APEC내에서의 무역・투자자유화가 미국경제성장에 주요한 요인으로 작용할 것이라는 인식을 하게 되었다.

현실적으로 미국 무역적자의 대부분이 일본, 중국을 비롯한 아시아 국가들과의 교역에서 발생하고 있기 때문에 무역적자의 개선과 APEC의 역내무역자유화가 직결된다고 보고 있고 UR의 성과가 만족스럽지 못한 부문의 경우 아・태 지역에서의 자유화 협상을 통해 미국의 국익을 증대시키려 하고 있으며 EU를 견제하는 방편으로써 APEC의 발전을 기도할 것으로 보인다. 또한 아・태 지역에서 미국을 배제한 지역경제권이 형성되는 것을 방지하고 동 지역에서 경제적 주도권을 강화하겠다는 의욕을 가지고 있다. 하지만 현재의 APEC 체제가 회원국간의 다양성 존중, 대화와 협의를 위주로 하는 협의체 지향 등으로 인해 이러한 미국의 의도가 제대로 충족될 수 있을지는 의문시된다.

2) 일본의 입장

일본은 호주의 아・태 경제협력체 구상제안에 대해 처음으로 지지입장을 표명하였다. 일본의 지지입장의 근거는 동 구상이 역내국과의 무역 및 투자관계 강화에 도움을 준다는 것과 미・일 무역마찰을 회피하기 위한 방안으로써 유용하다는 것이다. 일본은 APEC을 아・태 지역내 경제협력의 발판으로 삼아 역내 경제교류를 증대해 나간다는 입장이나 미국이 APEC을 통해 아・태 지역의 경제적・정치적 주도권을 장악하는 것에 대해서는 경계하고 있다.

일본은 미국이 APEC을 강화하여 지금의 경제협력체에서 경제공동체로 발전시키려는 의도에 대해 APEC이 개방경제연합(OEA : Open Economic Association)으로 지향하기를 바라고 있다. 이는 자유무역지역의 결성과 같은 포괄적인 무역자유화 추진이 아・태 지역의 다양성을 고려할 때 현실적으로 적합하지 않다고 판단하기 때문이며 APEC의 바람직한 추진방향으로 가능한 부문부터의 점진적인 경제협력을 지적하고 있다.

3) 중국의 입장

중국은 1980년대 이후 본격적으로 사회주의 경제체제에서 자본주의 시장경제체제로 전환하면서 세계경제에 활발히 진출하고 있다. 이러한 세계경제로의 순조로운 진출을 위해서 미국・일본・ANIEs・ASEAN등이 참여하고 있는 APEC과 같은 지역 경제협의체가 자국의 경제에 유익하다는 판단하에 기본적으로 APEC의 결성을 지지하고 있다. 즉 중국은 APEC을 통하여 자국의 시장경제화를 촉진시키고 경제개발을 가속화시키려 하고 있으며 선진국으로부터의 기술이전이 활발히 이루어지기를 바라고 있다.

그러나 중국도 일본과 같이 APEC이 경제협력체 이상으로 발전되기를 원치는 않고 있다. 이는 APEC이 미국의 주장대로 지역경제공동체로 발전될 경우 중국을 비롯한 동아시아에 대한 미국의 통상압력이 더욱 거세질 것을 우려하고 있기 때문이다.

한편, 중국은 APEC에 3중국의 하나로서 가입하기는 하였으나 APEC내에서 홍콩이나 대만의 입지가 커지는 것을 경계하고 있는데 특히 대만이 자국과 같은 정치적 입지를 가지는 것을 강력히 견제하고 있는 입장이다.

4) ASEAN의 입장

ASEAN은 아・태 경제협력의 필요성에 동의하여 APEC에 참여하기는 하였으나 APEC의 급속한 진전이 ASEAN 국가간의 결속력을 약화시킬 것을 우려하여 APEC의 급속한 추진에 소극적인 입장을 보였으나 최근에는 APEC에 적극적으로 참여하여 ASEAN의 이익을 옹호하려는 입장도 나타내고 있다. 이러한 입장의 변화에는 ASEAN의 대(對)APEC 무역비중이 70% 이상에 이르고 있고 주요 투자국의 대부분이 APEC 국가라는 현실적인 인식이 배경으로 작용하고 있다.

한편, 말레이시아를 비롯한 일부 ASEAN 국가들은 APEC의 무역・투자자유화 과정에서 개도국의 입장반영에 대한 의문, 미국주도의 APEC 추진으로 인한 ASEAN 회원국의 결속력 약화, APEC내 미국의 입지강화로 인한 ASEAN 회원국의 미국경제에 대한 종속, APEC의 대선진국 협상력 약화 등을 우려하여 APEC이 구속력 있는 경제공동체로 발전하는 것에 대해 반대하고 있다.

5. APEC의 역할

향후 APEC은 현재 심화되고 있는 범세계적인 지역주의 경향을 완화시키며 비배타적이고 무차별적인 개방적 지역주의 정책을 계속 견지할 것으로 보인다. 이와 같은 맥락에서 볼 때 아·태 지역은 경제협력의 과실을 역외국가와 공유할 것이며 이는 다자주의의 원칙에도 부합된다고 할 수 있다.

경제전문가들 사이에 지역주의와 다자주의의 관계가 대립적인지 보완적인지에 대한 논쟁이 벌어지고 있다. 지역주의가 다자주의의 약화를 초래한다는 논리는 지역주의의 속성인 보호주의적 특성에 중점을 두고 있으며 일정지역에 적용되는 지역주의가 기타지역에서 대항적인 성격의 지역주의 성립을 가져온다는 측면을 강조하고 있다. 반면에 양자간의 보완성을 중시하는 견해는 일부지역의 역내국가간에 실질적인 모든 무역장벽이 합리적인 기간내에 제거된다면 적어도 해당지역 내에서는 교역이 활성화되며 이는 다자주의의 활성화에 기여하게 된다고 보고 있다.

APEC의 역할을 몇 가지 측면에서 살펴보고자 한다.

① 아·태 경제협력의 진전은 기존의 지역주의를 개방적으로 만드는 압력요인으로 작용하게 된다. 예를 들면, EU가 배타적인 경제블록으로 발전할 경우에는 APEC이 집단적인 대항수단을 취함으로써 EU를 견제할 수 있고 NAFTA 회원국들을 보다 폭넓은 아·태 경제협력의 틀로 유도함으로써 NAFTA의 비회원국에 대한 차별을 완화할 수 있다.

② APEC은 미국과 일본의 무역마찰에서 야기된 양국시장의 보호무역주의적 경향을 완화시켜 줄 수 있다. 예를 들면, 역내 무역자유화가 이루어질 경우 미국의 일본시장에의 접근이 용이해 질 수 있고 미국도 반덤핑 판정같은 불공정 무역관행을 겨냥한 정책을 자제할 수 있다.

③ APEC의 협력사업의 진전은 역내 회원국의 경제적 이익의 증대를 가져오게 된다. 아·태 지역은 경제적 특성상 각 경제간의 상호보완성이 크며 경제적 잠재력도 매우 높다고 할 수 있다. 따라서 APEC의 진전은 이 지역전체의 경제적 번영은 물론 다자간 무역질서를 기본이념으로 하는 WTO의 정신에도 부합되어 새로운 국제무역질서의 창출에 기여하게 된다.

6. APEC의 과제

APEC은 향후 무역·투자자유화의 추진속도를 적절히 조절해 나감으로써 회원국간의 이해관계의 차이에서 오는 갈등을 최소화하면서 회원국간의 결속력을 제고시켜 나갈 것으로 기대되고 있다. APEC의 발전과 관련하여 현재 APEC이 당면하고 있는 과제를 다음 두 가지 측면에서 살펴보고자 한다.

1) 상호보완적인 경제협력체의 지향

APEC은 회원국들의 경제발전단계가 상이하여 수평적인 국제분업(international division of labor)에 기초한 협력체라기보다는 수직적인 국제분업에 기초하는 협력체라고 할 수 있다. 이러한 경제협력의 틀 하에서 바람직한 상호보완적 경제협력체가 되기 위해서는 역내 회원국들의 경제적 주권(economic sovereignty)이 가능한 한 평등하게 보장되어 특정 국가의 독주를 견제할 수 있어야 한다. 이를 위해 민주적 의사결정을 위한 제도적 장치가 마련되어야 하며 이렇게 될 때 역내 국가들의 호혜평등이 유지되어 진정한 의미의 역내 회원국들의 공동번영이 가능하게 된다.

2) 정상선언의 실효성 제고

현재 APEC 정상회담은 9차까지 진행되었지만 정상간의 합의사항 실효성에 한계를 드러내고 있는 것이 사실이다. 정상선언의 내용은 3개월마다 개최되는 고위관리회의(SOM)·재무장관 및 통상장관회의 등 각료회담에서 검토되지만 APEC이 당초 집행기구가 아닌 협의기구로서 출범했기 때문에 그다지 큰 구속력을 가지지 못하고 있다. 따라서 APEC의 효용성을 제고시키기 위해서는 정상선언의 실효성과 그에 따른 후속조치에 대한 근본적인 개선책이 요구되고 있다.

제5절 동북아 경제협력

1. 경제협력 추진

냉전질서 붕괴 이후 평화와 발전이 세계정세의 주류가 되면서 지역 간 또는 국가 간 긴장을 완화시키면서 경제합작에 유리한 환경이 조성되면서 세계경제는 세계무역기구 중심으로 통합됨과 동시에 신규 지역무역 협정과 기존의 지역무역 협정의 확대가 강화되어 가고 있다. 동북아시아 지역은 세계경제에서 차지하는 위상과 경제적인 중요성에도 불구하고 공식적인 협력체가 없다. 동북아 경제권에 대한 논의를 염두 해 둘 때 동북아 지역은 넓게는 남북한과 일본, 그리고 중국의 동북3성(흑룡강성, 길임성, 요녕성)과 화북경제구(화북성, 산동송,북경, 천진) 및 내몽골 자치구, 러시아의 극동 지역(아무르주, 연해지방, 하바롭스크지방, 사할린주, 마가다주, 캄차카주, 사하공화국),몽골 등을 말한다. 좁게는 남북한, 중국의 동북3성, 러시아 극동지역의 아므로주, 연해지방, 하바로스크지방, 사할린주, 그리고 동해에 접한 일본의 제현 들을 포괄하는 것으로 파악할 수 있다. 여기에서는 남북한과 일본, 중국의 동북3성 및 러시아의 극동 지역들을 포괄하는 지역을 주된 대상으로 삼고자 한다. 동북아 경제권의 국가들은 경제발전의 정도, 산업구조 및 천연자원의 부존 면에서 상호간에 서로 보완적인 관계를 지니고 있으므로 이 지역에서 경제 협력권의 형성은 경제성장과 교역증대에 크게 기여할 것이다.

이하에서는 동북아 경제협력에 대한 관련국의 입장, 형성 가능성을 분석해보고 우리의 대응 자세를 검토하도록 한다.

2. 동북아 지역의 경제와 경제협력 현황

1) 동북아 지역의 경제와 경제협력 현황

(1) 동북아 지역의 경제현황

동북아 지역의 경제협력 범위에 대해서는 다양한 견해가 존재하나 여기에서는 남・북한, 일본, 중국의 동북3성, 러시아 극동지역을 주된 대상으로 삼고자 한다.

이와 같이 파악되는 동북아 지역은 아시아 전체의 약 20%에 해당하는 면적에 약 3억명에 이르는 인구를 보유하고 있다. 그리고 연간총생산의 규모는 3조 달러 이상으로 세계 전체의 약 15%이상을 차지하지만, 각 국가별로 소득수준의 격차가 상당히 큰 편이다.

우선 일본은 산업기술, 금융자본, 정보수집, 처리능력, 시장개척능력 등에서 세계 최고의 수준이나, 경제를 유지하기 위하여 원료와 연료를 대량으로 수입해야 하는 자원빈국이며 거대한 소비재시장이기도 하다. 그리고 한국은 자본조달능력을 가지고 있고 중국 동북부나 러시아 극동 지역 등의 경제발전에 적합한 수준의 기술을 보유하고 있으나, 역시 자원빈국으로서 역내자원개발에 참여하여 원재료의 수입 선을 확보하는 것이 긴요하다고 할 수 있다. 한편 중국의 동북3성은 중국의 중공업 중심지이지만 공업설비의 노후화로 곤란을 겪고 있을 뿐만 아니라, 부가가치가 높은 산업을 육성할 필요가 있어 일본과 한국의 자본 및 기술의 도입을 기대하고 있으며, 농축산물의 수출능력과 저렴하고 풍부한 노동력을 보유하고 있다. 그리고 현재 삼강 평원의 토지개량에 관련한 농업개발 프로젝트를 다국 간 협력사업으로 추진하고 있으며, 러시아 극동 지역에 노동력을 수출하고 있기도 하다. 러시아 극동 지역에는 천연가스, 석유, 석탄, 비철금속, 귀금속, 목재, 수산품 등 천연자원이 풍부하게 매장되어 있으나, 노동력이 부족하고 철도, 도로, 교량, 항만 등의 사회간접자본이 미비하여 이의 개발에 관련한 국제적인 협력이 필요한 형편이다. 북한은 희소금속류를 포함한 다양한 광물자원을 보유하고 있으며, 철 및 비철금속과 마그네사이트 등을 수출 주종상품으로 삼고 있다. 노동력은 그다지 풍부하다고는 할 수 없으나 양질의 노동력을 활용할 수 있는 여지는 충분히 존재한다. 산업설비가 노후화하여 기술 및 자본의 도입을 필요로 하며, 동북아 일대의 물류유통기지로 적합한 입지를 갖추고 있으나, 이에 관련한 사회간접자본은 정비되어 있지 않다.

① 흑룡강성

- 현재 중공업의 비중이 3/4 정도이고, 중공업 가운데서는 채취공업이 40~50%를 차지하며, 경공업 중에는 농작물 가공업이 80%를 차지.
- 자본이 부족하며, 산업생산의 부가가치가 낮고, 산업구조가 중화학공업에 편중

・석유(대경)와 석탄, 농작물 생산기지(삼강평원)의 가능성

② 길림성

・중공업의 비중이 2/3정도이며, 수출가운데 절반이상이 농작물
・자본 외, 에너지와 비료 등이 부족하며, 산업구조가 중화학공업에 편중
・농작물과 목재의 공급원, 물류기지(훈춘 등)의 가능성

③ 요녕성

・중국의 중화학공업 기지로서 중공업의 비중이 3/4 정도이며, 철강, 금속공업이 중공업의 1/3 정도를 차지
・자본과 에너지가 부족하고, 설비가 노후 되어 있으며, 산업구조가 중화학공업에 편중
・석유(요하), 석탄, 철광석, 몰리브덴 등 지하자원과 노동력

④ 북한

・산업구조는 중화학공업 중심으로 되어 있으나, 군수공업의 비중이 높고, 수출은 비철금속과 위탁가공에 의한 섬유제품 위주
・자본 부족과 에너지 및 식량난을 겪고 있으며, 설비 노후화로 산업생산이 부진하고, 정치적 불안정 요소가 존재
・마그네사이트를 위시한 각종 광물자원, 양질의 노동력, 관광자원(금강산 등), 물류기지(나진・선봉)의 가능성

⑤ 한국

・제철, 자동차, 조선, 전기, 전자, 섬유산업 등이 고도로 발전
・무역마찰의 문제를 안고 있고, 에너지자원과 광물자원이 부족
・기술수준이 비교적 높고, 각종 산업 발달

⑥ 일본

제철, 자동차, 조선, 전기, 전자, 정밀기계, 정보산업 등이 고도로 발전 무역마

찰의 문제를 안고 있고, 에너지자원과 광물자원이 부족하며 식량의 수입의존도가 높음. 풍부한 자본과 높은 기술수준 보유, 고도 정보 산업 등 산업이 발달

(2) 동북아 경제 협력 현황

2000년 중동을 제외한 아시아의 총 수입은 세계전체인 6조 6,686억 달러의 24.9%를 차지한 1조 6,610억 달러이고 총 수출은 홍콩의 재수출을 포함하여 1조 8,277억 달러에 이르러 세계 총 수출 6조 3,580억 달러의 28.7%를 차지하고 있다. 수출입 비중이 각각 15.9% 및 16.9%에서 2000년 28.7% 및 24.9%로 증가한 데서 알 수 있듯이 아시아의 교역은 지난 20년 간 세계 전체의 교역규모에 비해 빨리 성장한 것을 보여준다. 1980년대의 교역증가의 상대적 속도가 90년대에 비해 더 빨랐다는 사실도 추론할 수 있다. 수출입의 집계 시점 때문에 세계전체의 수출입이 일치하지 않지만 이를 무시하고 아시아의 수출입을 비교해 보면 1980년에 아시아는 약 280억 달러의 무역적자를 기록했지만 90년에는 300억 달러의 흑자를 그리고 2000년에는 1,600억 달러 이상의 흑자를 기록하고 있는 것으로 나타난다. 이러한 무역수지 흑자는 세계경제에서 아시아 경제가 갖는 주요한 특성중의 하나이다. WTO의 집계에 의하면 아시아의 수출 중 역내 수출은 1999년 약 46.6%이며 북미지역에 대한 수출이 26.3%, 서유럽에 대한 수출은 18.1%이었다. 역내수출비율 46.6%는 1990년의 42.1%에 비해 증가했고 다른 지역에 대한 수출비율은 감소했다.

동북아지역에 대한 교역비중이 가장 낮은 나라는 러시아이다. 러시아의 동북아지역에 대한 교역의 비중이 낮은 것은 러시아의 경제 중심지가 유럽에 가깝기 때문으로 해석될 수 있는데, 그럼에도 러시아의 동북아지역에 대한 교역의 비중이 1985년 이후 1994년까지 상당히 증가한 것은 주목할 만하다. 러시아 다음으로 동북아지역에 대한 교역비중이 낮은 나라는 일본으로, 교역의 비중이 낮은 것은 교역이 다변화되어 있기 때문이지만, 동북아지역에 대한 일본의 관심이 상대적으로 낮다는 것을 의미할 수도 있다. 중국의 경우 동북아지역에 대한 교역의 비중은 비교적 높은 편으로, 2000년 동북아지역에 대한 수출과 수입의 비중이 각각 23.1%와 24.1%로 나타났다. 한국의 동북아지역에 대한 교역은 규모면에서 일본에 미치지 못하나 그 비중은 2000년 이래 빠른 속도로 증대하고 있다. 한국의 동북아지역

에 대한 교역의 비중이 높아진 것은 중국과의 교역이 큰 폭으로 증가하였을 뿐만 아니라, 일본과의 교역 역시 크게 확대되었기 때문이다. 북한의 경우 대외무역의 규모 자체는 상당히 작지만, 동북아지역에 대한 교역에 의존하는 정도는 대단히 높은 것으로 나타난다.

2) 동북아 경제협력의 필요성

역 외국에 대해 배타적이고 폐쇄적인 제재조치를 취하고자하는 일련의 지역경제 블록화 현상은 대외 지향적 교역확대를 통하여 경제성장을 달성해야하는 동북아지역 각 국가에게 커다란 장애 요인으로 대두되고 있다. 특히 EU는 완전한 경제통합으로 유럽전체에 역내 광역 시장권을 형성함으로써 경쟁력을 더욱 강화하게 된다면 아시아 국가의 수출경쟁력에 커다란 타격을 줄 것으로 예견되며, 향후 아시아・태평양 국가들이 가해왔던 통상압력도 그 강도를 더할 것으로 보인다. 과거 냉전시대에의 미국은 동북아 국가들에 대한 안보와 안정적 경제성장을 의한 수출시장을 제공해 왔으나. 탈냉전시대가 도래하면서 서구권 국가들의 안정과 화목을 도모하고 이를 위해서 자기희생을 불사하던 미국이 모든 것을 자국의 잣대로 판단해서 개발도상국에 무리한 요구를 하고 있다. 1980년대 이후 세계경제에 있어서 미국은 상대적 우위성 상실과 매년 동북아 교역으로부터 미국의 총무역수지 적자액의 상당부분을 시현함으로써 현재의 무역패턴이 계속되는 한 동북아 지역과 무역마찰은 지속될 것이다. 일본은 버블경제 붕괴이후 때마침 불어 닥친 금융개방과 자본개방 자유화로 인해 제조업 만능주의로 상징되는 일본식 모델의 한계를 내보이며 내수부진과 금융시장의 불안성, 실업율 증가 등 총체적인 경제난국에 직면하고 있고, 중국은 개혁・개방과 중국식 사회주의 정착으로 인해 두 자리 수 경제성장을 기록하며 세계경제 무대에 막대한 경제력을 행사하였으나 최근에 성장률이 둔화되고, 러시아는 시장경제로의 이행에 시행착오를 거듭함으로써 한국과 마찬가지로 IMF국제금융을 받았으며 경제 불안이 정치 불안으로 연결되었다. 북한은 1980년대 말부터 1990년 중반까지 사회주의의 붕괴에 따른 국제적 고립심화와 계속되는 식량난 및 외화부족에 따른 원자재 부족사태와 더불어 미국의 경제제재조치로 인해 갈수록 경제난이 심화되었으나 최근 북한은 체제안정에 대한 자신감을 바탕으로 '강성대국건설'의 기치 하에 대외개방과 북한식 체재개혁을 추진과, 남북관계에서도 상당히 적극적인 자세를 보이고 있다. 이와 같이 동북아 역내 국가들이 겪고 있는 경제난과 위기상황의 극복을 위한 대안으로 경제 협력 권 형성으로 모색되어야 할 것이다.

3. 동북아 경제통합논의와 입장

1) 각국의 입장

(1) China

1978년 등소평 체제의 등장과 함께, 경제개혁 및 개방화 정책에 나선 중국은 정치적으로 비록 사회주의체제를 고수하면서도, 경제는 자유시장경제체제로 전환하는 양면적인 과정을 밟아왔다. 스스로 중국은 사회주의 초급단계에 있다고 규정하고, 이러한 초급단계에서는 계획경제방식보다는 시장경제방식이 우월하다는 판단 아래 이른바 사회주의 시장 경제론을 내세웠다. 이러한 이론적 배경에서 중국은 지난날의 계획 경제적 요소를 과감히 청산하고, 대외적으로는 경제를 완전히 개방하는 이른바 개혁-개방정책으로 방향전환을 가져온 것이다. 중국의 이러한 개혁 및 개방화정책은 중국경제의 구조변화는 물론 나아가 이웃 나라와의 경제적 의존관계를 급속하게 높이게 되었다. 지난날 냉전체제 하에서의 이데올로기적 대립과 모순관계가 해소됨에 따라, 동북아지역은 공통의 역사적 전통과 지리적 근접성에 기초하는 하나의 지역경제권 형성을 가능케 할 중요한 전제조건의 하나가 마련된 셈이다. 중국에서 동북아 경제권이라는 개념이 처음 사용된 것은 1980년 1월 북경에서 개최된 '동북아 경제권 합장 발전 문제연구회'에서였다. 중국은 이 지역을 제8차 5개년 계획(1990~95)의 중점개발지역의 하나로 정하고, 대외개방을 적극 추진하여 이 지역을 중국의 새로운 공업 및 무역의 중심지로 중점 개발하기로 하였다. 이 계획에는 러시아 극동 지역에 인접한 흑룡강성의 흑하시, 수분하시와 북한과 접경한 길림성의 훈춘시, 도문시를 국경무역의 중심지와 대외개방의 창구로 개방하여 개발한다는 내용을 담고 있다. 이에 따라 각 성(省)은 거점도시를 중심으로 하는 개발계획을 수립하고 있는데 요령성의 영구시를 중심으로 한 요동반도 개발계획, 길림성의 훈춘을 중심으로 한 도문강지역 개발계획, 흑룡강성의 합이빈을 중심으로 한 '전방위 향북 개방' 도시개발계획 등이 그것이다. 여기서 특히 국제적인 관심의 대상이 되는 것은 앞에서 살펴본 바와 같이 길림성의 훈춘시를 중심으로 한 두만강지역 개발계획이다. 중국정부는 최근 두만강을 둘러싸고 있는 길림성의 훈춘, 북한의 선봉(구 웅기) 및 소련의 포시에트를 연결하는 황금의 삼각주지역을 개발하기로 하는 계획을 승인하였다. 동 계획에 따르면 이 지역에 한국, 일본 등의 자본과 기술을 유치하여 국경을 초월하는 자유무역항과 위탁가공 무역지구로 개발한다는 것이다. 이를 위해서는 두만강을 통해 동해까지의 항로개발을 통한 출해권의 획득이 필수적이다. 따라서 중국정부는 방천을 국제항으로 개발하고 방천으로부터 동해까지 15km에 이르는 두만강을 항로로 개발하여 역내지역간의 해운거리를 크게 단축시킨다는 계획이다. 그러나 동 계획은 지역적으로는 소련과 북한의 협력이 있어야 하고, 개발에 필요한 자본과 기술을 얻기 위해서는 한국과 일본의 도움이 필요하다. 그러므로 두만강지역 개발계획은 중국의 지역개발계획의 성격을 벗어나 현재는 유엔개발계획(UNDP)의 주관 하에 그 타당성 검토단계를 넘어 구체적인 추진단계에 이르는 국제적 경제협력사업으로 전화되고 있다.

(2) Russia

1991년 소련이 독립국가연합(CIS)으로 전환되면서 독립한 러시아는 옐친 대통령에 의한 급속한 시장경제체제로의 전환으로 경제는 마이너스 성장률을 기록하는 등 많은 진통을 겪고 있다. 단기적으로는 러시아 경제의 어려움은 당분간 지속될 전망이나 중장기적으로는 시장경제로의 전황에 따른 효율성의 회복으로 경제가 활력을 찾을 것이며, 한국을 비롯한 자본주의 국가들과의 교류가 활발해질 것이다. 아울러 지방분권화가 이루어져 극동 지역은 동북아지역 경제에 편입될 전망이다. 지금까지 나타난 러시아의 태도를 종합해 보면 동북아 경제협력의 범위와 방법에 관해 명확한 입장은 정립이 되어있지 못한 형편이나, 중국에서 거론하고 있는 동북아경제협력안과 일본에서의 환일본해 경제 협력안을 모두 적극적으로 찬성하고 있어서 동 지역의 국제경제협력이면 참여국의 범위와 방법에 크게 구애를 받지 않는다고 할 수 있다. 동 지역은 러시아 극동의 여타 지역에 비해 비교적 교통시설 등 사회간접자본시설이 잘 갖추어져 있으며, 인구 밀접 지역이고, 한국, 일본, 중국, 북한 등과 지리적으로 인접해 있어서 장차 동북아 경제협력에 있어서 러시아의 거점지역이 될 가능성이 크다.

(3) Japan

동아시아 경제권 형성과정에서 경제대국으로서의 중국과 함께 일본의 입장이 매우 중요하다. 일본은 동북아시아 지역에 대한 직접투자가 증대하고 있는데 이는 해외 조달형-해외 진출 전략의 일환으로 볼 수 있다. 다시 말하여, 생산거점의 일부를 아시아지역으로 이전 시켜, 일본의 기술 및 경영지도 아래 생산한 제품을 제3국으로 수출하거나 일본으로 반입시키는 전략이다. 일본은 이러한 해외 조달형 직접투자의 증대를 통하여 우선 막대한 국제수지 흑자를 줄이고 이들 지역의 산업구조를 일본의 산업구조에 대한 보완적 성격으로 개편시키는 효과를 도모하고 있다. 일본의 역할과 관련하여 특히 중요시되어야 할 것은 동북아 지역에 대한 일본의 공급자로서의 역할과 수요자로서의 역할이다. 그 동안 일본은 동북아시아 지역에 대해서 수요자의 역할보다는 공급자로서의 역할에 치우쳐왔다. 동북아시아 지역이 지난날의 성장 트라이앵글 시대로부터 스스로의 동아시아 경제권 시대로 전환하기 위해서는 일본이 지난날의 일본의 수출주도형 성장전략을 가능케 해준 미국의 역할을 일본이 대신해야 한다. 예컨대 우수한 기계설비나 부품을 유리한 조건으로 공급하거나 또는 앞선 기술 및 경영지식을 솔선하여 전수 시켜주는 등 공급자적인 역할이 강조되고 있다.

(4) 북한

북한은 지난 1947년 첫 경제계획을 실시한 이래 나름대로의 경제발전을 추구해 왔으나, 중앙집권적 계획경제체제가 갖는 비효율성, 군비확장에 의한 비합리적 경제정책으로 인해 점차 경제성장의 한계에 이르러, 1989년 이후 동구권 국가들의 개혁, 개방조치와 소련의 붕괴로 기존의 대외경제협력기반이 무너져 현재는 식량난과 더불어 휴전 이후 최악의 경제적 침체국면을 맞고 있다. 따라서 북한은 경제침체, 외화부족, 대 러시아 교역차질 등 대내외적인 어려움으로 인해 개방을 불가피한 선택으로 인식하고 남북한 경제교류와 유엔개발계획(UNDP), 유엔공업개발기구(UNIDO) 등을 통한 대 서방 경제 협력을 적극 추진할 전망이다. 제한적이며 부분적인 개방을 선호하는 북한의 입장에서 남북한 경제교류는 북한주민들에게 남한경제의 우위성을 인식시킬 우려가 있기 때문에, 남북 간의 포괄적이고 직접적인 경제교류보다는 제한적이고 주변국이 함께 참여하는 간접적인 방식을 선호할 것이다. 따라서 북한의 입장에서 두만강지역의 개발계획과 이 지역을 중심으로 하는 동북아지역 경제협력구상은 매우 환영할만한 것이다. 북한은 1991년 7월 몽골의 울란바토르에서 열린 유엔개발계획에서의 회의와 동년 8월 중국 장춘에서 열린 동북아경제개발계획에 관한 세미나 등에서 이미 청진-나진-선봉 등 3개 일대를 경제무역지대, 즉 경제특구로 개발하겠다는 의사를 밝힌 상태이며 한국의 간접 참여를 희망한 것으로 알려지고 있다. 동 지역에 대한 북한의 계획의 일단을 보면 다음과 같다. 동쪽으로는 두만강 하구에, 남쪽으로는 동해에 접한 약 6백21km^{2}의 면적을 대상으로 하며, 여기에 경공업, 전자공업, 서비스부문, 목재가공업 등의 공장을 유치한다는 계획이다. 한편 동 계획을 수행하기 위해 사회간접자본 정비에 착수할 것인데, 청진을 기점으로 중국 길림성의 국경연안일대, 러시아국경 인접지대에 있는 현재의 북방 철도망 405km를 전면 전철복선화하고, 중국의 훈춘, 러시아의 하산간 철교를 복구 또는 신설할 예정이다. 그리고 철도노선과 비슷한 306km의 환상의 6차선 고속도로를 건설해, 동해안 주요도시와 중국, 러시아 도시를 연결한다. 청진, 나진항은 현재 각각 8백만 톤과 3백만 톤의 하역규모를 2천만 톤과 3천만 톤으로 확장하고, 5천만 톤 규모의 신 웅상항을 건설하여 동 지역 전체의 화물처리능력을 1억 톤으로 확충할 것을 계획하고 있다. 그러나 6자 회담에서 요구하는 북한 핵의 포기, 폐기가 전제되어야 북한 경제성장을 가속할 수 있는데 북한체제와 맞물려 쉽게 진전되지 않고 있다. 앞으로 미국의 새로운 오바마 정부와 교섭에 따라서 북한경제의 갈림길이 될 것이다.

4. 동북아 경제협력의 가능성 및 구상

동북아지역에서의 급속한 역내교역의 증대와 동 지역의 왕성한 성장잠재력은 동북아 경제권 구상을 더욱 가시화 시킬 수 있는 유인이 되고 있다. 한국, 북한, 일본, 러시아, 중국 등 동북아 5개국이 중심이 되고 있는 동북아 경제권 논의의 핵심은 역내자원의 공동개발과 함께 각국이 갖고 있는 비교우위요소를 적절히 결합시킴으로써, 역내국가간의 상호보완성을 최대한 활용하여 국가 간 교역규모를 더욱 확대하며, 나아가 다자간 지역협력체제의 구축을 통하여 동북아지역의 공동번영을 이룩하는 것이라 하겠다.

1) 경제협력의 가능성

(1) 촉진 요인

최근의 동북아 경제권을 형성을 가시화 시키고 있는 요인으로서는 다음과 같은 몇 가지 사실을 지적할 수 있다.

첫째, 비록 북한 핵문제로 인해 역내국가들 간의 정치적인 불안감이 다소 조성되고는 있으나, 한·중 및 한·러시아간의 국교정상화, 러시아의 개방적 시장경제체제의 채택, 남북한 유엔동시가입, 중국·러시아 관계 정상화 등 기조적으로는 동북아지역을 둘러싸고 있는 정치적·군사적 긴장이 완화되고 있어 동북아 경제권 형성의 긍정적인 요소로 작용하고 있다.

둘째, 역내 국가들 간의 경제발전 정도가 상이하고, 산업구조 및 생산요소의 부존 상태가 상호보완적이어서, 이들 간의 경제협력을 통하여 이들 요소들을 다각적으로 결합할 경우 상호 호혜적이고 동태적인 성장의 기틀을 마련할 수 있다.

셋째, 최근에 미국을 중심으로 결성되어 있는 NAFTA, EU 등 전 세계적으로 지역주의 경향이 확산되고 있는바, 이들 경제통합이 본질적으로 갖는 역외경제에 대한 차별적 속성으로 무역전환에 의한 시장상실과 교역조건의 악화 등의 우려가 고조됨으로써, 역내 국가들 간의 공동 대처 안으로서 자기 완결적인 경제 협력권 형성에 대한 필요가 점차 증가하고 있다.

넷째, 역내 국가들이 지리적으로 매우 근접하고 있을 뿐만 아니라 역사적, 문화적으로도 역내 국가들 간의 연계가 대단히 깊어, 경제교류에 수반되는 수송 및 통신비용을 경감시킴으로써 동북아 경제권 형성과정에 유리한 조건이 주어지고 있다. 다섯째, 동북아지역은 세계 최고의 기술수준과 자본력을 가지고 있는 일본을 비롯, 선진국과 저개발국간의 교량 역할을 수행할 수 있는 한국, 적극적인 개방화를 통해 높은 성장률을 시현하고 있는 중국, 그리고 자원이 풍부한 러시아 극동지역, 아직 개방화는 안 되어 있지만 성장잠재력이 큰 북한 등으로 구성되어 있어 세계 그 어느 지역보다는 경제적 역동성이 큰 지역이다.

(2) 제약요인

동북아 경제권 형성논의와 관련, 이에 대한 논의가 아직 정부 차원에는 각국의 필요성에 따라 간헐적으로 대두되고 있으나 학계나 민간단체를 중심으로 계속적으로 강조되는 것은 아직도 이에 대한 장애요인이 많고 여건이 성숙되어 있지 않기 때문인 것으로 파악되는데 그들 요인은 다음과 같다.

첫째, 동북아 경제권을 형성하기 위한 주변 여건이 아직 미흡하다. 러시아, 중국, 북한 등 역내사회주의국가의 잦은 체제변동, 경제정책의 가변성, 대외결제능력의 부족 등 아직 역내 국가들 간의 교역 및 투자환경에서 위험도가 높으며, 아울러 사회간접자본시설이 대단히 열악하여 교류를 크게 억제하고 있다.

둘째, 원래 동북아 경제권 형성에 관한 논의는 냉전체제의 붕괴와 동유럽 사회주의 국가들이 자본주의적 개혁을 완수한 것은 아니며, 더욱이 동북아지역에서는 중국, 북한과 같은 사회주의 경제가 아직도 온존하고 있다. 동북아 경제권은 주지하는 바와 같이 이질적인 경제체제를 갖는 지역 간의 경제통합체제이며, 이 때 사회주의 계획경제권과 시장경제권은 근본적으로 추구하는 경제이념 및 경제운영원리가 다르기 때문에 이들을 포괄하는 경제권 형성은 대단히 어려울 것으로 보인다.

셋째, 동북아 경제권이 형성되기 위해서는 주도적인 역할을 담당하는 국가가 있어 여타 국가들에게 자국시장을 개방하고 기술이전을 하고 해외직접투자를 적극 수행하여야 한다. 동북아지역에서 이러한 역할을 실질적으로 담당할 수 있는 국가는 일본이며, 이러한 측면에서 일본의 시장, 자금 및 기술이 동북아 경제권 형성의 핵심이라 하겠다. 그러나 한국, 북한, 중국 등은 과거의 일본과의 불행했던 역사와 앞으로 일본이 동북아지역에서의 패권주의적인 주도권 행사로 인해 초래 될 수 있는 경제적 종속을 경계하고 있으며, 일본 또한 동북아 경제협력에 적극적인 자세를 보이고 있지 않다.

넷째, 역내 개별국가간의 정치, 군사적 이해관계가 상충되는 부분이 아직도 많으며 아울러 역내 국가들 간의 신뢰감이 충분히 조성되어 있지 않다. 즉, 북한의 체제유지 적 속성과 전통적으로 북한을 지원하고 있는 중국과의 관계가 한・중관계의 성숙한 발전을 저해하고 있으며, 일본과 북한간의 국교 교섭의 지연, 러시아의 아시아 태평양지역으로의 진출에 대한 중국의 경계, 일본・러시아간의 북방4도 반환문제에 따른 마찰 등의 요인이 미해결의 상태로 잔존해 있다.

다섯째, 경제통합의 주요 목적중의 하나가 역내 제 국간 균형적 경제발전을 도모하고 가맹국 모두가 경제통합으로 인한 이익을 공유하는 것이다. 그러나 동북아 경제권의 경우는 역내 제 국간 경제발전수준 및 산업구조상의 격차로 인해 역내

국가들 간의 수직적인 경제종속이나 비대칭적 의존관계를 심화시키고 경제권형성의 이익이 선진국으로 집중될 수 있다는 우려가 적지 않게 내재해 있다.

(3) 동북아 경제권 형성의 가능성

동북아 경제권협력은 기존의 NAFTA, EU와는 달리 사회제도와 경제체제가 다르고 경제발전단계가 다른 국가들 간의 실험적인 경제통합을 모색하는 것이라 할 수 있으며, 현 단계에서 아직 동북아 경제권 형성에 따르는 촉진요인보다는 장애요인이 더 크게 작용하고 있어, 이들과 같은 시장의존 형 경제통합을 구상하기에는 불안정하고 불충분한 상태라 하겠다. 그러나 동북아를 둘러싼 최근의 국제정치, 경제 환경의 변화를 고려해 볼 때, 동 지역에서도 전통적인 경제통합의 형태에는 미치지 못하나 초보적 형태의 소극적 경제통합 형태는 예상해볼 수 있다. 정치·군사적으로 제한되고 기능적으로 상호부담이 적은 초보적 형태의 소극적 통합이 범위 내에서 유연성 있는 지역경제권 형성은 가능할 것으로 보이며 대체로 예상될 수 있는 기본방향은 다음과 같을 것으로 기대된다.

첫째, 동북아지역은 여타 지역 경제권과는 달리 경제발전단계 및 생산요소 부존상의 높은 보완성을 갖고 있어 이들 보완적 요소를 상호 결합하여 역내 국가들의 새로운 성장의 계기를 모색한다는 차원에서 동북아지역 경제권은 요소결합형 지역공동체로서의 기능을 가질 것이다.

둘째, 사회주의 국가들은 자국 내 특정 지역을 개발 특구로 지정하고 동 지역을 개발거점지역으로 집중 개발하는 거점개발정책을 추구하고 있으며, 시장경제권과의 결속도 이들 지역을 매개로 하여 이루어질 수 있으므로 개방 특구 지역에 대한 개발계획의 추진이 동북아 경제권 형성의 중요한 전제조건이라 하겠다. 따라서 시장경제권 국가들이 개인의 구매력 및 국가의 지불능력이 제한되어 있는 사회주의 국가들과의 경제교류를 확대하기 위해서는, 무엇보다 이러한 개발계획의 실현을 통해 사회주의권의 구매력과 시장적 기반을 확대할 수 있도록 지원하는 조치가 지역경제권 형성의 선결과제이다. 고로 동북아 경제권은 이런 관점에서 개발 사업을 중심으로 하는 개발공동체의 양상을 띠게 될 것이다.

셋째, 역내의 자원과 자본 및 시장만으로는 독립적인 경제권을 유지할 수 없는 한계성이 있으므로 대외개방형 경제권 형성이 불가피할 것으로 보인다. 또한 동 지역 내의 사회주의권에서 설정하고 있는 개방 특구는 특정 국가만을 대상으로 하는 제한적 개방지역이 아니라 세계 전체를 대상으로 하는 일반적 개방성을 가지고 있으며, 이러한 일반적 개방성은 당해 국 고유의 이익을 추구하기 위해 경제권이 형성되더라도 계속 유지될 것이다. 따라서 동북아지역의 경제협력체제는 이러한 개방 특구의 개방성 및 지역경제의 대외의존성 때문에 비 배타적 개방형 경제권의 형태를 취하지 않으면 안 될 것이다.

넷째, 동북아 경제권은 여타 지역의 경제통합과는 달리 일반적 통합여건이 성숙되어 사후적으로 결속되는 경제 협력권이 아니기 때문에 쉬운 것으로부터 어려운 것으로 점차적이고 단계적으로 추진되어야 할 것으로 보인다. 즉, 동북아 경제권은 우선 개발프로젝트 중심의 임의적 단순협력체제에서 출발하여 역내국가 상호간 개발이익이 가시화되고 그로 인한 교역증진과 상호의존의 폭이 확대될 경우 내부결속도가 높은 제도적 통합으로 발전해 나갈 것이다.

2) 경제협력의 구상

(1) 개념적 구상

경제발전수준이 커다란 편차를 보이고 있고 경제운용의 형태도 다양한 모습을 보이고 있는 동북아지역에서는 전통적인 무역자유화를 통한 시장통합은 기대하기 어렵다. 또한 그것이 실현된다 하더라도 속성상 역내국가간의 비대칭적 의존관계 및 시장의 종속화 등으로 인해 통합된 지역의 균형발전이 기대될 수 없기 때문에, 우선적으로는 통합 추진이 용이하며 각국의 경제체제 및 대외경제정책의 근간이 변화를 강요하지 않으며 역외국가에 대하여는 배타적이지 않은 경제협력 형태가 제기되어야 한다. 이러한 관점에서 동북아지역의 다자간 경제교류의 범위를 국가단위 또는 광범위한 지역보다는 공동이해관계에 있는 특정 지역을 제한적으로 상호 개방하는 제한된 경제통합의 형태가 바람직한 것으로 사료된다.

이러한 특정 지역을 개발거점지역으로 지정하여 개방하는 방식은 중국, 북한, 러시아와 같은 사회주의권 국가들의 경우 개방 파급효과를 통한 내부 정치적 기반이 크게 위협받지 않아 사회주의 국가의 국내계획경제와 국제적인 시장경제간의 연계를 가능하게 하고, 한국, 일본의 경우는 상대적으로 낙후된 지역을 개발함으로써 수도권 집중현상을 해소하고, 지역 간 균형발전을 가능케 하는 역내국가간에 이해가 상호합치 될 수 있는 제한적 경제협력체라 하겠다. 그리고 여타 경제통합의 형태는 참가국들 상호간에는 관세 및 기타 무역장벽을 철폐 혹은 완화하여 역내 제 국간에는 무역의 자유화를 꾀하는 반면, 역외국가에 대해서는 무역상의 차별을 가하는 형태로 운용되나, 이와 같은 통합 형태는 근본적으로 국가단위의 통합이 아니므로 역내국 간의 전면적 무역자유화나 역외제국에 대한 무역차별화 조치를 취하지 않으며, 역내 제국 간 전략적 개발목표 수행을 위해 부분적 무역자유화만을 취하는 통합 형태이기 때문에, 다른 경제통합이 블록화의 속성을 가지고 있음에 반해 동 경제협력체는 역외국가에 대하여 배타적 블록화를 초래하지 않고 대외개방성을 지속적으로 유지·가능하게 한다.

더욱이 최근 들어 이러한 통합방식을 가능케 하는 여건이 점차 성숙되어 가고 있다. 동북아경제권에 포함될 중국의 동북3성 및 러시아의 극동 지역에서 분권화·개방화가 활발히 진행되고 있으며, 한국의 경우는 지방자치제를 실시함에 따라 지역개발에 대한 주민들의 관심이 높아지고 있고, 일본 역시 지역 국가들의 내부적 상황의 변화를 감안해 볼 때 이러한 특정 지역을 연결하여 형성되는 국지적인 경제협력체제는 현 단계에서 매우 실현 가능성이 높고 바람직한 구상이라 하겠다.

한편, 이 때 거점도시의 지정은 이들의 개방·개발을 통해 국내 여타 지역 및 경제발전에 미칠 수 있는 파급효과가 극대화되어 역내 후진지역의 공업개발과 동시에 선·후진지역간의 발전 격차를 줄일 수 있고 동북아지역 내에서도 효과적인 기능 및 역할을 담당할 수 있는 발전 가능성이 높은 지역을 선정해야 한다. 이러한 관점에서보다 구체적으로는 중국의 경우는 동해로의 출해권을 모색하고 있는 훈춘지역이, 러시아의 경우는 나호트카, 북한의 경우는 선봉지역이, 일본의 경우는 니이카다, 호쿠리쿠지역을 중심으로 하는 일본해 연안도시가, 한국의 경우는 동해시, 포항 등 동해안 연안도시가 상호 결합되도록 선정하는 것이 바람직할 것으로 보인다. 이들 도시간의 경제협력 형태는 기본적으로 다자간 합의에 의해 계획·개발되어야 하며 아울러 이들 지역이 정치·경제적인 특성을 고려하여, 역내자원이 효율적으로 이용될 수 있도록 단순히 시장 mechanism에 의하지 않고 다자간 합의에 의해 개발 거점도시의 유망산업을 집중적으로 육성하도록 하여야 할 것으로 보인다. 그러나 각 도시별 유망산업을 합의에 의해 선정하는 데에는 상당한 어려움이 따를 것으로 예상된다. 왜냐하면 유망산업의 선정에 있어 역내생산요소가 효율적으로 이용되어야 하겠지만 효율성만을 고려하면 지역경제협력으로 그 성과가 크게 기대되는 산업이 오히려 선진국에 집중될 가능성이 크며, 이에 따라 역내 지역 간 불균형이 심화될 가능성이 크기 때문이다. 따라서 유망산업을 선정함에 있어서는 역내 지역 간 형평도 충분히 반영되어야 한다. 그러나 효율성과 형평성은 상반된 성격을 가지는 경향이 있으므로 동북아 경제협력의 성패 여부는 쌍방 또는 다자간 합의에 이르는 과정에 있어서 이러한 효율성과 형평성을 어떻게 조화시키느냐에 달려있다 하겠다.

(2) 동북아 경제협력의 증진방안

앞서도 지적한 바와 같이 동북아 경제협력은 여건이 갖추어진 상태에서 이루어지는 경제협력체가 아니고, 오히려 여건을 조성해 가면서 단계적인 경제협력체를 추구하는 동태적인 경제통합 형태라 하겠다. 이러한 관점에서 이하에서는 동북아 경제협력의 발전적 전개를 위한 몇 가지 방안을 제시하고자 한다.

① 상호이해의 증진

동북아 경제협력을 구체화시키기 위해 우선적으로 해결되어야 할 것은 역내 국가들 간의 불행했던 과거를 청산하고 상호이해와 신뢰감을 공고히 함으로써 지역 내에 존재하고 있는 통합의 저해요인을 극소화하는 것이라 하겠다. 이를 위해 역내 국가들 간의 다방면에 걸친 교류가 필요할 것이며, 그 방편으로서 동북아지역 내에 소재 해 있는 대학 간의 자매결연, 동북아 경제협력에 관한 연구, 정보기관의 창설, 공동연구 추진, 학술교류와 연수생, 유학생의 적극적인 교환 등 학술교류를 추진하고 동북아 경제협력의 과정에서 중추적 역할을 수행할 도시들 간의 자매결연을 통해 서로 다른 문화, 사회체제, 민족 간의 상호이해를 증진한다. 이외에도 생활, 문화, 스포츠 부문에 있어도 상호간의 교류를 촉진시켜 동북아 경제협력의 실질적인 교류기반의 기초가 다져지도록 노력해야 한다.

② Infrastructure의 정비

동북아 경제협력을 저해하는 중요한 요소 중의 하나가 역내 국가들 간의 사회간접자본시설이 미비하다는데 있다. 이는 과거 역내 국가들 간의 정치적, 군사적 대립으로 인해 해당 지역 내의 사회간접자본시설에 대한 투자가 미비했고, 한국이나 일본 같은 지역에서는 미국을 위시한 태평양연안 국가들과의 교역을 중심으로 경제발전을 추진해 오는 과정에서 동해안연안지역에 대한 투자가 저조했기 때문이다. 따라서 역내 국가들 간의 경제협력을 보다 원활히 추진하기 위해 동북아 경제협력의 중추적 역할을 수행할 각국 도시들의 기능을 정비하여야 할 필요가 있는데 우선적으로 정보, 통신, 교통 등의 기반정비를 하여야 할 것이며, 각국 도시를 연결하는 정기항공로의 개설, 항만의 정비 및 확충, 각 지역의 도로망 및 철도교통망의 정비 등이 시급하다. 이 때, 이들의 개발은 자금의 소요규모가 크고 개발이 장기간 소요되고 단기적으로는 채산성이 낮기 때문에 특정 국가나 민간부문에 의한 자금조달은 어려울 것으로 보이며, 이에 따라 다국적 은행이나 후술할 동북아 경제협력기금의 조성을 통해 이루어지도록 한다.

③ 공동프로젝트의 추진

동북아 경제협력의 경우 이를 포괄적으로 다루는 정부 간 공식협의체는 아직 없다. 따라서 역내 국가들 간의 경제발전단계 및 생산 요소 부존상의 보완성을 고려하여 이들 지역들의 자본, 기술, 노동력, 경영능력 등이 상호결합 된 공동프로젝트를 추진하도록 하며, 이를 계기로 동북아 경제권 형성에 초석을 삼도록 한다. 최근 유엔개발계획(UNDP) 사업의 일환으로 구체적으로 논의되고 있는 두만강유역의 개발계획과 같이 지역 내 개발 가능성과 개발효과가 큰 지역을 선정하여 공동프로젝트를 추진하거나, 또는 에너지, 농산물, 삼림, 수산물 등 역내 국가들의 자원개발, 도시개발, 공업개발 및 서비스산업개발에 공동프로젝트를 추진하는 것은 그 좋은 예라 할 수 있다.

④ 자유무역지역, 자유무역항의 창설

초보적인 단계에서 역내의 관세 및 비관세장벽을 낮추어 역내교역을 확대하기 위한 일환으로 지역 내 상공업 및 교통의 중심지역에 국제공동의 다국적 관리하의 자유무역구역을 설치하고, 나아가 다국적 보세가공구역을 설치, 운영하도록 한다. 이로서 역내 국가들 간의 상호보완성을 결합하여 역내 국가들 간의 적극적인 투자활동과 기술이전, 인력자원의 개발 등을 야기 시킴으로써 역내 국가들 간의 공동발전과 합의된 분업구조를 창출하도록 한다.

⑤ 산업구조의 고도화 추진

동북아시아 제국의 경제발전단계 및 요소 부존 상태를 고려할 때 초기의 경제협력은 한국 및 일본이 기술이전 및 자본 집약재를 수출하고, 중국의 동북3성 및 북한은 노동 집약재를, 그리고 러시아의 극동 지역은 자원을 공급하는 수직분업형태로 시작함이 불가피할 것 같다. 그러나 국가 간 경제협력이 궁극적으로 목표로 하는 것은 경제적으로 우위에 있는 국가가 일방적으로 지배하여 단순히 원료 및 제품 시장의 확보를 목적으로 하는 수직분업형태가 아닌 시장원리에 기초를 두고 있는 수직분업형태이다. 따라서 동북아시아 역내국가들 간의 형평을 최대한 보장하고 역내 국가들 간의 분업이 합의적으로 이루어지게 하기 위해 역내선진지역의 후진지역에 대한 해외직접투자와 연계된 원조, 기술공여 및 산업구조 조정이 수반된 특혜공여를 제공하도록 한다. 이러한 과정을 통해 초기에는 수직분업단계로 시작하여 연쇄적인 산업구조고도화를 전개하고, 이어 역내국가간 수평분업의 형태로 전환토록 함으로써 선진제국에서 시현 되고 있는 전통적인 의미에서의 전면적인 경제통합을 단계적으로 달성토록 한다.

⑥ 동북아경제협력기금의 창설

앞서 지적한 바와 같이 동북아 경제협력은 주로 개발프로젝트를 중심으로 하는 개발공동체의 양상을 띨 것으로 보이며, 이들 개발프로젝트는 소요기간이 길고 단기적으로는 그 경제적 채산성이 보장이 되지 않기 때문에 비수익성 개발기금의 조성을 통해 재원을 확보하는 것이 바림 직 할 것으로 보인다. 이에 국제기관, 각국정부, 지방자치단체, 기업 등의 출연에 의하여 기금을 조성하며, 동 기금의 운용은 역내 합작기업에 대한 융자, 자유무역 단지 및 관광시설, 교통, 통신망의 정비 등 infrastructure 시설에 대한 융자, 기술자 파견 및 연수 등 기술이전에 대한 비용충당, 문화, 예술, 스포츠 등 역내 국가들 간의 교류증대를 위한 분위기를 조성하는데 사용하도록 한다. 이 명박 대통령은 2008년에 불어 닥친 국제금융위기를 돌파하기 위하여 동북아 경제협력을 강조하면서 동북아시아의 통화단일화 및 IMF를 대체한 아시아 통화기금을 창설하자는 제안을 하기도 하였다.

⑦ 개방적 협력체제의 조성

미국은 지리적으로 동북아지역에 속해 있지는 않으나 동 지역과 정치적, 경제적인 깊은 이해관계를 나누고 있으므로 미국을 배제한 상태에서 동북아 경제권의 형성을 논의하는 것은 현실성이 없다. 아울러 성공적인 동북아 경제권형성을 위해서는 선진국들의 자본과 기술이 필수적으로 다른 지역에서 이루어지고 있는 경제협력체제와는 달리 동북아 경제권은 개방적인 성격을 갖지 않을 수 없다.

동북아 경제협력은 비록 아직 가시화되어 있지는 않지만 역내 국가들의 경제발전단계나 요소 부존도상에 있어 상호보완성이 매우 커서 비교적 동질적 요소를 지닌 국가들 간의 경제통합으로 규모의 경제를 추구하고 있는 EU경제권보다도 어떤 점에서는 발전 가능성이 더 높다고 할 수 있을 것이다.

하지만 경제발전수준이 커다란 편차를 보이고 있고 경제운용의 형태도 매우 다양한 모습을 보이고 있는 동북아시아지역에서는 전통적인 무역자유화를 통한 시장통합은 기대하기 어렵다. 또한 그것이 실현된다고 하더라도 속성상 역내 국가간의 비대칭적 의존관계 및 시장의 종속화 등으로 인해 통합된 지역의 균형 발전을 불가능할 것이다. 따라서 우선적으로는 통합추진이 용이하며 각국의 경제체제 및 대외경제정책의 근본적인 변화를 강요하지 않으며 역외국가에 대해서는 배타적이지 않은 경제협력의 형태가 제기되어야 하는데, 이러한 관점에서 볼 때 동북아시아 지역의 다자간 경제교류의 범위를 국가 단위 또는 광범한 지역보다는 공동이해관계에 있는 특정 지역을 제한적으로 상호 개방하는 제한된 경제통합의 형태가 바람직할 것으로 보인다.

동북아 경제권의 결성은 유럽이나 미주에서 행하고 있는 여타의 경제권 결성과는 달리 역내 외의 경제 환경 변화에 적응하기 위해 인위적으로 결성되는 선험적이고 동태적인 경제협력체라고 볼 수 있다. 따라서 이러한 여러 가지 사항들을 고려해 볼 때 동북아 경제협력의 경우 역내국가들 간의 전면적인 개방보다는 특정지역에 자유무역지대를 형성하여 개방하는 국지적인 통합의 형태가 현 단계에서 제시할 수 있는 비교적 현실적인 구상이라 하겠다. 가장 중요한 것은 너무 성급하게 경제통합을 추진할 것이 아니라 우선 실현 가능한 방법부터 시작하여 점진적으로 구체적인 경제협력 체제를 구축해 나가야 할 것이라는 것이다. 2008년에 미국에서 발생한 금융위기가 세계 각국에 동조 확산 되면서 동북아 공동체를 구성 각국의 통화 단일화 FTA 조기실현 아시아 통화기금 신설 등 새로운 공동대책이 강구될 것으로 본다.

제6절 한.중.일 정상회담

동북아지역 경제협력과 환경 녹색운동, 자원개발, 금융 등 지역현안을 해결하기 위하여 한.중.일 정상들이 매년 각국을 서로 방문하여 상호 의견교환하고 그 해결책을 강구하기로 하여 정례화하였다.

- 중국 속담에는 "가까운 적을 공격하기 위해 먼 곳의 적과 동맹을 맺는다"는 말이 있음. 이것은 08.12월 중순 동경에서 있었던 만남의 모토가 될 수 있음. 일본, 중국, 한국의 국가정상들은 처음으로 3개국 정상회담을 열었음. 수십년전부터 유럽에서는 일반적이었던 일들이 동아시아의 강국들에는 새로운 현상이었음. 왜냐하면 이들 국가들은 경제적 경쟁 관계와 과거사의 부담을 안고 있기 때문임. 하지만 현재의 금융위기가 가까운 적이기 때문에, 이제까지 실현되기 힘든 것으로 여겨졌던 새로운 동맹이 태동하였음.
- 위기극복은 3국 정상회담의 의제중 하나였음. 3개국은 향후 새로운 무역장벽을 세우지 않으며, 지역 통화를 방어하기 위한 기금을 조성하기로 합의하였음. 이 새로운 포럼은 3개국 정부내에서 한·중·일 연대를 장기적으로 지속발전 시킬지에 대한 고민들을 낳고 있음.
- 금융위기가 동아시아 연합의 초석이 될 수 있을까? 지역연합 구상은 새로운 것이 아님. 동아시아 지역의 정치적 선각자들은 이미 오래전부터 동아시아 국가들

이 정치・경제적으로 협력해야 한다고 요구해왔음. 이들 국가들은 세계에서 미국과 EU 이외에 제3의 세력을 형성할 잠재력을 갖고 있다는 것임.

・한・중・일 3국은 세계경제력의 17%를 차지하고 있음. 동시에 동아시아 지역은 일본의 첨단기술에서 중국의 저임금생산시설까지 밀접한 글로벌 가치창출 사슬을 형성하고 있음.

・게다가 중국 정부는 유엔 안보리에서의 거부권을 통해 국제정치에 결정적 영향력을 발휘하고 있음. 그리고 한・중・일 3국은 서구의 지배권을 무너뜨리고 역내 발전을 스스로 결정하는데 대해 공동의 이해를 갖고 있음. 그래서 한・중・일은 미국이 통제하고 있는 세계은행에 맞서 아시아개발은행을 강화하고 국제통화기금의 영향력을 제한하기 위해 지역 통화기금을 조성하는 데 찬성하고 있음.

・일본과 중국, 그리고 한국이 힘을 모은다면, 아시아는 통합과정의 2번째 전기를 마련하게 됨. 지난 40년 전부터 동남아시아 국가 10개국은 ASEAN을 결성, 정치・경제적으로 협력하고 있음. ASEAN은 08.12월 법적 지위를 획득했으며, 회원국을 대변해서 외교적 협상을 이끌 수 있음. 늦어도 2015년까지는 무관세 교역이 실현될 것임.

・아시아 국가들이 EU의 모델을 따라가고 있지만, 과정은 다름. 유럽 국가들과 달리 아시아 국가들은 가치공동체가 아닌 이해공동체로서 연합을 이해하고 있음. 결론적으로 아시아 국가들은 EU보다도 정치・경제・문화적 차이가 더욱 큼. 하지만 회원국들이 늘어나면, 이 같은 차이가 발전을 막을 수는 없을 것임. 전체 아시아 국가들을 하나의 지붕 아래 묶을 수는 없더라도, 동아시아 3강은 어쨌든 오래된 경쟁자들보다 더욱 가까운데 있는 적들과 맞서 공동노선을 발견할 기회를 갖게 되었음.

3국 정상은 그간 제반 분야에서의 한・중・일 협력 성과를 평가하고, 3국간 협력의 강화가 동아시아는 물론 전 세계의 안정과 번영에도 기여할 것이라는데 인식을 같이 하는 한편, 향후 3국간 협력의 기본 원칙과 방향을 제시하는 「한・중・일 3국 동반자 관계를 위한 공동성명」을 발표하였다.

특히 3국 정상은 한・중・일 정상회의의 중요성에 주목하고, 향후 한・중・일 정상회의 3국내 개최를 정례화한다는 것을 공동성명에 명기하였다.

또한 3국 정상은 향후 2-3년간 다양한 분야에서 추진할 구체적 협력사업을 명기한 「한・중・일 3국협력 증진을 위한 행동계획」을 승인하는 한편, 인터넷 상 「사이버사무국」을 2009년 중 개설하여 한・중・일 협력의 사무국 기능을 담당토록 한다는데 합의하였다.

3국 정상은 금년 5월 중국 쓰촨성 대지진에서와 같은 지진, 태풍, 홍수 등 재난관리 분야에서의 협력이 중요하다는 데 인식을 같이 하고, 향후 동 분야에서의 체계적 협력 추진을 위한 「재난관리 협력에 관한 한・중・일 3국 공동발표문」을 채택하였다.

아울러 3국 정상은 국제 금융상황에 효과적으로 대처하기 위해 3국간 공조가 필요하다는데 인식을 같이 하고, △「G-20 금융경제정상회의 후속조치」 이행, △ASEAN 국가들과의 협력을 통한 치앙마이 이니셔티브(CMI)의 다자화 등 금융분야 협력의지를 천명하였다.

또한, 3국 정상은 보호무역주의 반대와 자유무역체제 증진에 대한 의지를 표명하고, 특히 WTO 도하개발아젠다(DDA) 협상의 균형되고 포괄적인 타결을 지지하였다.

이와 함께, 경제성장 촉진과 내수 증대를 위한 조치의 중요성을 확인하고, 아시아 자체의 지속가능한 성장을 이루기 위해 긴밀히 협력하기로 하였다.

이에 따라 3국 정상은 이러한 내용들을 담은 「국제 금융 및 경제에 관한 공동성명발표」

금번 정상회의는 국제금융문제를 중점 논의함으로써, 우리측이 당초 제의한 바 있는 「한・중・일 금융정상회의」의 성격을 내포하고 있으며, 앞으로 3국간 금융협력을 통해 동북아지역은 물론, 세계의 금융시장 안정과 경제 발전에도 기여할 것으로 기대.

이어 3국정상은 북경에서 개최된 6자회담에서 의장국으로서 중국의 건설적 역할을 평가하는 한편, 북한이 신뢰할 수 있는 검증체제 수립 노력에 비 협조적 자세를 보인 것에 대해 유감을 표명하고, 3국은 앞으로도 6자회담 등을 통해 북한의 비핵화 실현을 위해 긴밀한 협의를 지속해나가기로 하였음.

3국정상은 또한 동북아 정세, 동아시아지역협력, 기후변화를 포함한 환경문제 등 주요 지역 및 국제 문제에 관해서도 심도 있는 의견을 교환.

금번 3국내 정상회의는 우리측의 지난 2004년 제안이 실현된 것으로서, 향후 3

국간 제반분야에서의 협력 증진과 금융, 재난 등 역내외 공동 이슈에 대한 공조 강화 및 주요 지역 문제 관련 상호 이해와 신뢰 증진에 크게 기여할 것으로 기대됨

2009년 정상회의는 중국에서, 그리고 2010년도 정상회의는 우리나라에서 개최되었다.

제7절 ASEM

1. ASEM 탄생 배경

ASEM이란, 'Asia-Europe Meeting'을 줄인 말로서, 한·중·일 및 ASEAN 7개국 등 아시아 10개국과 구주연합(EU) 27개 회원국의 국가원수 또는 정부수반과 EU 집행위원장 등이 모여서 2년에 한 번씩 개최하는 아시아·유럽 정상회의를 의미한다.

ASEM은 회원국 정상들 간의 자유로운 의견교환의 장으로서 정치, 안보, 경제, 사회, 문화 등 다양한 분야에서 아시아와 유럽 양 지역의 공동발전과 번영을 지향하는 정부 간 협력체이다. 그러나 ASEM은 구속력이 있는 결과를 도출하기 위한 협상기구는 아니며, 탄력성과 역동성을 가지고 포괄적인 관심사를 논의하는 열린 기구의 성격을 갖고 있다. 이러한 점에서 무역이나 투자 등 경제협력에 주안점을 두는 일부 지역협력체와 다르다고 볼 수 있다.

이처럼 다양한 분야의 협력을 효율적으로 증진시키기 위해 ASEM에서는 정상회의 외에 외무, 경제, 재무 장관 회의 등 각료급회의를 정상회의가 열리지 않는 해에 개최하고, 실무급인 고위관리회의(SOM : Senior Officials' Meeting)도 수시로 개최하여 정상회의에서 합의된 사항의 이행현황을 점검하는 한편, 회원국 전체가 함께 참여하는 다양한 협력 사업들을 추진해 나가고 있다.

그 동안 제1차 ASEM은 1996년 3월 1일~2일간 태국 방콕에서, 제2차 ASEM은 1998년 4월 3일~4일간 영국 런던에서, 제3차 ASEM은 2000년 10월 20일~21일

간 우리나라 서울에서, 제4차 ASEM은 2002년 9월 22일~24일간 덴마크 코펜하겐에서, 제5차 ASEM은 2004년 10월에는 베트남 하노이에서 각각 개최되었고 2006년에 창립 10년을 맞이하는 제6차 ASEM이 핀란드 헬싱키에서 열렸다.

1990년대에 들어서 냉전종식에 따라 정치적으로는 미・소를 축으로 하는 양극체제가 무너지고, 경제・사회적으로는 세계화 추세가 대두되면서 아시아, 북미, 유럽 등 3개 지역을 축으로 한 새로운 국제 질서가 형성되고 있다. 따라서 이들 세 지역 간에 상호 대화의 채널을 확립하고 또한 균형적인 관계를 발전시켜 나가는 것이 세계경제의 안정적 성장 뿐 만 아니라 세계평화와 안전을 위해서도 매우 중요한 과제로 부상하게 되었다.

북미는 범 대서양 자유무역지대(TAFTA)의 구상을 비롯하여 정치, 안보, 경제, 문화 등 모든 분야에서 전통적으로 유럽과 긴밀한 관계를 구축하여 왔고, 아시아와 북미관계도 1989년 발족된 아시아・태평양경제협력체(APEC)를 중심으로 역내협력이 꾸준히 발전되어 왔다. 이에 비해 아시아와 유럽지역의 관계는 상대적으로 연계성이 미약하여 북미-유럽, 아시아-북미간의 관계에 비해 뒤지는 실정이었다.

1990년대 들어 유럽의 주요 국가들은 경제적으로 급성장하고 있는 한국・홍콩・싱가포르 등 아시아의 신흥 경제국들과의 관계강화에 관심을 보이기 시작하고, 아시아 국가들도 유럽과의 관계강화 필요성을 인식하여, 양 지역 간 상호관계 강화를 위한 공동인식이 형성되었다.

이에 따라 1994년 10월 싱가포르 고촉통 총독은 양 지역 국가 정상들이 한자리에 모여 대화를 나눌 ASEM 창설을 제의하였고, 이에 한・중・일, 아세안과 구주연합(EU)측이 동의하여 제1차 ASEM이 1996년 3월 태국에서 개최됨으로써 본격적으로 출범하게 되었다.

ASEM은 현재 한국, 중국, 일본 등 동아시아 3개국과 인도네시아, 말레이시아, 태국 필리핀, 브루나이, 베트남, 싱가포르 등 아세안 7개국과 영국, 독일, 프랑스, 이탈리아 등 EU 27개국과 EU 집행위 등 총 26개 회원으로 구성되어 아시아와 유럽의 지역 산 협력체를 지향하는 국제기구로 출발하였다.

외교통상부에 따르면 현재 ASEM에 가입을 희망하는 국가는 호주, 뉴질랜드, 인도, 파키스탄, 터키 등 20여 개국에 이르고 있다. 그러나 ASEM이 외무장관회의와 고위관리회의 등을 통해 만든 신규회원국 가입지침에 따르면 회원국 확대는 단계적으로 이루어져야 하며 가입후보국의 잠재적 기여가능성에 기초하여 가입을 검토한다고 되어있다. 또한 신규가입국의 결정은 해당 지역 내 회원국들의 지지를 얻은 후 회원국 전체의 동의를 받아야 하며 신규 가입국에 관한 모든 결정은 각국 정상들의 합의에 따른다는 등 네 가지 기준이 마련되어 있다.

아시아 측(10)	유럽 측(15+1)
말레이시아, 브루나이, 베트남, 싱가포르, 인도네시아, 일본, 중국, 필리핀, 태국, 한국	그리스, 네덜란드, 덴마크, 독일, 룩셈부르크, 벨기에, 스웨덴, 스페인, 아일랜드, 영국, 오스트리아, 이탈리아, 포르투갈, 프랑스, 핀란드 및 EU 집행위

2. ASEM의 의의

ASEM은 현재 한국, 중국, 일본 등 동아시아 3개국과 인도네시아, 말레이시아, 태국, 필리핀, 브루나이, 베트남, 싱가포르 등 아세안 7개국 그리고 영국, 독일, 프랑스, 이탈리아 등 EU 15개국과 EU 집행위 등 총 26개 회원으로 구성되어 아시아와 유럽의 지역 간 협력체제를 지향하는 국제기구로 출발하였다.

외교통상부에 따르면 현재 ASEM에 가입을 희망하는 국가는 호주・뉴질랜드・인도・파키스탄・터키 등 20여개국에 이르고 있다. 그러나 ASEM이 외무장관회의와 고위관리회의 등을 통해 만든 신규회원국 가입지침에 따르면 회원국 확대는 단계적으로 이루어져야 하며 가입후보국의 잠재적 기여가능성에 기초하여 가입을 검토한다고 되어있다. 또한 신규가입국의 결정은 해당 지역 내 회원국들의 지지를 얻은 후 회원국 전체의 동의를 받아야 하며 신규 가입국에 관한 모든 결정은 각국 정상들의 합의에 따른다는 등 네 가지 기준이 마련되어 있다.

ASEM의 창설은 정치적으로는 2차 대전 이후 유지되어온 냉전체제가 독일 통일 및 구소련 붕괴로 야기된 냉전의 종식으로 국제정치질서의 다극화, 경제적으로는 지난 1995년 WTO 출범을 계기로 형성된 미국이 주축이 된 NAFTA, EU(유럽연합), 한국・중국・일본이 중심인 동아시아로 나뉘는 세계경제의 3극화 현상을 배경으로 하고 있다고 볼 수 있으며, 또한 세계경제에서 차지하는 두 지역의 경제적 비중을 고려할 때 이들 두 지역의 실질적인 경제협력의 필요성 증대도 ASEM의 탄생에 기여하였다.

ASEM은 회원국의 면적과 인구 면에서 지난 1989년 아태지역 국가들의 경제협력과 무역자유화를 촉진시키기 위해 발족한 아시아·태평양 경제협력체인 APEC에는 미치지 못하고 있다. 인구 면에서 ASEM은 22억 6,000만 명(세계전체의 38% 차지)으로 APEC의 25억 3,000만 명(세계전체의 42.6% 차지)에 미치지 못하고 있으며 면적에 있어서도 APEC이 세계전체의 46.2%인데 비해 ASEM은 12.6%에 불과한 편이다. 한편, 교역량에 있어서는 ASEM이 APEC에 우위를 점하고 있다. ASEM 회원국의 총 수출은 3조 2,668억 달러(세계전체의 58.2% 차지), 수입은 3조 594억 달러(세계전체의 52.3% 차지)를 나타내고 있으며 총교역량에서 세계전체의 55.2%를 차지하고 있다. 반면에 APEC은 총 교역규모가 세계전체에서 차지하는 비중이 44.5%이다.

3. ASEM의 체제

체제 면에 있어서 ASEM은 국제연합(UN), 세계무역기구(WTO), 국제통화기금(IMF), 세계은행(IBRD), 경제협력개발기구(OECD) 등의 기존 국제기구와 같은 체계적이고 조직적인 구조는 갖추지 못하고 있다고 볼 수 있다.

1996년 태국 방콕에서 1차 회의가 개최되어 아직 ASEM의 역사는 일천하다고 할 수 있다. 따라서 기존의 다른 국제기구처럼 구속력이 강한 어떠한 행동강령이나 정책합의를 위한 성격보다는 포괄적인 아시아·유럽 지역 간 협력을 도모하는 수준에 머무르고 있는 것이 현실이다. 즉 구속력을 갖는 다기 보다는 두 지역의 정상들이 모여 현안문제 및 미래의 사안에 대해 자유롭게 의견을 교환하는 포럼성격이 강하다는 측면에서 ASEM의 한계성을 엿볼 수 있으나 구체적인 구속력을 가지지는 않는다고 하더라도 두 지역 정상들이 모여 나름대로 협력을 위한 큰 방향이 정해지기 때문에 장기적인 관점에서는 ASEM의 확대·발전 가능성을 기대할 수는 있다.

▮표 3-1▮ ASEM의 조직 구조

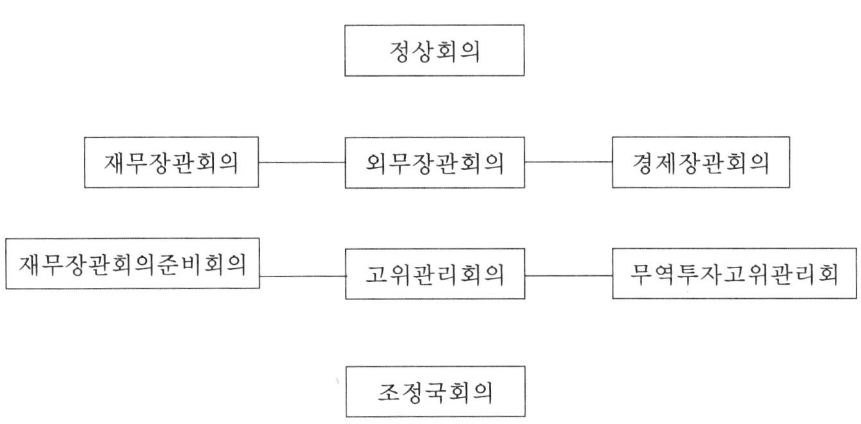

ASEM은 회의조직에 있어서 2년마다 개최되는 두 지역의 정상회의를 그 정점으로 두고 있으며 이와는 별도로 정상회의가 개최되지 않는 중간 해마다 재무 및 경제관련 장관급 회의나 고위관리 회의를 개최하고 있어 나름대로 ASEM의 효율적 조직화를 도모하고 있으며 기구의 관료화로 인한 비효율성을 방지하기 위해 상설기구를 두고 있지 않는 것이 여타 국제기구와는 다른 ASEM만의 특징적인 면이라고 할 수 있다. 현재의 국제역학구도는 유럽과 북미, 아시아와 북미, 아시아와 유럽으로 이루어진 3각 체제가 세계적인 구도를 형성하고 있다고 볼 수 있는데 이 중에서도 아시아와 유럽의 연결고리가 가장 미약하며 일부 학자는 이를 미싱링크(missing link)로 지칭하고 있다. 세계의 3각 구도에서 상대적으로 미약한 아시아-유럽관계를 강화시키는 것이 세계질서 유지에 긴요하다고 할 수 있다.

ASEM이 상설기구를 두고 있지 않는 것에 대해 두 지역은 입장차이를 보이고 있는데 아시아 국가들은 ASEM의 확대발전을 위해 최소한의 상설기구가 필요하다는 입장이며 유럽국가들은 기존 국제기구들의 관료화, 제도화 폐단을 지적하면서 ASEM내 상설기구의 설치문제에 대해 반대하는 입장을 취하고 있다.

또한 ASEM은 운영과 관련한 전반적인 조정을 회원국의 외무장관 회의에 맡겨두고 있으며 경제, 재정, 통상 등 경제관련 의제는 경제장관회의나 재무장관회의를 통해 결정하고 있다. 특히 ASEM에서 합의된 사항들에 대한 점검 및 구체적인 실행방안의 모색은 차관보급관리로 구성되어 있는 고위관리회의(SOM)에서 담당하고 있는데 SOM은 특별한 정기적인 모임의 일시를 결정하지 않고 필요할 때마다 수시로 모여 정상회의에서 합의한 의제 및 결정사항들에 대항 사후관리를 맡고 있다.

4. ASEM과 아시아-유럽

ASEM에 참여하고 있는 아시아 국가들도 ASEM의 진전을 통해 세계 최대의 무역블록이며 미국과 비슷한 경제규모를 가진 유럽연합(EU)과의 협력이 아시아의 발전을 위해 중요하다는 것을 인식하게 될 것이다. 지역간 협력체제를 연구하는 학자들은 WTO체제하에서 국제사회의 지역간 협력체제는 국가간 공존, 국제협력, 초국가적 협력체 구성을 거쳐 궁극적으로는 세계정부의 수립으로 발전할 것이라고 지적하고 있다.

유럽연합국 15개국 중에서 이미 12개국은 Euro화를 공통화폐로 한다는데 동의하였으며 따라서 EU 회원국들은 이미 회원국들이 초국적기구를 결성하기 위한 거의 막바지 단계에 진입하고 있다고 볼 수 있다. 그러나 아시아는 아직도 경제발전에 있어서 지역간 격차가 심하며 ASEM외에는 지역협력체라고 볼만한 협력체가 없는 것이 현실이다. 따라서 아시아국가들은 유럽국가들을 통해서 지역협력체의 구성 및 결속에 관한 노하우를 습득해야 할 필요가 있다.

유럽과 아시아는 언어와 문화적 차이로 인해 서로에 대한 이해가 부족한 엄연한 현실도 존재하고 있다. 유럽인의 아시아에 대한 이해의 부족은 대체로 다음 세 가지로 요약될 수 있다.

첫째, 유럽인들은 종교적 차이로 인해 유럽과 아시아의 문화적 배경이 크게 상이하다고 생각하고 있고

둘째, 아시아의 정치시스템은 시민의 직접참여가 적은 채로, 즉 민주주의적 요소가 미약한 상태로 발전되어 왔으며

셋째, 아시아 문화가 이미 농경문화에서 산업화가 급속도로 진행되고 있다는 사실에 대한 인식이 부족한 실정이다. 일례로 아시아적 가치에 대한 국제 논쟁은 아시아에 대한 유럽인들의 오해를 바탕으로 하고 있다고 볼 수 있다.

유럽인들은 아시아가 외환 및 금융위기를 겪고 있는 것은 아시아적 가치가 존재하지 않는 것을 반영하고 있다고 여기고 있으며 유럽문화의 우월성(superiority of

European culture)을 강조하고 있다. 그러나 문화적 차이는 유럽과 아시아뿐만 아니라 EU 27개국간에도 존재하며 아시아 지역 역시 각 나라마다 상이한 문화를 가지고 있다. 이러한 문화와 행동양식에 대한 이해의 부족은 지역분쟁을 일으키는 한 요인으로도 작용하고 있다. 따라서 ASEM의 성공적인 미래는 회원국간의 문화적 차이를 이해하는데서 출발한다고 볼 수 있으며 이러한 이해가 바탕이 되어야 ASEM 모든 회원국들의 자발적이고 효율적인 참여를 이끌어낼 수 있다고 본다.

한편, 1996년 1차 방콕 아시아-유럽 정상회의에서 한국정부가 처음 제안하여 1998년 2차 런던회의 때 ASEM회원국 26개국 대표 1명씩으로 구성하여 결성된 아시아-유럽 비전그룹(AEVG)은 ASEM의 중·장기 발전방향과 과제 등을 연구하여 1999년 3월 각국 외무장관과 정상들에게 '보다 나은 내일을 위해(For A Better Tomorrow)' 라는 제목의 정책보고서를 제출하였다. AEVG에는 각국의 전직외무장관, 저명학자, 기업인, 정치인들이 대거 참여하고 있는데 양 지역에 있어서 경제, 정치·안보, 사회, 문화 등 광범위한 주제를 중심으로 런던, 도쿄, 리스본 등에서 다섯 차례의 공식회의를 개최하였으며 9개 주요 정책권고와 22개 기타 정책권고를 제안하였는데 AEVG의 이러한 권고는 향후 ASEM에서 정상들의 토론을 거쳐 정식 채택해 구체적인 추진사안을 수행하고 있다.

5. ASEM 협력내용

정치분야	경제분야	사회분야 등 기타분야
- 정치 대화 - 아시아·유럽 비젼그룹	- 무역원활화 행동계획 - 투자촉진 행동계획 - 아시아·유럽 비즈니스 포럼 - 아시아·유럽 경제연계에 대한 연구 - 아시아·유럽 중소기업인 회의 - ASEM Connect - 고위기업인 투자촉진단 - ASEM 신탁기금 - 유럽금융전문가 네트워크 - 세관당국간 협력 - 국가와 시장의 역할에 관한 세미나 - 돈세탁 방지 - 메콩강 연안 개발 사업 - 범아시아 철도망 구축 - 정보 및 통신 사업	- 아시아·유럽 재단 - 아시아·유럽 Young Leaders - 아시아·유럽 환경기술센터 - 농업, 환경기술, 기업기술 전문가 회의 - 문화재보호 - 전통의학과 현대의학의 접목 - ASEM 교육망 - 환경재해 방지 - 노동관계 세미나 - 아동복지사업 - 아시아·유럽 대학 교류사업

6. ASEM의 중요성

1) 아시아, 유럽 양 지역의 평화와 번영에 기여

ASEM은 양 지역의 공동발전과 번영을 추구하고자 하는 지역간 협력체제로서 두 지역 국가들에게 상호이익이 되는 공동 협력 사업을 모든 분야에서 포괄적으로 추진하고 있다.

ASEM은 정치대화를 통해 회원국간의 정치적 현안을 해결해 나가는 협의 창구 역할을 수행함으로써 양 지역의 번영과 평화에 기여하게 될 것이다.

2) 주요 국제문제 해결과 세계평화에 기여

ASEM은 회원국간 문제뿐만 아니라 인류공동의 주요 국제문제에 대한 토의의 장으로도 활용되고 있다. 이를 통하여 두 지역 국가들은 양 지역의 평화뿐 아니라 세계평화와 안정에도 기여해 나갈 수 있다. 우리로서는 ASEM을 통해서 주요 국제현안을 해결하기 위한 공동노력에 적극 참여할 수 있을 것이다.

3) 외교의 다변화 추구

ASEM은 회원국과의 정치, 안보대화와 협력을 증진시키고, 나아가서 한반도문제에 대한 국제사회로부터의 지지를 확보하는데 기여할 수 있다. 또한 아시아·유럽 간의 경제협력 증진은 우리에게 양지역간 경제적 상호보완성을 보다 적극적으로 활용할 수 있는 기회가 될 것이다.

ASEM은 유럽과 아시아 지역간 협력체제이므로 아시아의 공동입장을 창출하여야 할 경우가 많이 있다. 우리는 ASEM을 통해 이러한 공동입장 창출과정에 적극 참여하고 각종 협력 사업에서 주도적 역할을 수행함으로써 아시아 지역내 정치, 경제 협력관계를 더욱 공고히 할 수 있을 것이다. 이와 같이 ASEM은 우리 외교의 반경을 아시아와 유럽에서 더욱 확대시킴으로써 우리 외교의 다변화에 크게 기여할 것으로 기대된다.

제8절 ASEAN+3 정상회의

1995년 출범한 WTO 체제하에서도 유럽연합(EU), 북미자유무역협정(NAFTA), 남미공동시장(MERCOSUR) 등 지역적인 경제통합(regional economic integration)이 강화되고 있는 추세에도 불구하고 그 동안 동아시아는 역내경제통합을 진전시키기 위한 본격적인 논의를 하지 못하였으나 지난 1997년 이후 정기적으로 개최되고 있는 'ASEAN+3 정상회의'를 통해 한・중・일 동북아시아 3국과 인도네시아・태국・말레이시아・싱가포르・베트남 등 ASEAN 10개국은 이 지역의 경제협력을 강화시키고 있다.

사실 동아시아지역은 인구・경제규모・교역 면에서 거대한 시장을 형성하고 있다고 평가할 수 있다. 19억의 인구와 6조 5,000억 달러의 내수시장, 2조 6,000억 달러의 교역규모를 가지고 있으며 부존자원(natural resources) 및 경제발전단계(stage of economic development) 등에 있어서 상호 보완성(mutual complementarity)이 커서 경제협력의 가능성 및 이점이 매우 크다고 할 수 있다.

특히 한・중・일 동북아 3국은 'ASEAN+3 정상회의'를 통하여 동북아 3국의 경제협력에 대한 논의와 더불어 동북아 3국의 대(對)동남아 경제협력을 강화하는데 더욱 큰 비중을 두고 있다. 우리의 경우에도 동남아는 교역・투자・건설분야 등에서 잠재력이 큰 시장이며 실질적으로 우리경제에 적지 않은 이익을 주고 있는 시장으로 평가할 수 있다.

1. 추진경위

1990. 12 마하티르 말레이시아 총리가 미국, 호주 등을 제외한 아태 지역 국가들만의 경제협의체 결성을 목표로 「東아시아 경제회의」(EAEC)창설을 주장.

이에 따라 1993. 7 ASEAN 외무장관 회의시 EAEC 창설을 추진키로 합의했으나 미국의 견제와 일본의 소극적 태도 등으로 무산

※ 미국은 EAEC를 무역장벽으로 간주한다고 경고하면서 한・일의 불참을 요청
그러나 東아시아 국가 간 교역. 투자 확대 등 상호 의존이 심화되면서 미국의

아태 경제질서 주도 등에 대응, 東아시아 경제권의 독자적 목소리를 내야한다는 여론이 확산

이러한 가운데 1994. 10 고촉동 싱가포르 총리의 제의로 ASEM이 가동됨에 따라 EU의 규모와 결속력에 상응하는 東아시아 국가간 협력 강화 필요성이 제기

특히 개방적 지역주의를 표방해 온 APEC이 선진, 개도국간 견해 차이로 무역, 투자 자유화가 부진하고 東아시아 금융 위기에도 적절히 대응치 못함으로써 지역협력체로서의 역할 수행이 미흡

이와 같은 불리한 여건 탈피 차원에서 ASEAN은 1997년 창설 30주년 기념 정상회의에 한.중.일을 초청한 데 이어 1998. 12 하노이 정상회의에서 한.중.일 참석을 정례화 시키기로 합의

2. 역대 주요 회의 결과

1) 제1차 정상회의(1997. 12, 쿠알라룸푸르)

1997. 12 ASEAN 창설 30주년을 기념하기 위해 개최된 제2차 ASEAN 비공식 정상회의에 한.중.일 정상이 초청됨으로써 ASEAN 한.중.일 정상이 최초로 회동

2) 제2차 정상회의(1998. 12, 하노이)

IMF 금융위기 등 위기 극복을 위한 다양한 경제협력 방안을 협의함으로써 역내 협력확대 필요성에 대한 공감대를 확인

특히 일본의 개도국 지원을 위한 「미야자와 플랜」(300억불) 실천, 국제 금융체제 개편 등 경제위기 극복 방안을 중점 논의하고 ASEAN. 한.중.일 정상회의를 정례화 하기로 합의

우리는 정치, 경제, 안보 등 제반분야 협력강화 필요성을 역설하고 同 회의의 발전 방향 및 역내 경협증진 방안 등을 논의하기 위한 「同아시아 비전그룹」(EAVG) 창설을 제안

3) 제3차 정상회의(1999. 11, 마닐라)

東 아시아 협력에 관한 공동성명을 채택, 사상 최초로 정상 차원에서 21세기 東아시아 제국간 협력 방향을 제시

同 공동성명을 통해 역내 경제구조 개혁과 함께 금융, 통화, 재정문제 관련 정책 협의, 조정 강화, 전자상거래, 중소기업 및 관광 진흥 등의 분야에서 상호 협력키로 합의

※ 同 합의사항 일환으로 2000. 5 ASEAN+3 재무장관회의시 역내 외환위기 재발 방지를 위한 통화스왑 계약 체결을 도출

우리는 업종별 민간협의회 구성 및 東아시아 경제, 사회적 격차 해소를 위한 협력을 제안, 참가국들로부터 호응

4) 제4차 정상회의(2000. 11, 싱가포르)

동남아·동북아 구분 없이 「東아시아」라는 큰 틀에서 협력을 증진해 나가기로 하고 각국 정부 대표로 구성되는 「東아시아 연구그룹」(EASG)발족을 추진키로 결정

또한 정보격차 해소를 위한 IT분야 협력, 역내 빈부격차 해소 및 금융위기 관리를 위한 구체적인 방안 마련에 합의

우리는 역내 국가간 정보 격차 해소를 위해 「東아시아 특별기금」을 설립할 것과 금융 위기 재발 방지를 목적으로 하는 「통화 스왑 협정」을 조속히 체결할 것을 제안

5) 제6차 정상회의(2002. 12, 프놈펜)

우리가 제안한 「東아시아 연구그룹」의 26개 장.단기 협력 방안을 검토하고 장기적으로 「ASEAN.한.중.일 정상회의」를 「東아시아 정상회의」(EAS)로 전환하기로 합의

「東아시아 자유무역지대」 창설 문제는 경제장관회의에서 검토하여 2003년 정상회의에 보고서를 제출토록 요청

6) 제7차 정상회의(2003. 10, 발리)

「東아시아 연구그룹」이 선정한 26개 단기 및 중장기 협력 사업에 대한 후속 이행 실태를 점검

東아시아 지역 협력을 확대키로 하고 「ASEAN 통합 이니셔티브」(IAI) 지원 및

「東아시아 자유무역지대」 실현 노력을 계속해 나가기로 합의

우리는 ASEAN과의 관계를 경제·통상분야 협력 확대를 포함한 「21세기 개발 협력 동반자관계」로 발전시켜 나가기로 약속

북핵 문제의 평화적 해결을 지지하고, 역내 테러 척결을 위한 東아시아 차원의 공동노력을 강화할 것을 촉구

7) 제8차 정상회의(2004. 11, 비엔티엔)

「東아시아 공동체」(EAC)구상실현 일환으로 2005년중 말레이시아에서 제1차 「東아시아 정상회의」(EAS)를 개최키로 합의

ASEAN+3 체제의 발전을 위해 회원국간 정보·개발 격차 해소에 주력하며 「東아시아 자유무역지대」창설 문제 연구를 위한 전문가 그룹 설치 결정을 환영

중국은 ASEAN과 2010년까지 관세를 철폐키로 하는 FTA를 포함. 정치, 안보, 군사, 운송, 정보기술, 관광분야 협력 등을 명시한 「실천계획」에 서명

8) 제9차 정상회의(2005. 12, 쿠알라룸푸르)

「東아시아 공동체」 구상 실현 과정에서 ASEAN이 주도력을 발휘하며 ASEAN+3 체제가 중추적 역할을 지속 담당 한다는데 인식을 공유

9) 제11차 정상회의(2007, 싱가폴)

한중일 3국, ① 우리 동아시아에서 역사가 왜곡되지 않고, ② 진정한 자유민주주의 국가 체제로 변화해 상호협력하고, 우리국가와 국민들, 동아시아 모두의 평화와 공동번영을 위해 발전을 위해 노력할 것

3. 주요 추진 사업

1) 치앙마이 이니셔티브(CMI)

제3차 ASEAN+3 정상회의(1999. 11)시 역내 외환위기 재발 방지를 위해 ASEAN+3 체제를 통한 금융지원 메카니즘을 강화키로 약속

2000. 5 ASEAN+3 재무장관회의에서는 계약 상대국의 금융위기시 약정금액

범위 내에서 자금을 지원하는 네트워크를 구축하는 내용의 「치앙마이 이니셔티브」(CMI)에 합의

이에 따라 ASEAN+한.중.일은 2006년 현재 750억불(2005년 395억불) 규모의 양자간 통화 스왑 협정을 체결한 가운데 재무장관회의 등을 통해 CMI의 효율적 시행 방안에 대한 협의를 계속

同 금액은 외환위기 발생이 희박한 4개국(한.중.일.싱가포르)을 제외한 나머지 9개 회원국 총 외환보유액(1,918억불)의 40%에 상당

2) 아시아 채권시장 육성

2002. 11 ASEAN+3 재무차관 회의에서 우리가 역내 외환위기 재발 방지를 위한 아시아 채권시장 발전방안 연구를 제안한 것을 배경으로 2003. 8 「아시아 채권시장 이니셔티브」(ABMI)가 채택

ABMI는 외환위기 재발 방지를 위한 역내 채권시장 활성화 방안을 골자로 하고 있으며 현재 신용보증제도, 결제제도 등에 관한 6개 실무 작업반이 구성

2004. 5 ASEAN+3 재무장관회의를 계기로 채권발행자 및 채권시장 구조에 대한 정보교환을 위해 Asian Bond Online Website를 개통

또한 ASEAN+3 국가 외환보유고중 5%를 떼어 상호 증권시장 등에 투자하는 방식의 공동 관리체제도 논의

동 아시아(일본 제외) 채권시장 규모는 1997년 역내 외환위기 당시 GDP의 16.5%에서 2005년 48%로 확대

3) 동아시아 자유무역지대 추진

2001. 11 제5차 ASEAN+3 정상회의시 우리측이 「東아시아 공동체」 구상 실현의 일환으로 「東아시아 자유무역지대」(EAFTA)를 중점 추진 사업 중 하나로 제안

2004. 9 경제장관회의시 중국측이 「EAFTA 실현 가능성 연구를 위한 전문가그룹」 구성을 제의하고 ASEAN 제국이 이를 적극 지지

4) 동아시아 포럼(EAF)

우리는 제6차 ASEAN+3 정상회의(2002. 11)시 東아시아 협력의 모멘텀 유지

및 확대를 위해 「東아시아 포럼」(EAF) 창립 총회를 서울에서 개최할 것을 제안

同 포럼은 「東아시아 연구그룹」(EASG)의 26개 협력사업 중 하나

그간 13개국 산・관・학계 대표들이 참가한 서울 창립총회(2003. 12)에 이어 말레이시아(2004. 12), 중국(2005. 10), 캄보디아(2005. 10)에서 4차례 회의를 개최, 東아시아 공동 번영을 위한 협력증진 방안 등을 중점 협의

※ 서울 창립총회에서는 포럼 사무국 설치 등 제도적 장치 마련, 디지털 격차 해소를 위한 정부차원의 협력 강화를 촉구하는 공동발표문 채택

회의는 ASEAN 회원국과 한・중・일에서 매년 교대로 개최해 왔으며 5차는 일본(2007년)에서 개최

5) 동아시아 공동번영을 위한 ICT 협력사업

2007년부터 ASEAN 역내 정보화 수준 향상 및 동아시아 공동 번영에 기여할 수 있는 새로운 협력모델로 '동아시아 공동번영을 위한 ICT 협력사업' 추진

- 사업기간은 5년(2007년~2011년)이며, 약 1,000만불 지원 예상

ASEAN이 역내 경제성장과 발전을 위해 역점 추진하고 있는 'ASEAN ICT FOCUS 2005-2010' 프로젝트 중심으로 사업추진

ASEAN ICT FOCUS 2005-2010은 정보인프라 구축 등 4대 기본목표, 15개 추진전략 및 30여개의 세부 실행 프로그램으로 구성

(1) ASEAN+3 2007-2017 사업계획 요지

① 정치 및 안보 협력

- 역내 평화 및 안정을 위해 테러방지 분야 등에서의 협력 증진
- 해양 안보를 비롯, 비전통적 안보 분야 협조 촉진

② 경제 및 금융 협력

- 역내 FTA 추진 등 무역 및 투자 촉진을 위한 협력 확대
- 치앙마이 이니셔티브 등 금융협력 기제의 확대・발전
- 운송분야 연계망 확보 및 농・수산업 및 임업 분야 협력 촉진

- 중소기업의 경영능력 제고 및 ICT 협력 강화

③ 에너지 및 지속가능한 개발 협력

- 에너지원 다변화 등 에너지 안보를 위한 역내 협력 증진
- 환경 및 지속가능한 개발을 위한 협력 확대

④ 사회문화 협력

- 빈곤경감 및 취약집단 지원을 위한 국가 간 협력 확대
- 역내 사회·문화 및 인적 교류의 확대 추진
- 과학 및 기술 교류 기회 증대
- 재해관리 및 긴급대응을 위한 민관 협력망 구축

5차 정상회의에서는 역내지역간 갈등과 빈부격차를 해소하기 위해 역내국간 정보화격차(digital divide)를 해소하고 인적자원(human resources)을 개발하는 등 경제협력이 긴요하다는 데에 각국 정상들이 공감하고 이를 지원하는 방안을 향후 심도 있게 논의하기로 하였다.

4. 동아시아비전그룹(EAVG) 보고서

이번 '5차 ASEAN+3 정상회의'에서 가장 주목을 받은 의제는 동아시아비전그룹 보고서라고 할 수 있다. EAVG는 1998년 베트남에서 개최된 '2차 ASEAN+3 정상회의'에서 한국의 제안으로 설치되었으며 13개 회원국에서 각각 두 명씩 총 26명의 전문가들로 구성되었다. 1998년 말 말레이시아의 마하티르 수상이 '동아시아경제협의체(EAEC)'의 창설을 주창한 바 있으나 미국, EU 등의 반발과 역내 회원국들의 적극적인 참여부족으로 진전을 보지 못하였다. 그러나 1997년 동아시아 외환위기 이후 지역경제협력체의 구축 필요성을 동아시아 각국이 인식하게 되면서 'ASEAN+3 정상회의'가 정례화 되었고 이후 동아시아 경제협력에 대한 논의가 활성화되고 있다.

EAVG의 의미, 주요 내용 및 평가에 대해 살펴보고자 한다.

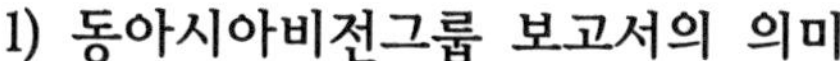

1) 동아시아비전그룹 보고서의 의미

EAVG 보고서는 동아시아경제협력의 청사진을 제시했다는 점에서 큰 의미를 부여할 수 있다. 사실 '동아시아자유무역지대', '동아시아통화기금' 등 일부 제안사업은 현실적으로 단기간내에 추진되기는 어렵지만 EAVG 보고서에서 지적한 '동아시아공동체'를 구축하기 위해서는 필수적인 사업이라고 평가할 수 있다.

2) 동아시아비전그룹 보고서의 주요 내용

EAVG 보고서는 동아시아지역이 지향(指向)해야 할 목표로 동아시아공동체(East Asian Community)의 형성을 지적하였으며 이러한 목표를 달성하기 위해 경제・사회・문화・정치 등 각 방면에서 다양한 협력방안을 제안한 동아시아 협력에 대한 청사진이라 할 수 있다.

EAVG는 지난 2년간 다섯 차례의 회의를 통해 EAVG 보고서를 작성하여 이번 5차 정상회의에 제출하였다. 세계경제가 WTO체제 출범 이후 다자주의(multilateralism) 체제로 나아가면서도 각 지역별로 경제블록을 형성하는 지역주의(regionalism)가 강화되고 있다. 이 같이 세계경제질서(global economic order)가 급변하고 있음에도 불구하고 그 동안 동아시아지역에서는 지역협력을 강화하기 위한 인식이 부족하였고 구체적인 논의가 이루어지지 못하였다고 평가할 수 있다. 따라서 동아시아지역의 협력수준을 제고시키기 위해서는 동아시아 전지역이 공감대를 형성할 수 있는 장기발전계획과 비전이 제시되어야 하며 이러한 역할을 충실히 수행하기 위해 EAVG가 결성되었다고 할 수 있다.

EAVG 보고서가 제안한 사업 중 경제부문과 관련한 핵심내용을 간략히 살펴보고자 한다.

(1) 무역활성화

EAVG 보고서는 무역활성화와 관련하여 동아시아자유무역지대를 APEC의 보고르(Bogor)목표 이전에 설립할 것을 제안하고 있다. 이를 달성하기 위해서 구체적 전략을 수립하기 위한 각료급회의를 개최할 것을 권고하였다. 또한 무역자유화(trade liberalization)로 인한 경제적 혜택(economic benefit)을 역내 회원국들이 공유(共有)하기 위해 역내 저개발국들(underdeveloped countries)을 위한 일반특혜관세 및 특혜조항의 도입을 강조하였다.

(2) 투자환경조성

역내투자환경의 조성과 관련하여 '동아시아 투자정보네트워크(EAIIN)'설립·중소기업의 투자증진 및 행정·금융지원체제의 수립·동아시아투자지역(EAIA)의 설립 등을 제안하였다.

(3) 역내지역개발

역내지역개발을 위해 동남아성장지대내의 자원과 인프라를 공동개발할 것과 이를 위해 금융지원과 민간기업들의 적극적 참여를 권고하였다. 특히 사회간접자본(SOC), 정보통신기술(IT), 인적자원개발 등의 분야에 우선적으로 지원을 확대할 것을 제안하였다.

또한 역내 저개발국에 대한 ODA를 확대하고 기술이전 및 공동기술개발을 통한 역내협력강화를 강조하였다.

(4) 금융분야 협력

EAVG 보고서는 금융분야의 협력으로 '동아시아차입협정(East Asian Arrangement to Borrow)' 또는 '동아시아통화기금(EAMF : East Asian Monetary Fund)'의 설립을 제안하였다. 금융분야의 구체적인 협력사업으로 다음 세 가지가 지적되었다.

① IMF 기능보안을 위한 역내 모니터링(monitoring)과 감시체제의 강화

② 거시경제 및 금융분야의 의견교환을 위한 포럼설립

③ 금융안정 및 경제개발을 위한 역내 환율 공조체제 추진

3) EAVG 제안사업에 대한 평가

EAVG가 제시한 보고서에 나타난 역내 협력사업 중 가장 핵심적인 부문은 동아시아자유무역지대(EAFTA : East Asian Free Trade Area)의 설치와 동아시아통화기금의 설립이다. 이 두 부문을 간략히 평가해 본다.

(1) 동아시아자유무역지대의 설치

동아시아자유무역지대의 설치에 대해서 아직 역내 회원국들의 인식과 지지가 낮은 수준에 머물러 있다고 평가할 수 있다. 현재 동남아지역은 AFTA가 2002년 중에 목표관세율(0~5%)을 달성하고 교역자유화를 위한 여러 관련조치들을 추진 중에 있으며 중국은 아세안과의 FTA 체결에 원칙적으로 합의를 보고 있는 상황이고 일본은 2002년 1월 13일 처음으로 싱가포르와 자유무역협정(FTA)을 체결하였다.

2001년 말 이후 아시아경제권에 대한 주도권 쟁탈에 있어 일본과 중국의 움직임이 활발해지고 있는 가운데 고이즈미 준이치로 일본총리는 2002년 초에 고촉통 싱가포르 총리와 회담을 갖고 자유무역협정을 포함한 '일-싱가포르간 경제제휴협정'에 정식 조인하였다. 이어 고이즈미 총리는 2002년 1월 14일 동아시아 외교기본방침 정책연설에서 동남아국가연합(ASEAN)과의 자유무역을 포함한 포괄적 경제제휴 구상을 정식 제안하였다. 아시아국가간의 FTA는 이번이 처음으로 이를 계기로 한・중・일을 비롯한 동아시아 국가들이 추진 중인 '동아시아자유무역지대' 구상이 가속화될 전망이다.

한국은 그 동안 경제성장의 핵심전략으로 채택해왔던 수출지향적인 경제성장 전략(export-oriented economic growth strategy)을 향후에도 유지할 수밖에 없는 입장이며 따라서 다자차원 또는 지역차원에서도 무역자유화가 우리경제에 이득이 됨은 자명한 사실이다. '동아시아자유무역지대'의 설치가 한국경제에 미치는 영향에 대한 국내 경제학자들의 연구결과에 따르면 동아시아자유무역지대의 결성으로 한국은 국내총생산(GDP) 2.14%, 수출 30%, 수입 25%, 무역수지 8억 8,000만 달러를 개선시킬 수 있을 것으로 분석되었다.

현실적인 여건을 고려할 때 동아시아자유무역지대는 중장기적인 관점에서 추진되어야 할 것으로 전망되며 회원국간 동아시아자유무역지대 결성을 위한 논의가 활발하게 이루어질 것으로 기대되고 있다.

(2) 동아시아통화기금의 설립

1997년 동아시아 외환위기 직후 일본이 제안하였던 아시아통화기금(AMF: Asian Monetary Fund)설립 제안은 미국과 미국이 주도하고 있는 IMF 등의 반대로 무산된 바 있다. 따라서 이러한 현실을 감안하여 EAVG 보고서는 IMF의 기능을 보안하는 장치로서 EAMF의 설립을 제안하고 있다. 즉 EAMF의 기능을 IMF를 대체하는 데 두지 않고 역내 금융위기에 보다 효율적으로 대처하기 위해 IMF의 지역적인 기능을 보완하는데 국한시키고 있다. 그렇게 함으로써 미국 등 역외국들의 반대를 완화시킬 수 있을 것으로 기대하고 있다.2. 한국에의 시사점

이번 '5차 ASEAN+3 정상회의'는 주요 선진권경제의 침체와 더불어 세계경제가 동반불황을 겪고 있는 상황하에서 동아시아국가들의 경제협력을 모색하는 중요한 계기가 되었다고 평가할 수 있다. 이번 정상회의에서 검토한 EAVG 보고서는 궁극적으로 동아시아지역의 경제공동체를 구축하고 세계경제에서의 동아시아지역의 위치를 공고히 하는데 중요한 역할을 할 것으로 기대된다.

현실적으로 EAVG가 제시하는 여러 가지 제안들이 실효성을 거두기 위해서는 동아시아 지역협정이 다자체제와 합치내지는 보완하는 기능을 할 수 있음을 미국을 비롯한 주요 역외국들에게 인식시켜야 될 것으로 보인다. 이러한 역할을 하는데 있어서 한국은 역내 회원국들과 긴밀하게 협조해야 한다.

한편, 동남아시아지역을 비롯한 동아시아지역은 한국의 중요한 교역파트너이며 특히 동남아시아는 우리에게 지속적으로 무역수지흑자를 가져다주는 지역이므로 전략적인 측면에서 경제협력을 더욱 강화시켜야 한다. 또한 세계화 및 경제블록화가 가속화되고 있는 상황하에서 중국과 일본을 비롯한 동아시아지역과의 역내협력에 대한 중장기적 전략을 나름대로 수립하고 구체적인 협력방안을 모색해야 하며 주요 지역과의 자유무역협정(FTA)을 체결하고 적극적으로 추진해서 향후 동아시아 경제협력틀을 구축하는데 있어서 중추적인 역할을 수행할 수 있어야 한다.

제9절 AFTA

동남아시아 자유무역지대(AFTA: ASEAN Free Trade Area)는 태국, 말레이시아, 인도네시아, 필리핀, 싱가포르, 브루나이 등 동남아국가연합(ASEAN) 6개국

을 중심으로 1994년에 결성하였으며 1995년 베트남, 1997년 미얀마와 라오스, 1999년 캄보디아가 가입함으로써 인도차이나반도를 포함하는 동남아지역의 광대한 경제블럭을 형성해 나가고 있다.

1. AFTA의 설립과 내용

1992년 1월 싱가포르 정상회담에서 '싱가포르 선언'[1]과 'ASEAN의 경제협력강화에 관한 기본협정'[2]이 체결되었고 ASEAN 경제각료회의에서 'ASEAN 자유무역지대결성을 위한 공동유효특혜관세제도에 관한 협약'[3]이 체결됨으로써 ASEAN 6개국은 1994년 1월 1일부터 정식으로 ASEAN 자유무역지대(AFTA)를 창설하였다.

AFTA는 ASEAN 회원국간의 무역거래에 대한 관세 및 모든 비관세 장벽을 점진적으로 인하(철폐)함으로써 ASEAN 역내무역을 자유화하고 외국인에 의한 ASEAN 역내 투자를 촉진하며 그를 통해 자원의 효율적 배분, 규모의 경제실현, 경쟁력향상 및 지속적 경제발전을 도모하고자 설립되었다. AFTA의 주요 내용은 공동유효특혜관세[4]제도와 이를 통한 역내거래에 대한 관세인하 및 비관세장벽의 철폐계획, 원산지규정 그리고 역내회원국간 협력분야검토 등으로 이루어져 있다.

2. 관세인하 및 비관세장벽 철폐계획

1993년 1월 1일부터 시작된 ASEAN 역내무역자유화의 대상은 비가공 농산물과 서비스부문을 제외한 자본재 및 가공농산물을 포함하는 전 제조업제품이며 이들의 역내거래에 대한 관세인하 및 비관세장벽 철폐계획은 다음 표에 정리된 바와 같다. CEPT 제도가 ASEAN 자유무역지대를 형성하는 주요 정책수단이며 관세인하계획의 기본원칙은 각 회원국이 예외품목으로 지정한 품목들을 제외한 모든 역내무역거래에 대해 공동유효특혜관세(CEPT)를 적용하고, 동 CEPT를 1993년 1월 1일부터 향후 15년 이내에 점진적으로 인하하여 관세인하계획 완료 후 역내거래에

---

1) Singapore De-claration
2) the Frame-work Agreement on Enhancing ASEAN Economic Cooperation
3) Agreement on the Common Effective Preferential Tariff(CEPT) Scheme for the ASEAN Free Trade Area(AFTA)
4) Commom Effective Preferential Tariff : CEPT

대한 관세율을 0~5% 수준으로 유지한다는 것이다. 그러나 AFTA 회원국들이 비회원국에 대해 적용하는 관세율은 각 회원국의 독자적 결정에 달려 있다.

AFTA 설립 이전부터 시행되어 오던 우대관세협정에 의해 회원국 간 무역거래시 우대관세율을 적용 받던 제조업 상품들은 모두 CEPT 관세율의 적용을 받게 되며 비제조업상품으로 우대관세율을 계속 유지함으로써 CEPT에 보완적 기능을 하게 된다. CEPT 제도에서는 전 산업제품이 가속관세인하대상(Fast Tract Program)품목, 정상관세인하대상(Normal Track Program)품목 그리고 예외(Exclusions and Exceptions)품목으로 나뉘어진다. CEPT 적용품목별 관세인하계획은 동 품목으로 나누어진다. CEPT 적용품목별 관세인하계획은 동 품목의 가속관세인하대상 여부 및 1993년 1월 1일 당시 적용관세율의 고저(20% 기준)에 따라 다르며, 양적 규제를 포함하는 비관세장벽의 인하계획은 동 품목에 대한 현행 적용관세율 및 양적 규제 이외의 비관세장벽의 존재유무에 따라 달라진다.

구 분	현행 관세율 20%이상 품목	현행 관세율 20%이하 품목
1. 정상관세인하 - 1단계 - 2단계	1993. 1. 1부터 5~8년 이내에 20%수준으로 인하 이후 7~10년간 0~5% 수준으로 인하	1993. 1. 1부터 15년 이내에 0~5%수준으로 인하
2. 가속관세인하	1993. 1. 1부터 10년 이내에 0~5% 수준으로 인하	1993. 1. 1부터 7년 이내에 0~5% 수준으로 인하
3. 비관세장벽양적규제 - 기타비관세장벽	1993. 1. 1부터 5~8년 이내에 철폐양적규제가 철폐된 후 5년 이내에 철폐	즉시 철폐

- **가속관세인하계획** : 가속관세인하대상은 15개 부문으로 현재 동부문에 적용되는 관세율이 20% 이상인 경우 10년 이내에 0~5% 수준으로 인하하고 현행관세율이 20% 이하인 경우 향후 7년 이내에 0~5% 수준으로 가속 인하하여 늦어도 2003년 1월 1일까지는 가속관세인하대상 전 부문들에 대한 관세 인하를 완료하고 있다.

· **정상관세인하계획** : 가속관세인하대상이 아닌 정상관세인하대상 산업부문에 대해서는 위 표에 나타난 바와 같이 각 회원국들의 현행 관세율 차이가 큰 점을 고려하여 회원국별로 신축적인 2단계 관세인하 계획을 수립할 수 있도록 하고 있다. 현행 관세율이 20% 이상인 경우 향후 5~8년 사이에 20% 수준으로 인하하고, 그 후 7~10년 사이에 0~5% 수준으로 인하한다.
그리고 현행관세율이 20%를 초과하는 정상관세인하 대상품목들의 2001년 이후 회원국간 관세인하일정을 일반화하기 위해 동 품목들에 대한 관세를 2003년 말까지 15%, 2005년 말까지 10% 그리고 2007년 말까지는 0~5% 수준으로 인하하기로 합의하였다.
또한 가속관세인하대상 품목이 아닌 경우에도 2개 이상의 회원국들이 동 품목의 가속관세인하에 대해 합의할 경우 이를 인정하게 되어 있다. 향후 AFTA협정의 진척과 관련하여 한 가지 흥미로운 점은 동 관세인하계획에 의한 관세 인하 개시일자가 회원국별로 다를 뿐 아니라 관세인하 시행방법도[5] 역시 회원국의 결정에 달려 있다는 점이다.[6]

· **양적 규제 및 기타 비관세장벽** : 비관세장벽 중 양적 규제의 경우 현행관세율이 20% 이상인 품목에 대한 양적 규제에 대해서는 향후 5~8년 이내에 양적 규제를 철폐하며, 현행관세율이 20%이하인 품목에 현존하는 양적 규제는 즉시 철폐하도록 규정하고 있다. 그리고 양적 규제를 제외한 기타 비관세장벽에 대해서는 양적 규제가 철폐된 후 5년 이내에 동 비관세장벽을 철폐하도록 하고 있다.

3. 예외품목

ASEAN 역내무역자유화 계획에서 CEPT의 적용대상에서 제외되는 배제 및 예

---

5) 예를 들면 정율법에 의한 관세인하
6) 1977년부터 시행되었던 우대관세협정(Preferential Trading Arrangements)의 실패원인이 회원국간 합의된 품목들에 대한 품목별(product by product base) 할인관세율 적용원칙이었다는 점과 이것을 이용하여 회원국들이 자국산업에 미칠 영향을 극소화할 수 있는 우대관세 적용 품목을 선정하는 국가별 이기주의로 인한 것이었다고 할 수 있다. AFTA 협정체결 당시 동 협정내용 중 각 회원국에게 자국의 관세인하일정 및 내용을 자율적, 신축적으로 조정할 수 있게 한 것이 동 협정의 진행에 부정적인 영향을 미치리라는 것이 일반적인 예상이었다.

외품목은 일반예외(general exceptions) 품목과 잠정배제(temporary exclusions)품목 그리고 비가공 농산물과 서비스부문이 있으며[7] 산업피해구제를 위한 일시적인 CEPT 적용배제 또한 인정된다.

- **일반예외품목** : 각 회원국들은 자국의 안보, 공공도덕, 국민 및 동식물의 생명과 건강보존 그리고 예술적·역사적·고고학적 가치를 지닌 물건의 보호를 위해서 필요하다고 인정되는 품목들을 CEPT 시행대상에서 제외할 수 있다.
- **잠정배제품목** : 각 회원국이 일시적으로 특정 민감품목(sensitive items)들을 CEPT 적용대상품목에 포함할 수 없는 경우 이들을 잠정적으로 CEPT 적용대상에서 배제할 수 있다. CEPT 적용품목들은 조화관세분류[8]상 6단위의 산업부문단위(sectoral basis)로 적용되나 CEPT 적용대상에서 잠정적으로 배제되는 민간품목들을 HS분류 8/9단위 수준에서 지정한다. 이러한 잠정배제품목들의 존속여부는 8년 후에 재검토하며, 이 때 회원국들은 동 잠정배제품목의 수를 줄이고 이들의 관세율이 그 후 7년 이내에 0~5% 수준에 이르도록 관세인하에 노력하여야 한다.
- **서비스와 비가공 농산물** : 앞서 논의된 바와 같이 서비스와 비가공 농산물은 CEPT 적용대상에서 제외되며 비가공 농산물이란 HS 분류상 1~24에 속하거나 기타 분류에 속하는 비가공 농산물들과 원재료에 최소의 가공을 한 품목들을 말한다.
- **산업피해규제** : CEPT 실시 이후 역내회원국들로부터 수입급증으로 동일한 상품 혹은 경쟁관계에 있는 상품을 생산하는 자국 산업의 피해가 발생할 때 수입국가는 CEPT의 적용을 잠정적으로 중지할 수 있다. 회원국이 이러한 긴급 산업피해구제조치를 취할 때는 ASEAN Secretariat를 통해 AFTA Council에 즉시 통고하여야 한다.

4. 원산지규정

자유무역지대에서는 비회원국으로부터의 수입품에 대해 적용되는 관세율이 회원국마다 다르므로 역외국으로부터의 수입품가격 차이가 존재하게 마련이다. 따

7) 'AFTA·Reader' vol. 1참조
8) Harmonished Systems(HS) Code

라서 자유무역지대 설립시 이러한 회원국간 수입품의 가격차이를 이용한 수입품의 역내교역(Commodity arbitrage)[9]을 방지하기 위해 회원국간의 무역에 대해 원산지규정을 적용함으로써 우회무역의 가능성을 봉쇄한다. 만일 회원국들이 관세 혹은 비관세장벽을 통해 비회원국으로부터의 수입을 규제하는 경우 비회원국의 수출업자들은 그러한 무역규제를 피하기 위해 동 자유무역지대내에 직접 투자하여 현지 생산을 할 수도 있다.

역내부품사용제도(Local content scheme)는 비회원국의 수출업자가 역내투자를 통해 현지공장을 설립하는 경우 그것이 역내무역장벽을 회피하기 위한 단순부품조립공장(screw driver plant)이 되는 것을 방지하기 위해 FDI에 의해 현지공장을 설립한 외국기업들은 총 생산액 중 일정 비율 이상의 역내부품 혹은 생산요소를 사용해야 한다고 규정한다. AFTA의 원산지규정과 역내부품사용제도는 적어도 40% 이상의 역내부품을 사용한 물품의 경우 이를 ASEAN 역내생산품으로 인정한다고 규정한다.

5. CEPT와 호혜주의

AFTA 협정상 특이할 사항은 회원국간의 무역거래에 대한 조건부 CEPT 적용규정이다. 즉 CEPT가 AFTA 설립 이전 주요 역내무역진흥수단이었던 우대관세제도와 다른 점은 CEPT 제도하에서 회원국간 거래에 호혜주의가 적용된다는 점이다. 따라서 A라는 회원국이 여타 회원국과 B라는 상품의 무역거래에서 CEPT의 적용을 받으려면 다음의 세 가지 조건을 만족시켜야 한다.

첫째, 동 상품이 수출국과 수입국의 CEPT 적용대상상품 목록에 속해야 하며 동 상품의 현행 관세율이 20% 이내이어야 한다.[10]

둘째, AFTA Council에 의해 인정된 동 상품의 관세인하계획이 있어야 한다.

셋째, 동 상품이 ASEAN 부품을 40% 이상 사용한 ASEAN 상품이어야 한다.

처음 두 가지 조건들이 CEPT 적용을 받기 위한 실질적, 형식적 조건들이며 이

---

9) 이러한 수입품의 역내거래가 성립하기 위해서는 회원국간 무역에 소요되는 운송비용이 너무 크지 않다는 가정이 필요하다.

10) 현행관세율이 20% 이내의 품목의 경우 각 회원국의 관세율인하가 독자적(무차별적)이든 혹은 AFTA 회원국간의 거래에 대해서만 적용되든 관계없이 CEPT 적용대상에 포함된다. 이러한 점에서 CEPT제도가 '개방적 지역주의'의 요소도 포함하고 있다고 볼 수 있다.

러한 조건들은 앞서 논의된 2개 이상 ASEAN 회원국들이 상무협정을 통해 특정품목에 대해 회원국 전체에 적용되는 CEPT 관세율 인하계획보다 가속적으로 적용관세를 인하하는 것을 인정하는 CEPT 적용 원칙과 함께 CEPT 제도가 상호주의 원칙에 입각해 있음을 보여주고 있다.[11] 이러한 호혜주의 원칙의 적용은 과거 우대관세제도 시행시 나타났던 회원국간의 실질적 무역개방노력의 지연을 방지하고자 하는데 있다. 즉 상기조건을 만족시키지 못한 회원국들과의 무역거래에는 CEPT를 통한 관세인하의 혜택을 부여하지 않음으로써 free rider 문제를 방지하고 각 회원국에 자유시장개방의 동기를 부여함으로써 회원국간의 무역자유화 노력을 가속화하는데 동 제도의 목적이 있다.

6. 외환규제완화 및 기타 역내협력강화

CEPT의 시행을 원활히 하기 위해 CEPT 적용품목의 수출입대금 결제시 외환규제조치를 완화한다. 또한 회원국들은 무역자유화를 보완하기 위하여 기준의 통일, 제품검사보증의 상호인정, 외국인투자에 대한 장벽제거, 공정경쟁정책의 제정, 벤처 캐피탈의 장려, 거시 경제정책에 대한 협의 등과 같은 분야에서 회원국간 협력가능성을 협의하도록 한다.

7. AFTA의 무역자유화 추진

AFTA협정은 역내 무역자유화의 회원국별 일정 등의 세부적 실천 계획을 명시적으로 규정하지 않은 상태에서 단지 무역자유화의 기본 원칙만을 천명하고 있었다. 1992년 12월 자카르타에서 열린 제3차 AFTA Council 회의에 각 회원국들이 잠정적인 CEPT 대상품목 목록과 품목별 관세인하계획을 제출하였으나 회원국별로 관세인하 개시 시기의 차이가 존재[12]해 회원국간 이해관계의 갈등으로 CEPT

---

11) 이러한 CEPT의 호혜주의적 원칙은(6-X)규칙이라고 표현되기도 한다. 즉 6개의 ASEAN 회원국 모두가 자동적으로 CEPT 적용 요건을 만족시키거나 2개 이상 회원국간 관세인하에 관한 특별합의가 있는 경우에만 CEPT의 적용을 받을 수 있다.

12) 싱가포르와 태국은 1993년 1월 1일부터 동 관세인하계획을 시행하였으나 브루나이는 관세인하 개시시기를 1994년으로, 인도네시아는 1995년(정상관세인하 대상품목)과 1998년(가속관세인 대상품목)으로 그리고 필리핀은 1996년으로 설정하였다. 이에 대해 말레이시아는 자국의 관세인하계획을 1993년부터 시행하되 여타 ASEAN 국가들이 관세인하를 실시

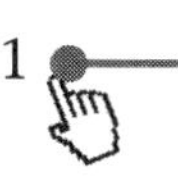

의 시행이 지연되었다는 사실 이외에도 관세인하대상에서 잠정적으로 제외되는 민간품목의 수가 너무 많다는 점 그리고 무역자유화의 일정이 너무 길다는 점과 같은 문제점들로 인해 민간부문이 동 계획의 실현가능성에 거는 기대는 매우 낮은 수준이었다. 이에 따라 역내산업들은 동 산업제품의 배제품목화를 위해 자국정부에 대한 로비활동을 증대하는 상황이었으며 회원국들의 관세인하 일정 및 방법 등에 관한 회원국간의 복잡한 이해관계를 조율하는 일이 AFTA 성패의 관건으로 남아 있었다고 할 수 있다.

이와 같이 AFTA 회원국들이 국내 산업으로부터의 반대와 국내경제사정을 이유로 관세인하계획을 적극적으로 이행하지 않았고, 1994년 4월 UR이 타결되어 1995년부터 출범하게 된 WTO 체제에서 GATT 회원국들이 10년 내에 관세인하를 완료하고 관세 및 비관세장벽을 철폐하기로 함으로서 1993년 1월에 발효된 AFTA 협정상의 관세인하계획은 해외투자자들의 관심을 끌기에는 부족했다고 볼 수 있다. 이러한 상황에서 그 동안 주요 투자선이었던 일본경제의 불황, NAFTA 회원국들이 10년 내에 관세인하를 완료하고 관세 및 비관세장벽을 철폐하기로 함으로서 1993년 1월에 발효된 AFTA 협정상의 관세인하계획은 해외투자자들의 관심을 끌기에는 부족했다고 볼 수 있다. 이러한 상황에서 그 동안 주요 투자선이었던 일본경제의 불황, NAFTA의 결성과 같은 이유로 역외 선진국과 NICs로부터의 외국인 투자가 멕시코, 중국, 베트남 등의 국가들로 전환되어 1993년 중 ASEAN의 투자가 격감하자 ASEAN 회원국들은 싱가포르에서 열린 1993년 10월 제4차 AFTA Council 회담과 1994년 9월 태국 치앙마이에서 열린 경제각료회의 등을 통해 역내무역자유화를 가속화하기 위한 다음과 같은 일련의 합의를 맺게 되었으며 이를 통해 그 동안 지지 부지하던 AFTA 계획은 커다란 발전의 계기를 맞게 되었다.

1993년 10월 제4차 AFTA Council 회의에서는 그 동안 확정되지 않았던 회원국별 CEPT실천계획과 대상품목을 확정[13]하였으며 그 동안 각 회원국이 자율적으로

하는 시점부터 유효하다는 조건부 관세인하계획을 발표하였다(AFTA: Trading Bloc or Building Bloc(1994))

13) 이러한 CEPT 세부실천계획을 1993년 11월 1일부로 비회원국가, GATT 무역개발위원회 그리고 민간부문에게도 알려 동 계획의 투명성을 제고할 뿐 아니라 그 동안 동 계획에 회의적인 반응을 보이던 역내 민간부문 및 외국인 투자자가 동 계획에 대해 갖던 불확실성을 제거하도록 하였다.

결정했던 관세인하 실행시기의 문제도 현행관세율이 20%가 넘는 고관세품목의 경우 관세율인하일정을 1994년 1월 1일 이전으로 앞당기는데 합의하였다. 그리고 비가공 농산물의 경우 CEPT 시행대상에 정식으로 포함되지는 않으나 몇몇 회원국들이 자발적으로 일부 비가공 농산물을 CEPT 대상에 포함하기로 결정하였다.

1994년 인도네시아를 비롯한 몇몇 AFTA 회원국들은 해외투자에 대한 규제를 완화하였으며 1994년 9월 태국에서 열린 제26차 경제각료회의에서는 원래 AFTA 협정서상 관세인하 완료시점인 2008년 1월 1일보다 5년 빠른 2003년 1월 1일까지 역내무역자유화를 완료하는 것과 잠정배제품목의 점진적 CEPT 대상품목화계획을 골자로 한 수정관세인하계획을 발표했다. 이 회의에서 합의된 수정관세인하계획안과 기타 주유 의결사항은 다음과 같다.

첫째, 정상 관세인하 대상품목 중 현행관세율이 20%가 넘는 품목의 관세율을 1998년 1월 1일까지 20% 이내로 낮추고 역내무역자유화를 원래 계획보다 5년 앞선 2003년 1월 1일까지 완료했다. 현행관세율이 20%이하인 품목들의 관세율을 2000년 1월 1일까지 0~5% 이내로 인하하였다.

둘째, 가속관세인하 대상품목 중 현행관세율이 20% 이상인 품목들의 CEPT관세율을 2000년 1월 1일까지 0~5%수준으로 인하하고 현행관세율이 20%이하인 품목들의 관세율을 1998년 1월 1일까지 0~5% 이내로 인하하였다.

셋째, 기존 CEPT 협정에서 관세인하대상으로부터 제외되었던 쌀 등의 비가공 농산물을 점진적으로 관세인하대상에 포함시키며 잠정배제품목의 수를 1996년 1월 1일부터 5년간에 걸쳐 20%씩 균등하게 축소하여 CEPT 적용대상 품목으로 전입한다. 즉 1996년 1월 1일까지 잠정배제품목 중 20%를 감축하여 2000년 1월 1일에는 전품목이 CEPT대상품목이 되었다.

넷째, 그 동안 자국의 자동차산업을 보호하기 위하여 제품별 보완계획에 참여하지 않던 인도네시아가 동 계획에 참여하기로 하였으며 AIJV계획에서 1990년 12월 31일 이전에 승인된 사업에만 한시적으로 적용되던 외국인 지분한도 확대조치를 1996년 12월 31일 이전에 승인되는 모든 AIJV합작사업에 확대 적용한다. 그리고 CEPT 규정과 AIJV 계획상 현지부품사용비율 불일치에서 빚어졌던 모순점을 해결하기 위해 AIJV의 현지부품사용비율을 50%에서 40%로 인하하였다.

다섯째, AFTA 협정상 합의된 사항들의 진전상황점검, 농산물 제외품목의 선정, 통관수속 및 과세기준의 통일, 역내분쟁을 해결하기 위한 기구로 실무그룹을 설치한다. 또한, AFTA 사무국을 설치하고 정책협의 기구를 정례화하여 회원국간 정책협력을 강화한다.

여섯째, 동아시아경제협력체(EAEC)는 무역문제를 제외한 에너지·산업·관광·인적자원개발 등 분야의 협력문제를 다루는 협의체로 할 것을 검토하고 APEC 협상이 실패할 경우 EAEC에서 무역문제를 취급하기로 한다.

8. AFTA의 경제적 효과

AFTA의 형성이 가져올 경제적인 효과는 여러 가지로 생각해 볼 수 있다. 무역창출과 무역전환의 효과 면에서 무역창출효과가 무역전환효과를 능가하기 위해서는 경제블럭에 포함되는 회원국들이 통합 전에는 경쟁적인 구조를 가지고 있으면서 잠재적으로는 상호 보완적인 구조를 갖고 있어야 한다. 각 회원국들의 AFTA형성 이전에는 무역보호율이 높고 AFTA형성으로 인해 무역보호율이 대폭 인하된다면 무역창출효과가 무역전환효과보다 클 가능성이 많아지는 것이다.

현재의 아세안국가들은 모두 제조업 제품의 수출을 늘리고 있는데 섬유, 의류, 목제품, 전기부품같은 수출품들이 서로 비슷하기 때문에 무역전환의 가능성은 적어 보인다. 또한 아세안 수출특화지수를 검토해 보면 아직까지 절대수준은 낮지만 수출부문에서 보완성이 어느 정도 증가하고 있는 것으로 나타나고 있어 공업화의 진전과 AFTA의 추진과 함께 역내교역이 활발히 이루어지고 무역창출효과가 파생될 것으로 기대된다.

아세안은 4억 이상의 인구를 포용하고 있어 EU나 NAFTA를 능가하고 있지만 국민총생산 면에서 세계전체의 2%, 교역액은 세계전체의 6%에 불과한 소규모 시장을 배후로 하고 있다. 이에 비하여 EU와 NAFTA는 교역액 면에서 세계에서 각각 38%, 19%를 차지하고 있으며 국내총생산 면에서도 세계의 29%, 31%를 점하고 있는 등 AFTA와 비교할 수 없을 정도로 큰 규모의 시장을 역내에 두고 있다. AFTA회원국들의 역내교역비중도 EU나 NAFTA에 비하여 낮아서 AFTA회원국들의 역내수출비중은 총 수출의 23.9%로, NAFTA 회원국들의 47.6%, EU 회원국들의 56.5%보다 훨씬 낮고 역내수입비중도 NAFTA회원국들의 36.9%, EU회원국들의 54.5%보다 훨씬 낮은 19.3%를 나타내고 있다. 그러나 최근 AFTA 회원국들 사이의 역내교역이 급증하는 등 큰 폭의 신장세를 보이고 있고 교역구조도 과거 1차 상품 위주였으나 이제는 기계, 전자제품 등 제조업 제품이 압도적인 비중을 차지하고 있어 교역구조도 빠르게 개선되고 있다.

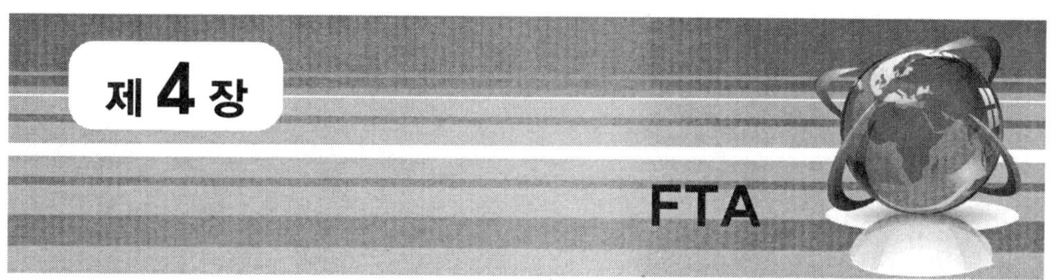

제1절 FTA 개요

자유무역협정(FTA: Free Trade Agreement)은 특정국가간에 배타적인 무역특혜를 서로 부여하는 협정으로서 가장 느슨한 형태의 지역 경제통합 형태이며, 지역무역협정 (RTA: Regional Trade Agreement)의 대종을 이루고 있습니다.

지역경제통합에는 아래와 같은 다양한 형태가 있습니다.

<table>
<tr><th>역내관세 철폐</th><th>역외공동관세부과</th><th>역내생산요소
자유이동보장</th><th>역내공동경제정책
수행</th><th>초국가적기구
설치 · 운영</th></tr>
<tr><td>① 자유무역협정
(NAFTA, EFTA 등)</td><td></td><td></td><td></td><td></td></tr>
<tr><td colspan="2">② 관세동맹
(베네룩스 관세동맹)</td><td></td><td></td><td></td></tr>
<tr><td colspan="3">③ 공동시장
(EEC, CACM, CCM, ANCOM 등)</td><td></td><td></td></tr>
<tr><td colspan="5">④ 완전경제통합
(마스트리히트조약 발효이후의EU)</td></tr>
</table>

FTA는 다자무역질서의 근간인 최혜국대우 (MFN) 원칙에 정면으로 배치되지만, WTO 규범은 아래와 같은 요건을 충족할 경우 적법한 예외로 인정하고 있습니다 (상품분야는 관세 및 무역에 관한 일반협정(GATT) 제XXIV조, 서비스 분야는 서비스무역에 관한 일반협정(GATS) 제V조)

- 실질적으로 모든 무역을 대상으로 하며, 특정한 분야를 전면적으로 제외해서는 안됨.
- 관세 및 기타 상업적 제한의 합리적 기간내 (원칙적으로 10년이내)에 철폐하여야 함.
- 역외국에 대한 관세 및 기타 상업적 제한이 협정 체결전보다 더 후퇴해서는 안됨.

※ 위에서 언급한 GATT 및 GATS 조항 외에도 허용조항(Enabling Clause)라는 것이 있는데, 이는 GATT의 1979년 결정으로서 GATT 회원국들이 개도국에 대하여 차별적으로 보다 특혜적인 대우를 할 수 있도록 허용한 것입니다. 동 조항은 일반특혜관세(GSP) 및 방콕협정 등의 근거가 되고 있습니다.

FTA가 포함하고 있는 분야는 체약국들이 누구인가에 따라 상당히 다른 양상을 보이고 있습니다. 전통적인 FTA와 개도국간의 FTA는 상품분야의 무역자유화 또는 관세인하에 중점을 두고 있는 경우가 많습니다.

그러나, 최근 WTO 체제의 출범(1995년)을 전후하여 FTA의 적용범위도 크게 확대되어 대상범위가 점차 넓어지고 있습니다. 상품의 관세 철폐 이외에도 서비스 및 투자 자유화까지 포괄하는 것이 일반적인 추세라고 하겠습니다. 그 밖에 지적재산권, 정부조달, 경쟁정책, 무역구제제도 등 정책의 조화부문까지 협정의 대상범위가 점차 확대되고 있습니다. 다자간 무역협상 등을 통하여 전반적인 관세수준이 낮아지면서 다른 분야로 협력영역을 늘려가게 된 것도 이 같은 포괄범위 확대의 한 원인이라고 할 수 있습니다.

FTA로 대표되는 지역주의(regionalism)는 세계화와 함께 오늘날 국제경제를 특징짓는 뚜렷한 조류가 되고 있으며, WTO 출범 이후 오히려 확산 추세에 있습니다. 예컨대, 47년간의 GATT 시대에 GATT에 통보된 지역무역협정이 91건인데 비해, WTO 초기 9년간 이보다 보다 많은 숫자(120)의 지역무역협정의 통보가 이루어졌습니다. 2005년에는 세계총무역중 지역무역협정내의 무역비중이 55%에 달할 것으로 추정되고 있습니다. 그렇다면 이와 같이 지역무역협정이 확산되고 있는 이유는

- FTA가 개방을 통해 경쟁을 심화시킴으로써 생산성 향상에 기여한다는 측면에서 무역부문의 중요한 개혁조치로 부상
- 무역 및 외국인 직접투자의 유입이 경제성장의 원동력이라는데 대한 인식 확산과 FTA체결이 외국인 직접투자 유치에 큰 도움이 된 사례(NAFTA 이후 멕시코 등)가 교훈으로 작용
- WTO 다자협상의 경우 장기간이 소요되고, 회원국수의 급증으로 컨센서스 도출이 어렵다는데 대한 반작용
- 특정국가간의 배타적 호혜조치가 실익 제고, 부담 완화 및 관심사항 반영에 보다 유리할 수 있다는 측면 고려
- 연내 국가간의 보다 높은 자유화 추진이 다자체제의 자유화를 선도할 수 있다는 명분론(주로 선진국)
- 지역주의 확산에 따라 역외 국가로서 받는 반사적 피해에 대한 대응 필요

지역무역협정에 대한 WTO의 규정이 불명확하고, 불충분하여 특정 지역무역협정이 WTO 규정에 합치하는지를 판단하는 것은 현재로서는 매우 어려운 실정입니다. WTO 지역무역협정위원회(CRTA: Committee on Regional Trade Agreements)를 중심으로 지역무역협정에 관한 WTO규정을 명확히 하고 보완하기 위한 협상이 진행되고 있으나 논의속도는 매우 부진한 편입니다.

FTA를 포함한 지역무역협정의 이익은 가시적이고 직접적인 반면, 역기능을 억제하기 위한 다자적인 감시기능이 제대로 작동하기 어려운 상황에서 지역주의는 앞으로도 확산될 것으로 전망됩니다. 《지역무역협정의 종류와 포괄범위》

제2절 FTA 추진정책

우리나라는 GATT(General Agreement on Tariffs and Trade)와 WTO(World Trade Organization)로 대표되는 다자무역체제의 가장 큰 수혜국이며, 우리의 경제발전은 대외교역을 통해 성장을 이룬 전형적인 사례로 인용되고 있습니다. 또한 우리나라는 명실상부한 통상국가로서 지속적인 경제발전을 위해서는 교역의 확대가 필수적입니다. 요컨대 열린 세계시장이 우리의 경제적 생존과 직결되는 것입니다. 최근의 세계 통상환경을 보면, 자유무역협정(FTA: Free Trade Agreement)을 중심으로 한 지역주의(Regionalism)가 가속화되고 있는 상황입니다. 이러한 지역주의의 경향은 과거 GATT체제보다 현재의 WTO 체제에서 오히려 급속도로 확산되는 경향을 보이고 있습니다. 각국의 FTA 체결 경쟁은 현재 진행 중인 도하개발어젠다(DDA) 협상이 의미 있는 합의 도출에 난항을 겪고 있어 많은 국가들이 양자간 지역협정에 의존하는 경향이 더욱 뚜렷해졌습니다.

이러한 상황에서 우리나라가 적극적으로 FTA를 추진해야 하는 이유를 크게 둘로 나누어 말씀드릴 수 있습니다. 우선 1992년 EU의 출범과 1994년 NAFTA의 발효를 계기로 지역주의가 세계적으로 확산되면서 FTA 네트워크 역외국가로서의 피해를 최소화하고, 나아가 이러한 도전에 적극적으로 대응하기 위해 FTA를 추진하게 되었다는 점을 지적할 수 있습니다. 특히 우리의 대외경제 규모가 국내총생산(GDP)의 80% 이상을 차지하고 있는 점을 고려할 때(2010년 국내총생산(GDP)에서 대외교역(수출+수입)이 차지하는 비중은 87.9%), 주요 경쟁국이 FTA를 앞다투어 추진하고 있는 통상환경 하에서 우리나라가 기존 수출시장을 유지하고 새로운 시장에 진출하기 위해 FTA 확대에 전력을 다하는 것은 당연하다고 할 수 있겠습니다. 주요 교역국이 여타 국가와 먼저 FTA를 체결한다면 우리 상품은 고관세 적용에 따른 가격경쟁력의 저하로 점차 그 시장을 잃을 수밖에 없기 때문입니다. 따라서 우리 상품의 수출경쟁력을 유지하고 안정적인 해외시장을 확보하기 위해서는 주요 교역국가들과의 FTA 체결이 필수적입니다.

둘째로 보다 적극적인 측면에서, 능동적인 시장개방과 자유화를 통해 국가 전반의 시스템을 선진화하고 경제체질을 강화하기 위해 FTA 추진이 필요합니다. 우리 경제가 양적인 성장뿐만 아니라 질적인 발전을 통해 진정한 선진 경제로 거듭나기 위해서는 우리의 주요 통상정책으로 자리 잡은 FTA를 능동적·공세적으로 활용할 필요가 있는 것입니다. 전세계적으로도 각국은 산업경쟁력과 국가경쟁력을 신장시키는 주요 정책수단으로서 FTA 및 이에 수반되는 무역자유화(trade liberalization)가 효과적임을 깨닫고 적극적으로 FTA 네트워크 구축에 나서고 있습니다.

정부는 2003년 이래 적극적으로 FTA를 추진해왔으며, 특히 거대경제권과 자원부국 및 주요 거점 경제권을 중심으로 전략적인 FTA 체결 확대 전략을 통한 FTA 네트워크를 구축해 나가고 있습니다. 동시다발적인 FTA 추진을 통해 그동안 지체된 FTA 체결 진도를 단기간 내에 만회하였으며, 현재 FTA 네트워크의 글로벌화를 위해 노력하고 있습니다. 이를 통해 우리 기업의 세계시장 확보를 지원하고, 동아시아 FTA 허브국가로 발돋음하려 합니다.

내용면에서는 FTA 체결 효과를 극대화하기 위해 상품분야에서의 관세철폐 뿐만 아니라, 서비스, 투자, 정부조달, 지적재산권, 기술표준 등을 포함하는 포괄적인 FTA를 지향하고 있습니다. 또한 WTO의 상품과 서비스관련 규정에 일치하는 높은 수준의 FTA 추진을 지향함으로써 다자주의를 보완하고, FTA를 통해 국내제도의 개선 및 선진화를 도모하고 있습니다.

이 모든 노력에도 불구하고 FTA가 성공적으로 추진되기 위해서 정부는 2004년 6월 자유무역협정체결절차규정(대통령훈령)을 제정하여 FTA 추진과정의 투명성을 제고하고, FTA 추진과정에 각계 전문가와 업계의 이익을 최대한 반영하고 있습니다.

정부는 세계적인 FTA 확산추세에 대응하여 안정적인 해외시장을 확보하고 개방을 통해 우리 경제의 경쟁력을 강화하기 위해 FTA를 적극 추진한 결과 칠레, 싱가포르, EFTA, ASEAN, 인도, EU, 페루 등 44개국과의 FTA가 발효되었고, 2011.7.1일에는 한-EU FTA가 잠정발효 되었습니다. 또한 2011.8.1일에 한·페루 FTA가 발효되었고, 미국과는 2007.6월 협정 서명, 2011.2월 추가협상 합의문서 서명 후, 장기간 지연되어 온 한-미 FTA의 비준을 위한 양국내 절차가 진행중에 있습니다. 또한 현재 호주, 뉴질랜드, 터키, 콜롬비아, 캐나다, GCC, 멕시코 등 12개국과 협상을 진행 중입니다.

제3절 세계각국동향

세계 주요국들은 수출확대와 경제협력 등을 도모하기 위해 FTA 추진을 지속해서 확대하고 있다. 일본의 경우, 경쟁국인 우리나라가 EU, 미국과의 FTA 협상을 성공적으로 마무리하자 이에 대응하기 위해, 이들과의 FTA 협상 개시를 서두르고 있다. 일본은 현재 EU와 FTA 협상을 위한 예비교섭 개시에 합의했고, 미국이 참여하는 TPP 확대 협상 참가 여부를 고민하고 있다.

중국의 경우 대만과의 FTA 협상이 본격화되고 있다. 중국은 대만과의 FTA를 추진하기에 앞서 이미 상품·서비스 등 일부 분야의 자유화에 대한 협정을 체결한 바 있고, 현재 동 협정을 바탕으로 이를 FTA로 확대하기 위한 협상을 진행 중이다. 양국간의 FTA가 체결될 경우 차이완으로 불리는 양안(兩岸) 협력 관계가 더욱 공고해질 것으로 보인다.

대만은 중국과의 협정을 제3국과의 FTA 추진의 돌파구로 삼고자 하고 있다. 그간 대만은 중국과의 정치 관계로 제3국과의 FTA 추진이 현실적으로 불가능했다. 하지만 금번 중국과의 양자협정 체결을 바탕으로 본격적인 FTA 추진을 꾀하고 있으며 이의 일환으로 싱가포르와 협상을 개시했다.

ASEAN은 경제블록 차원에서 한국, 중국, 일본, 호주, 뉴질랜드, 인도 등 근린 경제대국과의 FTA를 성공적으로 발효했다. 이처럼 경제블록 차원의 FTA 추진이 일단락 된 이후 싱가포르, 베트남, 인도네시아, 말레이시아, 태국 등 ASEAN 개별국들이 독자적인 FTA 추진을 가속화하고 있다.

EU는 ASEAN 개별국가와의 독자적인 FTA 협상에 돌입했으며 페루, 콜롬비아, 중미 6개국과는 FTA 협상을 타결하여 아시아와 중남미에서 그 영향력을 동시에 확대하고 있다.

미국의 경우 환태평양 지역 9개국이 참여하는 TPP 확대 협상에 주력하고 있다. 미국은 동 협상을 실질적으로 주도하며 수출확대는 물론 태평양 지역에서의 중국을 견제하는 부가적인 효과도 노리는 분위기다.

한편 지역경제공동체 창설을 위한 움직임도 곳곳에서 나타나고 있다. 멕시코와

페루는 칠레, 콜롬비아를 아우르는 중남미 자유무역지대 건설을 추진 중이고, 러시아는 카자흐스탄, 벨라루스와 함께 구소련 국가를 결집해 유라시아 경제연합 건설을 구상하고 있다.

이러한 FTA 확산으로 주요국의 FTA 발효국과의 교역 비중도 증가 추세에 있다. 페루는 EU, 일본과의 FTA가 발효를 앞두고 있어 단기적으로 FTA 교역 비중이 큰 폭으로 늘어날 전망이다. 호주의 경우는 한국, 중국, 일본 등 주요 교역국과 FTA 협상이 현재 진행중으로 교역비중 증가가 중장기적으로 가장 클 것으로 보인다. 한국도 한·미 FTA가 적기에 발효되고 호주, 터키, 콜롬비아 등과 순조롭게 협상이 진행된다면 FTA 교역 비중 상승이 두드러지는 국가대열에 참여할 수 있을 것으로 기대된다.

향후 세계 경제위기속에서 우호적인 통상환경을 조성하기 위해 FTA 추진을 가속화할 필요가 있다. 우선 비준이 지연되고 있는 한미 FTA의 적기 발효가 절실하다. 중국, 일본이 경쟁적으로 FTA를 추진하고 있는 호주 등의 시장을 선점하는 것도 중요하다. 또한 현재 검토중인 베트남·인도네시아·말레이시아 등과의 양자 FTA 협상도 조속히 개시할 필요가 있다.

업계는 FTA 원산지 기준을 바탕으로 새로 SCM을 구축하고 내부 전문가를 육성하는 등 'FTA 확대'시대에 걸맞는 경영 전략을 수집하여야 할 것이다. 정부 및 유관기관도 업계의 FTA 활용 지원에 정책 초점을 맞추고 원산지 규정의 단순화와 컨설팅 및 교육 강화 등에 지속적으로 노력해야 한다.

▮FTA 확산과 대응방안▮

FTA를 통한 합종연횡 지속 확산	대응방안
● 일 : EU·미국과의 FTA 협상개시 타진 ● 중 : 대만과의 양안 협력 강화 ● 미 : TPP 확대 협상을 통한 환태평양 경제 협력 ● ASEAN : 인니, 말련, 베트남, 태국, 싱가포르 등 개별국별 FTA 협상 추진 가속화 ● 대만 : 중국외의 제3국과 FTA 추진 ● 중남미 : 멕시코·페루·콜롬비아·칠레 자유무역지대 건설 추진 ● EU·EFTA : 아시아, 중남미로 FTA 영향력 확대 ● 러 : 유라시아 경제연합 추진	● 한·미 FTA 조기 발효를 통해 경쟁국 대비 유리한 무역환경 조성 ● 호주 등 한중일 경합중인 FTA 선점 필요 ● 베트남, 인니, 말련 등 ASEAN 개별국과의 FTA추진 가속화 ● 한중일 FTA 등 지역경제통합 논의 대응 ● 업계 'FTA 지속 확산'을 경영 전략 수립시 핵심요소로 반영 ● 정부·유관기관 활용지원 강화

제4절 FTA 추이

□ 수출 확대를 위한 유리한 무역환경 조성과 경제 협력 도모 등을 위해 FTA를 통한 합종연횡은 지속적으로 확대될 전망이다.

중·대만 ECFA, TPP 확대 협상, 일본의 EU 및 미국과의 FTA 협상 추진. ASEAN 개별국의 FTA 협상 추진, EU의 아시아·중남미에서의 FTA 영향력 확대 등 FTA 확산은 세계적 추세이다

□ FTA 확산에 대응하기 위해 한미 FTA 적기 발효 등 FTA 추진 가속화를 통해 주요시장 선점 및 경쟁국 대비 유리한 무역환경 조성이 절실하다.

호주와 같이 중국·일본 등 경쟁국이 FTA 추진을 두고 경합중인 국가와는 조속히 협상을 마무리 하고, 베트남·인도네시아·말레이시아 등 양자 FTA를 검토중인 ASEAN 국가와는 협상 개시를 서둘러야 하며, 한중일 FTA 등 지역경제공동체논의에 적절히 대응할 필요가 제기된다.

□ 업계는 'FTA가 주도하는 무역환경'을 핵심적인 경영전략 구축에 반영하고 정부 및 유관기관은 이를 적극 지원해야 할 것이다.

FTA 원산지 기준 충족을 위한 새로운 SCM 구축 및 내부 전문가 육성 등이 경영전략에 반영되어야 하며, 정부 및 유관기관도 업계의 FTA 활용 지원을 위한 정책을 지속적으로 확대할 필요가 있다.

제5절 우리나라 FTA 추진현황

1) 기 체결된 FTA

한-칠레 FTA, 한-싱가포르 FTA, 한-EFTA FTA, 한-ASEAN FTA(상품무역, 서비스협정), 한-미 FTA, 한-ASEAN FTA(투자), 한-인도 CEPA, 한-EU FTA

2) 추진 중인 FTA

한-캐나다 FTA, 한-멕시코 FTA, 한-일본 FTA

3) 여건 조성국

한-중 FTA, 한-호주 FTA, 한-뉴질랜드 FTA, 한-페루 FTA, 한-터기 FTA, 한-러시아 FTA, 한-이스라엘 FTA, 한-베트남 FTA, 한-몽골 FTA, 한-중미 FTA, 한-말레이시아 FTA, 한-인도네시아 FTA

제 5 장 국제통상체제

제1절 GATT

1. GATT체제의 성립

제2차 세계대전 이후인 1947년부터 국제교역질서를 관장해온 GATT 체제는 1995년 1월 WTO체제로 확대·발전되었다. 즉, WTO 협정은 기존의 GATT 1947과 구별되는 새로운 GATT 1994를 포함하고 있다. 그러나 이는 기존의 GATT 1947 협정의 내용을 전면 부정하는 것이 아니라 이를 보완·발전시키고 있기 때문에 WTO체제의 국제무역질서를 이해하기 위해서는 먼저 기존의 GATT체제에 대한 이해가 필요하다. WTO협정에서 기존의 GATT협정과 상반된 내용을 규정하고 있는 경우에는 WTO협정의 내용이 우선적으로 적용되나, 그렇지 않은 경우에는 GATT협정이 그대로 적용된다. 따라서 이번 장에서는 GATT 1947체제의 내용에 관해 먼저 알아본다.

1) GATT체제의 성립

GATT(General Agreement on Tariffs and Trade : 관세와 무역에 관한 일반협정)는 IMF(국제통화기금), IBRD(세계은행)와 더불어 제2차 세계대전 후 국제경제 질서를 주도해온 중심 기구였다. GATT의 필요성은 세계대전의 한 원인이기도 하였던 1930년대의 보호주의적 무역전쟁에 대한 각국의 반성으로부터 제기되었다.

원래 GATT는 ITO(International Trade Organization)의 부속협정으로 예정되었고, 그 운영도 ITO와 같은 사무국에 의해 집행될 예정이었다. 그런데 ITO 설립 작업이 예상보다 늦어지자 미국 등 일부 국가들은 일단 GATT만이라도 가능한 빨리 발동시키기를 원하였다. 따라서 1947년 GATT의 23개 기존 참가국들은 잠정적용협정(Protocol of Provisional Application)에 서명하였고, 이 협정은 1948년 1월 1일에 발효되었다. GATT는 이 잠정적 협정을 통하여 발효된 것으로, 원래는 ITO 성립 이후 흡수될 예정이었다.

GATT 협정은 하나의 협정으로 이루어진 것이 아니라 수많은 협정, 양허약속의정서, 특별부수협정 및 절차에 관한 조항들로 이루어져 있다. GATT는 이후 WTO 체제를 출범시킨 우루과이라운드까지 모두 8차에 걸친 다자간관세인하협상을 주도하였고, GATT 체약국회의는 국제무역정책에 관한 주요 토론장이 되었다. 1960년대를 지나면서 많은 국가의 참여로 GATT의 회원국 수는 급격히 늘어났고, WTO에 이르기까지 전 세계 거의 모든 주요 국가가 참여하게 되었다.

2) GATT의 목적

GATT의 근본 설립목적은 다음과 같다.

첫째, 무역관련 행위에 대해 하나의 질서 있는 체계를 제공한다.

둘째, 개별국들이 일방적 행위를 하는 것을 방지하여 1930년대와 같은 무역 전쟁이 반복되는 위험을 최소화시킬 관리법규 및 규정에 대한 제도를 제공한다.

셋째, 무역장벽의 점진적 제거를 위한 국제법상의 기구를 제공한다.

이상의 목적들은 경제적 효율성과 정의(equity)를 기초로 하고 있다. 먼저 경제적 효율성에 대한 인식은 제한된 무역보다는 자유무역에 의해 그 제도의 이익이 보다 양호하게 보장된다는 믿음에 의해 나타났다. 이는 자유무역이 자원을 보다 효율적으로 배분하고, 회원국들은 무역을 통하여 실질소득을 증가시킬 수가 있을 것이라고 믿었기 때문이다. 한편 정의에 대한 인식은 일단의 규칙과 규제에 대한 조항들이 일방적 행위가 발생할 가능성을 감소시켜 강대국보다는 약소국에 더 많은 혜택을 줄 것이라는 예상에서 발생되었다. 특히 보다 더 공개적인 정치적 목적을 중요시하여 경제적 후생을 증가시킬 가능성이 감소되면 공개적인 군사적 알력이 감소한다는 것을 인식하였다.

3) GATT의 기본원칙

GATT는 무역자유화를 목표로 하여 이를 실현하기 위한 원칙으로서 무차별원칙과 무역장벽완화의 원칙을 제시하여 왔다. 즉, GATT협정의 전문(前文)에는 무역장벽의 감축과 국제통상상의 차별적 대우의 제거를 통하여 무역과 생산의 확대 속에서 개별국가의 경제발전과 번영을 이룩하고자 하는 협정체결의 취지를 명시하고 있다.

무차별원칙에는 GATT가 가장 기본적인 원칙으로 두고 있는 최혜국대우원칙과 함께 내국민대우원칙을 두고 있다. 그리고 GATT는 국가간 무역장벽을 완화하기 위하여 무역에 대한 제한은 원칙적으로 관세만을 사용하도록 하였으며 수량제한은 할 수 없도록 규정하고 있다. 또한 관세에 대해서도 관세율을 인하함으로써 관세장벽을 낮추어 나가도록 하고 있다.

(1) 무차별원칙

① 최혜국대우원칙(MFN : Most Favored Nation)

GATT의 최혜국조항은 회원국간의 관세교섭에 의해 상호관세율을 가급적 인하하고 회원국간에는 일체의 관세상 차별특혜를 하지 않는다는 것을 규정하고 있다. 따라서 GATT의 기본원칙은 관세인하와 무역제한 철폐를 통해 발생하는 무역자유화의 혜택을 최혜국대우 원칙에 입각하여 회원국 전체에 무차별적으로 적용한다는 의미이다.

② 내국민 대우원칙(National Treatment)

GATT에서는 각 체약국이 국내의 조세나 규제 등에 있어서 수입상품을 국내물품과 동등하게 대우하는 것을 원칙으로 하고 있다. 즉, GATT 제3조에 내국민대우에 관한 일반조항을 두어 체약국이 내국세, 국내규제, 수량규제 등에 있어서 수입상품을 내국상품에 비해서 불리하게 대우할 수 없도록 규정하고 있다.

(2) 무역장벽완화

① 관세인하

관세는 자유로운 무역을 제한하는 가장 기본적인 무역장벽이므로 관세를 점진적으로 인하함으로써 자유로운 국제무역의 폭을 보다 확대코자 하는 것이다. GATT에서는 제2조의 관세양허(tariff concessions)의 규정에서 양허협상으로 협정부속의 양허표에 규정되어진 양허세율보다 관세율을 더 낮추어 시행할 수는 있지만 더 높여서 시행할 수는 없도록 하고 있다.

개별국가의 관세인하는 GATT의 관세인하교섭 과정에서 이루어지게 되는데 관세율의 인하를 위한 교섭에는 일반관세인하교섭, 개별관세인하교섭 그리고 재교섭이 있다. 그중 일반관세인하교섭은 주기적으로 이루어지는 다자간 교섭으로 전회원국이 많은 품목에 걸쳐 교섭을 하게 되어 그만큼 관세인하효과가 크고 따라서 GATT 관세인하교섭에서 가장 중요한 역할을 하게 된다.

② 수량제한의 금지

수량제한조치는 시장경제의 기본인 가격기능을 정지시키게 될 뿐만 아니라, 무역제한 수단으로 쉽게 사용될 수 있고 관세보다 훨씬 강력하고 직접적인 무역규제수단으로서의 성격을 갖고 있기 때문에 이에 따른 무역왜곡의 폐해는 매우 크다. 따라서 GATT 제11조에서는 각 회원국이 특별한 예외의 경우를 제외하고는 수량제한조치를 사용하지 않는 것을 원칙으로 삼고 있다.

(3) 예외적용

GATT는 처음으로 결성되는 범세계적인 무역협정이었으며 당시 체약국들의 각기 다른 경제적 여건에 따른 다양한 이해관계를 조화시키지 않을 수 없었기 때문에 일률적인 규범을 적용하기에는 어려움이 많았다. 따라서 GATT는 체약국의 의무에 있어서 많은 예외를 허용하고 있다. 이러한 예외들은 경제발전과정에 있어서의 국가간 차이, 상품의 특수성, 비경제적인 요인 등에 대한 고려가 그 중심을 이루고 있다.

2. GATT의 구성

1) GATT 협정문의 구조

GATT 1947 협정문은 국제경제 질서 중 무역관계 측면을 전반적으로 다루고 있다. 동 협정은 우선 전문에서 무역장벽의 완화와 차별의 철폐를 통한 생활수준의 향상, 완전고용의 달성, 실질소득의 증대 등 GATT의 목적을 밝히고 있다. 이어서 GATT 협정은 크게 네 부문으로 나누어진 38조항과 9개의 부속문항으로 구성되어 있다. 제1부는 모든 체약국(contracting parties)들의 기본의무에 관한 것이다. 제2부는 본질적으로 공정무역에 대한 규정이며, 관세평가절차, 원산지표시 등에 대한 일반규칙을 설정하고, 또한 덤핑방지관세, 국제수지보호 또는 국내산업의 구제를 위한 관세가 사용될 수 있는 조건을 설정했다. 제3부는 각 조항들의 적용절차와 수정을 위한 조건에 관한 규정들이다. 제4부는 원칙적으로 개발도상국들의 무역에 관한 규정을 다루고 있다.

2) GATT의 특징

그러나 GATT는 그 원래의 목적대로 설립되지 않았기 때문에 여러 가지 면에서 불완전한 요소를 포함한 국제협정에 지나지 않는다. 따라서 GATT의 성격은 국제협정, 법적 효과 및 국제기구 면에서 찾아보아야 한다.

첫째, GATT의 규정은 통일성이 부족한 국제협정이다. GATT규정은 하바나헌장의 조항에서 각국의 합의가 이루어진 부분을 발췌해서 집대성한 것이다. 따라서 그 규정에 각국의 주장이 복잡하게 포함되어 있으며 그 해석이 상당히 어려운 법률체계를 갖추고 있다.

둘째, GATT는 국제무역의 제문제를 단편적으로 취급하고 있다. GATT는 제한규정의 제1부와 제3부는 어느 정도 구속력을 갖는다. 그러나 제2부와 4부는 가맹시점의 국내법 내에서만 그 이행의무가 부여되기 때문에 별로 구속력이 없다.

셋째, GATT는 당초 국제무역상의 원칙을 규정한 협정에 불과했기 때문에 국제경제기구로서의 성격이 미비하다. GATT는 그 규정에 의해서 정식으로 설립되지 않았고, 잠정적인 협정에 불과하기 때문에 엄밀한 의미에서 국제경제기구라고 볼 수 없다. 다만, GATT가 IMF처럼 국제무역문제를 전담하는 기구로서 인정받고 그 기능을 어느 정도 발휘하는 것은 각국 간의 상호협조 정신에 그 바탕을 두고 있었기 때문이다.

3. GATT체제의 성과

GATT는 국제무역질서를 확립함으로써 세계경제의 안정과 발전을 주도하는 역할을 하였다. 세계의 무역량은 1948년 GATT설립 이후 1990년까지 연평균 8.2%의 높은 성장을 기록하였다. 전전의 국제무역이 각종 수입규제의 남발과 차별적인 무역 속에서 보호주의적인 색채가 만연된 가운데 극도로 위축되었던 것과 비교해 볼 때, GATT에 의하여 주도된 제2차 세계대전 이후의 자유무역의 확산과 무역성장은 괄목할만한 것이었다.

또한 GATT는 전세계를 대상으로 하는 최초의 다자간 무역기구로서 국제적인 협조를 기초로 하여 국제무역의 원칙과 기본질서를 확립하였다는 점에서도 세계경제발전에 크게 이바지하였다. 특히 수량제한조치에 의한 무역제한을 대폭 제거하였으며, 반복적으로 시행된 다자간 관세인하협정으로 관세장벽의 완화에 많은 성과를 거둔 것으로 평가된다.

4. GATT체제의 한계

GATT는 국제무역의 발전에 많은 역할을 하였지만 반면에 다음과 같은 한계점도 가지고 있었다.

첫째, GATT는 수량제한의 금지와 관세장벽의 완화에 중점을 두고 있었기 때문에 비관세장벽의 완화에는 제대로 역할을 하지 못하였다.

둘째, 상품만을 대상으로 하였기 때문에 서비스와 같은 상품 이외의 무역은 규율범위 밖에 있었고 상품 중에서도 농산품, 섬유 등의 분야는 제외되어 범위가 제한적이었다.

셋째, 여러 국가들의 의견이 복잡하게 반영되어 규정에 통일성이 없을 뿐만 아니라, 예외조치와 비현실적인 조항이 많아 규범효력이 약화되어 있었으며, 구체적이지 못한 규정이 많아 자의적인 해석으로 국가간의 마찰 발생의 소지가 많았다.

넷째, GATT는 각국이 행정권의 범위내에서 GATT의무를 수락하고 있기 때문에 국제협정으로서의 법적 구속력이 약한 한계를 가지고 있었다. 또한 무역규칙에 대한 협정으로부터 시작되어 법률적인 집행기관으로서가 아니라 협의조사기관으로서의 역할을 하였기 때문에 국제기구로서의 역할을 하기에 미비한 점이 많았다. 이사회와 사무국이 있었지만 본래의 규정에 의한 것이 아니라 체약국의 공동행동에 입각하여 설치된 것으로 결정력이 약했고 결정사항에 대하여도 단지 권고를 하는 형식을 취하고 있었다.

마지막으로 외교적인 해결을 선호하는 GATT의 분쟁해결제도는 다분히 형식적이어서 체약국 사이에 분쟁이 발생할 경우 실질적인 해결책을 제시할 수 없었다. 특히 사법적 권한이 미비한 GATT로서는 분쟁해결책을 강제할 수단을 가지지 못했기 때문에 GATT의 역할이 유명무실하다는 비난을 면할 수 없었다.

제2절 WTO

1. WTO 탄생배경

WTO는 세계무역기구(World Trade Organization)를 지칭하며 국가간 무역을 관장하는 국제기구이다. 이전의 국제무역기구인 GATT(관세 및 무역에 관한 일반협정 : General Agreement on Tariffs and Trade)체제하에서 8차례의 다자간 무역협상을 통해 관세를 실질적으로 인하하는 등의 성과를 거두기도 하였으나 GATT가 가지는 여러 가지 제약 및 한계점으로 인해 우루과이라운드(UR : Uruguay Round)협상결과 1995년에 WTO가 탄생하게 되었다.

1948년 발효된 GATT는 국제무역협정으로서 임시적인 협상기구로서의 역할을 수행해 왔음에 비해 WTO는 완전한 법인격(legal personality)을 가진 국제기구로서 상품·서비스·지적재산권 등 GATT보다 폭넓은 관할범위를 가지고 있다.

WTO는 상품·서비스·지적재산권까지를 망라하는 부속무역협정을 가지고 있으며 전세계 142개 국가가 회원국으로 가입해 있는 국가간 무역규범을 취급하는 국제기구로 평가할 수 있다. WTO는 가능한 한 국가간 무역자유화(trade liberalization)의 신장을 목표로 하고 있다.

2. WTO의 역할

WTO의 핵심적인 역할을 다음 세 가지 측면에서 간략히 살펴보고자 한다.

1) 세계무역자유화의 가속화

WTO는 다자간 무역협상을 증진시키기 위한 분명한 목표를 가지고 출범함으로써 전 세계적인 무역자유화를 가속화(加速化)시키는 역할을 수행한다. 이전의 GATT체제하에서는 주로 공산품의 시장개방만이 추진되었으나 WTO체제하에서는 공산품뿐만 아니라 농산물·서비스상품 등 모든 상품의 시장개방이 추진되고 있다.

2) 세계교역질서의 구축

WTO는 국제경제 및 무역관계에 있어서 법의 지배(ruling of law)가 가능하도록 규칙(rule)에 의한 국제질서(international order)를 정착시키는 역할을 수행한다. 즉 특정국가의 일방적인 국내법(domestic law) 대신에 WTO 규범이 세계의 교역규범이 되도록 일정한 룰을 정하는 것이 WTO의 주요 역할이 되고 있다.

3) 무역분쟁의 합리적 해결

WTO는 회원국들간에 발생하는 무역분쟁을 자체의 분쟁해결기구(DSB) 및 절차를 통해 해결하는 역할을 수행한다. 분쟁해결기구의 결정사항을 이행하지 않는 경우에는 교차보복 등 보복조치를 강구할 수 있도록 허용함으로써 GATT체제하에서보다 훨씬 더 구속력 있는 분쟁해결기능을 갖추고 있다.

WTO체제하에서는 WTO협정을 위반한 국가에 대해서 일정한 절차에 따라 상품·서비스·지적재산권 및 타(他)분야에서 교차보복조치를 취할 수 있도록 허용하고 있다. 예를 들면, 서비스시장 개방의 약속을 어겨서 WTO에서 패소하는 경우 자동차나 반도체에 대해 보복관세를 부과할 수 있다.

WTO의 목표인 국제무역의 원활화를 이룩하기 위해서는 시장개방이 확대됨과 동시에 각국 무역규범이 국제교역규범에 적합하도록 개정되어야 하며 통상분쟁의 해결시스템을 강화시켜야 한다.

3. WTO의 기능

WTO의 주요 기능은 무역자유화의 추구, 다자주의 무역체제의 확립, 세계무역질서 확립에 의한 각 회원국의 경제적 이익(economic benefit) 증대라고 할 수 있는데 각 측면을 간략히 살펴보고자 한다.

1) 무역자유화의 추구

WTO의 주요 기능으로 무역자유화의 추구를 지적할 수 있는데 무역자유화로 인해 시장개방이 가속화됨으로써 세계 각국은 경제적 혜택을 보게 된다. 무역자유화가 가져다주는 경제적 혜택으로 소비자의 입장에서는 소득이 향상되고 다양한 제품에의 선택가능성이 커지게 되며 생산자의 입장에서는 경쟁력 있는 제품생산에 특화(specialization)함으로써 생산의 효율성(efficiency of production)을 제고시킬 수 있게 된다.[1)]

물론 무역자유화로 인해서 모든 국가와 모든 계층의 시민이 이익을 보는 것은 아니다. WTO는 이러한 사실을 인식하여 선진국과 구별하여 개발도상국에 대해 무역상의 특혜를 주고 있다. 이러한 WTO의 조치는 결국 무역자유화의 혜택이 세계 각국의 모든 계층에 분배될 수 있도록 하는 일종의 국제적 소득분배 메커니즘(mechanism of international income distribution)이라고 평가할 수 있다. 결국 무역자유화로 얻게 되는 총이익이 총 손실을 초과하기 때문에 무역자유화로 인해 세계의 후생(global welfare)은 증대하게 된다.

---

1) WTO의 분석에 의하면 WTO체제가 출범하게 되면서 세계소득이 1,090억 달러 내지 5,100억 달러가 증가하는 것으로 나타나고 있다.

2) 다자주의 무역체제의 확립

WTO체제가 출범함으로써 국제교역에 있어서 다자주의(multilateralism)체제가 확립되었다고 평가할 수 있다. WTO가 추구하는 다자주의는 다음 다섯 가지 원칙에 입각하고 있다.

(1) 국제무역 및 투자에 있어서의 무차별성

WTO회원국들은 교역상대국간에 차별을 해서는 안 된다는 원칙이다. 이 원칙에는 교역상대국간의 차별을 금지하는 '최혜국대우원칙'과 외국의 상품, 서비스 또는 자연인간에 차별을 해서는 안 된다는 '내국민대우원칙'이 포함된다.

(2) 시장개방 및 자유화의 추진

관세를 포함한 일체의 무역장벽(trade barrier)은 협상을 통해 제거해야 하며 서비스분야의 경우 점진적인 자유화(gradual liberalization)를 통해 시장개방을 수용할 수 있도록 한다.

(3) WTO규정에 대한 구속력 및 신뢰도 제고

국제교역에 대한 구속력 있는 규정을 갖춤으로써 WTO 정책에 대한 예측가능성 및 신뢰도를 제고시킨다. 외국정부, 기업, 투자자에게 무역장벽을 자의적으로 높이지 않고 보다 많은 관세인하와 시장개방에 대한 국제적 약속을 함으로써 기업들로 하여금 기업경영에 대한 안정성 및 향후 국제교역질서에 대한 예측가능성을 제고시킬 수 있도록 한다.

(4) 공정경쟁의 촉진

WTO는 보다 자유로운 교역과 더불어 공정한 무역(fair trade)을 추구하고 있다. 또한 공정경쟁을 촉진시키기 위해 덤핑(dumping)수출과 같은 불공정 무역행위에 대한 규제를 강화시키고 있다.

(5) 경제개발 및 개혁의 장려

WTO는 개발도상국, 특히 최빈국(最貧國)의 무역을 통한 경제개발을 지원하고 있다.

3) 세계무역질서 확립에 의한 각 회원국의 경제적 이익 증대

WTO체제가 출범함으로써 세계 각국의 경제적 이익은 증대되고 있는데 특히 한국과 같이 소규모 개방경제(small open economy)인 국가는 세계적 무역 및 투자 유화에 따라 더욱 더 경제적 혜택을 누리고 있다고 할 수 있다. 일부 국제경제학자들은 WTO가 미국, 일본, 유럽연합 등 선진국의 이익을 주로 대변하고 있으며 개발도상국과 저개발국의 경제적 이익에는 소홀하다는 지적을 하고 있으나 무역분쟁에 관한 해결사례를 살펴보면 WTO체제가 출범함으로써 특히 개발도상국들의 경제적 이익이 증대되고 있음을 알 수 있다. 이전의 GATT체제하에서 분쟁해결 사례를 살펴보면 선진국이 개발도상국을 제소한 사례에서 패소한 경우가 드물었지만 WTO체제하에서는 개발도상국들이 선진국들을 제소한 사례에서 선진국이 패소하는 사례들이 흔하게 발생되고 있다.

결국 WTO가 선진국의 이익을 대변한다기 보다는 WTO의 추구목표는 룰에 입각한 세계무역질서(rule-based system of global trade)를 확립하는 것이라 할 수 있다. 따라서 회원국들은 무역분쟁시 WTO규범의 합치(合致)여부에 따라 발언권을 확보할 수 있게 되었기 때문에 WTO의 출범으로 개발도상국들은 특히 선진국과의 무역분쟁시 이전보다 훨씬 공정한 해결과정을 밟을 수 있게 되었다.

미국의 경우 그 동안 무역분쟁시 적용시켰던 수퍼 301조의 발동을 WTO체제가 출범한 이후에는 자제하고 있으며 더욱이 수퍼 301조 자체가 WTO에 제소된 상태이기 때문에 선진국의 일방적 무역조치의 효력은 상당폭 상실되었다고 평가할 수 있다.

제3절 관세정책

1. 관세의 의의

관세(customs. customs duties. tariffs)란 관세선(customs line, customs frontier)을 통과하는 물품에 대하여 부과하는 세금을 말한다. 여기서 관세선이라고 할 때 정치적 국경선과 반드시 일치하지는 않는다. 즉 정치적으로 한 나라의 영역이 된다 할지라도 관세제도상 다른 나라와 동일하게 취급되는 자유무역지역(free trade zone) 등이 있는 반면에 정치적으로 다른 나라의 영역일지라도 관세제도상 자국과 다름이 없는 보세구역이나 관세동맹국 등이 있다. 이와 같이 경제상의 과세영역(customs territory, customs boundary)은 정치상의 국가영역과 일치하는 것이 일반적이지만 반드시 일치하는 것은 아니다.

관세라는 어원에 관하여 애덤스미스는 옛날부터 행하여진 관습적 지급(customary payments)이라는 뜻으로 하였으나 영국의 길버트(C.B Gillbert)는 옛날에 영국에서 customs라고 불리어지고 있었던 보관료라는 뜻에서 유래되었다고 말하고 있다. 즉, customs의 어원은 custodium이라는 것이다.

어쨌든 오늘날의 관세는 국경을 통과하는 물품에 부과되는 조세로서 국가재정수입의 큰 몫을 담당하고 있을 뿐만 아니라 수출의 진흥과 수입의 조정을 통한 자국산업의 발전을 목적으로 부과되고 있다. 그러나 세계 각국에서는 수출화물에 대하여 관세를 부과하는 경우는 거의 없고 수입화물이나 통과화물에 대하여서만 관세를 부과하고 있으며 우리나라도 조약에 의한 특별한 규정이 없는 한 수입화물에 대하여 관세를 부과하고 있다.

2. 관세의 기능

1) 국내산업보호

관세를 부과함으로써 국내산업이 보호된다는 것은 일찍이 유치산업보호론의 선구자였던 미국의 해밀턴(Alexander Hamilton)의 주장을 언급하지 않더라도 알 수 있다. 즉, 관세는 수입물품에 대하여 부과되는 것이므로 관세를 부담한 액만큼 외국물품의 가격이 높게 책정됨으로써 국내생산품에 비하여 가격경쟁력이 낮아지게 되기 때문에 국내산업이 보호된다.

이와 같은 것을 관세의 국내산업 보호효과(protective effect)라고 하며 국내산업보호를 위하여 부과되는 관세를 보호관세라고 한다. 보호관세부과의 목적은 크게 두 가지로 나눌 수 있는데, 첫째는 육성관세이고 둘째는 유지관세다. 전자는 성장단계에 있는 유치산업의 보호·육성을 목적으로 부과되는 관세이며 후자는 기존의 약소산업(weak industries)이나 쇠퇴산업(decaying industries)의 보호·유지를 목적으로 부과되는 관세이다.

2) 재정수입확보

관세의 부과는 국가의 권력에 의하여 외국에서 수입되는 물품에 대하여 강제적으로 징수되는 조세로서 그 수입은 국고에 귀속된다. 관세의 주목적이 국가재정수입에 있는 것을 재정관세 또는 세입관세라고 하며 국가의 재원이 된다는 점에서는 내국세와 거의 다를 것이 없다. 그러나 재정관세가 국가재정수입 그 자체만으로 끝나지 않고 그로 인해 국가재정이 넉넉해지면 내국세 비중이 낮아지게 되어 국내산업에도 영향을 미쳐서 국내산업 역시 또 보호되는 이중적 효과를 얻을 수 있다고 하는 단순한 논리도 성립된다.

그 외의 관세의 기능으로는 소비억제효과와 수입대체효과를 들 수 있는데 수입물품에 대하여 관세를 부과하게 되면 수입상품의 국내가격을 등귀시켜 소비가 억제되며, 또 수입상품의 국내시장가격이 등귀하여 수입이 억제되고 그 만큼 국산품으로 대체할 수 있는 수입대체효과(import-substitution effect)를 가져올 수 있다.

그리고 관세의 부과는 수입상품의 소비를 규제하여 수입억제효과를 가져옴으로써 국제수지개선의 기능을 하며 수출촉진기능과 교역조건개건의 기능도 가져오게 된다.

제4절 관세의 분류

1. 과세표준에 의한 분류

1) 종가세

종가세(ad valorem tariffs)란 물품의 가격을 과세표준으로 삼는 관세이다. 즉 과세표준에는 가격과 수량을 들 수 있는데 종가세는 수입물품의 가격이 과세표준이 된다. 그러므로 동일한 물품에 대하여 동일한 율의 관세를 부과하더라도 그 물품의 가격의 등락에 따라서 관세액도 증감된다. 우리나라의 관세율표에 의하면 대부분의 품목이 종가세이며 극소수의 품목만이 종량세로 된다.

2) 종량세

종량세(specific tariffs)란 물품의 수량을 과세표준으로 삼는 관세이다. 즉, 관세 = 단위수량당 세액 × 수량이므로 수입물품의 개수, 부피, 중량 또는 치수 등이 과세표준이 된다. 현재 우리나라에서는 원당, 영화필름 등 극소수의 품목만이 종량세로 되어 있으며, 이 방법의 단점은 과세의 공평성이 결여되기 쉽고 인플레이션하에서 재정수입의 확보가 어렵다.

3) 혼합세

혼합세(combined tariffs)란 종량세의 장점을 서로 결합하여 관세의 효과를 극대화시킨 관세로서 선택세와 복합세의 두 종류로 나눌 수 있다.

선택세(alternative tariffs, selective tariffs)는 한 품목에 대하여 종가세와 종량세율을 동시에 정해 두고 그 중 세액이 많은 쪽이나 적은 쪽을 선택하여 부과하는 관세로, 현재 우리나라는 선택세를 부과하는 품목이 없다.

복합세(compound tariffs)란 한 품목에 대하여 종가세와 종량세를 동시에 정해 놓고 보통 두 가지 방법으로 산출된 세액을 합하여 과세하는 제도인데, 현재 우리나라 관세율표에는 복합세를 채택하고 있는 품목이 없다.

2. 과세목적에 따른 분류

1) 재정관세

재정관세(revenue tariffs)란 국고수입의 확보를 목적으로 하는 관세이다. 재정관세는 일반적으로 국내산업이 거의 없어 부득이 수입할 수밖에 없는 경우나 또는 이미 국내산업이 확립되어 있어 더 이상 확보할 필요가 없을 때 부과된다.

2) 보호관세

보호관세(protective tariffs)란 국내유치산업보호육성과 기존산업의 유지발전을 위하여 부과되는 관세이다. 수입물품에 대하여 관세를 부과함으로써 그 물품의 국내가격이 상승되어 소비가 억제되고 국내상품의 가격경쟁력이 생성되어 국내산업이 보호된다.

3. 과세근거에 따른 분류

1) 국정관세

국정관세(general tariffs, national tariffs)란 일국의 주권에 의하여 부과하는 관세로서 이것은 다른 나라로부터 아무런 제약을 받지 않고 일국이 자주적으로 정한 관세주권(tariff autonomy)데 의하여 부과된다. 환언하면 국내법에 의하여 정한 관세율을 국정관세율이라 하고 국정관세율에 의하여 부과하는 관세를 국정관세라 한다.

2) 협정관세

협정관세(conventional tariffs)란 타국과의 통상조약이나 관세조약에 의하며 부과되는 관세를 말한다. 이것은 호혜주의 원칙에 의하여 관세상의 혜택을 부여함으로써 통상을 증진하는 데 그 목적이 있으므로 일반적으로 국정세율보다 저율이며 국정세율에 우선하여 적용된다.

협정관세에는 두 나라 사이에서만 맺어지는 쌍무협정이 있고, 또 GATT, EU, Commonwealth(영연방) 공통관세와 같이 다수국간에 맺어지는 협정도 있다. 협정관세 중 가장 많이 이용되는 것이 최혜국대우(most favored nation treatment)인데 이것은 통상조약을 체결한 국가가 통상·항해·관세면에서 자국에서 베푼 만큼의 동일한 우대를 받을 권리가 있는 것을 말한다.

4. 기타의 분류

1) 특혜관세

특혜관세(preferential tariffs)란 특정국 또는 특정지역으로부터 수입되는 물품에 대하여 기본 관세율보다 낮은 세율을 적용하여 부과하는 일종의 할인관세이다. 이 특혜관세는 차별관세(differential tariffs)의 일종으로, 당초 본국과 식민지간에 통상을 증진시키고 유대를 공고히 하기 위하여 생겨난 것인데, 특혜를 받지 못하는 국가에 상대적으로 불리한 대우를 하여 세계경제의 블록화를 초래하고 자유무역을 저해할 염려가 있으므로 2차 대전 후 GATT는 특혜관세를 포함한 모든 차별대우를 철폐하도록 원칙을 정하였다.

특혜관세 중 대표적인 것으로는 1911년부터 실시하게 된 일반특혜관세(Generalized System of Preference, GSP)인데 이것은 개발도상국으로부터의 수입품에 대하여 선진국이 일반적인 관세율보다 낮은 관세율을 적용하는 제도로서 GATT에서도 인정하고 있는 제도이다.

2) 탄력관세

탄력관세(flexible tariffs)란 법률에 의하여 일정한 조건과 범위를 정하고 입법부가행정부에 관세율의 변경권을 위임함으로써 국내외 경제 및 산업여건변동에 능동적으로 대처하고 신축성 있는 관세제도확립을 위하여 탄력적으로 운영하는 관세정책이다. 탄력관세는 우리나라를 비롯한 미국, 영국, 프랑스, 일본, 필리핀 등대부분의 국가에서 채택하고 있으며 관세법에 규정된 탄력관세로는 반덤핑관세, 보복관세, 긴급관세, 조정관세, 상계관세, 편익관세, 물가평형관세 및 할당관세 등이 있다.

① 반덤핑관세(anti-dumping tariffs) : 이것은 부당염매방지관세 또는 덤핑방지관세라고도 하는데, 부당하게 염매된 물품의 국내시장 교란을 맡기 위한 할증관세로서 부당염매의 기준은 ⅰ) 국내시장가격 이하로 판매하거나 ⅱ)

생산원가보다 싸게 판매하거나 iii) 수출국의 시장가격보다 싸게 판매하는 경우 등이다. 덤핑방지관세를 부과하는 목적은 덤핑되는 상품의 국내시장 침투로 말미암아 국내산업이 입게 되는 타격을 방지하는 데 있으며 그 세액은 당해 상품의 정상거래가격과 덤핑가격과의 차액이 된다.

② **보복관세**(retaliatory tariffs) : 이것은 외국에서 우리나라의 수출상품, 선박 또는 항공기에 대하여 불리한 대우를 하는 경우 그 나라로부터 수입되는 물품에 대하여 보복적으로 할증관세를 부과함으로써 상대국의 부당한 대우에 대응하고자 하는 것이다.

③ **긴급관세**(emergency tariffs) : 국민경제상 중요한 국내산업을 긴급히 보호할 필요가 있거나 특정물품의 수입을 긴급히 억제할 필요가 있는 경우 또는 산업구조의 변동으로 물품간의 세율이 현저히 불균형하여 이를 시정할 필요가 있는 경우에 특정수입품의 관세율을 인상하여 부가하는 관세이다.

④ **조정관세**(adjustment tariffs) : 조정관세는 무역자유화 정책 실시에 따른 부작용을 제거하기 위한 관세로서 수풀입공고상에 새로이 수입자유화품목으로 지정된 물품 중 특별히 수입을 제한할 필요가 있다고 인정될 경우에 100분의 100에서 당해 물품의 기본세율을 뺀 기본세율에 가산율의 범위 내에서 관세를 부과한다. 이 조정관세는 수입자유화품목으로 지정된 것을 기회로 당해물품이 무분별하게 수입되는 것을 방지하기 위한 제도이다.

⑤ **상계관세**(countervailing tariffs, compensation tariffs) : 수출국에서 수출장려금이나 보조금을 지급받은 물품이 수입되어 국내산업을 저해하는 경우에 수입국이 그에 대항하여 그 효력을 상쇄시킬 목적으로 부과하는 할증관세이다. 상계관세는 1874년 미국에서 처음으로 채택되어 거의 모든 국가에서 채택하고 있으며 우리나라도 관세법 제57조에서 이를 인정하고 있다. GATT에서도 상계관세의 남용을 방지하기 위하여 제6조에 장려금 또는 보조금 추정액을 초과하는 상계관세를 부과해서는 안 된다고 규정하고 있다.

⑥ **편익관세**(beneficial tariffs) : 조약에 의하여 관세상의 특혜를 받지 않는 나라로부터의 수입물품을 기존의 타국과의 조약에 의한 관세상의 특혜를 한도로 관세상의 편익을 부여하는 관세제도이다.

따라서 편익관세는 최혜국대우(most favored nation treatment)와 비슷한 내용이지만 최혜국대우는 타국과의 조약에 의하여 편익을 부여하는 것이고, 편익관세는 자국이 일방적으로 최혜국대우의 범위 내에서 편익을 부여하는 것이다. 우리나라 관세법 제74조에서 편익관세에 관한 내용을 규정하고 있다.

⑦ **물가평형관세**(parity price tariffs) : 국내물가의 안정을 위하여 특정물품의 공급을 원활히 하고 특정수입물품의 가격등귀를 억제하려는 목적으로 관세율을 인하하거나, 계절에 따가 가격이 변동하는 물품의 가격을 평준화하기 위하여 관세율을 인상 또는 인하하는 제도이다.('96. 12. 30 관세법에서 삭제)

⑧ **계절관세** : 계절관세란 계절에 따라 물품가격의 등락이 심한 계절상품, 즉 쌀·보리 등의 수입에 있어서 계절별로 세율에 차등을 두는 관세를 말한다. 예컨대 해당물자의 국내 출하기 및 비수요기에는 높은 관세율을, 반대로 비출하기 성수기에는 낮은 관세율을 적응하여 연중가격의 안정을 유지하기 위한 관세제도이다. 우리나라의 관세법 제72조 1항에서는 특정물품의 가격이 계절에 따라 현저한 차이가 있는 경우에는 계절구분에 따라 기본관세율에 100분의 40에 상당한 율을 가감한 범위 안에서 관세를 부과할 수 있다고 규정하고 있다.

⑨ **할당관세**(tariffs quota) : 이것은 수입수량 또는 금액의 일정한도를 사전에 설정해 두고 그 수량 또는 금액한도까지 수입될 때에는 저율의 관세를 부과하고 그 한도를 초과하여 수입되는 수량 또는 금액에 대하여는 높은 관세율을 적용하는 제도이다. GATT에서도 국내산업보호의 관점에서 할당관세제도를 인정하고 있다. 우리나라의 관세법 역시 이 제도를 인정하고 있는데 일정한 수량을 초과하여 수입되는 분에 대하여 기본관세율에 100분의 40에 상당한 율을 가감한 율의 범위 안에서 관세를 부과할 수 있도록 규정하고 있다. 따라서 우리나라의 할당관세제도는 금액에 의한 할당제도가 아니고 수량에 의한 할당제도를 채택하고 있으며 수입을 촉진하기 위하여 할인관세(discount tariffs)를 부과할 수도 있고, 수입을 억제하기 위하여 할증관세(additional tariffs)를 부과할 수도 있다.

제5절 국제거래 관계법령

국제거래 관계법령으로는 무역거래 즉, 상품거래를 규제하고 있는 무역관계법령과 관세관계법령이 있다. 자본거래 및 용역거래를 규제하고 있는 법령으로는 외국인투자촉진법령이 있으며, 상품·자본 및 용역거래 등에 따른 결제거래와 해외투자, 단기외화차입 및 이전거래 등의 무역외 거래를 규제하는 법령으로서는 외국환거래법령이 있다.

▮그림 5-1▮ 국제거래의 내용 및 법령체계

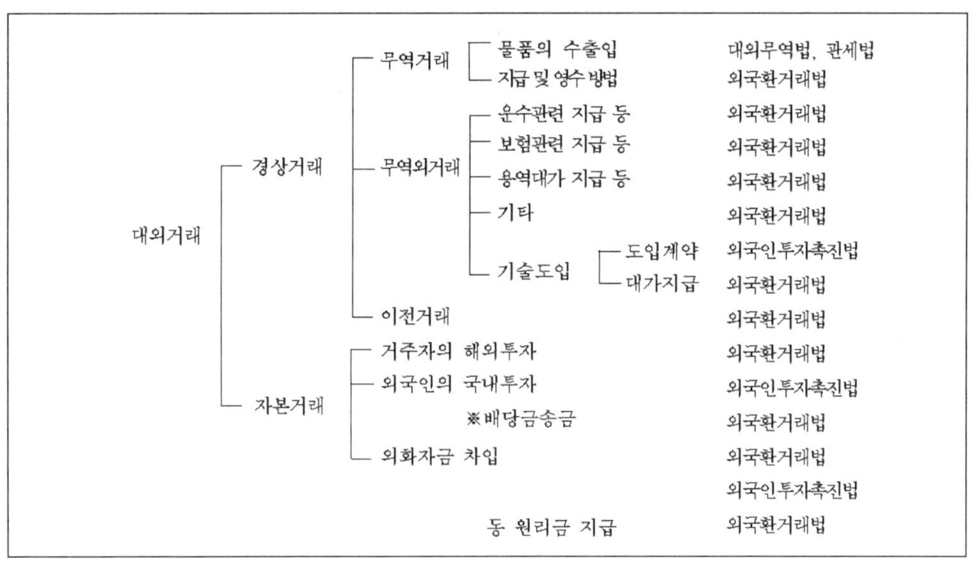

무역관계법령은 상품거래에 따른 일반원칙과 직접적인 통제를 규정하고 있는 법령이며, 관세관계법령은 관세(關稅)라는 가격기구(price mechanism)를 통한 간접적인 관리를 규정하고 있는 법령이다. 일반적으로 무역관리는 후진국일수록 직접적인 통제를, 선진국에 가까워질수록 간접적인 관리를 시행하고 있다.

대외거래는 경상거래와 자본거래로 대별되며, 경상거래는 무역거래와 무역외거래로 구분되고, 무역거래는 수출거래와 수입거래로 세분된다. 대외거래의 관련법규는 대외거래의 구체적인 형태에 따라 적용할 법을 제정하여 실시하고 있다. 즉, 무역거래에 있어서 물품의 수출입은 대외무역법이 규제를 하고 그 수출입에 따른 물품대가의 영수 및 지급 방법은 외국환거래법이 규제를 하고 있다.

1. 대외무역법

1) 개요

대외무역법은 수출입거래에 관한 기본법으로서 과거의 무역거래법을 산업설비수출촉진법, 수출조합법 등과 통폐합하여 1986년 12월에 새로이 제정되었으며, 급변하는 대내외 무역환경 및 개방체제에 능동적으로 대응하고 민간주도의 자율성 제고와 수출입에 있어 대외신용도를 제고시키고자 하는 것이 제정 취지이다.

대외무역법은 제정이후 1989년 12월과 1993년 7월, 1997년 3월 등 수차례에 걸쳐 대폭개정 및 시행되고 있으며 동 법 제1조(목적)에서 「대외무역을 진흥하고 공정한 거래질서를 확립하며 국제수지의 균형과 통상의 확대를 도모함으로써 국민경제의 발전에 이바지」하는데 있다고 정하고 있다.

이는 종전의 무역거래법이 그 목적을 「수출을 진흥하고 수입을 조정하여 동등하게 대외무역의 건전한 발전을 촉진」한다고 하여 관리무역체제를 표방하고 있는데 반하여 수출과 수입을 동등하게 진흥하여 무역확대에 의한 경제발전을 추진하되 공정한 거래질서를 확립하여 국제무역질서에 상응하는 무역국가가 될 것임을 천명하였으며, 「통상의 확대」를 도모하여 외국과의 통상교섭을 적극 추진할 것을 명시하고 있다.

2) 대외무역법령의 성격

(1) 수출입관리의 기본법

대외무역법은 우리나라 수출입의 관리를 위한 일반법이며 기본법이다.

동 법은 「물품의 이동」과 관련하여 무역 거래의 전반을 관리한다.

(2) 무역거래규제의 최소화

대외무역법은 대외무역거래를 관리하는 법이므로 국제성을 인정하여 국제 상관습법이나 국제조약을 준수하되, 국제법규나 국제협정에서 무역에 관한 제한규정이 있을 경우 최소한의 범위 내에서 운영토록 하고 있다.

이에 따라 대외무역법 제5조에서는 헌법에 의해 체결, 공포된 무역에 관한 조약과 일반적으로 승인된 국제법규가 정하는 바에 따라 자유롭고 공정한 무역을 조장하는 것을 원칙으로 하고, 무역에 대한 제한을 정한 규정이 있을 경우에는 그 제한을 정한 목적을 달성하기 위하여 필요한 최소한의 범위 내에서 이를 운영하도록 하면서, 무역에 대한 제한 등 특별조치는 다음의 경우에 해당하는 경우에 한하여 할 수 있도록 하고 있다.

① 교역상대국에 전쟁, 사변 또는 천재지변이 있을 때

② 교역상대국이 국제협정에서 정한 우리나라의 권익을 부인할 때

③ 교역상대국이 우리나라의 무역에 대하여 부당하거나 차별적인 부담 또는 제한을 가할 때

④ 헌법에 의하여 체결, 공포된 무역에 관한 조약과 일반적으로 승인된 국제법규에서 정한 국제평화와 안전유지 등의 의무이행을 위하여 필요한 때

⑤ 인간의 건강과 안전, 동식물의 생명 및 건강, 환경보전 또는 국내 자원보호를 위하여 필요한 때

(3) 위임법적 성격

무역거래의 규제대상은 유동적이고 규제방법이 추상적이고 복잡하기 때문에 대외무역법에서는 원칙적인 사항만을 규정해 놓고 시행에 관한 세부적 사항은 대통령령인 대외무역법 시행령이나 산업통상자원부장관이 제정 및 고시하는 대외무역관리규정에 위임하고 있다. 그리고 이들을 다시 보충하기 위해 법규 보충적 작용을 담당하는 고시, 공고나 유권해석 및 예규, 통첩이 활용된다. 이와 함께 대외무역법상의 권한은 수출입행정의 신속화와 효율적인 운영을 도모하기 위하여 대부분 한국무역협회 등 하부기관이나 외국환은행 등 민간기관에 위임 또는 위탁되어 있다.

3) 대외무역법의 관리체계

대외무역법은 수출입거래에 대한 관리법이다. 따라서 대외무역법의 관리대상을 알아봄으로써 그 체계를 파악할 수 있는데, 이는 크게 보아 주체에 대한 관리로서 무역관련 업종에 대한 관리, 객체에 대한 관리로서 무역거래 대상물품에 대한 관리, 행위에 대한 관리로서 수출입승인에 대한 관리 및 행정관리로서 수출입 질서유지 및 벌칙 규정 등으로 나누어 볼 수 있다.

① 주체에 대한 관리 또는 인적 관리 : 무역업고유번호 등
② 객체에 대한 관리 또는 물적 관리 : 수출입공고, 통합공고 등
③ 행위에 대한 관리 : 수출입승인, 외화 획득용 원료수입, 특정거래형태의 수출입인정, 원산지관리 등
④ 행정관리 : 수입에 의한 산업피해조사, 수출입질서유지, 수출조합, 수입조합, 벌칙 등

2. 관세법

1) 개요

관세법이란 외국에서 수입되고 외국으로 수출되는 물품, 즉 관세선(customs line)을 통과하는 물품에 대해 규제하는 법이다.

우리나라 관세법은 1967. 12. 29에 법률 제1976호로 제정 공고된 이후 수십 차례에 걸쳐 개정되었으며, 전문 11장 243조 부칙으로 구성되어 있다. 한편 수출용 원자재의 국산사용을 촉진하고 사후관리절차를 간소화하기 위하여 종전의 관세사전면세제도에서 관세환급제도로 전환하면서 1974. 12. 12일에 법률 제2675호로 "수출용 원자재에 대한 관세 등 환급에 관한 특별법"을 별도로 제정 공포하여 시행하고 있다.

관세법은 「관세의 부과, 징수 및 수출입물품의 통관을 적정하게 하여 국민경제의 발전에 기여하고 관세수입의 확보를 가함」을 목적으로 하고 있다. 즉, 국민경제발전과 관세수입확보가 관세법의 궁극적인 목적이다. 관세자체가 국내산업을 보호하고 소비를 억제하며 국제수지를 개선하는 역할을 하고, 관세율과 관세제도의 조정을 통하여 국내물가의 안정과 수출지원을 도모하여 국민경제발전에 이바

지하는 것이다.

한편 관세법은 국가재정수입의 확보를 목적으로 하는데 국민경제 발전과 관세수입 확보는 관세의 부과, 징수 및 수출입 물품 통관절차를 적정하게 해야 이루어진다.

2) 관세법령의 기능 및 성격

관세법은 물품이 관세선을 통과할 때에 관세를 징수하는 데 대하여 규제하고 있으므로 조세법적 성격 및 관세선을 통과하는 통관에 대하여 규정하고 있으므로 통관법적 성격을 가지고 있으며, 각종 법류위반에 대한 처벌을 규정하고 있으므로 형사법적 성격도 가지고 있다.

(1) 통관법적 성격

실제 관세행정에 있어서 대부분 관세의 징수와 동시에 통관이 이루어져 관세징수와 통관이 일체가 되어있기 때문에 통관만을 분리하여 파악하기란 어렵다.

그러나 통관은 관세징수와 엄격히 구별되는 개념이다.

통관이라 함은 대외무역법에 의거하여 정부의 수출입 허가 또는 승인 사항을 수출입되는 실물과 대조, 확인하여 실물이 허가(승인)사항과 일치하는 경우 수출입신고라는 형식을 취하여 현실적으로 수출입을 실현하게 하는 행위이다. 다시 말하면 수출입하는 물품의 통로는 개항(開港)이란 특정통로에 허용하여 놓고 이 개항에 세관이 주재하여 서면으로 된 대외무역법상의 수출・입 승인사항을 수출입되는 실물에 의거 확인하는 절차 및 과정이 통관이다.

따라서 통관이란 무역관리에 관한 규제를 현장에서 집행하는 것으로 규제 자체가 실제법적 성격이 있다면, 통관에 관한 관세법상의 규정은 절차법적 성격이 있다 하겠다.

관세법 「통관」 이외에 운수기관에 관한 규제, 보세제도 등이 모두 직접, 간접으로 통관에 관련되는 규정이라고 할 수 있다.

(2) 조세법적 성격

관세법은 그 명칭이 「세법」인 바, 수입물품에 대한 관세의 부과, 징수, 감면에 관하여 규정하고, 징수의 확보를 위하여 보세제도, 운수기관에 대한 규제, 처벌 등을 규정하고 있다. 조세법으로서의 관세법은 실체적인 동시에 절차법이란 양면성을 가지고 있다. 즉, 관세의 납세의무 등 과세요건과 감면요건을 규정하는 동시에 그 징수절차와 감면절차도 함께 규정하고 있다. 이와 같은 조세법적 성격은 관세법의 대부분의 규정에 나타나 있다.

(3) 형사법적 성격

관세법에는 벌칙과 조사 및 처분에 관한 방대한 규정을 두고 있어 이를 관세형법이라고도 하고 있다. 관세형법이란 관세징수와 통관의 적정을 보호하기 위한 규정으로서 내국세 분야의 처벌법규인 조세범처벌법과 상호 보완관계에 있다.

3) 관세법의 관리체계

관세법의 체계는 크게 보아 동 법의 기능과 성격에 따라 물품의 통관절차와 관세 등의 관세절차로 구분하여 볼 수 있다.

먼저 통관절차는 수입통관, 수출통관 및 반송절차로 나누어 볼 수 있고, 과세절차는 과세의 4대요건 즉, 과세물건, 납세의무자, 관세율, 과세표준으로 나누어 살펴볼 수 있으며, 수출입물품이 관세영역과 보세구역의 경계선을 이동하는 것을 최종적으로 관리한다는 점에서 우리나라 수출입관련 제반 법규를 총괄적으로 확인, 집행하는 기능을 갖고 위반사항이 있을 경우 이의 처벌에 대한 규정을 정하고 있다.

① 주체 : 납세의무자, 통관할 수 있는 자
② 대상 : 과세물건, 과세표준, 보세구역
③ 행위 : 보세운송, 통관, 관세의 부과 및 징수 등
④ 행정 : 심사와 심판, 조사와 처분, 벌칙 등

3. 외국환거래법

1) 개요

외국환이란 일반적으로 국제간의 채권, 채무의 결제수단을 말하며 외국환거래법에서는 대외지급수단, 외화채권, 외화증권을 말한다.

따라서 외국환업무는 이러한 대외지급수단의 매매, 발행 및 외국과의 지급과 추심 및 이에 부대하는 업무로서 외국환의 지급이나 영수를 발생케 하는 대외거래의 전 과정을 의미하고 있으며 외국환 관리는 이러한 거래의 전 과정을 직접 또는 간접으로 규제하는 것을 말한다. 외국환관리는 항상 고정되어 있는 것이 아니라 국내외적인 환경과 시대의 흐름에 따라 변화하는 것으로 전 세계적으로 점차 규제가 완화되어 가는 추세에 있다.

우리나라는 1988년 11월 IMF 제14조국에서 제8조국으로 이행하였고, 그 후 대내외 여건과 환경의 변화로 기업의 대외활동 촉진과 국민의 생활편의증진을 위해 외환제도를 '규제위주'로부터 '원칙자유'로 전환할 필요성이 증대되었다.

즉 대내적으로는 금융개혁이 가속화되고 기업의 해외진출 등 국제화, 세계화가 촉진되어 왔고, 대외적으로는 WTO체제 출범 등 국경 없는 무한경쟁시대가 도래하였다.

이러한 환경변화에 대처, 21세기 선진경제 진입과 세계화에 대비한 국가경쟁력 강화를 위해 외국환관리법이 폐지되고 외국환거래법이 제정・시행('99. 4. 1)되었다.

외국환관리의 목적은 국제수지의 균형, 통화가치의 안정, 대외거래의 원활화를 기하는데 있다고 할 수 있다. 일반적으로 대내적인 재정금융정책 및 가격정책만으로는 대내・대외 균형의 달성이 불충분하기 때문에 직접적인 대외경제거래 규제방식을 취하는 것이다.

우리나라의 외국환거래법 제1조는 '이 법은 외국환거래 기타 대외거래의 자유를 보장하고 시장기능을 활성화하여 대외거래의 원활화 및 국제수지의 균형, 통화가치의 안정을 도모함으로써 국민경제의 건전한 발전에 이바지함을 목적으로 한다.' 고 규정하고 있다.

외국환거래법은 외국환과 그 거래, 기타 대외거래에 다른 채권, 채무관계를 규제하는 법이다. 외국환관리법은 1961. 12 31에 법률 제933호로 제정된 이후 1992년 9월 1일, 1996년 6월 등 수차례에 걸쳐 개정되었으며, 현재 전문 7장 35조 및 부칙으로 구성되어 있다.

동 법은 외국환과 그 거래 기타 대외거래를 합리적으로 조정 또는 관리를 통하여 대외 거래의 원활화를 기하고 국제수지의 균형, 통화가치 안정, 국민경제의 건전한 발전에 이바지 하는데 그 목적이 있다.

2) 외국환거래법령의 기능 및 성격

(1) 결제방법에 대한 허가

우리나라 외국환관리 체계상 외화의 영수는 적정한 대가의 대외수취에 대해 근거만 확인하면 원칙적으로 자유이나, 지급은 지급원인(계약) 또는 지급행위 중 어느 하나에 대해 허가 또는 인증을 받아야 한다.

외국환거래법의 중심규정은 이러한 결제방법에 대한 허가(인증)인데, 1992년 9월 1일 이에 대한 관리 방법이 종전 「원칙금지, 예외허용」방식(positive list system)인 금지법 체계에서 「원칙자유, 예외제한」(negative list system)방식으로 변경되었고 외환거래자유화 계획에 따라 많은 규제들이 완화되었다.

(2) 국제성

외국환거래법은 외국환거래라는 국제거래를 규제대상으로 하는 것이므로 국제상관습을 존중해야 하고 국제조약을 준수함으로써 국제적으로 통용될 수 있도록 하고 있다.

3) 외국환거래법의 관리체계

외국환거래법도 대외무역법과 마찬가지로 관리법적인 성격을 갖는다. 따라서 관리대상을 파악함으로써 외국환거래법 체계를 파악할 수 있다.

즉, 주체에 대한 관리로서 경제활동의 중심지를 기준으로 한 거주성에 대한 관리, 객체에 대한 관리로서 대외지급수단 즉, 외국통화, 외국통화로 표시된 지급수단, 표시통화와 관계없이 외국에서 사용할 수 있는 지급수단에 대한 관리이며, 행

위에 대한 관리로서 결제방법 즉, 결제통화, 결제금액, 결제기관, 결제기간 등에 대한 관리 및 각종 벌칙 등 행정관리로 나누어 볼 수 있다.

① 인적 관리 : 거주자, 비거주자

② 물적 관리 : 외국환, 환율 등

③ 행위관리 : 결제방법

④ 행정관리 : 외국환수급계획, 외국환평형기금, 벌칙 등

4. 외국인투자촉진법

외환·자본거래의 자유화와 외국인투자 유치강화를 위한 법령체계 정비를 위해 외환·자본거래 및 외국인투자 제도를 전면 개편하여 종전의 '외국인투자 및 외자도입에 관한 법'을 폐지하고 1998년 9월 16일 '외국인투자촉진법'을 제정하여 같은 해 11월 17일 시행되었다.

주요내용은 외국인투자제도를 외국투자가 중심으로 개편하고, 지방정부가 외국인투자를 경쟁적으로 유치하도록 하는 투자환경을 조성하고 외국인투자 법체계를 '규제·관리'위주에서 '촉진·지원' 중심으로 개편하여 외국인투자 관리에 관한 사항은 최소한으로 축소하고, 각종 인·허가 절차를 간소화하였다.

5. 무역거래에 적용되는 국제규칙

표 5-1 무역거래에 적용되는 국제규칙 요약

구분	거래내용	국제규칙 명칭	약호	비고
대금결제방법	신용장 거래	제6차 개정 신용장통일규칙 (Uniform Customs and Practice for Documentary Credits)	UCP 600	신용장 또는 Stand-by L/C 적용
	신용장 대금상환	신용장대금 상환에 관한 통일규칙 (Uniform Rules for Bank-to-Bank Reimbursements under Documentary Credits)	URR 525	
	추심거래	제3차 개정 추심에 관한 통일규칙 (Uniform Rules for Collections)	URC 522	D/P. D/A. 신용장추심, 외화수표추심 등에 적용

매매 계약 조건	가격조건	제6차 개정 무역거래 조건에 관한 국제규칙(International Rules for Inter-pretation of Trade Terms)	INCOTERMS 2000	
	보험조건	협회적하보험 약관 (INSTITUTE CARGO CLAUSE)	I.C.C	신협회 약관 또는 구협회 약관
대외 보증 거래	외환지급 보증	요구불보증에 관한 통일규칙 (Uniform Rules for Demand Guaran-tees)	URDG 458	Letter of Guarantee 발생시 적용(주오 유럽 등에서 적용)
		보증신용장 통일규칙 (International Standby Practices 1998)	ISP 98	Stand-by L/C 발행시 적용 (주로 미국 등에서 이용)
		계약보증증권에 관한 통일규칙 (Uniform Rules for Contract Bonds)	URCB 325	채무불이행에 한해서만 한정적인 계약보증(주로 건설, 보험 등에 이용)

제6절 주요국의 통상법규

1. 우리나라의 통상법규

대한민국의 국제통상거래관련 국가법 중 주요한 것으로는 대외무역거래의 근간을 이루고 있는 「대외무역법」(1986.12.31. 무역거래법·수출조합법·산업설비수출촉진법 등 통합)을 비롯하여 관세의 부과·징수 및 통관에 관련된 「관세법」(1967.11.29.) 및 「국제조세조정에 관한 법률」(1995.12)을 비롯하여, 1996년 「외국인투자 및 외자도입에 관한 법률」을 1998년에 「외국인 투자촉진법」과 「공공차관도입에 관한 법률」로 분리하였고, 그 외에도 「외국환거래법」(1961.12.31), 「세계무역기구협정의 이행에 관한 특별법」, 「수출보험법」, 「수출자유지역설치법」, 「국가를 당사자로 하는 계약에 관한 법률」(국가계약법)등이 있다. 그밖에 법의 충돌 내지 저촉을 해결하는 「국제사법」이 있고, 「독점규제 및 공정거래에 관한 법률」에서 부당한 국제계약의 체결에 제한을 가하고 있는 내용 등이 있다. 여기서 주의해야 할 것으로는 WTO이행법 제5조에서 남북한간의 거래는 민족내부거래로 보아 국가간의 거래로 보지 않는다는 규정이다. 한국에서 무역관리는 정부조직법에 따른 산업통상자원부장관이 총괄하고 관계기관장에게 위임하기도 한다. 주요 관리기구로는 무역위원회, 무역정책심의회, 각 시·도지사, 외국환은행장, 한국무역협회장, 한국무역대리점협의회장, 세관장 및 수출입조합 등이 있다.

2. 주요국의 통상법규

1) 미국

미국의 통상법은 관세법(Tariff Act of 1930)을 시작으로 호혜통상협정법(Reciprocal Trade Agreement of 1934), 통상확대법(Trade Expansion Act of 1962), 통상법(Trade Act of 1974), 통상협정법(Trade Agreement Act of 1979), 통상관세법(Trade and Tariff Act of 1984), 종합무역법(Omnibus Trade and Competitiveness Act of 1988) 그리고 UR협정법(Uruguay Round Agreement Act of 1994)으로 발전되어 왔다. 이 중에서 주요한 몇 가지 통상법규를 살펴보면 다음과 같다.

(1) 반덤핑관세법

미국의 반덤핑관세법이란 관세법(1930) 제7편의 덤핑에 관한 규정과 통상법(1979)의 일부 규정을 가리킨다. 외국 생산자들이 미국산업과 경쟁하여 당해 산업에 실질적인 피해를 줄 목적으로 그들의 국내시장에서는 상대적으로 높은 가격으로 자신들의 제품을 판매하면서 미국으로 수출하는 동종상품에 대하여 보다 낮은 가격으로 판매하는 행위를 방지하기 위한 것이다.

(2) 상계관세법

미국의 상계관세법은 관세법(1930) 제7편의 상계관세에 관한 규정을 가리키는데, 이에 의하면 “수입품이 직·간접적으로 수출국의 보조금을 받아 제조 또는 생산되었고, 이 제품의 수입으로 인하여 미국 내 산업이 실질적 피해 또는 그러한 피해의 위협을 받고 있거나 동종산업의 설립이 실질적으로 저해되고 있다는 합리적 근거를 고려하여, 보조금을 지급 받은 제품의 수입과 국내 산업피해와의 인과 관계가 성립될 경우 상계관세를 부과할 수 있다."고 규정하고 있다.

(3) 긴급수입제한제도

미국의 긴급수입제한제도는 통상법(1974) 제201조 도피조항(escape clause)에 근거를 두고 있으며, ITC가 미국으로의 수입이 증가되어 동종 또는 직접적으로 경쟁관계에 있는 상품을 생산하는 국내생산업자에게 심각한 피해 또는 피해의 우려가 된다고 결정하는 경우는 대통령이 국내산업의 보호를 위해 적절하고 실행 가능한 조치를 취하는 것을 말한다. 긴급수입제한제도는 반덤핑제도나 상계관세제도와는 달리 산업피해의 조사, 판정 및 구제조치에 관한 권한을 가지고 있는 ITC가 전담하고 있다.

(4) 지적재산권 침해 등 불공정수입행위 규제

미국 관세법(1930) 제337조는 특정 상품의 미국 수입시 불공정한 경쟁방법과 불공정한 행위를 금지하고 있을 뿐만 아니라 미국의 지적재산권을 침해한 상품의 수입을 불법적인 것으로 규정하여 제재조치를 취함으로써 미국기업의 동등한 경쟁을 보장하고 있다.

(5) 미 통상법 301조

미국이 자국상품을 외국시장에 진출시킬 수 있는 기회를 확대하기 위하여 불공정무역관행에 대한 보복조치를 내용으로 하고 있는 미국 통상법 301조는 통상확대법(1962) 제252조가 폐지되고, 통상법(1974) 제301조로 대체된 것이다. 여기에서 불공정 무역관행이란 통상협정상의 미국의 권리를 부당하거나 비합리적이거나 차별적인 관행을 의미하며, 불공정무역의 범위는 반덤핑, 상계관세에서 규정하고 있는 덤핑과 보조금을 제외한 부분이다. 그 후 통상협정법(1979), 통상관세법(1984)에 의해 개정되었으며, 현행법은 종합무역법(1988) 제1301조 내지 1303조에 의하여 "301조"의 개정과 소위 "수퍼301조"와 "스페셜301조" 규정이 신설되었으며, UR협정법(1994)에 의해 다시 개정되었다. 또한 제301조는 통상법 301조를 근본으로 하여 수퍼 제301조, 지적재산권분야에 대한 스페셜 제301조 및 통신분야에 대한 통신 제301조로 구성되어 있다.

USTR은 매년 3월 31일까지 미국의 상품 및 서비스 그리고 해외직접투자에 실질적인 장벽 또는 왜곡이 되는 외국의 행위, 정책 및 관행을 파악 분석한 국별무역장벽보고서(National Trade Estimate Report, NTER)를 제출하며, 이 날부터 18일 내에 우선협상대상국관행(Priority Foreign Country Practice, PFCP)을 지정하고 21일 이내에 이에 대해 제301조 조사를 개시하여야 한다. 이와 같이 USTR에게 NTER제출과 PFCP 조사를 의무화한 통상법301조 규정을 수퍼301조라고 하며, USTR의 NTER에 따라 지적재산권 침해국가를 우선협상대상국으로 지정하여 제301조 조사를 의무화한 통상법 관련규정을 스페셜 301조라 부른다.

그리고 스페셜 301조에는 규정이 없으나 행정관행상 USTR은 외국의 행위, 정책, 관행이 어느 정도 우선협상대상국 지정기준에 적합한 국가들을 우선감시대상국(priority watch list)으로 지정해 오고 있으며, 또한 국가들이 특별히 관심을 두고 있는 시장접근에 지적재산 관행 또는 장벽을 유지하고 있기 때문에 주의를 요하는 국가들을 감시대상국(watch list)으로 지정해 오고 있다.

▮표 5-2▮미국 통상법 301조의 비교

구분	301조	행정명령 수퍼 301조	스페셜 301조
내용	교역상대국의 불공정한 무역제도, 법, 관행에 관한 조사 당사국과 협상	199년 3월 행정명령으로 수퍼 301조를 부활하고, 우선협상대상국관행(PFCP)으로 지정하고 지정된 당해국과 협상	매년 4월 30일 이전 지적재산권의 적절하고 효과적인 보호나 미국인에 대한 공평한 시장접근 기회를 거부하는 국가를 PFC로 지정, 협상
발동요건	대상국가의 개별 불공정무역제도, 법, 관행이 대상	불공정 국가는 지정하지 않고 불공정무역관행만 대상	대상국가의 불공정한 지적재산권 보호제도, 법, 관행을 대상
제소자	업계 청원 및 USTR 자체발의	USTR 자체발의	USTR에서 연례 평가
조사 및 협상 절차	USTR자체 발의 및 업계청원→조사개시결정(30일이내)→조사실시, 협상(12-18개월)→보복조치	USTR의 NTER제출→PFCP지정(30일이내)→협상개시결정(21일이내)→협상개시결정(12-	USTR의 NTER제출→PFCP지정(30일이내)→조사개시결정(30일이내)→조사실시,

	실시(결정후 30일 이내)	18개월)→보복조치실시(결정후 30일이내) *협상기간, 보복조치 결정시한은 좌동	협상(6-9개월)→보복조치실시(결정후 30일이내)
보복조치	제한이 없으며 조사대상에 관계없이 어떤 상품이나 분야에 대해 모든 조치 발동 가능함. *대개의 경우는 보복관세 부과 형태를 취함	좌 동	좌 동

2) EU

EU의 통상법은 크게 EU 역내 교역을 규율하는 역내통상법과 역외국과의 교역에 적용되는 대외통상법으로 구별된다. 역내통상법은 주로 역내교역에 대한 회원국들의 각종 통상장벽 철폐 등 역내교역의 자율화 원칙과 원산지 규정 등에 대해 규정하고 있으며, 역외통상법은 EU 회원국의 역외국에 대한 통상규제조치를 규정하고 있다. 따라서 역외국들과 EU 회원국과 교역에는 당해 교역당사국의 통상법뿐만 아니라 EU 공동통상법도 영향을 미치게 된다.

(1) 반덤핑관세법

EU집행위원회가 EU역외로부터 수입되는 상품의 수출가격이 유사제품의 정상가격보다 낮다고 판정하고 EU집행위원회가 동 상품의 수입으로 관련 EU산업이 실질적인 피해를 받거나 받을 우려가 있거나 또는 EU 산업의 확립이 실질적으로 지연되고 있다고 판정하고 EU공동체의 이익을 위해 보호조치를 시행할 필요가 있다고 판단되는 경우, EU이사회는 EU집행위원회의 제의에 의해 동 상품에 대하여 통상적인 관세에 더하여 정상가격과 수출가격과의 차액을 초과하지 않는 범위 내에서 반덤핑관세를 부과할 수 있도록 되어 있다.

(2) 상계관세법

EU집행위원회가 EU역내로 수입되는 상품의 제조, 생산, 수출 또는 운송에 외국정부가 직접 또는 간접적으로 보조금을 지급하고 있다고 판정하고 EU집행위원회가 동 상품의 수입으로 관련 EU산업이 실질적인 피해를 받거나 받을 우려가 있거나 또는 EU산업의 확립이 실질적으로 지연되고 있다고 판정한 경우, EU공동체의 이익상 보호조치를 시행할 필요가 있다고 판단될 때, EU이사회는 EU집행위원회의 제의에 의해 동상품에 대해 통상적인 관세에 더하여 보조금의 범위 내에서 상계관세를 부과할 수 있도록 되어 있다.

(3) 긴급수입제한제도

EU의 긴급수입제한제도(safeguard)는 공정무역거래에 따른 특정상품의 수입이 급증하거나 전반적인 경제여건이 국내 경쟁산업에 피해를 주거나 또는 피해를 줄 수 있는 외국제품에 대하여 취하는 일련의 조치를 말하며, 최종 시행권한을 EU이사회가 아닌 EU집행위원회가 가지고 있다는 점에서 반덤핑관세나 상계관세와 다르다. 다만 EU집행위원회가 시행한 모든 조치는 이사회와 관련 회원국들에게 통보되며 모든 회원국은 통보 후 1개월 이내에 판정사항을 이사회에 회부한다. 또한 EU각료이사회와 집행위원회는 동일한 상황하에서 EU역내산업의 보호를 위해 긴급수입제한조치 대신에 사전·사후의 역외 수입감시조치를 발동할 수 있다. 이러한 수입감시조치는 특정물품의 EU지역으로의 수출추세에 대해 관련 수출국들에게 통지할 뿐만 아니라 제3국들과 체결한 수출자율규제협정의 시행을 감시하게 되므로 간접적으로 수입을 억제하는 수단으로 활용하고 있다.

3) 일본

일본은 통상정책 기조의 변화에 대응하기 위해 다양한 통상관련법을 제정하여 시행하고 있는데, 그 내용에 따라 다음과 같이 구분할 수 있다. ① 국제통상의 기본법 및 대금결제에 관한 기본법(외국환 및 대외무역관리법), ② 국제통상 질서확립에 관한 법(수출입거래법), ③ 수출입통관절차 및 관세에 관한 법(관세법, 관세정율법, 관세잠정조치법), ④ 국제통상에 관한 개별적인 행정법, ⑤ 국제통상진흥에 관한 법 등이다.

① 반덤핑제도 및 상계관세제도

외국으로부터 덤핑수출 또는 보조금을 교부받은 물품의 수출이 행해지는 경우 국내산업의 이해관계가 있는 자가 정부에 신청하거나, 대장성장관이 조사를 개시하는 경우에는 동 산업소관 장관과 통산산업성 장관과 협의를 거친다. 이 때 수출국 정부나 수출자는 보조금을 철폐, 경감하거나 덤핑의 중지, 일본산업의 피해를 줄일 수 있는 실질적 조치 등을 약속할 수 있다. 일본정부가 이를 수락할 경우 조사가 중지될 수 있다. 또한 필요하다고 판단될 경우 조사기간 중에도 당해 물품의 수출자나 수출국에 일정기간 동안 반덤핑관세 또는 보조금에 상당하는 금액을 담보로 제공하도록 하는 잠정조치를 취할 수 있다

② 긴급수입제한제도

긴급수입제한제도는 다음 조건들이 충족되는 경우에 수입물품에 대한 긴급관세를 부과하거나 관세양허의 철회 또는 수정함으로써 취해진다. 즉 외국에서의 가격하락 및 예상치 못했던 상황변화로 인하여, 특정물품의 수입이 증가하고, 이러한 물품의 수입증가가 동종물품 또는 해당물품과 직접적인 경쟁관계에 있는 물품을 생산하는 국내산업에 중대한 피해를 주거나, 그럴 우려가 있는 경우에 국민경제상 긴급한 조치가 필요하다고 인정되는 경우에 긴급관세가 부과된다.

4) 중국

(1) 대외무역법

1994년 대외무역법은 종합적이고 법률적으로 정의된 중국의 대외무역정책과 관행에 관한 원칙들을 확립하였다. 동법은 먼저, 1993년의 개정헌법에서 확립된 기본원칙을 명확히 하고 “사회주의시장경제”의 촉진이 중국의 대외무역의 궁극적인 목표임을 선언하였다. 즉, 제1조에서 밝히고 있듯이 동법은 대외무역의 발전과 대외무역질서의 보호유지 이외에 사회주의 시장경제의 건전한 발전을 그 제정목적으로 하고 있다. 사회주의와 시장경제의 조화를 고수하다는 것이다.

다음으로 동 법은 ‘대외무역’이라는 용어를 “상품의 수출입, 기술의 수출입 및 국제서비스교역”을 포함하는 것으로 정의하고 있다. WTO와 같은 국제조약과 조

직에서의 모든 의무를 중국은 기꺼이 부담할 용의가 있음을 확인하고 대외무역과 관련하여 중화인민공화국은 중화인민공화국이 체결한 또는 회원국인 국제조약과 협정에 의거하여 또는 호혜평등의 원칙에 따라 다른 체약국 또는 회원국에 대해 최혜국 대우지위와 내국인대우를 부여한다. 이상의 일반원칙에 따라 대외무역법은 통일적인 국가무역정책, 투명성 및 비관세장벽, 시장접근, 반덤핑, 보조금 및 긴급수입제한조치 등에 관한 WTO 원칙과 국제관례의 준수 등의 문제를 역설한 것이었다.

(2) 관세법

1980년대 중반 이전에는 관세는 중국의 대외무역제도에서 단순히 지엽적인 역할만을 하고 있었다. 중앙계획에 입각하고 행정적 지시에 통제되는 고도의 집권적인 대외무역체제하에서 관세는 몇몇 정부 세입원의 하나일 뿐이라고 여겨졌다. 30년 이상이나 관세는 거의 변동되지 아니하는 관세율에 따라 대외무역부에 의하여 징수되었다. 임의적인 국가계획에 따라 수출입에 대한 정부보조금 사용에 크게 의존하고 있었기 때문에 관세율은 세계시장에서의 당해 상품의 실제 가치(value)와는 완전히 무관한 것이었다.

수입품의 국내 최종소비자에 의하여 지불되는 가격은 국제시장가격과 연계된 것이 아니라 국내 대체재의 가격과 연계되어 있었다. 그러므로 다른 중앙계획경제체제 국가에서 그러하듯이 관세의 역할은 있어도 그만 없어도 그만인 것이었으며 교역량 또는 수출입 결정에 아무런 영향을 미치지 못하였다. 자급자족 및 국내산업을 보호하는 정책에 입각하여 관세는 당해상품의 거래 금지에 해당할 정도로 높았으며 이로 인해 중국의 대외무역성장에 억제시키는 효과를 가지고 있었다.

(3) 외환관리법

1979년 경제개혁이 시작되기 전에 중국의 환율통제는 전적으로 중앙정부에 의하여 관장되고 있었다. 경제관리를 위한 계획성 지령을 내리는 구조와 국가무역독점제도로 인하여 국가는 외환관리를 위하여 행정적 수단을 이용하였다. 경제개혁의 출범과 더불어 투자를 하고 영업활동을 수행하기 위하여 중국에 출입하는 외국기업과 사업가들이 점차 증가하게 되었다.

이러한 새로운 현상에 부응하기 위해서는 외환제도의 개혁이 필수적으로 요구되었다. 그리하여 중국의 대외무역이 1980년대 급속하게 성장하게 되자 중앙정부는 외환관리를 분권화함으로써 국가의 외환통제를 완화하였다. 대외무역분야에서의 개혁과 동일한 방향으로 외환의 관리책임과 사업적 활용을 분리시키게 되었다. 중앙은행으로서의 기능을 하는 중국은행의 지도하에 국가외환관리국(State Administration of Exchange Control)은 외환관리업무를 수행하고 있으며 중국의 외환전문은행이라 할 수 있는 중국은행이 외환의 사업적 측면을 관리하고 있다.

중국은 1980년대부터 외환교환센터 또는 스왑센터의 느슨한 망을 통하여 환율을 관리하는 이중환율제도를 조심스럽게 구축하여왔다. 1989년 무렵에는 중국 전역에 약 80%의 스왑센터가 존재하고 있었으며 외국인 기업 또는 외국인 투자기업, 외국인 기업가 및 외국 관광객이 중국에서 환전할 수 있는 유일한 채널이었다. 외국인 투자기업들은 중국에서의 비용지불을 위한 인민폐를 구하고자 또는 이익송금을 위하여 중국내의 수입을 경화로 교환하기 위하여 이러한 센터를 이용하였다. 중국기업이나 외국기업이든 모든 기업은 수입품에 대한 비용을 지불하기 위하여 이들 센터로부터 경화를 구했다. 1993년 스왑센터는 중국내의 모든 외한거래의 약 80%를 점하고 있다. 이러한 이중환율제도하에서 중국은행은 두 가지 환율을 시행하고 있었다. 첫째, 인민폐에 대한 공식환율을 정하고 있었는데, 관광객들에 대해 또한 국가계획하의 우선적인 수입품에 대해 적용하였다. 둘째, 중국은행은 스왑센터 관리자들이 일정 범위 내에서 변동하는 그날그날의 환율을 정하는 것을 허용하였다. 이러한 환율은 공식환율에 비해 높았으며 이것은 수요와 공급을 정확하게 반영한 것이었다.

중국의 이러한 이중환율제도는 외환관리를 분권화하기 위한 개혁조치로서 처음에는 도입된 것이지만 WTO체제하의 국제관행과는 양립될 수 없는 것으로 국제적 비판의 대상이 되게 되었다. 미국의 재무부가 1992년 11월 처음으로 환율 조작을 지적하였으며 1993년 동안 계속하여 그러한 주장을 되풀이하였다. WTO 실무작업단내에서 EU와 다른 선진국들도 미국의 입장에 동조하고 있다.

이러한 비판은 이중환율제도의 두 가지 측면에 초점이 맞추어져 있었으며 중국의 대외무역과 관련하여 금지적 비관세무역장벽을 설정하였다는 것이다. 첫째, 이중환율제도는 수입업무를 수행하는 제한된 숫자의 중국기업들에 대해 정보보조금

지급의 작용을 한다는 것이다. WTO 헌장과 WTO의 평결을 보면 이중환율제도를 명백히 금지하는 것은 아니지만 국가가 자국의 수지균형을 보호하기 위한 목적으로 수입을 제한하는 것을 제한하고 있다. 중국의 이중환율제도를 비판하는 논거는 공식환율과 스왑센터의 변동환율간에 인위적으로 차이를 설정함으로써 중국의 중앙정부가 일정한 산업이 과대평가된 환율로 수입품 대금을 지불하도록 하여 그러한 산업을 보호할 수 있다는 것이었다. 일부 선별된 국가소유기업들은 중앙은행이 일부 외화손실을 부담함으로써 수입품을 실제가격보다 낮은 대금을 지불하고 구입할 수 있다는 점에서 이러한 제도로 부터 혜택을 누리고 있었다. 둘째, 이중환율제도는 외환거래에 대한 은폐된 조세라고 지적되었다. 중앙은행은 외국인들로 하여금 그들의 중국 내 소득을 공식 환율로 등록하도록 함으로써 외국인을 표적으로 삼고 있다는 것이다. 즉 공식 환율은 스왑센터환율보다 훨씬 낮은 환율로 인위적으로 정해진 것이었기 때문이다. 관광객들도 중국 인민폐를 매입하기 위해 공식환율을 사용하여야 했다. 외국투자가들은 그들의 소득을 중국 내 통화로 획득하므로 필요한 수입품을 구입하는데 필요한 외화소득의 전무하거나 거의 없기 때문에 이익송금을 위한 경화를 얻을 수 있는 방법이 없다.

제7절 국제통상법규의 관리기구

1. 상품거래 관리기구

(1) UNCTAD

국제연합무역개발기구(United Nations Conference on Trade and Development, UNCTAD)는 국제연합(UN)의 여러 직속기구 가운데 하나로, 선진국과 후진국 사이의 무역 불균형을 시정하고 남북문제를 해결하기 위해 설치되었다. 1960년대에 들어서 UN의 저개발국가들은 당시 세계무역을 지배하고 있던 '관세 및 무역에 관한 일반협정', 즉 GATT체제가 경제선진국들의 이해에만 초점이 맞춰 있다고 주장하였다. 1962년 7월에는 아시아, 아프리카, 중남미의 국가대표가 모여 새로운 무역기구의 설립을 요구하는 카이로선언을 발표하기에 이르렀다. 이의 결과로 1964년 3월부터 6월까지 제네바에서 UN 주최하에 사상 최대의 국제경제회의가 개최되었는데 이것이 제1회 유엔무역개발회의이다. 여기에는 121개국이 참가하여 선진국시장에 대한 후진국의 접근문제, 저개발국 수출품에 대한 특혜관세 부여문제, 교역조건의 개선문제 등이 논의되었다. 이 성과를 바탕으로 1964년 12월 UN총회는 UNCTAD를 UN 직속기구로 설치할 것을 결정하였다. 한국은 1964년에 가입했으며, 본부는 스위스 제네바에 있다. 주요 기능은 회원국의 경제개발 및 무역촉진, 다자간 무역규범의 협상 및 채택을 위한 논의이다. 최고 의사결정 기구인 총회는 4년마다 개최되며, 총회 개최 주기 사이에 매 4년마다 총회결과 이행을 점검하는 중간검토회의를 개최한다. 또 산하에 무역개발이사회(TDB)와 3개 위원회, 사무국 등이 있다. 회원국은 이해관계를 달리하는 지역적 비공식 GROUP으로 A Group(아시아 및 아프리카), B Group(선진국), C Group (라틴아메리카), D Group(공산국), 기타가 있어 Group내의 의견을 조종하고 있다. 특히, 후진국 즉 Group A와 Group C는 대 선진국과의 교섭을 위하여 하나의 기구를 형성하였는데 이것을 이른바 'Group of 77'이라 한다. 이것은 개도국의 강력한 하나의 교섭단체로서 UNCTAD에게 큰 영향력을 행사하고 있다. UNCTAD는 1970~80년대를 통해 개도국들에 대한 관세장벽 철폐와 무역 조건 악화를 역전시키는데 주역을 담당했다. 그러나 지난 20년간 UNCTAD는 미국과 유럽 주도의 경제 블록화로 인해 중요성이 감소되고 개도국들만의 협의체로 전락할 위기에 봉착했다.

(2) UNCITRAL

국제연합 국제무역법위원회 (United Nations Commission on International Trade Law)의 약칭이 UNCITRAL이다. 1966년 UN 제21차 총회의 결의에 의해 국제상거래법의 전진적인 조화와 통일을 목적으로 하여 설립되었다. 설립 당시에는 UN 총회의 선거에 의하여 아프리카 7개국, 아시아 5개국, 동유럽 4개국, 라틴아메리카 5개국, 서유럽 및 기타 8개국 등 29개국으로 구성되었다. 위원회는 제1

차 총회를 1968년 뉴욕에서, 제2차 총회를 1969년 제네바에서 개최한 후, 뉴욕과 제네바에서 교대로 해마다 총회를 열고 있으나, 그 보고서는 그 해의 UN 총회에서 심의된다. 1996년 6월 전자상거래 모델법(UNCITRAL Model Law on Electronic Commerce)을 채택하고 국제간 거래에 있어 전자상거래의 사용을 합법화할 법률적 기초를 제공하고 있다. UN 총회에서 선출된 36개국으로 구성되어 있으며 본부는 오스트리아 빈에 있다.

(3) ICC

국제상업회의소(International Chamber of Commerce)의 약칭이 ICC이다. 1919년 10월 미국 뉴저지주 애틀랜틱시티에서 미국·영국·프랑스·이탈리아·벨기에 등의 기업 대표가 모여 전후 세계경제 재건, 국제통상의 부흥에 관한 회의를 개최한 데서 비롯되었다. 이 회의를 통해 참가국 대표들은 민간기업인에 의한 항구적인 국제기구 설립의 필요성에 뜻을 같이하고 이듬해인 1920년 6월 프랑스 파리에서 역사적인 창립총회를 개최함으로써 국제상업회의소가 정식 출범하였다. 1953년에는 아시아극동문제위원회(Commission on Asian and Far Eastern Affairs : CAFEA)가 설치되어 제1차 회의가 인도 캘커타에서 열렸다. 전세계 130여개국 경제단체와 기업이 회원으로 가입하고 있는 세계 최대의 민간 국제경제기구다. 전세계 자유민간기업인의 대변기관으로서 상업, 공업, 운송, 금융, 보험 및 통신 등 모든 국제통상분야에서 민간기업의 활동을 촉진하고 건전한 시장경제체제의 발전을 도모하는 한편, 국제무역규칙 제정 및 기업인 간의 교류를 통한 국제경제협력의 기회를 확대하는데 그 목적을 두고 있다. 정기총회(World Congress)는 국제경제문제를 폭넓게 토론하는 ICC 최대의 국제회의로서 2년마다 개최되며, 각 국내위원회 대표로 구성되는 이사회(World Council)는 ICC의 최고 의결기관으로서 집행위원회(Executive Board)에서 결정한 ICC의 정책방향 및 사업계획을 승인한다. 또한 국제상관습, 금융, 전자상거래, 환경 등 국제교역과 관련된 주요분야에 16개의 위원회(Commission)가 설치되어 있다. 산하기관에는 국제중재재판소(ICC Inter- national Court of Arbitration)와 WCF(World Chambers Federation) 등이 있는데, 국제중재재판소는 중재, DOCDEX[2] 등을 통해 국제상업 분쟁을 합리적으로 해결하는 세계 최대의 국제중재기관이다. WCF는 통관절차의 신속, 간편화를 위한 아타카르네 제도 운영 및 전세계 상공회의소를 네트워킹으로 연결하는 WCN (World Chambers Networks) 구축 등의 활동을 펼치는 상공회의소만의 공동협의채널로 140여 개 국의 상공회의소가 가입되어 있다. WCF는 2년마다 세계상공회의소 총회(World Chambers Congress)를 개최하며, 2001년에는 서울에서 2차 총회가 개최되어, 전세계 130여 개 국 271개 상공회의소에서 1,200여 명의 주요인사가 참가하였다. 본부는 프랑스 파리에 있다. 우리나라는 1951년 가입하여 1959년 ICC 한국위원회(Korea National Committee)를 설립하였다. 또한 1985년 제6차 연차총회(Conference)를 서울에 유치, 전세계 40여 개 국 350여 명의 각국 대표들이 모여 "세계 경제성장의 원동력으로서의 아시아 태평양 지역"을 주제로 토론하였다. 우리나라 기업인이 동아시아지역에서는 처음으로 ICC회장직을 역임하였다.

(4) CCC

관세협력이사회(Customs Cooperation Council, CCC)는 1947년 유럽경제협력위원회(The Committee for European Economic Co-operation)에 참석한 13개 유럽국가들이 연구단을 창설하기로 합의한 데에서 비롯되었다. 1948년 경제위원회와 관세위원회가 설치된 후 경제위원회는 OECD(Organization for Economic Co-operation and Development)의 전신이 되었고, 관세위원회는 관세협력이사회로 명칭을 바꿨다. 1952년 정식으로 관세협력이사회가 설립되었고 1953년 브뤼셀에서 유럽 17개국 대표가 참석한 가운데 첫 이사회를 가졌다.

1994년 이름을 세계관세기구(World Customs Organization)로 바꾸고 이후 세계기구로 확대되었다. 조직은 이사회(Council), 상임기술위원회(Permanent Tech- nical Committee), 품목분류위원회(Nomenclature Committee), 조세제도위원회 및 사무총국으로 구성되었다. 관세협력위원회는 국가간 품목분류를 통일해 통관을 신속하게 함으로써 국제무역을 증진시키고 정확한 수출입 통계를 잡기 위해 국제적 통일품목분류체계인 HS(Harmonized System)협약을 운용하고 있

2) Documentary Instrument Disputes Resolution Expertise의 약자인 "화환결제수단 분쟁해결전문가"를 위한 규칙은 1997년 제정되어 2002년 개정된 것으로, 신용장거래, 추심거래, 보증거래와 관련된 분쟁을 해결하는 수단이다.

다. 이 시스템은 HS협약 체약국 103개국을 포함해 전 세계 170여 개국에서 사용되고 있다. 한국은 1968년에 가입하고, 기본 3조약(설립조약·품목분류협약·평가협약)의 가입통고를 받아서 효력이 발생하게 되었다. 이어 이사회뿐만 아니라 상임기술위원회·품목분류위원회·평가위원회의 정회원이 되었다. 이에 따라서 관세협력위원회의 각 조약과 각종 결정을 관세법 등 국내법규와 관세행정에 반영하게 되었다. 본부는 벨기에 브뤼셀에 있다.

2. 자본거래 관리기구

(1) IMF

국제통화기금(International Monetary Fund, IMF)은 1944년 체결된 브레턴우즈협정에 따라 1945년에 설립되어, 1947년 3월부터 IBRD(International Bank for Reconstruction and Development : 세계은행)와 함께 업무를 개시한 국제금융기구다. 이 두 기구를 총칭하여 브레턴우즈기구라고도 한다. 2007년 현재 가맹국은 185개국이며, 본부는 미국 워싱턴에 있다. 총회·이사회·사무국과 그밖에 20개국 재무장관위원회, 잠정위원회, 개발위원회 등이 있다. 최고기관인 총회는 각 가맹국이 임명하는 대표 1인과 대리 1인으로 구성되며, 회합은 연차회합과 임시로 열리는 특별회합이 있다. 100억 달러로 출발해 여러 차례 증자를 통해 1970년 10월 30일부터 총액 289억 510만 달러가 되었다. 가맹국은 일정한 할당액에 따라 25%를 금으로, 75%를 자국 통화로 출자한다. 할당액은 가맹국의 요청에 따라 조정할 수 있으며, 이것은 각 가맹국이 IMF의 자금을 이용할 때 대출한도를 정하는 기준이 된다. 출자금은 SDR(Special Drawing Rights : 특별인출권)로 표시한다.

(2) IBRD

국제부흥개발은행(International Bank for Reconstruction and Development, IBRD)은 약칭으로 세계은행(World Bank)이라고도 불리운다. 1944년 브레턴우즈협정(Bretton Woods Agreement)에 따라 국제연합의 전문기관으로서 제2차 세계대전 후 각국의 전쟁피해 복구와 개발을 위해 1946년에 설립되었다. 주요 목적은

① 가맹국의 정부 또는 기업에 융자하여 경제·사회 발전에 기여하고 ② 국제무역의 확대와 국제수지의 균형을 도모하며 ③ 저개발국(개발도상국)에 대하여 기술원조를 제공하는 것이다. 자금은 가맹국에의 주식할당에 의한 자기자본, 특별준비금, 차입금(세계은행채의 발행으로 조달), 투자이윤 등으로 이루어지고 있다. 주로 개발도상국의 공업화를 위해 융자를 해주고 있는데 5~6%의 이율로 융자조건이 엄격해 융자대상은 선진국과 중진국이 많다. 융자를 받기 위한 조건은 ① 차입자가 외화로 상환할 수 있는 능력이 있어야 하며 ② 융자대상이 되는 개발계획이 실행가능해야 하고 ③ 정부 이외의 차입자에게는 정부보증이 있어야 한다. 기구는 총회·이사회 및 사무국으로 구성되어 있는데, 총회는 최고 의사결정기관으로 회원국이 임명하는 위원과 대리 위원 각 1명씩으로 구성되며, 년 1회 회의를 개최한다. 총회는 IBRD 협정에 의해 총회 전권사항을 제외하고 이사회에 권한을 위임한다. 총재는 자신이 의장을 맡고 있는 총회에서 선출된다. 회원국은 184개국(IMF 회원국은 자동가입)이며, 한국은 1955년에 가입하여 1970년 대표이사국으로 선임되었다. 제40차 총회는 IMF 총회와 합동으로 1985년 10월 서울에서 개최되었다. 본부는 미국 워싱턴에 있다. IBRD를 비롯해 IBRD의 융자대상이 안 되는 개발계획에 대해 조건이 완화된 융자를 해주는 IDA(International Development Association : 국제개발협회)와 개발도상국의 민간기업을 융자대상으로 하는 IFC (International Finance Corporation : 국제금융공사), MIGA(Multilateral Investment Guarantee Agency : 다국간 투자보장기구) 등을 합하여 세계은행그룹이라고 부르고 있다.

(3) IDA

국제개발협회(International Development Association,)의 약칭이 IDA이다. IBRD의 자매기구로서 저소득 국가에 대한 경제개발과 생산성 향상을 돕기 위해 1960년 9월에 설립되었다. 세계은행이라고도 부르는 IBRD보다 좀 더 좋은 조건으로 융자해주기 위한 것인데, 회원국이 되려면 먼저 세계은행에 가입해야 하며 임원진도 세계은행의 임원이 겸임한다. 재원은 부유한 회원국들의 기부금과 세계은행의 수익금을 전환하여 충당한다. 상환기간은 35년이나 40년으로 10년 거치 후, 다음 10년간은 매년 원금의 1퍼센트, 나머지 30년간은 3퍼센트씩 갚으며, 무이자에 매년 0.75퍼센트의 수수료만 물면 된다. 또한 차입국 국제수지에 미치는 영향을 고려하여 차입국 통화로 상환할 수도 있다. 융자대상국은 2000년도 1인당 국민총소득(GNI)이 885달러 이하의 국가로서 2007년 현재 앙골라·캄보디아·네팔·알바니아·온두라스 등 전세계 79개국이 수혜하고 있다. 한국은 1961년에 가입하였으며, 162개국이 가입하고 있다. 본부는 미국 워싱턴에 있다.

3. 서비스거래 관리기구

1970년대 이후 서비스교역의 증가로 세계경제에서 서비스산업의 비중이 점차 증대되고 있다. 그러나 상품교역은 국제적인 다자간 규범을 통하여 지속적으로 자유화되어 왔으나, 서비스교역은 지금까지 국제적인 다자간협정보다는 각국의 국내법규 또는 양국간협정(bilateral agreement)에 의해 주로 규제되어 왔다.

(1) ICAO

이는 국제민간항공기구(International Civil Aviation Organization, ICAO)의 약칭이다. 민간항공의 안전과 발전을 주목적으로 하는 정부 차원의 국제협력기구이다. 1944년 시카고에서 52개국 대표가 모여 설립을 결정한 국제민간항공조약(시카고조약)에 의거하여 설립되었다. 1947년 국제연합 경제사회이사회 산하 전문기구가 되었다. 국제민간항공 운송의 발전과 안전의 확보, 능률적이고 경제적인 운송의 실현, 항공기 설계·운항기술 발전 등을 주요 목표로 삼고 있다. 주요 업무는 항공기·승무원·통신·공항시설·항법 등 그 기술면에서의 표준화와 통일을 위해 연구하며 그 결과를 회원국에 제공한다. ICAO의 주요 기관으로는 총회, 이사회, 사무국이 있다. 이사회의 보조기관으로는 항공항해위원회(Air Navigation Commission), 항공운송위원회(Air Transport Commission), 법률위원회(Legal Commission)가 있다. 사무국은 항공항해국(Air Navigation Bureau), 항공운송국(Air Transport Bureau), 기술지원국(Technical Cooperation Bureau), 행정업무국(Bureau of Administration and Services), 법률국(Legal Bureau)의 5개 국으로 나누어져 있다. 총회는 통상 3년마다 열린다. 한국은 1952년에 가입하였으며 2001년 10월 상임이사국이 되었다. 가입국은 188개국이며, 본부는 캐나다 몬트리올에 있다.

(2) IMO

이는 국제해사기구(International Maritime Organization, IMO)의 약칭이다. 1948년 2월 19일에 스위스 제네바에서 국제연합(UN) 해사위원회가 열렸고 1948년 3월 6일 미국, 영국을 비롯한 12개국이 국제해사기구조약을 채택하였다. 이 조약은 1958년 3월 17일부터 발효되었고 1959년 1월 6일 국제연합 전문기구인 정부간해사자문기구(IMCO)로 활동을 시작하였나, 1982년 5월 22일 현재의 이름으로 개칭하였다. 1983년 각국 요원 교육과 훈련을 지원하고 기술을 개발하기 위해 스웨덴 말뫼에 세계해사대학을 설립하였으며 그밖에 국제해사법연구소, 국제해사아카데미 등이 소속되어 있다. 조직으로 총회, 지역 총회, 해양환경보호위원회, 기술협력촉진위원회, 기타 하부 위원회, 사무국 등이 있다. 회원국이 모두 참가하는 총회는 2년에 한 번씩 열리며 활동 프로그램과 예산을 결정하고 위원회를 선출한다. 위원회는 단체의 업무를 감독하고 그 결과를 총회에 제출한다. 활동 목적은 해상안전, 해수오염방지, 선박적재화물 계량단위 규격화, 각국 해운 회사의 불공정한 제한조치 규제 등이다. 해운문제 심의, 정보 교환, 조약 작성이나 권고가 주요 임무이다. 161개 회원국이 있으며 37개 국제정부기구와 61개 국제비정부기구(NGO) 등과 협력하고 있다. 한국은 1961년, 북한은 1986년에 가입하였다. 본부는 영국 런던에 있다.

(3) UPU

만국우편연합(Universal Postal Union, UPU)은 국경을 초월하여 우편물의 교환을 원활히 하여 세계의 경제·문화 교류를 도모하고자 하는 국제기구로, 국제연합의 전문기구이다. 1874년 스위스 베른에서 22개국의 대표가 모인 국제회의 때에 발족하였다. 한국은 1897년에 가입하였다. 2007년 현재 회원국은 191개국이며, 사무국은 베른에 있다. 회원국은 5년에 1회 우편대회를 개최하여 우편에 관한 조약을 심의·개정한다. 우편연합의 주요기관으로는 연합의 활동을 계속적으로 행하기 위한 집행이사회, 각국의 국내우편사업을 개선하기 위하여 가맹국의 공동연구를 위한 우편연구 자문위원회가 있다.

(4) ITU

국제전기통신연합(International Telecommunication Union, ITU)의 약칭이다. 1865년 5월 17일에 국제전신연합으로 창설하여 1932년 마드리드 만국무선전신회의에서 지금의 명칭으로 바꾸었다. 1947년부터는 국제연합(UN) 전문기구가 되었으며 협정 내용도 몇 차례 개정하였다. 창설 목적은 전기통신 개선과 전파의 합리적 사용에 관한 국제적 협력을 꾀하고, 전기통신업무의 능률을 증진시키며, 이용과 보급을 위한 기술적 수단을 발달·촉진하고, 이러한 목적을 달성하기 위한 의견을 조정하는 것 등이다. 무선통신 부문은 종전의 국제주파수등록위원회와 국제무선통신자문위원회의 기능을 대부분 계승하였으며, 전기통신표준화 부문은 종전의 국제전신전화자문위원회와 국제무선통신자문위원회의 기능 일부를 계승하였다. 전기통신개발 부문은 범세계적 전기통신의 균형적 개발과 개발도상국에 대한 기술지원 및 협력 기능을 수행한다. 189개국이 가입하였으며, 한국은 1952년에 회원으로 등록하였다. 처음에는 베른에 본부가 있었으나 1948년 스위스 제네바로 옮겼다.

(5) BIS

국제결제은행(Bank for International Settlement, BIS)은 1930년 헤이그협정에 의하여 각국 중앙은행간의 협조를 증진하고 국제금융 안정을 위한 자금 제공을 목적으로 설립되었다. 당시 당면 과제가 제1차 세계대전 후 독일의 배상문제였는데 주요국이 공동 출자한 자본금 5억 스위스 금(金)프랑으로 배상금의 징수와 채권국에 대한 분배, 대독(對獨) 채권의 증권화(證券化) 등의 업무를 수행했다. 결제은행에 적립된 기금은 건전한 투자를 위해 각 중앙은행에 대출하는데 1980년대와 1990년대에는 비회원국이지만 극심한 경제위기를 당한 라틴아메리카를 위해 사용하였다. 1988년에는 바젤합의를 통하여 은행의 건전성 확보를 위해 은행의 자기자본비율규제(BIS규제)를 정하였다. BIS규제는 총자산액에 대해 자기 자본이 차지하는 비율을 나타낸다. 은행의 경영이 건전할수록 비율이 높아진다. 현재 BIS규제는 국제업무를 하는 은행에 대해서는 8퍼센트 이상의 자기자본비율의 유지가 의무로 되어 있다. 매년 열리는 총회와 사실상의 최고의사결정기관인 이사회가 있으며 이사회는 17명으로 구성된다. 조직은 크게 총무부, 금융·경제부, 은행부로 되어 있으며 37개국 506명의 직원이 일하고 있다. 총회에는 50개국의 중앙은행 및 은행감독위원회가 참가하고 있다. 본부는 스위스 바젤에 있다.

4. 지적재산권거래 관리기구

지적재산권 보호에 관한 국제기구는 세계지적재산권기구(World Intellectual Property Organization, WIPO)와 국제연합교육과학문화기구(United Nations Educational, Scientific and Cultural Organization, UNESCO)가 있다. 전자는 산업재해 관련 파리협약 및 저작권 관련 베른협약, 저작 인접권 관련 로마협약, 음반제작 관련 제네바협약 등을 관장하고 있으며, 후자는 세계저작권협약(Universal Copyright Convention, UCC)을 관장하고 있다.

제 6 장 International Business

제1절 국제경영의 개념

1. 국제경영의 의의

국제경영(international business)이란 국경을 넘어서 전개되는 기업활동으로서 기업활동의 대상은 유형의 재화(tangible goods)뿐만 아니라 서비스・자본・인력・기술이전 그리고 인력관리 등이 모두 포함되는 개념으로 볼 수 있다. 국제경영학은 그 역사가 일천한 관계로 국제경영에 대한 정확한 정의를 내리기는 곤란하나 1960년대 이후 세계적인 차원에서 경제교류가 확대되면서 각국 기업들이 해외에서 사업을 전개해 나가는 과정에서 발생한 복잡・다양해진 기업경영의 문제점을 연구하게 되면서부터 많은 사람들의 관심을 끌게 되었다.

국제경영에 관하여 로벅(S. H. Robock)과 시몬즈(K. Simmonds)는 국제경영이란 "본질적으로 국경을 초월하게 수행되는 모든 기업활동에 관한 문제, 즉 제품・서비스・자본・생산기술 및 경영상의 노하우(know-how) 등을 다루는 것" 이라고 하였으며 로빈슨(R. D. Robinson)은 국제경영이란 "2개국 이상에 걸쳐 전개되는 경영활동"이라고 설명하였다. 또한 국제경영을 "지정학적인 경제와는 관계없이 하나의 복합적인 국제 비즈니스시스템(international business system)"으로 정의하는 학자도 있다.

이와 같은 견해들을 종합해 볼 때 국제경영이란 기업의 국제적 경영활동을 뜻하는 것으로 "기업의 국제화(internationalization)현상의 진전에 따라 급속히 발전된 새로운 경영관리시스템(new business management system : NBMS)의 한 패턴이라고 할 수 있다.

2. 기업의 국제화 동기

기업의 국제화 동기는 여러 가지가 있겠으나 그 중에서 가장 뚜렷한 이유는 국내시장 지향적인 소극적인 경영활동만으로는 계속 기업으로서의 유지·성장·발전이 어렵다고 보기 때문이다. 브룩(M. Z. Brooke)과 리머스(L. H. Remmers)는 기업이 국제화되어 가는 과정에 대하여 광범위한 실증 조사를 통하여 얻은 결과를 다음과 같이 설명하고 있다.

첫째, 공격적 경영으로서의 국제화이다.

① 자본 및 설비, 인적자원, 노하우 등의 적극적인 활용을 통한 기업의 수익성 제고
② 각종의 생산자원 및 새로운 시장의 개척
③ 국내의 시장기반을 유지하기 위한 안정적인 공급선 구축
④ 대외적 팽창욕구

둘째, 방어적 경영전략으로서의 국제화이다.

① 관세 및 비관세장벽(non tariff barriers : NTB), 수입규제, 독점금지 또는 무역협상에 있어서 각종 조치에 대한 효율적 대응
② 해외시장의 보호유지
③ 원자재 및 부품조달상의 애로 타개
④ 외국의 신기술 및 노하우에 대한 조기 확보
⑤ 경기 변동에 따른 위험의 지역적 분산화
⑥ 정치적으로 안정된 지역에서의 새로운 생산기지 확보

셋째, 기타의 국제화 동기로서는 다음과 같은 것들이 있다.

① 진출대상국가의 금융·세제지원 등 유리한 투자환경의 이용
② 동종업종 경쟁사의 자극
③ 기업내부에서의 국제화 욕구축적

▮표 6-1▮ 기업의 국제화 수준

	제1수준의 국제화	제2수준의 국제화	제3수준의 국제화	제4수준의 국제화
해외시장과의 거래성격	간접적 수동적	직접적 적극적	직접적 적극적	직접적 적극적
국제적 활동의 본거지	국내	국내	국내 및 해외	해외
회사의 지향성	국내적	국내적	국외적	다국적기업활동 (국내활동도 전체의 일부로 봄)
국제적 활동의 유형	제품・서비스의 해외거래	제품・서비스의 해외거래, 수출수입	해외거래 및 해외직접투자	해외거래 및 해외직접투자
회사의 조직구조	전통적 국내적	국내적 구제부	국제사업부	범세계적 기업구조

제2절 국제경영전략

1. 국제경영전략의 의의

국제경영전략(International Business Management Strategy)이란 기업이 국제화를 추진하는 과정에서 제한된 인적・물적 자원을 효율적으로 배분・관리하는 최적의사결정과정이라고 할 수 있다. 기업의 국제경영전략은 다음과 같은 구성요소로 추진된다.

첫째, 사업영역의 확장이다. 사업영역의 확장은 국내시장경영뿐만 아니라 국제시장에 진출하기 위하여 기업이 보유하고 있는 장점을 최대한 활용하여 국내외적으로 가장 유리한 기업의 위치를 정할 수 있도록 차원 높은 전략을 구사하는 것이다.

둘째, 지속적인 경쟁우위를 확보하는 전략이다. 경쟁우위의 대표적인 형태는 타 경쟁기업보다 저렴한 가격으로 세계시장에 판매할 수 있는 저원가(low cost)의 우수한 제품을 대량으로 확보하여 세계시장에 판매함으로써 경쟁기업보다 제품면에서 앞서가는 전략을 구사하는 것이다. 이러한 제품차별화(product differentiation) 전략은 세계시장에서 마켓 쉐어(market share)를 확보할 수 있을 뿐만 아니라 해외시장에서 원자재, 기술, 자본, 우수인력 등을 확보할 수 있는 기회도 마련된다.

셋째, 경쟁력을 가장 잘 발휘할 수 있는 기회가 주어진다. 회사가 보유하고 있는 인적자원관리와 기업문화들을 세계시장과 연계하여 조화로운 실행계획을 수립함으로써 생산이나 재무, 인적관리, 마케팅 등의 경영관리를 차원 높게 연마한다.

이와 같은 국제경영전략은 의사결정차원을 고려하여 기업전략(corporate strategy), 사업전략(business strategy)또는 경쟁전략(competitive strategy), 기능전략(functional strategy) 등으로 구분하기도 한다.

2. 국제경영전략의 유형

기업의 국제경영전략은 해외시장진출전략과 국제화경영전략으로 크게 구분할 수 있는데 그 중에서 가장 중요한 것은 해외시장진출전략이다. 기업이 해외시장에 진출하는 방식에는 무역에 관한 전략, 라이센싱 전략, 국제투자전략, 해외건설공사 등이 있으며 국제화경영전략으로는 마케팅전략, 재무전략, 인사전략 등이 있다. 여기서는 각 항목별로 간단히 살펴보기로 한다.

1) 무역

먼저 수출입(export and import)에 관한 전략은 국제화 전략 중에서 가장 중요한 전략으로 자산의 상품은 외국에 수출하고 외국으로부터는 원료를 값싸게 수입하는 전략이라고 할 수 있다. 수출입전략으로는 수출국과 수입국 사이에 무역이 직접 이루어지는 직접무역(direct trade)이 있고 제3국이 중간에 개입하는 간접무역(indirect trade) 그리고 중계무역(intermediary trade)과 A국과 B국의 무역이 성사되도록 하여 중개수수료를 취하는 중개무역(merchandising trade), 그 외 삼각무역(triangular trade), 위탁무역(trade on consignment) 등 여러 종류의 무역이 있다.

2) 라이센싱

라이센싱(licensing)이란 어떤 형태의 대가(royalty of fee)를 취득하기 위하여 라이센서(licensor, 자격증소지자)가 외국에 있는 라이센시(licensee)에게 제조공정(technical process), 상표(trade mark), 노하우(know how), 기술지원, 머천다이징(merchandising), 지식 등을 사용할 수 있는 권리를 제공하는 것을 말한다. 여기서 라이센싱이란 대가를 지급하는 유사의 라이센싱과 대가를 지급하지 않는 무상의 라이센싱을 모두 포함하는 광의의 라이센싱이다. 라이센싱을 좀더 구체적으로 살펴보면 특허권(patents), 실용신안권(utility models), 상표권(trade mark or brand names), 의장권(design), 저작권(copy rights)등과 같이 법률적 보호를 받을 수 있는 것과 기술지원(technical assistance), 경영관리계약(management contract), 산업임차계약(industrial lease agreement), 엔지니어링서비스(engineering service), 가공처리 노하우(Process know how), 영업비밀(trade secret)등이 있다.

▌그림 6-1▌ 이전대상을 기준으로 한 국제화전략의 분류체계

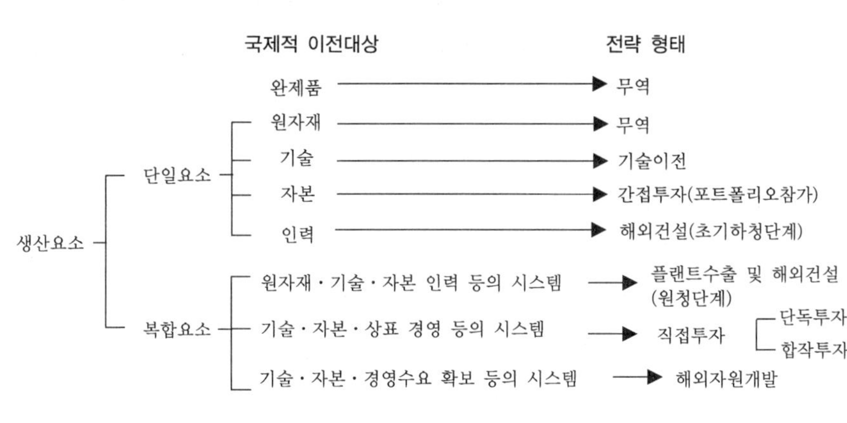

3) 국제투자

국제투자(international investment)는 해외투자(overseas investment)라고도 하는데, 기업의 기술이나 자본, 상표, 경영상의 노하우 등의 복합적인 요소들을 하나의 시스템으로 묶어서 해외에 이전하는 형태이다. 국제투자는 국제적인 자본이동이 전혀 수반되지 않는 경우도 있는데, ① 현지국에서 차입에 의한 투자, ②

특허기술의 공여 또는 경영관리계약 등에 의한 출자, ③ 기계류 등을 제공하는 현물출자, ④ 현지국에서 획득한 이윤을 재투자하는 경우 등이다. 국제투자의 형태에는 투자의 주체에 따른 구분으로 민간투자(private investment)와 공공투자(public investment)로 구분할 수 있고 비 투자기업의 소유자가 복수인가 단수인가에 따라서는 합작투자와 단독투자로 구분할 수 있다.

4) 국제화경영전략

국제경영전략 중에서 국제화경영전략(internationalization strategy)으로는 마케팅과 재무전략 그리고 인사전략 등을 들 수 있다. 먼저 마케팅전략(marketing strategy)이란 제품판매전략이라고도 할 수 있는데, 기존의 제품과 마케팅전략을 세계시장을 상대로 어떻게 적용할 것인가 하는 문제와 새로운 제품과 마케팅 전략을 어떻게 개발·적용할 것인가를 종합적·계획적으로 연구·개발하는 전략이다.

다음으로 재무전략(finance strategy)이란 국제기업이 직면하는 각국의 세법·통화·인플레이션율·이자율·과실송금 등과 관련하여 모사(mother company)에 이익이 될 수 있는 적절한 방안을 연구하는 전략이라고 할 수 있다. 재무전략이 효과적으로 수립되기 위해서는 국제기업이 여러 시장에서 활동하고 있는 각 자회사들을 하나의 시스템으로 간주하여 전시스템의 관점에서 이익이 극대화될 수 있는 통합재무정책으로 조정해 나가야 한다.

마지막으로 인사정책에서 다국적기업은 국제경영자의 선택에 있어서, ① 현지인을 경영인으로 선택할 것인가, ② 내국인을 파견하여 경영에 임하게 할 것인가, ③ 국적에 관계없이 자질이 있는 전문경영인을 경영자로 초빙할 것인가 등을 면밀히 검토하여 장·단점을 고려해 보아야 할 것이다.

제3절 다국적기업

1. 다국적기업의 정의

다국적기업(multinational enterprise)이란 다수국에서 기업경영(생산활동, 직접투자 등)을 행하고 범세계적인 시야에서 국경을 초월하여 제반경영활동을 수행해 나가는 기업이라고 정의할 수 있으나 다국적기업의 복잡다기한 성격에 비추어 한 가지로 정의하기는 매우 어렵다. 다국적기업에 관하여 학자들의 견해를 종합하여 요약하면 다음과 같다.

① 2개국 또는 그 이상의 국가에서 기업경영활동을 전개해야 한다. (Farmer & Richman, Martyn, Behrman, Kindleberger, Casson, Dunning)

② 최고경영층의 사고, 시야, 의사결정은 범세계적이어야 한다. (Hymer & Rowthorn, Permutter)

③ 2개국 이상에 걸쳐서 직접투자에 의한 현지사업활동을 해야 한다.(Wilkins, Barlow)

④ 총자산, 판매액, 이익, 종업원 등의 상당한 비율이 해외기업경영에서 이루어지는 기업이다.(Hirsch, Hufbaur)

한편, 다국적기업이란 용어를 처음으로 사용한 사람은 1960년에 릴리엔탈(D.E. Lilienthal)인데 이 용어에 관하여 다국적기업(multinational corporation or enterprise : MNC or MNE), 세계기업(world enterprise or global enterprise), 국제기업(international corporation), 다국간기업(transnational corporation), 초국적기업(supernational firms), 우주기업(cosmo corporation) 등 여러 가지로 불린다.

2. 다국적기업의 동기

1) 자원의 획득

기업의 다국적화의 동기는 원자재획득을 위한 시장추구(search for raw

material market)이다. 국내에 제품생산에 필요한 원자재가 고갈되거나 또는 원자재가 부존되어 있는 경우라도 경제성과 가격차이 때문에 수입이나 직접투자가 유리한 경우에는 제품원가를 절감시키기 위하여 해외시장에 진출한다.

2) 시장개척 및 확대

이것은 해외시장에 대한 추구(search for market)를 의미하는데, 다국적기업은 현지의 시장이 잠재력이 풍부하고 그 규모가 클 때에는 시장 확대 내지 새 시장을 개척하기 위하여 현지에 진출하게 된다. 이러한 형태를 시장지향형(market-oriented)진출이라고도 한다.

3) 시장요소의 저코스트 이용

현지국이 본국보다 자본・노동・원자재 등의 생산요소면에서 비용이 저렴하다면 다국적기업은 경쟁에서 우위를 차지할 수 있을 것이다. 이러한 진출 형태를 노동지향형(labor oriented)또는 자본지향형(capital oriented)이라고도 한다.

4) 관세장벽의 해소

다국적기업의 투자대상은 대부분이 개발도상국이다. 개발도상국에서 자국의 유치산업을 보호하기 위하여 수입상품에 대하여 높은 관세를 부과한다. 따라서 다국적기업들은 관세장벽을 해소하기 위하여 직접투자 등을 통하여 수용국에 직접 진출한다.

3. 다국적기업의 영향과 전망

다국적기업은 모국과 현지국은 물론 세계경제까지 지대한 영향을 미치게 되어 국제경제질서의 재편을 초래하고 있다. 다국적기업이 범세계적 차원에서 인적・물적 자원을 교류하고 이를 효과적으로 결합하여 새로운 기술과 제품을 개발하여 세계시장을 점유하고 있기 때문에 다국적기업의 경영상의 우위성이 인정되고 있다. 뿐만 아니라, 다국적기업은 기업의 국제화를 통하여 수요패턴과 가치관을 변화시키고 국민의 경제생활에도 지대한 영향을 미치고 있다.

한편, 다국적기업의 전망에 대하여 많은 학자들의 견해를 종합해보면 버논(Raymond Vernon)교수는 다국적기업의 규모의 거대화와 우월한 기술 개발력으로 세계시장에 대한 동질적 욕구에 착안하고 표준화된 제품계열의 개발·생산 및 판매를 전담하려는 기업이 다국적기업의 미래상을 투영시킨 것으로 볼 수 있다고 하였다. 더욱이 경영능력의 고도화가 이루어진다면 다국적 컨설팅 및 자본서비스를 판매하는 기업으로 발전될 것이라고 하였다. 그리고 펄뮤터(H.V. Perlmutter)와 로빈슨(R.D. Robinson)은 다국적기업에 대하여 OECD, UNCTAD, OPEC 등 국제경제기구들의 규제는 없을 것으로 전망하고 있고 그 외의 여러 학자들도 다국적기업에 대하여 보다 더 발전된 형태로 진전될 것으로 진단하고 있다.

제4절 국제마케팅의 개념

1. 국제마케팅의 의의

국제마케팅(international marketing)이란 2개국 이상의 소비자 또는 사용자를 대상으로 한 재화와 서비스의 흐름을 통제하는 사업활동으로 정의된다. 다시 말하면 국제마케팅이란 해외시장기회(overseas market opportunity)를 이익적으로 활용하기 위하여 해외에 있는 현재의 고객과 미래의 잠재적 고객의 욕구(needs)를 파악하고, 또 이를 충족시킬 수 있도록 재화와 용역의 생산을 계획하는 것에서부터 고객을 지향한 제품 및 서비스에 관한 정보의 전달과 설득, 가격의 책정 및 유통 등에 관련된 모든 기업활동을 의미한다. 국제마케팅의 개념은 국내마케팅과 본질적인 차이는 없으나 언어·정치·경제·사회·문화적 환경 등이 다른 국가 간에 국경을 넘어서 기업활동이 수행된다는 점에서 국제마케팅은 더욱 복잡하고 다양해지며 국내마케팅과 전혀 차원을 달리한다.

따라서 국제마케팅의 구체적인 기능에는 첫째, 해외에 있는 잠재적 및 현재적 고객의 욕구를 파악하는 국제마케팅조사(international marketing research)를 해야 하며 둘째, 다양한 욕구를 충족시킬 수 있도록 제품과 서비스를 계획하고 셋째, 적절한 가격을 책정하는 한편 넷째, 마케팅커뮤니케이션을 통한 판매촉진과 다섯째, 효율적인 유통경로의 선정과 물적 유통 등의 이른바 4P(product, price, promotion, place)가 모두 포함된다.

2. 국제마케팅의 발생원인

1) 비교우위

어떤 기업이 외국의 기업보다 저렴한 가격으로 제품을 생산하거나 판매하게 되면 저렴한 원가구조와 생산의 효율성 때문에 비교우위(comparative advantage)가 발생하여 국제마케팅이 필요하게 된다. 대부분의 선진국들은 항공기나 컴퓨터 등 고도의 기술을 요하는 상품에 비교우위를 가지기 때문에 기업들은 비교우위가 있는 분야에 진출하여야 성공하기 때문이다.

2) 국내시장의 한계

선진국들의 국내시장은 치열한 경쟁상대 때문에 소비수요가 한계에 도달해 있으나 저개발국들의 시장상황은 선진국에서 제품수명주기가 쇠퇴한 제품도 선호되기 때문에 해외시장으로 진출하게 된다.

3) 세제상의 혜택과 외환관리 자유화

개발도상국들은 선진국의 자본과 기술 경영 노하우 등을 유치하기 위하여 여러 가지 세제상의 인센티브(tax incentive)를 부여하고 있다. 예컨대 자산이나 소득에 대한 세금이 없거나 전무한 경우도 있다. 또한 외환에 대한 규제를 폐지하여 자본의 유출입을 자유롭게 허용할 뿐만 아니라 이익에 대한 송금도 제한 없이 보장하고 있다.

4) 경영의 국제화 추세

기업들은 국내의 높은 인플레이션, 높은 임금 그리고 국내시장의 불경기를 피하는 방법으로 해외현지국에 투자하게 된다. 그 외에 노동력확보와 저 코스트의 자

금조달 그리고 기술수준 획득을 위하여 국제마케팅이 요구된다.

제5절 국제마케팅 전략

국제마케팅전략(international marketing strategy)이란 제품을 해외시장에 판매하기 위하여 수행하는 전술적 개념의 총칭이라고 정의할 수 있다. 국제마케팅 담당자는 기존의 해외시장이나 새로운 시장욕구를 충족시키기 위하여 어떠한 마케팅 믹스(marketing mix) 요인을 수정 또는 대체할 것인가를 결정해야 한다. 즉 국제마케팅 관리자는 국제마케팅조사를 통하여 제품별로 해당국의 마케팅기회 내지 잠재적 수요를 평가하고 적합한 진출방법이 결정되면 시장세분형태의 마케팅 믹스 전략을 수립해야 한다.

여기서 마케팅 믹스란 기업의 목표달성을 위하여 기업의 통제가능한 전략요소를 유기적으로 조정·통합하는 활동을 의미한다. 일반적으로 기업이 통제가능한 전략요소는 이른바 4P전략이라고 일컬어지는 제품계획, 가격계획, 유통경로계획, 판촉계획 등이다.

1. 국제제품전략

소비자의 욕구를 충족시킬 수 있는 제품(product)개발이야말로 국제마케팅 활동에서 가장 중요한 요소이다. 국제제품전략을 수립할 때 고려해야 할 요소는 다음과 같다.

① 이미 국내에서 판매되고 있는 제품을 그대로 해외시장에 판매하는 제품의 표준화전략(standardization strategy)또는 연장전략(extension strategy)

② 핵심제품(core product)을 해외시장수요에 보다 적합하도록 적응·개선·개량하고 디자인·상표·서비스 등을 개선시키는 적응전략(adaptation strategy)

③ 범세계적인 관점에서 새로운 제품을 설계하고 연구·개발하는 신제품개발 전략(invention strategy)

2. 국제가격전략

국제가격(price)은 국내가격과 다르다. 수출가격은 운송비·포장비·통관비·해외유통마진·대금추심비용·수출영업비 등이 추가된다. 국제가격을 결정함에 있어서 고려하여야 할 사항은 다음과 같다.

① 단시일 내에 시장침투를 목적으로 가격을 가급적 낮게 책정하는 시장침투가격정책(penetration pricing strategy)

② 가격탄력도가 낮은 제품에 대하여 판매단위당 높은 이윤을 얻기 위한 고가격정책(market skimming pricing strategy)

그 외에 다국적기업의 본·지사 간에 발생하는 거래 즉 사내 이전 거래에 있어서 이전가격(transfer price)을 어떻게 책정할 것인가도 고려해야 한다.

3. 국제유통전략

국제유통(international distribution)이란 국제기업이 해외시장에 공급해야 할 제품 및 서비스를 현지시장 및 제3국 시장에 대하여 가장 적절한 판매 경로를 이용할 수 있는 전략을 말한다. 국제유통전략은 제품이 고객에게 분배되는 판로인 유통경로(distribution channel)에 대한 전략과 생산지점으로부터 사용지점 또는 소비지점까지의 재화나 서비스의 흐름을 뜻하는 물적유통(physical distribution)으로 대변된다.

국제기업이 유통전략을 수립할 때에는 우선 각국시장의 소비자특성, 제품특성, 마케팅구조, 경제적 특성, 기업의 내부자원 등을 고려하여 기업의 장기적 목표와 부합되도록 조정하여야 한다. 따라서 국제마케팅 관리자는 최소의 유통비용으로 기업의 총체적 이익이 극대화될 수 있는 효율적인 물적 유통전략을 수립해야 한다.

4. 국제판매촉진전략

국제판매촉진(promotion)전략이란 다국적기업의 제품 및 기업자체에 대한 이미지를 심어주고 제품의 판매량 증대를 달성할 목적으로 다국적기업이 해외의 최종소비자, 유통경로구성원, 해외기업인 등을 상대로 전개하는 의도적인 의소소통활동의 총칭이다. 이러한 관점에서 판매촉진전략을 마케팅 커뮤니케이션(marketing

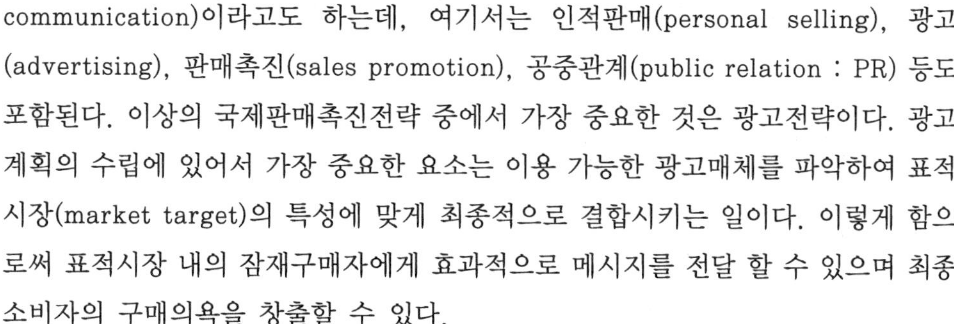

communication)이라고도 하는데, 여기서는 인적판매(personal selling), 광고(advertising), 판매촉진(sales promotion), 공중관계(public relation : PR) 등도 포함된다. 이상의 국제판매촉진전략 중에서 가장 중요한 것은 광고전략이다. 광고계획의 수립에 있어서 가장 중요한 요소는 이용 가능한 광고매체를 파악하여 표적시장(market target)의 특성에 맞게 최종적으로 결합시키는 일이다. 이렇게 함으로써 표적시장 내의 잠재구매자에게 효과적으로 메시지를 전달 할 수 있으며 최종소비자의 구매의욕을 창출할 수 있다.

제6절 International Negotiation

1. 국제협상의 의의

협상(negotiation)이란 상호간의 공통문제에 관하여 대화를 통해 합의점을 도출해가는 과정이라고 할 수 있다. 이러한 협상은 국제거래관계에서 뿐만 아니라 우리들의 일상생활에서도 매일 발생한다. 협상은 갈등을 해소하기 위해서나 의사를 결정할 때, 상품을 매매 할 때, 갈등 그룹 간의 의견을 조정 할 때 그리고 크고 작은 규모의 조직관리를 위하여 필요하다.

여기서 국제협상(international negotiation)이란 '문화적 차이를 갖는 다수의 의사결정주체들이 상호이해를 촉진하고 갈등을 해소하기 위하여 의도적으로 노력하는 상호작용 및 그 과정'이라고 할 수 있다. 따라서 국제협상은 정치, 경제, 사회, 문화 전반에 걸친 다양한 변수를 포함하므로 그 성격이 매우 복잡하고 동태적인 것이 특징이다. 나아가 의사결정주체들의 심리적·문화적인 환경의 차이와 상호관계의 시간적인 변화와 같은 요소가 협상의 결과에 영향을 미치게 되므로 국제협상의 본질은 유동적이다.

협상을 대로는 흥정(bargain)이란 좁은 의미로 생각할 수도 있으나 국제 협상은 국제적인 정부차원의 통상협력은 물론 국제기업간의 해외투자협정 등 전략 대 전략의 대결의 장으로 이해하여 비즈니스를 성공적으로 이끌어 가는 과정이라고 해야 할 것이다.

2. 국제협상의 주체와 객체

1) 국제협상의 주체

(1) 협상당사자의 구성

국제협상은 국내협상에 비해 이해관계가 상당히 복잡하고 전문성이 요구되므로 국제협상의 주체는 2인 이상의 팀으로 구성되는 것이 일반적이다. 협상과정에서 발생하는 여러 가지 사안을 관리하고 다양한 대안에 능동적으로 대응하기 위해서는 전문적 지식과 더불어 협상능력을 고루 갖추고 조직 내의 이해관계를 적절하게 반영할 수 있는 유능한 협상자가 여러 사람 필요하기 때문이다.

그리고 국제협상의 객관성과 전문성을 높이기 위해서는 경영 및 재무 담당자, 기술전문가, 법률전문가 등을 포함하는 다양한 팀워크가 바람직하다. 그러나 팀의 구성원이 너무 많으면 내부적인 구성원 간의 조율이 협상의 효율적인 진행을 오히려 방해하는 경우가 발생하므로 적정한 규모로 최소화하는 것이 바람직하며 책임자 이외의 구성원은 법률팀, 기술팀 등 필요시에만 협상에 참가하는 순환형 전문팀을 활용할 수도 있다.

2) 협상당사자간의 자격요건

협상담당자가 국제협상에 임하기에 앞서 갖추어야 할 조건은 국제협상이 다양한 협상구성원들 간의 대내외 합의를 기초로 진행되므로 국제협상담당자로서의 3대 인성요소인 기획력, 추진력, 협상력을 겸비한 인재이어야 한다. 특히 셋 이상이 참가하는 다자간협상(multilateral negotiation)은 이질적이면서도 장기간에 걸쳐 진행되기 때문에 전문성 있고 체계적인 자격요건을 겸비한 협상 담당자가 요구된다.

여기서 협상담당자의 기획력이란 국제협상의 전체적인 업무흐름도를 항상 염두에 두고 급한 업무와 중요한 업무 간의 완급을 조정할 수 있는 능력을 말하며, 협상담당자의 추진력이란 국제협상의 속성상 장기간에 걸쳐 다양한 이해관계를 조정하는 과정에서 발생하기 쉬운 어려움을 극복하고 소신을 가지고 책임 있는 업무

수행을 할 수 있는 능력을 말하고, 협상 담당자의 협상력이란 인화와 단결을 기본으로 냉철한 판단력과, 탄력적인 업무 추진 능력을 말한다.

3) 협상의 제3자

가장 단순한 협상구성원은 협상담당자와 상대방의 2인구도로 구성되며 여기서 좀 더 나아가면 협상담당자와 관련된 다양한 이해관계자들로 확대될 수 있다. 이렇게 구성원들이 복잡해지면 그들은 각각 다른 관점에서 서로의 이해관계를 주장하게 되고 이러한 경향은 국내협상에 비해 이해관계자가 많고 문화적 배경이 상이한 국제협상에서 더욱 심각한 문제로 대두된다.

국제협상의 제3자는 협상환경의 주요한 구성요소가 되기도 하고, 독자적으로 협상과정과 결과에 영향을 미치기도 하므로 중요한 위치를 차지하고 있다. 이러한 제3자의 활동으로는 알선(intercession), 조정(conciliation), 중재(arbitration) 등이 있다.

여기서 알선이란 국제적으로 권위 있는 기관의 장 또는 그가 임명한 알선인 또는 협상조성자(conciliator, facilitator)가 자주적인 교섭의 장애를 제거하기 위해 쌍방의 의견 차이를 근접시켜 나가는 활동을 말한다. 다음으로 조정은 조정자가 당사자들에게 협상을 통하는 것이 다른 어떤 대안보다 우수하다는 것을 인식시켜 당사자 간의 자율적인 갈등해소를 유도한다. 또한 당사자들로 하여금 모두가 수용할 수 있는 안에 합의하도록 유도하며 때로는 자신의 조정안을 작성하여 협상당사자들의 수락을 요구하기도 한다. 이 때 그는 공정성이 있는 것으로 인지되는 영역을 의미하는 공정성 인지영역(perceived zone of fairness)내에서 조정안의 구체적인 내용을 제시함으로써 화해를 유도할 수 있다. 그리고 제3자로서의 중재자(arbitrator)는 1차적으로 서로의 제안을 듣고, 사실을 인식시키며, 협상당사자들이 그들끼리 해결안을 고안하도록 독려한다. 이러한 1차적 독려가 성사되지 않을 때는 2차적으로 자신이 직접 해결안을 마련하여 제시하기도 한다.

2) 국제협상의 객체

(1) 이해관계와 협상규범

일반적으로 국제협상은 상호간의 견해 차이를 극복하고 이해관계의 다양한 전개를 통한 합의과정에 도달하게 한다. 협상규범은 공통의 이익과 이해의 갈등을 해소하기 위하여 만들어진다. 협상규범은 국제협상에 임하는 상호이해관계의 조정에 관한 태도에 의해 결정되며, 이러한 태도는 각 국간 차이가 있을 수 있으므로 무엇보다 중요한 것은 상호공유할 수 있는 협상의 원칙을 정하는 것이 중요하다. 협상규범의 가장 중요한 원칙은 상호이해가 충분히 선행되어야 하며 협상테이블에서는 대화보다는 인간적인 신뢰도가 선행되어야 한다.

(2) 협상의제

협상의제란 협상규범을 문서화하여 상호의 이해관계를 정확하게 표출하는 것을 말한다. 따라서 협상의제는 크게 상호이해관계를 정리한 쟁점과 이에 따른 협상당사자의 입장, 협상의 목표와 합의 가능 범위(zone of potential agreement ; ZOPA), 절차와 일정 등을 명백히 제시함으로써 구성된다. 여기서 쟁점이라 함은 협상에서 이해관계의 중심이 되는 문제점을 뜻하며, 입장은 협상당사자가 협상의 쟁점에 대해 갖고 있는 마음의 자세라고 할 수 있다. 그리고 협상의 목표란 협상당사자가 성취하기를 바라는 수준을 의미하며, 합의가능범위(ZOPA)란 자신이 받아들일 수 있는 양보가능한 범위라 할 수 있다.

협상의제는 일반적으로 둘 이상의 복수로 제시되는 것이 보통이다. 협상의제가 한 가지라면 서로의 이해관계가 팽팽히 맞서서 협상을 제로섬게임(zero-sum game)으로 진행시킬 수 있다. 그러나 협상의제가 복수일 경우에는 서로의 이해관계가 적은 의제 있어서는 양보의 여지가 커지므로 협상의 효율성이 커진다.

3) 협상의제의 변화와 대안

협상의제가 복수인 경우, 사전협상에서 의제가 구체적으로 확정되면 본 협상에서는 사안에 따라 특정사안에는 양보를 해주는 대신 다른 항목에서는 양보를 받아내려고 한다. 이를 위해 사전에 개별적인 협상의제에 대하여 지나치게 협상가능

범위 또는 최대양보점을 상대방에게 알리는 것은 기대 수준을 높여 놓고 협상전략을 노출시킨다는 점에서 좋지 못하다. 왜냐하면 양보하는 항목이 자신에게도 매우 중요한 것임을 과장할 필요가 있기 때문이다. 이를 협상에서의 전략적오도(strategic misrepresentation)라 하는데, 이러한 약간의 과정은 거짓말(lying)과 구별되는 협상전략으로 협상의제의 진실에 기반을 두어야 한다.

대안(alternatives)이란 협상에서 합의가 이루어지지 않았을 경우, 협상당사자가 취할 수 있는 또 다른 혜택을 뜻한다. 즉 대안은 여러 가지가 동시에 고려될 수 있는데, 그 중에서 협상자에게 가장 유리하다고 평가되는 최선의 선택을 최상의 대안(best alternative to negotiated agreement)이라고 하여 협상의제의 동태적 전개에 중요한 방향을 제시하게 된다. 이러한 대안의 등장은 협상의제가 동태적으로 변화될 수 있음을 의미하며 이에 적절하게 대응하기 위해서는 협상대표자에게 확실한 권한 위임이 보장되고 협상의 장기화, 동태화, 단계별 진행 등에 지속적으로 대표팀의 참여가 있어야 한다.

제7절 국제협상전략

1. 국제협상전략의 개념

협상을 성공적으로 이끌어가기 위해서는 우선 그 협상전체를 어떻게 전개해 나갈 것인가 하는 방향과 틀이 중요하다. 국제협상전략이란 어느 한정된 자원을 활용하여 국제간의 문제해결을 꾀하는 사고방식의 조합을 말한다. 자원은 한정되어 있으므로 협상전략도 당연히 한정된 자원을 활용하여 협상 상대자와 협상을 함에 따라 문제해결을 꾀하는 것이 전제가 된다. 다시 말하면 협상은 어떤 비즈니스로부터 파생된 문제를 해결하는 것이 목적이므로 결국 협상전략이 성립하는 기본으로서는 당해 비즈니스를 운영하는 틀, 즉 경영전략이 필요하다. 여기서 경영전략이란 어느 한정된 경영자원을 활용하여 경영상의 문제해결을 모색하는 경영상의 사고방식의 조합이다. 경영자원에는 사람, 물건, 돈, 정보, 기술 등이 있는 바 이 한정된 경영자원을 활용하여 조직의 목표를 달서하기 위한 경영전략이 곧 협상전략이다.

2. 성공적인 협상전략

1) 협상상대국의 문화적 이해

국제협상을 윈-윈(win-win)전략으로 이끌어가기 위해서는 무엇보다 협상상대국의 문화적 차이에서 오는 문제점을 이해하는 것이 중요하다. 예컨대 중국인은 예의를 중시함으로 중국인 앞에서는 경망스러운 행동을 해서는 안 된다. 아랍인은 기한 설정을 싫어한다. 대부분의 협상에는 시간적 문제가 개입되며 마감기한 따위가 있기 마련인데, 이런 점에 유의해야 한다. 인도에서는 집이나 파티장소에서 업무상의 이야기를 싫어한다. 미국인은 시간을 잘 지킨다. 그러므로 약속시간을 어기지 말아야 한다. 일본인은 매사에 친절하다. 일상의 친절을 일의성사로 받아들이지 말아야 한다. 커피 한 잔을 사양하는 것도 주요한 문제를 일으킬 수 있다. 협상진행 중에 한 미국인 경영자가 사우디아라비아 상인의 커피 접대를 거절했다. 미국인은 조급히 업무를 마무리 하려고 서둘렀으나 사우디아라비아인은 면전모욕으로 생각한 것이다. 선물을 주는 것도 문제를 일으킬 수 있다. 때로는 선물이 기대되기도 하지만 잘못주면 모욕이 되기도 하며 위법이 되기도 한다. 중동에서는 손님이 초대받은 집에 가면서 음식이나 음료수를 가지고 가면 모욕이 되는데, 그것은 주인이 변변치 못하다는 것이 되기 때문이다. 남미의 여러 지역에서는 칼이나 손수건 선물은 금물이다. 칼은 관계를 끊는 것, 손수건은 이별을 뜻하기 때문이다. 중국인에게 시계를 선물하는 것은 금물이다. 시계의 뜻은 장례라는 소리와 같게 발음되기 때문이다. 이와 같은 문화를 이해하기 위해서는 무엇을 해야만 되고(문화적 당위성), 무엇을 해서는 안 되고(문화적 배타성), 무엇을 할 수도 있고, 하지 않을 수도 있고(문화적 임의성)하는 차이를 구별해야 한다. 이렇게 문화라는 것은 복잡하고 다양하므로 협상상대국의 문화를 이해한다는 것은 많은 분야에 대한 종합적인 지식을 필요로 하게 된다.

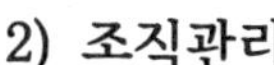

2) 조직관리

협상을 위한 조직관리는 협상팀관리와 상대방관리 그리고 외부 그룹관리로 구분할 수 있다. 먼저 협상팀을 관리함에 있어서 최종 목표가 무엇인가를 분명히 한 다음 협상 중에 이견이 발생하지 않도록 해야 할 것이다. 일반적으로 협상팀 내 이견이 발생하면 팀원은 우호형(stabilizers), 적대형(destabilizers), 중재형(quasi- mediator) 등 세 부류로 갈라진다. 그러나 접근방법이야 어찌되었든지 간에 최종의 협상목표는 하나라는 것을 구성원에게 상기시킬 필요가 있다. 여기서 우호형인 사람은 대개 분쟁을 피하려 한다. 반대로 적대적인 사람은 상대팀뿐만 아니라 자신의 팀도 믿지 못하여 협상을 분쟁의 영역으로 이끌어간다. 한편, 중재형인 사람은 다차원적으로 협상을 조절한다. 이들은 자신의 팀과 상대팀, 자신의 팀내, 자신의 팀과 조직, 자신의 조직과 관련된 외부조직들 간의 충돌을 슬기롭게 중재한다. 만일 협상대표가 우호적인 사람이라면 협상은 부드럽게 진행될 것이며 적대적인 사람이라면 협상이 어렵게 진행될 것이고, 중재형인 사람이라면 원만히 진행될 것이다. 어쨌든 협상 전에 팀원간에 이견이 있다하더라도 협상 중에는 동일한 목표를 향하여 협상이 원만히 이루어질 수 있도록 하는 조직관리가 요구된다.

다음으로 협상상대방관리이다. 공식적인 협상은 수평적으로 테이블을 사이에 두고 협상테이블에서 협상을 진행하고 상대방을 설득시킨다. 협상은 많은 긴장을 요구하지만 다음과 같은 방법으로 상대방을 관리할 수 있다.

① 협상에는 상대방이 있다는 것을 항상 인식해야 한다. 협상의 기본법칙은 협상에는 어떤 법칙도 없다는 것이다. 상대방은 자신의 동의 없이 어떤 협상도 할 수 없으며, 자신 또한 상대방의 동의 없이 아무 협상도 할 수 없다는 것이다.

② 좋은 첫인상은 좋은 협상 결과를 가져온다.

③ 협상시간은 가급적 짧고 협상시에는 상대방의 문화적 시간개념까지 살펴야 한다.

④ 상대방을 혼란스럽게 하지 말아야 한다. 혼란에 빠진 상대방은 예측불가능한 행동을 하게 되어 협상의 주도권을 잃을 수도 있다.

⑤ 자신의 의도를 상대방에게 분명히 알려야 한다. 유보적인 태도는 상대방에게 오해를 줄 수도 있기 때문이다.

⑥ 상대방의 행위와 발언의 진의를 기록 정리한다. 상대방과 이루어진 회합이나 전화통화내용 그리고 합의 내용은 기록 정리 할 뿐만 아니라 분석 작업에 들어가야 한다.

⑦ 항상 대안은 마련되어 있어야 한다. 오직 한가지만을 주장하다가는 협상이 결렬될 수 있기 때문이다.

마지막으로 외부 그룹 관리이다. 협상에서 이해관계를 갖고 있는 많은 집단, 즉 언론, 정부, 경쟁업체 등은 협상진행과정에 많은 관심을 가지고 있다. 잘못 전달된 정보는 상대방과 쌓아 놓은 신뢰를 무너뜨릴 수도 있으며 이로 인하여 불리한 결과를 초래할 수도 있다. 외부 그룹관리는 다차원적으로 관리하여 협상에 좋은 영향을 미칠 수 있도록 하는 것이 중요한다.

3. 언어적 전술과 비언어적전술

협상에 있어서 이용되는 언어적 전술은 일반적으로 약속(promise), 위협(threat), 권고(recommendations), 경고(warnings), 보상(rewards), 처벌(punishments), 규범적 호소(normative appeals), 서약(commitments), 자기폭로(self disclosure), 질문(questions), 명령(commands) 등을 들 수 있다. 이러한 언어적 전술의 활용정도 및 의미는 문화에 따라 많은 차이를 나타낸다. 따라서 적절한 언어적 전술이야말로 협상을 성공적으로 이끌어가는 지름길이다.

비언어적 전술이란 협상자가 구두적인 표현 그 자체보다는 억양, 얼굴표정, 상대방과의 신체적거리, 의상, 몸짓, 시간의 조정, 침묵, 상징 등을 통하여 자신이 의도하는 바를 달성하려는 전술을 말한다. 협상자들은 종종 언어적 메시지보다 비언어적 메시지에 더욱 감정적 그리고 민감하게 반응한다. 따라서 비언어적 행위의 효과적 사용은 협상의 목적을 원만히 달성하는 데 도움을 준다.

제 7 장 무역계약과 Claim

제1절 Trade Contract

1. 무역계약의 의의

무역계약(trade contract)이란 국제간의 물품매매계약인 수출입거래를 수행하기위한 매매계약으로서 매도인(seller)이 매수인(buyer)에게 물품의 소유권(property in goods)을 이전할 것을 약속하고 매수인은 이를 수령하고 그 대금을 지급할 것을 약정하는 계약이다. 즉, 무역계약은 일정한 조건에 따라 상품을 매도하겠다는 수출업자의 의사표시(offer)에 대하여 수입업자가 이를 구매하겠다는 의사표시(acceptance)를 함으로써 계약이 성립되는 낙성 또는 합의계약(consensual contract)이다. 이 매매계약은 매도인측에서는 수출계약(export contract)이 되고 매수인측서 보면 수입계약(import contract)이 된다. 무역계약은 국내상거래와는 달리 무역에 관한 전문지식을 필요로 하므로 다음에서 설명하는 무역계약조건(trade terms)과 개개의 거래조건을 잘 이행하도록 하여야 한다.

2. 무역계약의 법적 성질

무역계약, 즉 수출입계약은 국내상거래와 법적으로 하등의 차이가 있을 수 없다. 다만, 무역계약은 법역이 서로 다른 국가에 속한 당사자간 상품의 국제적 이동을 그 내용으로 하고 있거나 또는 그것을 전제로 하고 있기 때문에 국내상거래와는 다른 특수성, 즉 해상운송이 수반되어야 하고 해상보험계약을 체결하여야 하며 매도인은 선적을 완료하고 그 대금을 회수하기 위하여 환어음과 선적서류를 구비하고 외국환은행과 환거래계약을 체결해야 한다. 그리고 무역계약은 현실적 인도(actual delivery)가 아닌 상징적 인도(symbolic delivery)를 주로 하기 때문에 상품 그 자체보다도 선적서류의 중요성이 더욱 크다. 무역계약은 다음과 같은 법적 성질을 가지고 있다.

첫째, 무역계약은 매매당사자간 합의에 의하여 계약이 성립되는 합의계약, 즉 낙성계약(consensual contract)이다. 낙성계약이란 매매당사자 일방의 청약(offer)에 대하여 상대방이 이를 승낙(acceptance)함으로써 계약이 성립되는 물품매매계약이다. 따라서 매매계약은 매매당사자의 합의만으로 계약이 성립되며 계약당사자 사이에 물품의 점유이전이나 소운권의 이전이라는 사실과 계약문서의 작성・교부 등은 계약성립의 요건이 아니다. 그러나 후일의 분쟁을 방지하고 원활한 계약이행을 위하여 상관습상 계약서를 작성하여 계약내용을 확인하고 있는데 계약서베이스(trade contract base)에 의한 무역계약에서는 더욱 그러하다.

둘째, 무역계약은 쌍무계약(bilateral obligation contract)이다. 쌍무계약이란 편무계약(unilateral)에 반대되는 개념으로 계약성립과 동시에 매매당사자가 책무를 부담하는 것을 말한다. 즉, 매도인은 매수인에게 상품인도의 의무가 있고 매수인은매도인에게 교환적으로 대금지급의 의무가 있다. 이와는 반대로 편무계약은 증여나 소비대차와 같이 당사자 일방만 의무를 부담하는 것이다.

셋째, 무역계약은 유상계약(onerous contract or remuneration contract)이다. 유상계약이란 무상계약에 반대되는 개념으로 매매당사자 쌍방이 대가적 의미를 부담하는 계약인데 매도인의 물품급부의 제공에 대하여 상대방이 금전으로 반대급부를 제공하는 것이다. 유상계약과 무상계약은 쌍무계약과 편무계약으로 혼동하기 쉬우나 무상계약은 모두 편무계약이지만 유상계약은 쌍무계약인 경우와 편무계약인 경우가 있다. 예컨대 이자소비대차는 유상계약이면서도 쌍무계약이다. 왜냐하면 채무자는 원금 및 이자의 지급채무를 부담하며 대주(채권자)는 원본대여 채무를 지기 때문이다.

넷째, 무역계약은 불요식계약(single contract)이다. 불요식계약이란 요식계약에 반대되는 개념으로 구두(oral) 또는 서류 등 어느 것으로도 계약이 성립된다는 것이다. 즉, 명시계약(express contract)이나 묵시계약(implied contract)도 가능하다. 그러나 후일의 분쟁을 방지하기 위하여 요식계약의 형식을 취하는 것이 안전하다.

3. 무역계약의 대상

무역거래에 있어서 매매의 대상 또는 매매의 목적물(subject matter)은 물품(goods)과 용역 또는 전자적형태의 무체물이다. 여기서 전자적 형태의 무체물이라 함은 물품의 형태를 갖추고 있지 않은 것으로서 소프트웨어산업진흥법에 의한 소프트웨어와 영상물, 음향, 음성품, 전자서적, 데이터베이스를 말한다. 따라서 물품은 상품으로서 적격성(merchantable quality)을 갖추어야 하며 이동가능한 실질재, 즉 동산에 한해서 무역매매의 대상이 된다. 그러므로 토지나 건물과 같은 부동산(real property)은 무역거래의 대상이 될 수 없고 주식이나 어음 등의 유가증권도 상품에서 제외된다. 특히 특허권, 상표권, 저작권 및 의장권 등의 무체동산은 무역거래의 대상이 되기는 하나 그 계약형태나 양식이 법적으로 유체동산과 다르게 취급되므로 이들까지도 상품의 범위에 넣지 않아 무역거래의 대상이 되지 않는다. 그리고 또 하나 무역계약의 대상은 현물과 선물이다. 현물이란 매도인이 현재 소유하고 있는 물품이고, 선물이란 현재 소유하고 있지는 않지만 제조과정에 있는 물품이나 미생산의 농작물과 미수확의 수산물 등을 의미한다. 영국물품매매법 제5조에는 "매매계약의 목적이 되는 물품은 매도인이 소유 또는 점유하는 현물이거나 매매계약체결 후 매도인이 제조 또는 취급할 물품, 즉 이 법에서 말하는 선물도 될 수 있다."고 규정하고 있다.

제2절 무역계약의 성립

1. 무역계약의 성립요건

무역계약의 성립요건은 일방의 의사표시(offer/order)에 대하여 상대방의 승낙(acceptance/acknowledgement)이 있어야 한다. 따라서 무역계약이 성립되기 위해서는 두 사람 사이의 의사표시의 합치, 즉 합의를 필요로 한다. 영·미법과 우리나라의 상법에 있어서 계약성립의 제1의 요건은 당사자간의 합의이다. 여기서 합의(agreement)는 당사자간에 의사표시의 합치(a meeting of the minds)를 말한다. 이러한 합의는 청약과 승낙에 의하여 명시되며 우리나라의 민·상법에 있어서도 계약은 청약과 승낙이라는 둘 이상의 의사표시의 합치에 의하여 성립한다고 되어있다. 따라서 청약과 승낙 중 그 어느 하나라도 없으면 계약은 성립되지 않는다.

2. 오퍼의 발행

1) 오퍼의 의의

매도인이 매수인으로부터 조회(inquiry or enquiry)를 받으면 가격표나 무역계약조건을 알려주는 경우도 있으나 일반적으로 오퍼(offer)를 발행하게 된다. 오퍼(청약)란 그에 응하는 승낙과 결합하여 계약을 성립시키려는 의사표시로서 청약자(offeror)가 일정한 조건하에 계약을 체결하겠다는 의사표시를 하면 피청약자(offeree)의 무조건·절대적 승낙(unconditional and absolute acceptance)으로 이루어져 즉시 일정내용의 계약을 성립시키는 것을 목적으로 하여 확정적 채무를 부담하는 것이다. 한편, 오퍼는 원칙적으로 별도의 형식을 필요로 하지 않는다. 따라서 서면뿐만 아니라 구두 전보 또는 텔렉스에 꼭하거나 일정한 서식을 갖춘 청약서(offer sheet ; 이를 물품매도확약서라고 한다)에 의하는 것도 무방하다. 청약은 상대방에게 전달됨으로써 효력이 발생하므로 전달되기 전에 청약을 철회하면 무효가 된다. 만약 승낙기간을 정했을 경우에는 그 기간 내에 승낙이 없으면 그 청약은 실효가 되며 기간의 정함이 없을 때에는 상당한 기간(a reasonable period of time) 동안 이를 철회할 수 없다.

2) 오퍼의 종류

오퍼는 분류하는 방법에 따라 여러 가지로 구분할 수 있다.

첫째, 오퍼발행주체를 기준으로 하여 분류하면 매도인의 의사표시인 매도 오퍼(selling offer ; sales offer라 함)와 매수인의 의사표시인 매입 오퍼(buying offer ; purchase order라 함)로 구분되는데 국제무역에서 오퍼라 하면 셀링 오퍼를 의미하는 것이다.

둘째, 확정 오퍼(firm offer)와 불확정 오퍼(free offer)의 구분인데 확정 오퍼란수출상이 외국의 수입상에 대하여 오퍼하는 경우 매수인의 승낙회답기간, 즉 유효기간(validity)을 지정하고 그 유효기간 내에 회답할 것을 조건으로 하는 오퍼를 말하는데 이 확정 오퍼는 그 기간 내에는 발행자를 구속하며 원칙적으로 이를 철회할 수 없다. 즉, 그 기간 내에 오퍼를 받은 매수인이 발송한 승낙의 통지가 도착하면 매매계약은 확정적으로 성립된다. 불확정 오퍼는 확정 오퍼와는 달리 승낙기간을 정하지 아니한 오퍼로서 이는 상당기간 효력을 가지나 상대방이 승낙의 통지를 발송하기 전까지는 청약자가 일방적으로 철회 또는 변경할 수 있다.

셋째, 최종확인조건부 오퍼(subject to our final offer)는 시황이 불완전할 때나 매입하는 상대방이 확실하지 않는 경우에 매도인측에서 가까운 장래에 가격을 변경하려는 경우, 이 오퍼를 이용한다. 이 오퍼는 상대방이 수락하여도 오퍼발행자(offeror)가 확인(confirm)하지 않으면 계약은 성립되지 않는다. 이것을 일반적으로 sub-con offer라고 부른다.

넷째, 선착순판매조건 오퍼(offer subject to prior sale)와 재고잔유조건 오퍼(offer subject to being unsold)는 매수인이 많이 있든지 제조업자의 공급 및 재고의 제한이 있는 경우에 선착순판매조건 오퍼 또는 재고잔유 오퍼를 발송하는 데 한정된 재고의 물품을 빨리 처분하기 위하여 여러 곳에 동시에 오퍼할 때 이용된다. 이것은 오퍼를 받은 자로부터 수락의 전보를 접수할 때에, 아직 상품매진되지 않고 재고가 있는 경우에 한하여 유효하다.

다섯째, 반대 오퍼, 역 오퍼(counter offer)는 매도인의 firm offer에 대하여 매수인이 가격, 수량, 선적시기, 기타 조건에 관하여 오퍼내용의 일부변경 또는 추가를 제의해 오는 경우가 있는데 이를 반대 오퍼(counter offer)라고 하며 이는 원오퍼(original offer)에 대한 거절이고 동시에 새로운 오퍼이다. 이와 같은 반대 오퍼는 매도인과 매수인 사이에 수차례에 걸쳐서 왔다 갔다하는 경우도 있으며 일방의 최종적인 승낙으로 계약이 성립된다.

여섯째, 그 밖에 오퍼발행자에게 반품하는 것을 조건으로 하는 반품허용조건오퍼(offer on sale or return)와 물품을 일정기간 동안 점검 또는 시험사용해 본 다음 그 오퍼를 승낙하는 점검 후 판매조건 오퍼(offer on approval), 그리고 수출·승인조건부 오퍼(offer subject to export licence)와 수입승인조건부 오퍼(offer subject to import licence) 등이 있는데 이는 공히 수출국 또는 수입국에서 수출승인 또는 수입승인을 받은 경우에 승낙하겠다는 조건부 오퍼이다.

3. 오퍼에 대한 승낙

1) 승낙의 의의

승낙(acceptance/acknowledgement)이란 매도일의 확정 오퍼(firm offer)에 대하여 매수인이 그 내용을 승낙(acceptance)하거나 매수인의 주문(order)에 대하여 매도인이 수락(acknowledgement)하겠다는 의사표시이다. 이 때 승낙의 내용은 청약의 내용과 일치하여야 하며 새로운 조항이 부가되거나 내용의 일부를 변경하였을 경우에는 승낙이 아니라 반대 오퍼가 된다. 그러므로 승낙은 절대적이고 무조건적이어야 하며 승낙의 의사를 청약자에게 통지하여야 그 효력이 발생된다.

2) 승낙의 효력

승낙의 효력은 다음과 같이 세 가지로 구분할 수 있다.

첫째, 발신주의(mailbox theory) - 매도인(offeror)의 의사표시에 대하여 매수인(offeree)의 승낙의 의사표시가 발송될 때를 계약이 성립된 것으로 보는 견해이다.

둘째, 도달주의(communication theory) - 매수인의 승낙의 의사표시가 매도인에게 도달한 때에 계약이 성립된 것으로 보는 견해이다.

셋째, 요지주의(acknowledgement theory) - 물리적으로 승낙의 의사표시가 매도인에게 도달할 뿐만 아니라 현실적으로 매도인이 그 내용을 알았을 때 계약성립을 인정하는 경우이다.

영・미법에서는 대화자간이나 격지자간에 있어서를 불문하고 도달주의를 원칙으로 하는데 격지자간에 있어서 우편 또는 전보로 승낙의 통지를 한 경우에는 예외로 발신주의를 취하고 있으며 우리나라에서도 격지자간의 계약에 있어서는 발신주의를 택하고 있다(민법제531조). 다만, 승낙의 효력에 관하여 승낙통지가 청약자에게 도달한 때에 발생한다고 정한 경우에는 그에 따르도록 되어 있다.

제3절 무역계약의 체결절차

1. 무역계약의 종류

1) 개별계약

개별계약(case by case contract)이란 어떤 품목에 대한 거래가 성립되면 그때그때 그 품목별 거래에 대하여 개별적으로 계약서를 작성하고 그 계약에 대한 거래가 종료되면 그것으로 계약이 종료되는 것이다. 개별계약은 계속거래가 아니고 한 번의 거래로서 끝난다든가 또는 복잡한 기계나 플랜트 수출의 경우에 많이 이용된다.

2) 포괄계약

포괄계약(master contract)이란 기본계약이라고도 하며 어떤 품목에 대하여 계속적, 반복적으로 거래할 필요가 있을 때 일정기간 또는 일정금액에 대하여 계약서를 작성하고 필요할 때마다 발주에 의하여 선적해 주는 경우에 사용되는 계약으로서 매매당사자가 오랫동안 거래관계를 유지하였거나 또는 동질의 물품이 일정기간 정량 선적되는 경우에 개별계약의 불편을 해소하기 위하여 작성되는 계약이다.

3) 독점계약

독점계약(exclusive contract)이란 어떤 품목의 수출입에 대하여 매도자는 수입국의 지정수입업자 이외에는 같은 품목을 오퍼하지 않으며 구매자는 같은 품목을 수출국의 다른 수출업자들로부터 수입하지 않겠다는 조건으로 이루어지는 계약을 말한다. 독점계약은 계약내용도 중요하지만 수출입업자 모두 신의성실의 원칙에 의하여 독점계약내용을 이행하여야 한다.

2. 무역계약의 체결방법

1) 무역계약서의 작성

무역계약의 성립은 원칙적으로 계약서를 작성할 필요 없이 구두, 전화, 전보문 등 의사전달만으로도 무역계약이 성립된다. 그러나 후일의 분쟁을 방지하고 상관습의 차이에서 오는 오해를 피하기 위하여 문서로서 작성하여 양 당사자가 계약조항을 확인하는 것이 안전하다. 무역계약서는 정・부(original and duplicate) 두 통을 작성하여 서명한 후 각각 1통씩 보관하게 된다. 이러한 계약서를 매도인이 작성할 때 매도계약서(sales contract), 매약서(sales note), 또는 주문확인서(confirmation of order)라 하고 매수인이 작성할 때에는 구매계약서(purchase contract), 매약서(purchase note) 또는 주문서(order sheet)가 사용된다.

이러한 무역계약서는 매도인이 발행한 청약서(offer sheet)에 대하여 매수인이 그대로 승낙(acceptance)의 서명을 해주거나, 매수인이 발행한 주문서(order sheet)에 매도인이 승낙의 서명을 하는 방법이 있다. 그리고 매도인이 확정 오퍼(firm offer)의 전신이나 서신(cable or letter of firm offer)을 상대방에게 보내고 매수인이 수락의 전신이나 서신(cable or letter of acceptance)을 보냄으로써 계약의 효력을 갖도록 하는 방법이 있다.

2) 무역계약조건에 대한 협정

(1) 무역조건협정서

무역거래당사자간에는 개개의 무역거래를 성립시키기 전에 양자간의 무역거래의 일반적 기준이 될 제반조건을 협정하고 이것을 문서화하여 서로 서명하여 교환할 필요가 있는데 이를 무역조건협정서(memorandum of agreement)라고 한다. 이러한 무역조건협정서의 제목을 일반적으로 "General Terms and Conditions of Business"이라고 한다. 이러한 무역조건협정서의 내용은 보통 계약의 본질에 관한조건, 계약상품에 관한 기본조건, 매매계약의 성립에 관한 조건, 분쟁해결에 관한 조건 등으로 구성된다.

(2) 무역조건협정서의 예시와 해설

무역조건협정서

Agreement on General Terms and Conditions of Business

① Business : Both Sellers and Buyers act as Principals and not as Agents.

② Goods : Goods in Business, their unit to be quoted, and their mode of packing shall be as stated in the attached List.

③ Quotations and Offers : Unless otherwise specified in cables or letters, all quotations and offer submitted by either party to this Agreement shall be in U.S. Dollars on the basis of C.I.F. New York.

④ Firm Offers : All firm offers shall be subject to a reply reaching Sellers within the period stated in respective cables. When "immediate reply" is used it shall mean that a reply is to be received by seller within three days from and including the day of the despatch of a firm offer. In either case, however, Sunday and all official New York Bank Holidays are excepted.

⑤ Orders : Any business closed by cable shall be confirmed in writing without delay, and orders thus confirmed shall not be cancelled unless by mutual consent.

⑥ Payment : Drafts shall be drawn under Letter of Credit at sight, documents attached, for the full invoice amount.

⑦ Credit : Irrevocable Letter of Credit shall be opened in favour of the Sellers immediately upon confirmation of sale. Credit shall be made available fifteen (15) days beyond the contracted time of shipment.

⑧ Shipment : All goods sold in accordance with this Agreement shall be shipped within the stipulated time. The date of Bill of Lading shall be taken as conclusive proof of the day of shipment. Unless expressly agreed upon, the port of shipment shall be at the Sellers' option.

⑨ Marine Insurance : All shipments shall be covered All Risks for a sum equal to the amount of the invoice plus ten percent, if no other conditions are particularly agreed upon. All policies shall be made out in U.S. Dollars and payable in New York.

⑩ Quality : The Sellers shall guarantee all shipments to conform to samples, types, or descriptions, with regard to quality and condition.

⑪ Damage in transit : The Sellers shall ship all goods in good condition, and the Buyers shall assume all risks of damage, deterioration, or breakage during transportation.

⑫ Claims : Claims, if any, shall be submitted by cable within fourteen (14) days after arrival of goods at destination. Certificates by recognized surveyors shall be sent by mail without delay. All claims which cannot be amicably settled between Sellers and Buyers shall be submitted to arbitration in Korea, the arbitration board shall consist of two members, one to the nominated by the Sellers and one by the Buyers, and should they be unable to agree the decision of an umpire selected by the arbitrators shall be final, and the losing party shall bear expenses thereto.

⑬ Force Majeure : The Sellers shall not be responsible for the delay in shipment due to force majeure, including mobilization war, riots, civil commotion, hostilities, blockade, requisition of vessels, prohibition of export, fires, floods, earthquakes, tempests, and any other contingencies, which prevent shipment within the stipulated period. In the event of any of the aforesaid causes arising, documents proving its occurrence or existence shall be sent by the Sellers to the Buyers without delay.

⑭ Delayed Shipment : In all cases of force majeure provided in the Article No. 13, the period of shipment stipulated shall be extended for a period of twenty-one(21) days. In case shipment within the extended period should still be prevented by a continuance of the causes mentioned in the Article No. 13 or the consequences of any of them, it shall be at the Buyers' option either to allow the shipment of late goods or to cancel the order by giving the Sellers the notice of cancellation by cable.

⑮ Shipping Notice : The Sellers shall cable each shipment immediately when it is of goods.

⑯ Shipping Samples : In case shipping samples be required the Sellers shall send them to the Buyers[by airmail] prior to shipment of goods.

⑰ Marking and Numbering : In the absence of any specifical instructions, all shipnments shall be marked ((OK) New York) and given consecutive numbers.

⑱ Cable Expenses : Expenses relating to cabling shall be horne by the respective senders.

In witness whereof A & Co., Ltd. have hereunto set their hand on the 1st day of September, 20...., and B & Co. have hereunto set their hand on the 10th day of October, 20.... .

This Agreement shall be valid on and from the 1st day of November, 20...., and any of the Articles in this agreement shall not be changed or modified unless by mutual consent.

(Buyers) B & Co., Inc	(Sellers) A & Co., Inc
(Signed)	*(Signed)*
General Manager	*Managing Director*

① 거래에 관한 사항 ② 상품
③ 견적과 오퍼 ④ 확정오퍼
⑤ 주문 ⑥ 대금지급
⑦ 신용장 ⑧ 선적
⑨ 해상보험 ⑩ 품질
⑪ 운송중의 손상 ⑫ 클레임
⑬ 불가항력조항 ⑭ 지연선적
⑮ 선적통지 ⑯ 선적견품
⑰ 화인 및 화물번호 ⑱ 전신료

3) 무역계약의 효력

(1) 효력발생조건

무역계약의 효력이나 무역계약을 체결하는 목적을 실현하는 데 필요한 실질적 효과를 발생케 하는 유효성을 말하며, 그 최소한의 조건은 다음과 같다.

첫째, 당사자의 행위능력이 있을 것, 즉 계약당시에 일방의 당사자가 행위능력이 없는 자라면 그 계약은 무효이며 그 무효를 이유로 선의의 제3자(bonafide holder)에게 대항할 수 없다.

둘째, 허위의 계약이 아닐 것, 매매당사자를 속일 목적으로 체결된 계약은 무효이며 이것 역시 선의의 제3자에게는 대항할 수 없다.

셋째, 계약내용이 확정적일 것, 매매계약은 매매당사자간의 완전한 의사의 합치를 의미하므로 불확정된 계약은 무효이다.

넷째, 위법한 계약이 아닐 것. 법률에 위반한 계약은 무효이다.

(2) 매도인과 매수인의 의무

매도인은 계약내용과 법률의 규정, 관습에 따라 목적물품을 인도하며 그 물품에 대한 소유권을 이전하고 서류를 제공할 의무가 있다. 매수인은 당사자간에 약정된 계약내용에 따라 대금을 지급하고 목적물품을 수령할 의무가 있다.

(3) 계약불이행에 대한 처리

계약의 불이행은 무역계약의 내용과 법률의 규정, 관습, 당사자간에 확립된 관례 및 신의성실의 원칙 등에 비추어 보아 계약이행을 하지 않는 경우를 말하는데 선적지연 등 무역계약의 이행을 지체한 경우에는 상대방에게 응분의 대가를 지급해야 하며 정당한 사유 없이 계약이행을 하지 않을 경우, 즉 이행불능의 경우에도 손해배상을 해야 하고 불완전이행의 경우에도 손해를 배상해야 한다. 위의 모든 경우에 계약을 해제하여 손해배상을 청구할 수 있는데 실제상의 손해(actual loss)는 물론 이익의 손실, 즉 희망이익(estimated profit or expected profit)의 손실도 포함된다.

제4절 무역계약의 일반조건

수출업자와 수입업자간에 무역계약을 체결함에 있어서 후일의 분쟁을 방지하기 위하여 무역계약내용에 관한 제반사항을 명확히 해둘 필요가 있다. 이와 같은 것을 무역계약조건이라고 하는데, ① 품질조건 ② 수량조건 ③ 가격조건 ④ 선적에 관한 조건 ⑤ 대금결제에 관한 조건 ⑥ 보험에 관한 조건 ⑦ 포장에 관한 조건 ⑧ 신용장에 관한 조건 ⑨ 분쟁해결 및 중재조건 등이 그것이다. 특히 ①항에서 ⑦항까지를 무역계약의 7대 조건이라고 한다.

1. 품질에 관한 조건

품질에 관한 조건(quality terms)은 품질결정방법, 품질결정시기, 품질증명방법 등에 관하여 명확히 하여야 한다.

1) 품질결정 방법

품질을 결정하는 방법으로는 견품을 기준으로 하는 방법과 견품을 사용하지 않고 기술 또는 설명에 의하는 방법이 있는데, 설명에 의하는 방법은 다시 규격매매, 표준품매매, 상표매매, 명세서매매 등으로 나눌 수 있다.

(1) 견품매매(sale by sample)

상품매매에 있어서 해외의 수입업자가 수입상품의 전체에 대하여 그 품질·형태를 검사한다는 것은 불가능하므로, 수출업자에게 수입상품을 대표하는 일부의 현품, 즉 견품을 제시하게 하여 거래가 이루어지는 것을 견품매매라 한다. 견품은 수출업자가 수입업자에게 송부하는 것이 원칙이지만(seller's sample), 반대로 수입업자가 수출업자에게 송부하는 경우도 있으며(buyer's sample) 수입업자가 송부한 견품을 보고 수출업자가 유사견품(similar sample)을 만들어, 이 견품을 매수인에게 보내는 것이 반대견품(counter sample)이다. 견품매매의 경우 매도인은 견품과 동종, 동질, 동형의 상품을 인도할 의무가 있으며 실제로 인도된 상품의 품질이 견품과 다를 때에는 매수인은 수령을 거절할 수 있기 때문에 유의하여야 한다. 이 견품매매를 견본매매라고 하기도 하는데, 견본은 품질, 모양, 색채, 구성 등을 나타낼 목적으로 이용되는 것이지만, 가장 중요한 것은 품질이기 때문에 품질견품(quality sample)이라고 명시하기도 한다.

(2) 표준품매매(sale by standard)

미수확농산물(미곡, 맥류, 면화 등)이나 임산물 등의 매매에 있어서는 앞에서 설명한 견본을 매매의 기준으로 할 수 없으므로, 그 계절의 표준품(standard, 보통은 전년도의 표준품)을 기준으로 하여 매매계약을 체결하는 것이다. 따라서 이러한 상품의 거래시에는 일정한 표준품을 추상적으로 제시하여 대체로 그와 유사한 수준의 상품을 인도하면 된다. 만약 인도상품과 표준품 사이에 품질상 차등이 있을 경우에는 대금을 증감하여 지급하거나 수량을 가감하여 조정하게 된다. 표준품매매의 품질표시방법으로는 다음 세 가지가 있다.

① FAQ(Fair Quality Terms, 평균중등품질조건)

주로 곡물이나 과실 등의 농산물과 광산물 등의 선물거래(futures transaction)에 이용되는 품질조건으로 인도상품의 표준품질은 그 인도의 시기 및 장소에 있어서 그 계절 출화품의 평균중등품질로 하는 조건이다. 이 조건은 계약체결시에는 전년도 수확물의 평균중등품을 표준품으로 하여 가격을 결정하고, 인도해야 할 상품은 당해계절에 있어서 신 수확물의 중등품일 것을 조건으로 한다. 이 표준품은 법규에 의거하여 공공기관이 정하고 그 규격과 격차도 일정하게 되어 있으며 선물거래(future transaction)에 많이 이용된다.

② GMQ(Good Merchantable Quality Terms, 판매적격품조건)

목재류나 냉동수산물류 등에 주로 적용되는 것으로서, 이들 목재나 냉동수산물류 등은 내부가 부패되어도 외관으로는 구별하기 어려우므로 수입지에서 매수인에게 인도 전 판매적격성(Merchantability)을 매도인이 보증하는 품질조건이다. 즉, 수입지에서 품질을 검사하여 시장성이 없는 품질에 대하여는 그 책임을 매도인이 지는 조건이다.

③ USQ(Usual Standard Quality Terms, 보통표준품질조건)

공인검사기관 또는 공인표준기준에 의해서 보통품질을 표준품의 품질로 결정하는 조건이다. 이 조건은 미국의 원면거래에 주로 이용되는 품질결정조건이다. 예컨대 1등품, 2등품 등과 같은 것이다.

(3) 규격매매(sale by grade or type)

국제적으로 상품의 규격이 통일되어 있는 경우에 그 규격에 의하여 상품의 품질을 결정하는 방식이다. 수출국의 공적 규정에 의하여 상품의 규격이 정해져 있을 경우에는 이를 기준으로 매매계약이 체결되어야 하는데 예컨대 KS(Korean Standard), JIS(Japan Industrial Standard), BSS-12(British Standard Specification No. 12 of 1947) 등이 그것인데 이 표시품을 매매계약의 조건으로 제시하는 경우이다.

(4) 명세서매매(sale by specifications or dimension's, description)

선박이나 기계류, 의료기구, 철도차량 등의 거래에 있어서 견본을 제시할 수 없는 경우에 당해 제품의 소재, 구조, 규격, 성능 및 기타에 관하여 상세히 설명한명세서를 첨부하여 계약을 체결하는 것이다. 이의 보조적 자료로서 카탈로그, 청사진, 도해목록, 설계도 등이 사용된다.

(5) 상표매매(sale by trade mark or brand)

생산업자의 상표(trade mark) 또는 브랜드(brand, 통명)가 국제시장에서 널리 알려져 있는 경우에는 그 상표 또는 브랜드에 의하여 매매계약을 체결하는 것이다. 예컨대 소니 TV, 로렉스시계 등과 같이 국제적으로 널리 알려진 경우에는 견본이나 품질에 관한 설명 없이 이러한 상표에 의하여 거래가 이루어진다.

(6) 점검(실견) 매매(sale by inspection)

매수인이 현품을 실제로 점검하고 점검한 현품을 매매하는 것으로 우리들이 점포에서 물건을 보고 매입하는 것과 같은 것이다. 보세창고입고도조건(BWT)거래는 그 성질상 점검매매에 해당한다.

2) 품질결정시기

수출입화물의 운송은 원거리의 해상운송을 필요로 하기 때문에 운송도중에 품질의 변화가 있을 수 있다. 즉, 수출지에서 선적할 때의 상품의 품질과 수입지에서 양륙된 시점의 품질간에 차이가 있을 수 있는데, 이러한 종류의 상품에 대하여 어느 시점의 품질을 기준으로 할 것인가가 대단히 중요하다. 따라서 이에 관하여 무역계약을 체결할 때 협정을 체결하여야 하는데 이를 품질결정시기라고 한다.

(1) **선적품질조건**(shipped quality terms)

인도상품의 품질이 계약된 상품의 품질과 일치하느냐의 여부를 상품 선적시의 품질에 의하여 결정하는 방법으로서 공산품 등에 널리 이용되고 있다. 즉, 매도인은 선적시의 품질이 계약상품의 품질과 합치할 것은 보증하나 수송 도중의 변질에 의한 도착시의 상태에 대해서는 책임을 지지 않는 조건이다. 런던시장에서 곡물류의 거래에서는 TQ(Tale Quale)라는 조건을 많이 사용하는데 이 조건은 'such as it is, just as they come'이란 뜻으로 선적품질조건을 의미하는데 수송 중 변동에 대해서는 매도인이 책임을 지지 않는다는 조건이다. 그러나 SD(Sea Damaged)는 수송 도중의 모든 품질위험은 매수인이 부담하나 해수(sea water)에 의한 손해를 입은 경우는 수송 중의 위험이라도 매도인이 부담하는 선적지조건이다. 정형거래조건의 해석에 관한 국제규칙인 인코텀즈(Incoterms)상의 F그룹과 C그룹은 모두 선적품질조건에 속한다.

(2) **양륙품질조건**(landed quality terms)

인도상품과 계약상품의 품질 일치여부를 상품의 양륙시의 품질에 의하여 결정하는 조건은 도착품질조건(arrival quality terms)이라고도 하는데 수송 중 상품 변질에 대하여 매도인이 책임을 져야 한다는 내용이다. 이 조건은 수송 중에 변질되기 쉬운 농산물이나 양륙 후 정확한 분석에 의거하여 품질이 결정되는 광산물 등에 주로 이용되고 있다. 곡물류의 거래에서는 양륙품질조건을 RT (Rye Terms)라고도 하는데 이는 원래 호밀거래에서 처음 사용된 데서 유래되었다. 국제무역에서는 FOB 계약은 물론 CIF 계약에서도 선적품질조건을 원칙으로 하고 있지만 후일의 분쟁을 피하기 위하여 협정서에 명시하는 것이 좋다. 인코텀즈(Incoterms)상의 D그룹은 양륙품질조건에 해당한다.

3) 품질증명방법

계약상품의 품질을 증명하는 방법에 대하여는 협정서에 명시해야 하지만 일반적으로 선적품질조건의 경우에는 매도인이, 양륙품질조건의 경우에는 매수인이 입증책임을 진다. 품질입증의 방법으로 선적품질조건의 경우에 수출업자는 선적지의 사증기관으로부터 품질증명서를 발급받아 수입업자에게 제공함으로써 책임이 면제되고, 양륙품질조건의 경우 수입업자는 품질에 이상이 있으면 양륙지의 사증기관으로부터 감정보고서(survey report)를 발급받아 수출업자에게 손해배상을 청구할 수 있다. 이런 종류의 사증기관을 감정인(surveyor)이라고 하는데 송화 및 수화에 관한 각종 사항의 검사, 감정, 보고, 증명을 전문업으로 하고 있다. 로이즈 조합의 로이즈 에이전트(Lloyd's agent) 및 로이즈 서베이어Lloyd's surveyor)는 가장 신용이 있으며, 여기서 작성하는 감정보고서(survey report)는 국제적으로 신뢰를 받고 있다.

2. 수량에 관한 조건

수량에 관한 조건(quantity terms)에서 유의해야 할 사항은 수량단위, 수량결정시기, 수량과부족 등인데, 불분명한 수량조건으로 무역분쟁이 생기기 쉬우므로 협정서에 명시하는 것이 좋다.

1) 수량단위

무역상품의 수량단위는 상품의 성질과 종류 또는 관습에 중량(weight), 용적(measurement), 개수(piece, dozen), 포장단위(package), 길이(length) 등이 있는데, 무역상품의 수량단위 중에서 가장 문제가 되는 것은 주로 중량에 관한 것이다.

중량단위는 ton, kg, lbs(파운드) 등이 많이 이용되고 있는데, 이 중 ton의 경우에는 long ton, short ton, metric ton의 구별을 분명히 하는 것이 좋다. 같은 ton이라 하더라도 영국계의 long ton(English ton ; gross ton)은 2,240 lbs이고 미국계의 short ton(S/T. American ton)은 2,000 lbs이다. 영미에서 사용하는 hundred weight(hwt)라는 단위는 1ton의 1/20을 말하므로 영국에서는 112lbs가 되고 미국에서는 100lbs가 된다.

또한 중량측정의 종류에는 총중량조건(Gross Weight Terms ; G/W)과 순중량조건(Net Weight Terms ; N/W)이 있는데 총중량조건은 상품을 포장한 그대로의 중량을 대금지급의 중량으로 하는 조건이고, 순중량조건은 총중량에서 포장물의 중량을 뺀 것을 대금지급의 중량으로 하는 조건이다. 여기에서 다시 포장용기 및 함유잡물의 중량을 뺀 것을 정미순중량(Net 혹은 Net Weight)이라고 한다.

그리고 용적을 단위로 하는 거래는 목재나 유류 등에서 볼 수 있는 바와 같이 liter, gallon, barrel, cubic meter(cbm), cubic foot(cft), super foot(sf), yard, square foot(sft) 등이 사용된다.

다음으로 잡화나, 기계 등의 단위로 piece(개), dozen(타 ; 12개), gross(12×12개=144개), great gross(12×12×12=1,728개), small gross(12×10=120개) 등의 단위가 있다.

포장단위로서는 bale, bag, case, can, drum 등이 있는데, 시멘트, 밀가루, 통조림 등의 거래에서 사용된다. 그리고 무용기 포장물에는 bundle, coil 등은 단위가 사용된다.

면적은 유리, 타일, 합판 등의 거래에 사용되는데 평방피트(square foot ; sft) 가거래단위로 이용된다.

2) 수량결정시기

수량결정시기도 품질조건과 마찬가지로 선적순량조건(shipped weight(quantity) terms)과 양륙수량조건(landed weight(quantity) terms)으로 구분된다.

선적수량조건은 선적시에 검수한 수량에 이상이 없으면 수송 중에 감량이 생기더라도 매도인의 책임은 면제된다. 이 조건은 보통 감량의 우려가 없는 성질의 상품거래에 많이 이용되며 CIF, FOB 등과 같은 선적지 인도조건인 경우에는 원칙적으로 이 조건에 의한다. 수량의 증명은 사증기관(surveyor) 또는 공인검수업자(public weigher)가 발행한 중량용적증명서(certificate of weight/measurement)에 의하여 입증한다.

양륙수량조건은 양륙항에서 화물양륙 당시의 수량을 대금계산의 기준으로 하는 것으로 운송 중에 파손(breakage) 혹은 누손(leakage) 등에 의해 감량이 많은 상품에 적용된다. 따라서 수입항에서 양륙된 시점에 검수한 수량이 계약수량과일치하여야 하며, 만약 수송 중 감량이 생긴 경우에는 매도인의 부담이 된다. 이 조건에 있어서도 앞의 선적수량조건과 마찬가지로 surveyor 또는 public weigher의 사정에 의하여 의무의 이행여부가 입증된다.

3) 수량과 부족에 관한 조건

장거리수송 및 대량수송의 경우와 곡물이나 광산물과 같은 무역품(bulk상품)의 경우에는 수송 도중에 감량되어 계약된 수량과 일치시키기 곤란한 경우가 있다. 이러한 경우에 어느 정도의 수량 과부족(surplus or deficiency)은 클레임의 문제로 삼지 않는다는 조건을 계약당사자 상호간에 약정하게 되는데, 이 조건을 과부족 용인조건(more or less terms ; M/L terms 혹은 more or less clause ; allowance clause)이라고 한다. 수량과부족을 용인할 경우 이를 명확히 하기 위하여 그 용인량의 한도 및 과부족선택권자를 명시하는 경우가 많은데, 예를 들면 '5% more or less at seller's option(5% 이내의 과부족은 매도인의 임의이다)'이나 'seller has the option of delivering 10% more or less on the contracted quantity(매도인은 약정된 수량에 10%의 과부족을 인도할 선택권을 갖는다)' 등이다.

과부족용인조건을 명확하게 약정하지 않고 about, approximately 등의 문자를 붙이는 경우가 있다. 이러한 경우 상품의 종류 및 관습에 따라 10% 정도의 과부족(10% more or less)은 허용되며, 그것으로 계약을 완전히 이행한 것으로 간주한다. 신용장통일규칙 제30조 a항에서는 10% 이내의 차이를 허용하는 것으로 해석되어야 한다고 규정하고 있다. 그리고 신용장통일규칙 제5차 개정시에는 이와 같은 more or less clause의 특약이 과부족을 금지하는 문언이 없는 한 선적화물의 5%까지의 과부족을 허용한다고 규정하고 있다(신용장통일규칙 제30장 b항).

과부족용인선택권자를 명시하지 않았을 경우에 FOB계약에서는 매수인 선택(buyer's option), CIF 계약에서는 매도인 선택(seller's option)을 원칙으로 하며 운송특약부 FOB 계약서에서는 seller's option을 원칙으로 한다.

과부족을 용인하는 경우에 과부족분에 대한 가격산정은 원칙적으로 계약가격(contract price)에 의하여 청산하지만 때로는 선적일의 시가(the day of shipment price) 혹은 도착일의 시가(the day of arrival price)에 의하는 경우도 있으므로 이에 대한 약정을 해 둘 필요가 있다.

계약수량의 한도에 있어서 1회에 주문량이 적으면 단위당 생산비가 많이 들고 운임과 보험료도 비싸기 때문에 매도인은 예상외의 손해를 당할 가능성이 있으므

로 최소수주가능량(minimum quantity acceptable)을 약정할 필요가 있으며, 계절상품이나 공급능력에 한계가 있어서 지나친 대량주문에 응할 수 없을 경우에는 1회 또는 일정기간의 최대수주가능량(maximum quantity acceptable)을 약정할 필요가 있다.

제5절 무역거래에서의 대금결제방법

국제무역거래는 거래방법에 따라 송금결제방식, 신용장방식 및 추심결제방식으로 크게 구분할 수 있으며, 추심 결제방식 중 가장 대표적 인 것이 D/P, D/A 거래방식이다.

신용장 거래는 "신용장통일규칙" (Uniform Customs and Practice for Documentary Credits, 2007 Revision ICC Publication No.600)을 적용받고, D/P, D/A거래는 별도로 명백한 합의가 없거나 국가, 주 또는 지방의 법률 또는 규정에 위배되지 않는 한 국제상업회의소가 제정한 "추심에 관한 통일 규칙" (Uniform Rules for Collection, 1995 Revision ICC Publication No. 522 : 이하 URC라 함)의 적용을 받게 된다.

■ 주요 무역대금결제방법

- 송금결제방식 : 송금수표(D/D), M/T, T/T : 사전/사후, COD/CAD/Open account
- 신용장방식 : UCP 600(신용장통일규칙), URR525(은행간 대금상환통일규칙)
- 추심결제방식(D/A, D/P) : URC 522(추심에 관한 통일규칙)

1. 송금결제방식

송금방식수출입이란 수입상이 물품을 받기 전 또는 받은 후에 대금의 전액을 송금하거나 수출상이 물품 또는 서류를 인도할 때 수입상이 대금을 송금하는 방식으로, 보통송금(Demand Draft), 우편송금(Mail Transfer), 전신송금(Telegraphic Transfer)의 세 가지 방법이 있으며 상품선적 전에 결제하는 사전송금방식과 선적 후 송금하는 사후송금방식이 있다.

송금으로 결제를 하게 되는 경우는 금액이 작아서 위험이 작거나 혹은 수출상의 신용도가 높아 미리 송금해도 물품을 받는데 염려가 없는 경우, 물품의 품귀현상 등으로 미리 지급하지 않으면 안 되는 경우 등이며 특히 본지사간에 많이 쓰이고 있다.

1) 사전송금방식(Advance Remittance, 선적전 영수)

수입상이 물품대금의 전액을 물품 선적 전에 외국환은행을 통하여 수출상에게 미리 지급하고 수출상은 일정기일 이내에 이에 상응하는 물품을 인도하는 방식으로 수출상은 수출대금을 미회수할 위험이 없어 안전한 데 비해, 수입상으로서는 수출상이선적하지 않거나 품질 혹은 규격이 다른 상품을 선적하는 데 따르는 위험을 부담해야 한다.

동 방식에 의한 수입은 주로 견품, 시험용품 등 소액거래에 주로 활용되고 있다.

사전송금방식	매매계약체결	수입대금 송금	수입물품 인수	사후관리

2) 사후송금방식(Later Remittance, 선적후 영수)

수출상이 먼저 수입상 앞으로 물품을 선적하고 수입상은 물품 수령 후에 물품대금의 전액을 외국환은행을 통하여 수출상에게 결제하는 방식을 말하며 수입상은 계약상품을 수취할 수 있어 안전하나 수출상은 수입상이 정한 기간에 대금을 송금하지 않거나 부당한 클레임제기 등으로 인한 대금회수에 따르는 위험을 부담하게 된다.

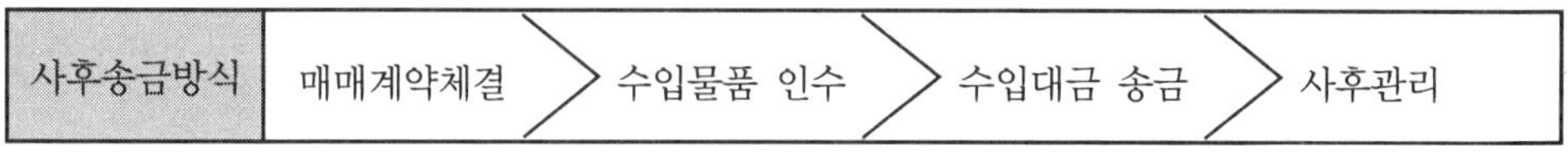

사후송금방식	매매계약체결	수입물품 인수	수입대금 송금	사후관리

3) 동시결제 방식(Concurrent Payment)

상품인도와 동시에 대금이 결제되는 방식으로 대금교환의 대상에 따라 현물상환 방식(COD)과 서류상환 방식(CAD)으로 구분되며, 선적이후에 대금이 결제된다는 점에서 사후송금방식에 포함된다.

이 방식은 현품을 확인하고 가격이 확정되는 보석류나 고가의 반도체 등에 일부 이용되고 있으며 러시아, 베트남, 중국 등 신용장개설 및 환 결제에 어려움이 있는 공산권 지역과 과다한 인지세로 인하여 대금결제 시 환어음의 개입을 꺼리는 유럽지역(특히, 이태리)과의 수출입거래시 많이 사용되고 있다.

① C. O. D(Cash On Delivery) : 상품인도 결제방식

물품을 수입상에게 인도하면서 대금을 수취하는 결제하는 방법으로 주로 수입자가 소재하는 국가에 수출자의 지사나 대리인이 있는 경우, 수출자가 물품을 지사 등에 송부하면(B/L상 consignee가 수출자 지사 등의 지시식으로 발행됨.) 수입자가 물품의 품질 등을 검사한 후 물품과 현금을 상환하여 물품대금을 송금하는 방식의 거래를 말한다.

주로 귀금속 등 고가품으로서 직접 물품의 검사를 하기 전에는 품질 등을 정확히 파악하기 어려운 경우에 활용된다.

▮COD에 의한 거래 FLOW▮

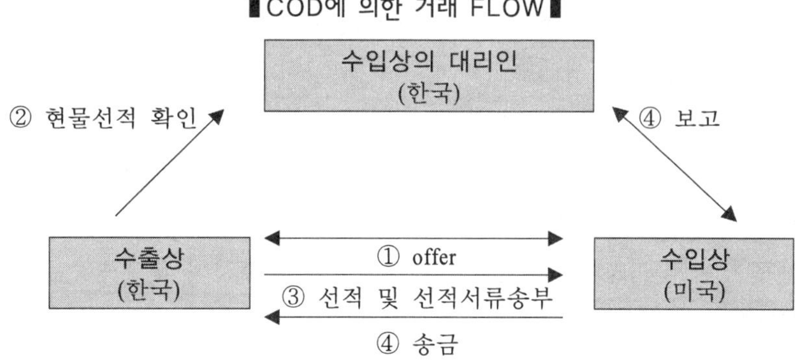

② C. A. D (Cash Against Document) : 서류인도 결제방식→ 유럽식 D/P

수출자가 물품을 선적하고 수입자 또는 수출국에 소재하는 수입자의 대리인이나 지사에게 선적서류를 제시하면 서류와 상환하여 대금을 결제하는 방식의 거래를 말한다.

통상 수입자의 지사나 대리인등이 수출국 내 에서 물품의 제조과정을 점검하고, 수출물품에 대한 선적전 검사를 한 후 지급하게 된다.

만약 C. A. D방식에서의 선적서류를 은행을 통하여 추심하면 D/P방식거래가 되며 D/P방식거래에서는 환어음이 사용된다.

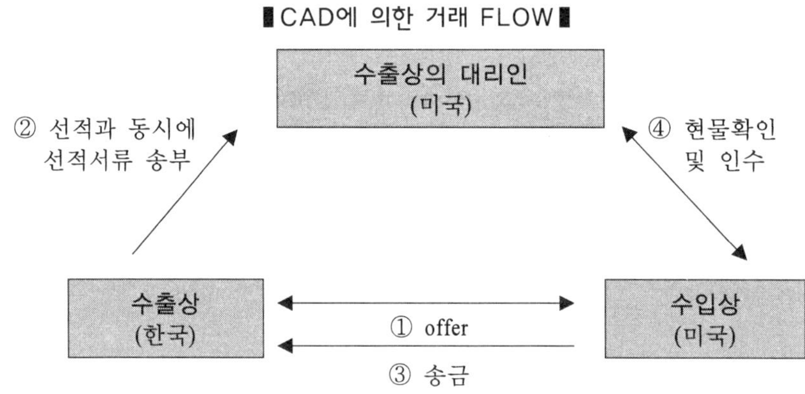

※ CAD와 D/P의 차이점

CAD방식거래시 선적서류를 외국환은행을 통하여 송부하면 형식적으로 D/P방식과 유사하다 그러나 두 거래방식의 근본적인 차이점은 대금결제시 환어음을 발행하는지 여부에 있다. 즉, D/P거래는 어음결제 방식으로서 환어음을 발행하여 「추심에 관한 통일규칙」에 의거 환어음을 추심하여 대금을 영수하고, CAD거래는 수출자가 환어음을 발행하지 않는 송금방식으로서 수입자는 수출자가 은행을 통하여 직접 송부한 선적서류를 받은 후 외국환은행을 통하여 물품대금을 송금하여 대금을 결제하게 된다.

2. 추심결제방식

추심결제방식이란 매매당사자간의 계약에 의거하여 수출상이 상품을 선적한 후 수입상을 지급인으로 하는 환어음을 발행하여 선적서류와 함께 은행을 경유하여 수입상에게 제시하면, 수입상이 그 환어음에 대한 지급 또는 인수를 하여 결제하는 방법을 말한다.

이에는 수입상이 선적서류 영수와 동시에 대금을 결제하는 지급인도조건(D/P)과 환어음에 인수한 후 선적서류를 영수하고 일정 기간 후에 대금을 결제하는 인수인도조건(D/A)의 두 가지가 있다.

D/P, D/A거래는 신용장거래처럼 은행의 지급확약이 개재되지 않으므로 대금결제가 전적으로 수입상의 신용에 의존할 수밖에 없기 때문에 신용장거래에 비해서는 위험이 있는 편이나, 수출입대금의 결제과정에서 은행이 개입함으로써 송금방식에 비하여 거래위험이 많이 제거된 거래방식으로 무신용장 방식에서는 가장 많이 이용되고 있다.

1) D/P(Documents against Payment)방식 : 서류지급인도조건

수출상이 수출물품을 선적하고 수입상을 지급인으로 하는 일람출급화환어음을 발행하여 선적서류와 함께 거래은행을 통하여 수입국의 추심은행 앞으로 어음대금」추심하면 추심은행은 수입자에게 어음을 제시하여 수입상의 대금지급과 동시에 선적서류를 인도하고 대금을 추심의뢰은행에 송금하여 결제하는 거래방식이다.

▮D/P방식에 의한 거래 FLOW▮

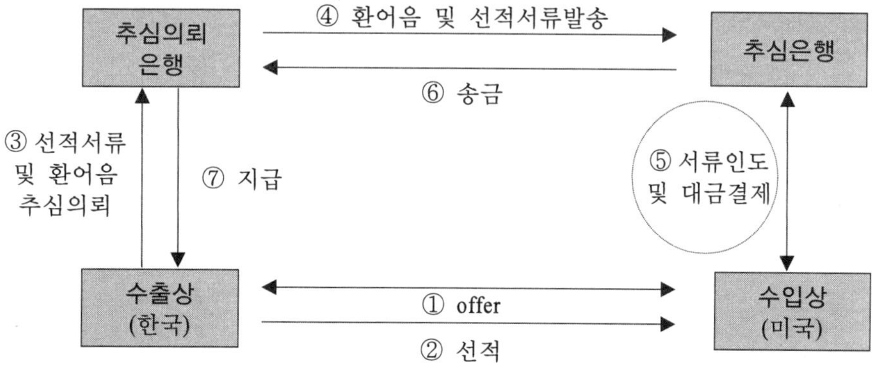

추심의뢰 은행
④ 환어음 및 선적서류발송
추심은행
⑥ 송금
③ 선적서류 및 환어음 추심의뢰
⑦ 지급
⑤ 서류인도 및 대금결제
수출상 (한국)
① offer
② 선적
수입상 (미국)

2) D/A(Documents against Acceptance)방식 : 서류인수인도조건

추심은행이 수출상의 기한부화환어음을 관련 선적서류와 함께 수입상에게 제시

하여 수입상이 어음을 인수하면 선적서류를 인도하고 어음의 만기일에 수입상으로부터 대금을 받아 추심의뢰은행에 송금하여 결제하는 거래방식이다.

▮D/A방식에 의한 거래 FLOW▮

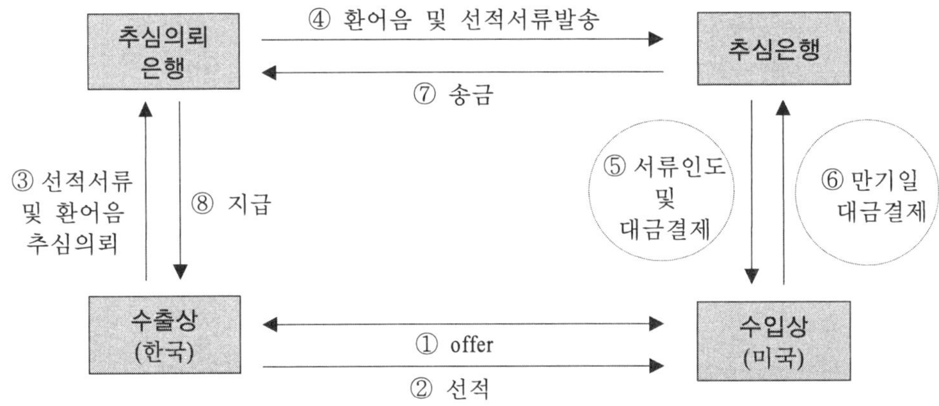

3. 신용장 방식

국제간의 무역대금결제를 위해 많이 이용되고 있는 결제방식으로 수입상의 요청에 따라 수입상의 거래은행(개설은행)이 수출상에게 신용장(Letter of Credit)을 개설하고, 수출상은 이 신용장에 의하여 수출대금을 회수하는 방식이다.

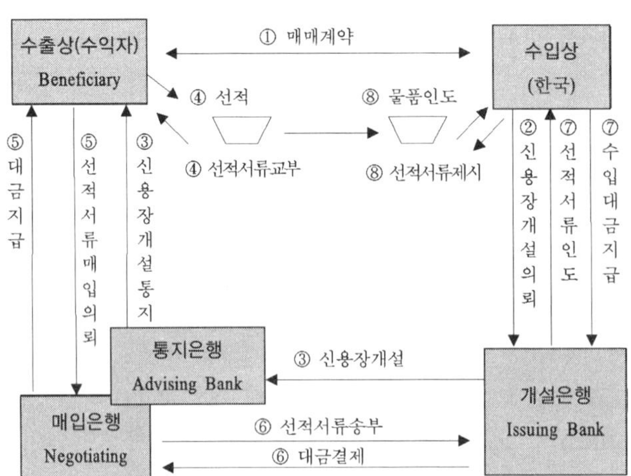

4. 기타결제 방식

1) 국제Factoring 방식

팩토링(factoring)이란 공급업자(supplier)가 구매자(debtor)에게 물품이나 서비스를 제공함에 따라 발생하는 외상매출채권(accounts receivable)을 팩토링회사(factor)에게 일괄 양도하고 팩토링 회사로부터 양도채권 금액범위 내에서의 금융지원, 구매업자에 관한 신용조사 및 신용위험인수, 채권의 관리 및 대금회수, 기타 사업처리대행 등의 서비스를 제공받는 금융기법을 말한다. 국제팩토링은 무신용장방식에 의하여 국제무역거래가 이루어질 때, 팩토링회사가 수출상을 위하여 수출 채권과 관련된 대금회수를 보장하고 회수업무에 따른 장부기장 등 회계업무와 전도금융(前渡金融 : 미리 돈을 주는 것)에 이르는 제반 서비스를 제공하고 수입상을 위해서는 수입을 위한 신용을 공여해줌으로써 해외로부터 신용으로 상품을 구매할 수 있도록 하는 방법이다.

국제팩토링 거래거래당사자는 수출상, 수입상, 수출팩터, 수입팩터로 복잡한 거래절차를 원하지 않고 담보부족 등으로 신용장은 중소기업이 이용하고 있다.

- 수출의 경우 : 외상수출에 대한 전도금융 제공
- 수입의 경우 : 팩토링회사의 보증으로 기한부수입수출상

▮Factoring 방식에 의한 거래 FLOW▮

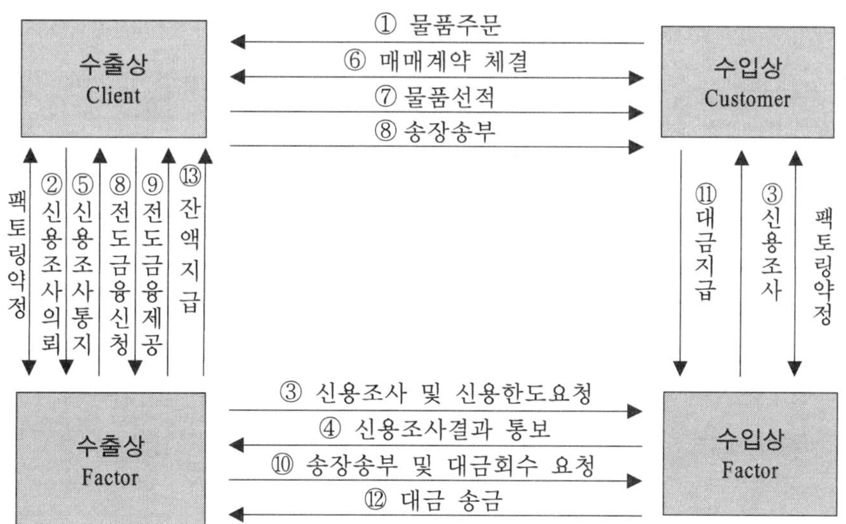

2) Forfaiting 방식

포페이팅은 불어의 Forfait에서 유래된 말로 현금을 대가로 채권을 포기 또는 양도한다는 것을 뜻하며, 화환어음, 약속어음 등과 같이 양도 가능한 채권을 포페이터(Forfaiter)가 채권자(수출상, Creditor)로부터 비상환청구방식으로 할인하는 것으로 무역거래에 따른 재화와 용역거래, 특히 수출거래에서 발생한 채권을 소구함이 없이(Without Recourse) 고정이자율로 할인 매입하는 수출금융기법을 말한다.

Forfaiting이 완결된 경우, 수입상의 도산, 신용장 개설은행의 파산, 수입국가의 Default 등의 사유로 만기 대금회수가 불가능하게 되어도 소구권을 행사하지 않기 때문에(Without Recourse) 수출상은 수출 대금을 반환할 의무가 없었다. 단, 수입지법원의 지급정지 가처분(Court Injunction)에 의한 만기부도의 경우는 예외로 한다.

소구권이 없다는 점에서는 국제팩토링과 같으나, 국제팩토링은 통상 10만달러 이하의 소액을 대상으로 하는 단기금융인데 반하여 포페이팅은 일반적으로 거래규모가 크고 중장기 금융이다.

보통 기계, 중장비, 산업설비 및 건설장비의 구매 시 이용되고 있으며, 우리나라는 IMF이후 국내시중은행들의 외화조달금리가 급격히 상승하게 되자 외화유동성을 확보하고 BIS비율을 제고할 목적으로 시중은행들이 Usance L/C 수출채권을 Forfaiting회사나 외국계은행들로부터 Without Recourse조건으로 만기전에 할인받아 외화자금을 조달하기 위한 거래가 활발히 진행되었으며, 국내 종합상사 등 일부무역업체들이 Usance L/C Nego시 높은 환가료 부담을 줄이기 위해 외국계은행의 Fofaiting거래를 이용해 자금을 조달한 적이 있었다.

▮Forfaiting 방식에 의한 거래 FLOW▮

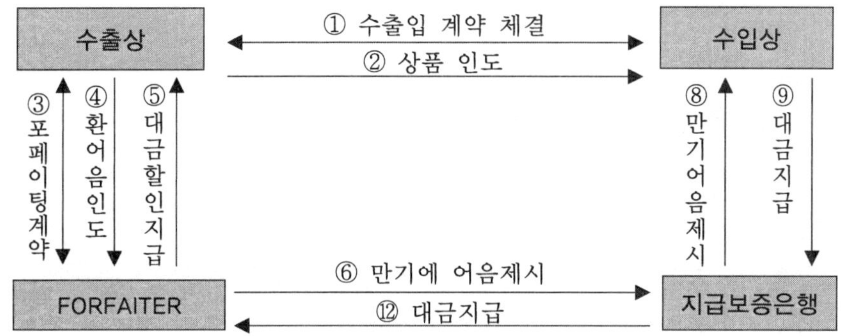

※ 주의사항

수출환어음의 이면에 배서(Endorsement)를 하는 것은 Forfaiting계약과는 별도로 독립적인 어음상의 소구권이 발생하여 은행이 어음상 피 배서인에게 보증을 하게 되는 것임.

이는 회계처리 없이 어음상의 보증을 하게 되는 것이므로 한국은행의 회계처리규정을 위반하는 것이 되며 담당자가 아무런 승인 없이 지급보증을 하는 결과가 됨.

3) Open Account 방식(선적통지 결제 방식)

수출상이 미리 상품선적을 해서 서류를 보낸 후 즉시 또는 일정기일이 경과하면 수입상이 송금하여 결제해주는 순수한 외상판매방식이며, 수출상이 수출물품을 선적한 후 수입상에게 동 사실을 통지함과 동시에 채권이 발생하는 거래로서 「선적통지조건부 사후송금결제방식」의 거래이다.

전적으로 수입상의 신용에 의존하여야 하기 때문에 수출상으로서는 모든 것이 불리하나, 수입상에게는 위험이 전혀 없다. 따라서 이 방식에 의한 무역거래는 수출상이 동의하지 않으면 이루어질 수 없다. 현실적으로 신용거래가 보편화된 서유럽국가들사이, 즉 EU역내에서 대단히 많이 이용되고 있다.

이 방식은 수출상이 수입상을 신뢰하여 선적한 후 서류를 수입상 앞으로 직접 송부하여 사후에 결제 받는다는 점에서 앞에서의 COD 또는 CAD 같은 송금방식과 유사하지만 송금방식 수출과 다른 점은 수출상이 선적 후 선적서류 원본은 수입상에게 직접 발송하고 수입상의 동의를 얻은 수출채권을 외국환은행 에 양도하여 수출대전을 회수하게 되는 것이다.

- 동시 결제방식(CAD/COD)과의 차이점

(1) CAD/COD : 선적서류 또는 수출물품이 수입상에게 인도되어야만 외화채권 성립

(2) O/A(Open Account) : B/L발급일로부터 일정기간 이내에 수출대금 결제가 이루어지도록 약정하고 있어 B/L발급시점에서 금전채권 성립

그리고 O/A방식의 수출채권 매입은 환어음을 발행하지 않고 선적서류 원본이 없이 이루어져서 은행의 담보권 행사가 불가능하기 때문에 수출상에 대한일반여신으로 간주하여 취급된다.

Open Account의 또 다른 의미는 청산계정의 의미로서 두 나라 또는 수출입 거래 당사자가 일정기간 동안 거래를 지속하다가 쌍방의 수출입대금을 상계하고 나머지 잔금만을 결제하기 위해 설정한 계정을 말하기도 한다.

▮Open Account 방식에 의한 거래 FLOW▮

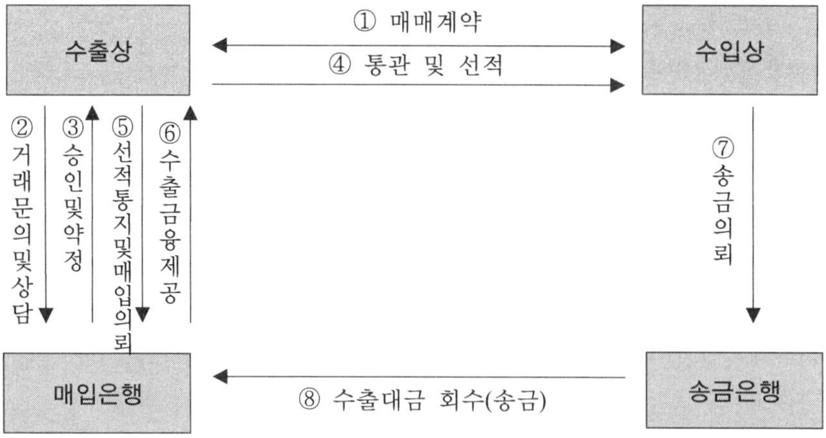

5. 결제방법의 장단점

국제무역거래에 있어서의 대금결제는 국가 간에 이루어지기 때문에 수출상은 상품의 인도전에 대금을 받기를 원하고 수입상은 상품을 받고 대금을 결제하기를

원할 것이다. 따라서 송금방식이나 추심결제방법은 수출상과 수입상의 신용도에 전적으로 의존하고 있으므로 다음 〈표 7-1〉에서 보듯이 어느 일방이 자신에게 불리한 조건을 감수하여야 거래가 성립된다.

▮표 7-1▮ 대금결제 방법별 비교

결제방법	종류	수 출 상	수 입 상
송금방식	사전송금	유리	대금회수와 물품인수 보장 안됨
	사후송금	대금영수와 물품회수 보장 안됨	유리
송금방식 (동시결제 방식)	COD	대리인 신용에 따라 대금영수와 송금방식 물품회수 보장 안됨	유리
	CAD	대금영수가 보장 안됨	선적확인은 가능하나 품질은 불확실
추심결제방식	D/P		
	D/A	대금영수와 물품회수 보장 안됨	유리
신용장방식		대금영수 확실	화물의 인도 보장

즉, 사전송금방법은 수입상이 상품을 수령하기 전에 송금하는 방법으로 수출상은 유리하나 수입상은 불리하다. 이것은 수출상이 대금을 받고 상품을 선적하지 않을 우려가 있기 때문이다. 또한 사후송금방법으로서는 수입상이 상품을 수령한 후에 대금을 지급하므로 수출상이 불리하며, 이 역시 수입상이 물품을 수령하고도 대금을 결제하지 않는 사례를 가정할 수 있기 때문이다 따라서 송금방법은 대금결제의안정성이 높다고 볼 수 없으며 대금결제에 대한 위험성을 항상 내포하고 있다.

그리고 추심결제방법인 D/P, D/A는 추심에 의존하기 때문에 수출상이 선적을 완료한 후 추심을 의뢰하면 수입상이 대금지급을 하지 않거나 인수를 하지 않을 경우에는 상품을 반송하거나 현지에서 전매 또는 공매 처분함으로써 많은 비용 또는 손실을 면할 수 없게 된다. 그러므로 D/P, D/A 역시 대금결제의 안전성이 없다고 하겠으며 수출상으로는 대금결제에 대한 위험을 느끼게 된다.

6. 수출입대금 결제유형별 변화

국제무역거래에서의 대금결제는 주로 신용장이 주류를 이루어져 왔으며, 그 다음으로는 무신용장거래방식인 D/P, D/A와 같은 추심방식과 송금방식에 의해서 대부분 결제되었다. 그러나 교역량이 증가하면서 무역업체의 경비절감 필요성과

은행의 업무처리 단계 생략으로 인한 시간절약의 효율성이 부각되면서 종래의 신용장 위주 거래보다 무신용장 방식의 거래비중이 늘어나고 있는 추세이다.

특히 수출의 경우 신용장방식 거래비중은 크게 감소한 반면 송금방식의 수출비중은 크게 높아진 것으로 나타나 송금방식이 주종인 선진국형(1999년 중 미국수출 결제방식은 송금방식이 약80%에 달함)으로 이행되고 있으며, 상당수 업체들이 해외 거래선과의 관계를 지속할 경우 송금방식을 적극 검토하고 있는 것으로 나타나 향후 이러한 현상은 더욱 가속화될 것으로 예상되고 있다.

▮표 7-2▮ 수출실적 결제유형별 변화

단위 : 백만불

	수 출 실 적						
	2000	2001	2002	2003	2004	2010	비고
신용장방식	27.6%	26.7%	24.1%	22.9%	21.5%	20.0%	감소추세
송금방식	42.9%	44.6%	47.9%	50.2%	52.7%	54.2%	증가추세
추심방식 (D/A, D/P)	22.6%	18.9%	17.1%	15.1%	12.8%	11.3%	감소추세
기타	6.9%	9.8%	10.9%	11.8%	13%	14.5%	증가추세
총수출 ( ):구성비	172,267 (100)	150,439 (100)	162,470 (100)	193,817 (100)	253,844 (100)	284,418 (100)	

무신용장거래방식은수출입 당사자의 매매계약에 근거하여 작성된 서류를 추심하여 수출입대금의 결제가 이루어지는 거래방법으로서 이러한 거래에 관여하는 은행은 다만 중개인 또는 보조자의 역할을 담당할 뿐이다. 따라서 송금방식, 추심방식 등은 수출대금의 결제를 전적으로 수입상의 신용에 의존하기 때문에 수입상이 계약체결 후 도산하거나 시장조건의 악화로 손해가 예상되는 경우에는 수입대금 결제를 기피하게 되어 수출상은 대금회수가 어렵게 되는 위험이 있다.

그러나 대금회수 위험에도 불구하고 무신용장 거래가 꾸준히 이용되고 있는 것은 대개 다음과 같은 이유 때문이다.

(1) 수입상의 입장에서는 신용장 개설에 따른 각종 수수료가 절감됨은 물론 신용장 개설은행의 채권보전 조치에 따른 담보 제공 부담에서 벗어날 수 있고, 서류 도착 시 결제기간의 제한이 거의 없어 결제자금 준비에도 여유를 가질 수 있기 때문이다.

(2) 수출상은 수출상품이 Buyer's market 인 경우 수입상에게 유리한 조건을 제시함으로써 거래선을 확보하는 등 수출경쟁 전략으로 이용할 수 있기 때문이다. 즉 수입상에게 유리한 D/A, D/P 거래조건을 제시한다.

(3) 오늘날에는 기업의 국제화로 기업이 세계 각처에 지사를 설치하여 본・지사간거래가 크게 증가함에 따라 비용 절감과 신속한 업무처리를 위해 송금방식 및 무신용장 거래의 이용이 더욱 증가하고 있으며, 이 방식에 의한 거래는 은행이수출대금의 지급을 보증하는 거래가 아닌 매매당사자간의 계약서에 의한 거래라는 점에서 수출대금의 회수에 위험이 따르기 때문에 신용도가 높은 업체나 본・지사간의 거래에 주로 이용되고 있다.

제6절 무역클레임(Claim)

1. 무역 클레임의 종류

무역 클레임은 매도인과 매수인간에 체결한 무역계약을 성실히 이행하지 않은 데에서 일어나는데, 대개는 매도인의 무역계약불이행에 대한 매수인의 손해배상청구의 형태로 나타난다. 즉, 상품자체에 관한 품질, 수량, 가격, 포장 등의 클레임과 무역계약 이행에 관한 운송, 하역, 보험, 통관, 결제, 특히 신용장조건불이행에 관한 클레임이 대부분이다.

첫째, 품질에 관한 클레임(quality claim)이다. 품질에 관한 클레임은 견본과 현품과의 상위, 주문서 및 계약서의 기재사항과 도착화물과의 내용상위, 품질불량, 변색, 변질, 변형 특히 상품의 화학적 변화, 품명과 상표의 표시와 현품의 품질과의 상위 등을 들 수 있다. 그리고 특수상품에서 일어나는 화학적 변화와 함유순분의 미달, 불순분의 과다함유 등도 무역 클레임의 원인이 된다.

둘째, 수량에 관한 클레임(quantity claim)이다. 수량에 관한 클레임은 계약된 상품의 수량과 실제로 도착한 상품의 수량이 부족한 경우의 클레임이며 중량부족이나 용적의 부족 등도 수량에 관한 클레임의 일종이다.

셋째, 포장에 관한 클레임(packing claim)이다. 포장에 관한 클레임이란 불완전한 포장으로 인하여 발생하는 파손, 마손, 발효 발화, 유손과 화인불량, 기타 지정 기호의 오기 또는 탈루로 인한 손해로 클레임이 발생한다.

넷째, 운송 및 하역(transport and landed claim)으로 인한 클레임이다. 운송 및 하역으로 인한 클레임이란 선적기간의 위반, 난폭한 화물취급으로 인한 파손, 누손, 마모 등과 상품취급 부주의로 인한 건조 습손, 동결, 기타 손해 등으로 인한 클레임이다.

다섯째, 결제에 관한 클레임(settlement claim)이다. 결제에 관한 클레임이란 신용장과 선적서류의 불일치, 신용장기한과 선적서류의 불일치 등으로 매수인이 제기하는 클레임과 신용장발행지연 등으로 인하여 매도인이 제기하는 클레임을 들 수 있다.

여섯째, 마켓 클레임(market claim)이다. 마켓 클레임이란 시황의 불황으로 인하여 매수인이 제기하는 클레임으로 상품가격의 하락에 따라 손해가 발생할 염려가 있을 때 트집을 잡아서 클레임을 제기하는 경우이다.

일곱째, 계획적 클레임(dirty claim)이다 매매당사자의 고의에 의한 클레임으로 매수인이 처음부터 교묘한 방법으로 매도인으로 하여금 계약이행에 지장을 일으키게 하여 제기하는 클레임이다. 이러한 클레임은 신용도가 낮은 악질적인 수출입업자에 의하여 제기되므로 주의하여야 한다.

2. 무역 클레임의 방지대책

1) 신용조사의 철저

무역 클레임을 방지하기 위해서는 거래상대방이 신의성실의 원칙에 의하여 계약이행을 할 수 있는지에 대한 거래처의 신용조사를 철저히 하여야 한다.

일반적으로 거래처의 신용조사사항으로는 재정상태(capital), 거래능력(capacity), 도의심(character), 컨트리 리스크(country risk). 안정적인 통화(safety currency) 등을 들 수 있다.

2) 무역계약서의 완비

국제무역은 후일의 분쟁을 방지하기 위하여 무역계약서나 무역조건협정서 등을 작성하여 상호교환하는 것이 필요하다. 무역계약서의 주요내용으로는 매도인과 매수인의 주소, 상호, 성명, 상품명, 품질, 수량, 가격, 지급조건, 선적시기, 목적지, 포장조건, 중량의 결정방법, 화인, 보험조건, 검사에 관한 사항, 제조업자명, 원산지증명, 불가항력조항, 수량과부족에 관한 조항, 클레임 제기에 관한 조항, 중재조항, 준거법 등이 기재된다.

3) 신용장조건이행의 철저

무역거래는 대부분이 신용장에 의한 거래이므로 신용장조건과 일치하는 제반서류를 구비하지 않으면 서류를 취급하는 은행뿐만 아니라 매매당사자 일방이 클레임을 제기할 소지가 많다 신용장에 관한 중요한 검토사항으로는 매매계약서와 신용장조건과의 일치여부, 선적기한과 유효기간의 확인, 신용장조건과 선적서류의 일치여부 등이다.

4) 국제무역법규에 대한 이해

국제무역법규와 국제상관습에 대한 충분한 이해와 적용의 한계 등을 엄밀히 파악하여 클레임의 소지를 사전에 제거하여야 한다. 국제무역은 언어, 관습, 법률 등이 다른 국가 간의 거래이므로 관념의 차이 등으로 클레임이 발생할 소지가 많기 때문이다.

3. 무역 클레임의 처리

무역 클레임의 사유가 발생하면 피해자인 클레이먼트(claimant)는 클레임의 책임소재를 분명히 규명하여 가해자인 클레이미(claimee)에게 클레임 통지서(claim notice)를 전신이나 텔렉스 또는 서신으로 발송하고, 이어서 확정된 클레임 제기서장을 발송하여야 한다. 동서장에는 클레임에 대한 상세한 내용과 클레임 제기금액 및 플레임 증빙자료 등을 갖추어 상대방의 의의제기에 대비하여야 한다.

1) 무역 클레임의 입증

무역 클레임의 사유가 발생하면 클레임 제기의 정당성을 주장하기 위하여 객관적인 증거를 입증시킬 필요가 있는데, 그 증빙자료로서 제3자에 의한 공인감정보고서(survey report)가 널리 이용되고 있다. 공인감정 보고서는 국제적으로 신용있는 감정기관의 감정보고서를 첨부해야 하는데, 이러한 감정기관으로는 런던의 로이즈 협회 소속의 로이즈 서베이어 등이 유명하다.

2) 무역 클레임의 해결

무역 클레임이 발생하면 당사자간의 타협(compromise)을 통한 화해(amicable settlement)에 의하여 직접 해결하는 것이 가장 적절한 방법이지만 이러한 해결방법이 이루어지지 못할 경우에는 제3자의 개입을 통한 알선(intercession), 조정(conciliation), 중재(arbitration), 소송(litigation) 등에 의하여 무역 클레임을 해결하게 된다.

당사자의 타협에 의한 화해는 가장 바람직한 해결방법으로 대부분의 무역 클레임은 이 방법에 의하여 해결하고 있다. 그러나 이 방법은 당사자의 이해가 상반되기 때문에 쌍방 중 일방의 양보가 없으면 해결되지 않는 단점이 있다. 타협에 의하여 해결책을 강구하지 못했을 경우에는 알선에 의하게 되는데 알선은 상공회의소, 상사중재원, 대사관, 영사관 등과 같은 공공기관을 통하여 해결을 위한조언을 받는 것이 좋다. 다음으로 조정에 의한 해결방법인데 당사자 쌍방이 공정한 제3자를 조정인(mediator or conciliator)으로 선임하고 조정인이 제시한 구체적인 해결안(조정안)에 합의함으로써 클레임을 해결한다.

그리고 중재에 의한 해결방법인데, 중재는 조정의 경우와 같이 당사자가 공정한 제3자를 중재인으로 선임하고 분쟁의 해결을 전적으로 중재인에게 맡겨 그 중재판정에 복종함으로써 해결하는 방법이다. 중재는 조정의 경우와 같이 당사자의 합의에 의해서만 클레임이 해결되며, 조정의 경우에 조정안의 수락여부는 당사자의 자유의사에 따르게 되나 중재의 경우에는 당사자가 중재판정을 거부할 수 없으며 그 결과에 강제 당하게 된다. 이러한 점에서 소송과 비슷한 강행적인 면이 있으므로 중재를 중재재판이라고 한다.

소송에 의한 무역 클레임의 해결은 국가기관인 법원에 소송을 제기하여 법원의

판결로써 분쟁을 강제적으로 해결하는 방법이다. 소송은 무역 클레임의 내용에 따라 민사소송, 형사소송, 행정소송 등으로 분류할 수 있으나 무역 클레임의대부분은 민사소송에 의하게 된다. 이 방법은 화해나 알선, 조정 또는 중재에 의하여 분쟁을 해결할 수 없을 때에 마지막 수단으로 국가공권력에 의한 해결방법이다. 그러나 무역거래는 상대방이 법역을 달리하는 외국에 있기 때문에 법집행상에 문제가 있을 뿐만 아니라 시간과 비용이 많이 소요되는 문제점이 있다.

제7절 상사중재(Arbitration)

1. 상사중재의 의의

상사중재란 무역 클레임의 내용이 복잡하여 당사자간에 직접 교섭으로는 해결이 곤란하거나 또는 불가능한 경우에 당사자 쌍방이 서로 신뢰할 수 있는 제3자를 개입시켜 중재(arbitration)에 맡겨서 무역클레임을 해결하는 것을 말한다. 이러한 중재에 의하여 무역 클레임을 해결하고자 할 경우에는 당사자간에 상호 약정한 중재협정(arbitration agreement) 조항이 있어야 한다.

2. 상사중재절차

무역 클레임의 중재기관으로는 각국의 상공회의소가 그 임무를 담당하고 있으며 우리나라에서 상사중재를 전담하고 있는 기관으로는 대한상사 중재원이 있다. 관한 기본법으로는 상사중재법(법률 제1767호 1966. 3. 16제정).이 마련되어 있으며 이에 관한 절차법으로 상사중재규칙이 있는데, 상사중재절차는 다음과 같다.

1) 중재계약

중재에 의하여 무역 클레임을 해결하고자 할 때에는 당사자간에 중재계약(arbitration agreement)이 선행되어야 하는데, 중재계약은 당사자가 중재를 합의한 서면에 기명날인한 것이거나, 계약서에 중재조항이 기재되어 있는 것일 것, 교환된 서신 또는 전보에 중재조항이 기재된 것 등이어야 한다(상사중재법 제2조 2항). 그리고 뉴욕협약 제2조에도 이와 동일한 취지의 규정이 기재되어 있다.

2) 중재의 신청

중재를 신청하려면 상사중재기관(우리나라에서는 대한상사중재원)에 다음의 서류를 제출하여야 한다.

① 중재신청서
② 중재계약의 원본 또는 사본(중재계약을 증명하는 서류)
③ 청구의 근거를 입증하는 서류의 원본 또는 사본
④ 대리인이 신청하는 경우에는 그 위임장의 원본
⑤ 중재요금, 비용 및 중재인 보수의 예납

3) 중재인의 선정

중재인(arbitrator)은 중재에 있어서 가장 중요한 역할을 담당하게 된다. 따라서 이의 선정은 일차적으로는 당사자가 선정하도록 하고 있으나 특약이 있는 경우에는 중재기관의 사무국이 선정한다. 중재기관에서는 신뢰할 수 있는 중재인 명부를 비치하여 두고 당사자로 하여금 후보자를 선정토록 하고 있으며 당사자가 희망한 중재인을 근거로 하여 중재인 3명을 최종적으로 확정한다. 그러나 당사자의 일방이 외국인인 경우에 이의 요구가 있으면 당사자의 어느 편에도 속하지 아니하는 제3국인 중에서 선정할 수 있다.

4) 중재심문

중재심문이란 중재사안의 파악 및 공정한 판정을 위하여 당사자의 심문, 증거조사, 검증 등의 방법으로 당사자가 중재인 앞에 출석하여 자신에게 유리한 모든 사실을 제시하고 설명하며 상대방의 주장에 대하여도 항변하는 절차를 말한다.

중재심문의 순서, 일시 및 장소 등에 관하여는 중재판정부가 결정하며 그 준비기간을 위하여 당사자에게 5일 이전에 통지하여야 한다.

한편, 심문절차는 비공개로 하고 중재인이 수인인 경우에는 심문에 따른 모든 결정을 그 과반수의 찬성으로 하며 중재인은 심문을 종결하고 30일 이내에 중재판정을 하여야 한다.

5) 중재판정

중재판정은 중재인들의 다수결 결정에 의하여 내려지게 되며, 일단 판정이 절차상으로 확정되면 기판력이 생겨 법원의 확정판결과 동일한 효력을 지닌다. 따라서 중재인은 중재판정을 철회하거나 변경할 수 없다. 그러나 중재판정의 기판력은 본안의 종국판정에 대해서만 효력을 발생하는 것이므로 강제집행을 하기 위해서는 법원으로부터 채무명의를 득하여야 하며 이를 위해서는 법원의 집행결정문을 받아야 한다. 따라서 법원의 집행판결에 의하여 중재판정의 적법성이 인정되면 이를 근거로 강제집행절차를 취할 수 있다.

제 8 장 INCOTERMS 2010

제1절 Incoterms

Incoterms는 무역거래관습으로서 보편적으로 사용되고 있는 정형거래조건의 해석에 관한 국제규칙으로 국제상업회의소(International Chamber of Commerce: ICC)가 1936년에 최초로 제정하였다. 그런데 이것이 다수의 무역업자에 의해 사용되기 위해서는 그 내용이 현실에 맞게 수정될 필요가 있다. 따라서 그간 Incoterms는 1936년에 제정된 이래 국제무역의 발전과 무역실무의 현상에 맞추어 1953년, 1967년, 1976년, 1980년, 1990년, 2000년, 2010년에 각각 개정 또는 추가되었다.

Incoterms는 정형거래조건별로 계약의 당사자, 즉 매도인과 매수인이 각각 무엇을 해야 하는가, 위험부담을 포함하여 상대방에 대하여 어떠한 의무를 부담하는가에 관하여 상세히 규정하고 있다. 그러나 Incoterms는 ① 계약의 성립, ② 소유권의 이전시기, ③ 당사자의 계약능력, 착오 등에 의한 계약의 유효성, ④ 당사자의 계약위반에 대한 구제 등과 같은 문제에 대하여는 전혀 언급하고 있지 않다. 이러한 문제는 각국의 계약법·매매법의 대상이 되며, Incoterms와 같은 국제규칙에서 취급하는 데는 무리가 있기 때문이다. 여기서 참고로 Incoterms와 1980년에 성립된 「국제물품매매계약에 관한 유엔 협약」 [United Nations Convention on Contracts for the International Sale of Goods: CISG; 이하 "비엔나 협약"(Vienna Convention)이라 한다] 의 내용을 비교해 보면 〈표 8-1〉과 같다.

표에서 보는 바와 같이 비엔나협약에서는 청약과 승낙에 의한 계약 성립에 관한 원칙과 당사자의 계약위반에 대한 구제수단에 대하여 자세히 규정하고 있다. 그러나 비엔나 협약도 제4조에서 이 협약은 계약의 성립과 이러한 계약으로부터 생기는 매도인과 매수인의 권리·의무만을 규율하고, 특히 소유권의 이전과 계약의 유효성 문제에는 관여하지 않는다고 규정하고 있다.

소유권의 이전에 대하여는 각국 매매법의 규정이 지나치게 다양하여 통일된 원칙을 만들기가 어려웠기 때문이다. 또 비엔나 협약은 각국이 이 협약을 받아들이기 쉽도록 하기 위해 계약이 유효한가의 여부, 즉 계약의 유효성에 대하여는 국제사법의 원칙에 따라 적용되는 국내법에 의해 판단하도록 하고 있다.

▮표 8-1▮비엔나 협약과 Incoterms상의 규정 유무 비교

구분	비엔나협약	Incoterms
당사자의 의무	있음	있음
계약의 성립	있음	없음
소유권의 이전	없음	없음
계약의 유효성	없음	없음
계약위반의 구제	있음	없음

한편 Incoterms는 당사자의 일방이 상대방과의 관계에서 어떠한 의무를 부담하고 있는가를 규정하고 있을 뿐이며, 자기의 이익을 위해 무엇을 하는 것이 바람직하다는 등의 규정은 두고 있지 않다. 바꾸어 말하면 Incoterms에 규정이 있는 경우에는 상대방에 대해 어떤 의무가 존재하고 있음을 나타내고 있다.

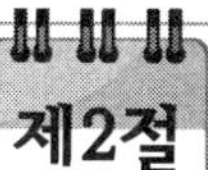

제2절 2010년 Incoterms의 특징

종래 Incoterms 에는 "ICC Official Rules for the Interpretation of Trade Terms"(정형거래조건의 해석에 관한 ICC규칙)라고 하는 부제를 달고 있었으나, 2010년 Incoterms에는 그 부제를 "ICC Rules for the Use of Domestic and International Trade Terms"(국내 및 국제거래조건의 사용에 관한 ICC 규칙)로 바꾸었다. 종래는 3자 약어로 표시한 거래조건(Terms)의 해석이 주안이었으므로 각각을 「조건」이라고 호칭하였으나 2010년 Incoterms에서는 「거래조건을 사용하기 위한 규칙」이라고 하는 취지에서 각기 「규칙」이라고 부르고 있다. 따라서 종래의 Incoterms에서는 각 조건을 설명할 때 예컨대, "FOB 조건", "CIF 조건"과 같이 표현하여야 하지만, 2010년 Incoterms에서는 각 조건을 설명할 때 "FOB 규칙", "CIF 규칙"이라고 하여야 한다. 그러나 오랫동안 Incoterms를 설명할 때 「....조건」이라는 표현을 사용해 왔기 때문에 이 책에서는 2010년 Incoterms의 설명에서도 「....규칙」이라는 표현 대신 「....조건」이라는 표현을 사용하기로 한다.

2010년 Incoterms는 2000년 Incoterms와 비교할 때 다음과 같은 특징이 있다.

(1) 정형거래조건의 축소

컨테이너화의 진전 및 지점 간(point-to-point) 인도방식의 확대 등과 같은 운송실무에 있어서의 변화를 반영하여 2000년 Incoterms에 있던 조건 중 DAF(delivered at frontier; 국경인도), DES(delivered ex ship; 착선인도), DEQ(delivered ex quay; 부두인도) 및 DDU(delivered duty unpaid; 관세미지급인도)의 네 가지 조건을 삭제하고 그 대신 DAT 및 DAP의 두 가지 조건을 새로 도입하였다. 따라서 2000년 Incoterms에는 13가지 조건이 있었으나 2010년 Incoterms에는 다음과 같은 11가지 조건이 있다.

① EXW(ex works; 공장인도)

② FCA(free carrier; 운송인 인도)

③ CPT(carriage paid to; 운송비지급)

④ CIP(carriage and insurance paid to; 운송비 · 보험료지급)

⑤ DAT(delivered at terminal; 터미널인도)

⑥ DAP(delivered at place; 목적지인도)

⑦ DDP(delivered duty paid(관세지급인도)

⑧ FAS(free alongside ship; 선측인도)

⑨ FOB(free on board; 본선인도)

⑩ CFR(cost and freight; 운임포함)

⑪ CIF(cost, insurance and freight; 운임 · 보험료포함)

DAT는 2000년 Incoterms상의 DEQ, 그리고, DAP는 2000년 Incoterms상의 DAF, DES, DDU를 대체하는 것이지만, 새로 도입된 DAT와 DAP는 운송방식에 관계없이 사용할 수 있다. 그리고 DAT에서는 종래의 DEQ조건에서와 마찬가지로 도착된 차량으로부터 양하하여 매수인의 처분에 맡긴 때에, 그리고 DAP에서는 종래의 DAF, DES 및 DDU조건과 마찬가지로 양하준비가 되어 있는 상태, 즉 양하하지 않은 상태에서 매수인의 처분에 맡긴 때에 인도가 이루어진다.

이들 새로운 규칙은 2000년 Incoterms의 DES와 DEQ를 필요 없게 만든다. DAT에서의 지정터미널은 항구에 있을 수 있다. 따라서 DAT는 종래 2000년 Incoterms의 DEQ가 사용되던 케이스에 안전하게 사용할 수 있다. 마찬가지로 DAP 하에서의 도착 「차량」은 선박일 수 있고, 지정목적지는 항구가 될 수 있다. 따라서 DAP는 종래 2000년 Incoterms의 DES가 사용되던 케이스에 안전하게 사용할 수 있다.

(2) 정형거래조건의 구분 변경

2000년 Incoterms는 전체 13가지 거래조건을 E그룹, F그룹, C그룹 및 D그룹의 네 가지 그룹으로 분류하고 있었으나, 2010년 Incoterms는 현대의 상거래 현실을 반영하여 전체 11개 거래조건을 〈표 8-2〉에서 보는 바와 같이 운송수단에 따라 ① 모든 단수 또는 복수의 운송수단에 적합한 규칙(rules for any mode or modes of transport, 즉 복합운송조건)과 ② 해상 및 내수로 운송을 위한 규칙

(rules for sea and inland waterway transport, 즉 해상운송조건)으로 구분하고 있다.

▌표 8-2▐ 정형거래조건의 구분

2000년 Incoterms		2010년 Incoterms	
E그룹(출하지인도)	EXW	복합 운송 조건	EXW, FCA, CPT, CIP, DAT, DAP, DDP
F그룹(주운송비 미지급인도)	FCA, FAS, FOB		
C그룹(주운송비 지급인도)	CFR, CIF, CPT, CIP	해상 운송 조건	FAS, FOB, CFR, CIF
D그룹(도착지인도)	DAF, DES, DEQ, DDU, DDP		

①에 속하는 것은 선택된 운송수단에 관계없고, 또 하나 또는 그 이상의 운송수단이 이용되느냐의 여부에 관계없이 사용할 수 있는 조건으로 EXW, FCA, CPT, CIP, DAT, DAP 및 DDP의 7가지가 이에 속한다. 이들 조건은 해상운송이 전혀 포함되지 않은 경우에도 사용될 수 있고, 또 운송의 일부구간에 선박이 이용되는 경우에도 사용될 수 있다.

②에 속하는 것은 인도지점과 물품이 매수인에게 운송되는 장소가 모두 항구가 되는 조건들로서 FAS, FOB, CFR 및 CIF가 이에 속한다.

그런데 이러한 새로운 분류체계는 2000년 Incoterms 서문(introduction) 제17항(mode of transport and the appropriate Incoterms 2000; 운송방식과 이에 적합한 2000년 Incoterms)에서 이미 ① 「모든 운송방식」(any mode of transport)과 ② 「해상 및 내수로 운송에만」(maritime and inland waterway transport only)적합한 조건으로 구분하고 있었고, 또 국제상업회의소가 1999년에 발간한 표준 국제매매계약서(The ICC Model International Sale Contract; manufactured goods intended for resale)[1)]에서도 2000년 Incoterms에 있는 조건을 ① 「추천하는 조건」(recommended terms)과 ② 「기타 조건」(other terms)으로 구분하고 ①에 복합운송조건들을 열거하여 앞부분에 배치하고 ②에 해상 및 내

1) ICC publication No 566(E), ISBN 92-842-1210-3

수로 운송조건들을 배치하고 있는 점을 감안할 때 새삼스러운 일은 아니다.

그리고 2000년 Incoterms까지는 FOB, CFR 및 CIF에서 인도지점을 본선의 난간(ship's rail)으로 규정하고 있었으나 2010년 Incoterms에서는 물품이 본선상에 「적재된」때에 인도되는 것으로 규정하고 있다. 이것은 현대 상거래의 현실을 반영한 것으로, 위험이 가상의 수직선을 통과할 때 이전된다는 시대에 뒤떨어진 관념을 피할 수 있게 되었다.

제3절 운송방식에 관계없이 사용할 수 있는 조건

(1) EXW(ex[2] works; 공장인도조건)

EXW조건은 매매목적물이 현존하는 장소에서 현물을 인도할 것을 내용으로 하며, 국내거래에 적합하다. 이 조건을 사용할 경우 EXW 뒤에 출하지의 지정인도장소를 표시하는데, 보통 매도인의 구내를 기재한다. 이 조건의 경우 매도인은 자기의 구내 또는 그 밖의 지정된 장소(예컨대, 공장 · 창고 등)에서 지정기간 내에, 수출통관이 필요한 경우에도 그 통관을 하지 않은 계약물품을 매수인이 임의로 처분할 수 있는 상태로 두면 되고, 그때까지의 위험과 비용을 부담한다. 따라서 별도의 합의가 없는 한, 매도인에게는 매수인이 제공한 차량에 물품을 적재할 책임은 없다.

한편 매수인은 지정 인도장소에서 약정품을 자기가 자유롭게 처분할 수 있는 상태가 되면 이를 인수함과 동시에 매매계약에 약정된 바에 따라 대금을 지급하고, 거기서 목적지까지의 물품에 관한 모든 위험과 비용을 부담하여야 한다.

따라서 이 조건을 사용할 경우 매매당사자들은 가능한 한 지정 인도장소에서의 인도지점을 명확히 해 두어야 한다.

그리고 EXW조건에서는 물품의 이동 없이 인도가 이루어지고, 그 후 매수인이

---

2) "ex"는 '~부터' 또는 '~에서'(from; out of)라는 뜻의 라틴어이다.

당해물품의 소유자로서 그 물품을 자기가 수배한 운송수단으로 운송한다. 따라서 이 조건에서는 매도인의 의무가 가장 적고, 반대로 매수인으로서는 가장 부담이 큰 조건이라 할 수 있다.

물품대금은 별도의 약정이 없는 한, 물품의 인도 시에 지급하여야 한다.

이 조건을 사용할 경우 다음 사항을 유의하여야 한다.

① 매도인은 비록 실무상 물품을 적재하기 유리한 입장에 있다고 해도 물품을 적재할 의무가 없다. 만약 매도인이 물품을 적재하였다면 그것은 매수인의 위험 및 비용부담으로 한 것이다. 매도인이 물품을 적재하기 유리한 입장에 있는 경우에는 보통 FCA가 적당하다.

② 수출하기 위해 EXW조건으로 매도인으로부터 물품을 구입하는 매수인은 다음과 같은 사실에 주의할 필요가 있다. 즉 매도인은 단지 매수인이 수출을 하기 위해 필요한 협조를 할 의무만 있고 수출통관을 해 줄 의무는 없다. 따라서 매수인은 직접 또는 간접적으로 수출통관절차를 밟을 수 없는 경우 EXW조건을 사용하지 않는 것이 바람직하다.

③ 매수인은 매도인에게 물품의 수출에 관한 정보를 제공할 의무가 거의 없다. 그러나 매도인은 예컨대, 과세 또는 보고를 위해 이러한 정보가 필요할 수 있다.

EX WORKS

EXW (insert named place of delivery) Incoterms® 2010

GUIDANCE NOTE

This rule may be used irrespective of the mode of transport selected and may also be used where more than one mode of transport is employed. It is suitable for domestic trade, while FCA is usually more appropriate for international trade.

"Ex Works" means that the seller delivers when it places the goods at the disposal of the buyer at the seller's premises or at another named place (i.e., works, factory, warehouse, etc.). The seller does not need to load the goods on any collecting vehicle, nor does it need to clear the goods for export, where such clearance is applicable.

The parties are well advised to specify as clearly as possible the point within the named place of delivery, as the costs and risks to that point are for the account of the seller. The buyer bears all costs and risks involved in taking the goods from the agreed point, if any, at the named place of delivery.

EXW represents the minimum obligation for the seller. The rule should be used with care as:

a) The seller has no obligation to the buyer to load the goods, even though in practice the seller may be in a better position to do so. If the seller does load the goods, it does so at the buyer's risk and expense. In cases where the seller is in a better position to load the goods, FCA, which obliges the seller to do so at its own risk and expense, is usually more appropriate.

b) A buyer who buys from a seller on an EXW basis for export needs to be aware that the seller has an obligation to provide only such assistance as the buyer may require to effect that export: the seller is not bound to organize the export clearance. Buyers are therefore well advised not to use EXW if they cannot directly or indirectly obtain export clearance.

c) The buyer has limited obligations to provide to the seller any information regarding the export of the goods. However, the seller may need this information for, e.g., taxation or reporting purposes.

(2) FCA(free carrier; 운송인 인도조건)

FCA는 매도인이 매도인의 구내(seller's premises) 또는 그 밖의 지정장소에서 약정기간 내에 매수인이 지명한 운송인[3] 또는 그 밖의 당사자에게 수출통관을 필한[4] 계약물품을 인도해야 하는 조건으로, 이 조건을 사용할 경우 FCA뒤에 지정인도장소로서 매도인의 구내 또는 그 밖의 장소를 표시한다. 만약 당사자들이 매도인의 구내에서 물품을 인도하고자 하는 경우에는 지정인도장소로서 그 구내의 주소를 특정하여야 하고, 그 밖의 장소에서 물품을 인도하고자 하는 경우에는 다른 인도장소를 특정하여야 한다.

이 조건에서는 선택된 인도장소에 따라 물품의 적재 및 양하 의무가 달라진다. 즉, 매수인에 의해 지정된 인도장소가 매도인의 구내인 경우 매도인은 매수인이 제공한 운송수단에 물품을 적재하여야 하고, 그 밖의 장소인 경우 물품이 매도인의 운송수단에 적재되어 있는 상태로(즉 양하하지 않은 상태로), 매수인이 지명한 운송인 또는 그 밖의 당사자의 처분에 맡기면 된다. 만약 지정된 장소(예컨대, 서울 또는 뉴욕 등)에서의 인도지점에 대하여 매수인으로부터의 통지가 없고, 또한 인도가능한 지점이 여러 곳 있을 경우, 매도인은 인도장소에서 자기의 목적에 가장 적합한 인도지점을 선택할 수 있다.

FCA조건에서는 매도인이 이러한 물품의 인도완료시까지의 위험과 비용을 부담하고 또한 수출에 관련된 관세, 제세공과금과 통관비용을 지급하여야 한다.

한편 매수인은 인도 완료된 이후의 모든 위험과 비용을 부담한다. 그런데 원래 FCA조건에서는 매수인이 운송계약을 체결하지만 매수인의 요청이 있는 경우 또는 상관습이 있고 또한 매수인이 적기에 반대의 지시를 하지 않은 경우, 매도인은 매수인의 위험과 비용부담으로 통상적인 조건의 운송계약을 체결할 수 있다. 다만, 매도인은 이러한 운송계약의 체결을 거절할 수 있는데, 그러한 경우에는 신속히 매수인에게 통지하여야 한다(A3). 이것은 매수인의 명시적인 요청 또는 상관습에 의거한 묵시적 요청이 있고 또한 매도인이 그 요청을 인수할 의사가 있으면 매도인이 운송계약을 체결해 주지만 반드시 체결해 주어야 하는 것은 아님을 의미한다.

그리고 Incoterms상으로는 컨테이너에의 적부비용을 누가 부담하느냐에 관한 명시규정을 두고 있지 않다. 따라서 이에 관하여는 계약에 명확히 해 둘 필요가 있다.[5]

---

3) 2010년 Incoterms에서 운송인이란 운송계약을 체결한 당사자를 가리킨다.

4) Incoterms에서 사용하는 통관절차(customs formalities)라는 말은 적용 가능한 세관규제에 따르기 위해 충족되어야 하는 요건으로, 문서에 의한, 안전상의, 정보 또는 물리적인 검사의무를 포함할 수 있다.

5) http://www.kwe.ca/incoterms.asp(2010.10.21)

FCA

Free Carrier

FCA (insert named place of delivery) Incoterms® 2010

GUIDANCE NOTE

This rule may be used irrespective of the mode of transport selected and may also be used where more than one mode of transport is employed.

"Free Carrier" means that the seller delivers the goods to the carrier or another person nominated by the buyer at the seller's premises or another named place. The parties are well advised to specify as clearly as possible the point within the named place of delivery, as the risk passes to the buyer at that point.

If the parties intend to deliver the goods at the seller's premises, they should identify the address of those premises as the named place of delivery. If, on the other hand, the parties intend the goods to be delivered at another place, they must identify a different specific place of delivery.

FCA requires the seller to clear the goods for export, where applicable. However, the seller has no obligation to clear the goods for import, pay any import duty or carry out any import customs formalities.

(3) CPT(carriage paid to; 운송비지급인도조건)

CPT는 FCA조건에 지정목적지까지의 운송비(carriage)를 추가한 조건으로 이 조건을 사용할 경우 CPT뒤에 지정목적지를 표시한다. 즉 이 조건의 경우 매도인은 합의된 장소(당사자 사이에 그러한 장소가 합의된 경우)에서 자기가 지명한 운송인 또는 기타 당사자에게 수출통관을 필한 물품을 인도하고, 그 물품을 지정목적지까지 운송하기 위해 통상의 운송경로와 관습적인 방법에 의한 운송계약을 체결하거나 또는 조달하고 운송비를 지급하여야 한다. 이 조건에서는 위험의 이전과 비용부담의 분기점이 다르므로 당사자들은 위험이 매수인에게 이전되는 인도장소와 매도인이 운송비를 부담해야 하는 합의된 목적지에서의 지점을 명확히 해 두어야 한다. 그리고 이 때 매도인이 지정목적지에서의 양하에 관하여 운송계약 하에서 비용을 부담한 경우에도, 당사자 사이에 별도의 합의가 없으면, 매도인은 이러한 비용을 매수인으로부터 회수할 권리가 없다.

또 만약 합의된 목적지까지 물품운송을 위해 여러 명의 운송인이 참여하고, 또 당사자가 특정의 인도지점을 합의해 두고 있지 않은 경우에는, 물품이 최초의 운송인에게 인도된 때에 위험이 이전된다. 따라서 당사자들이 위험의 이전시점을 그 이후의 단계(예컨대 공항에서)로 하고자 하는 경우에는 매매계약에 이를 명확히 해두어야 한다.

한편 매수인은 물품이 운송인에게 인도된 이후의 모든 위험을 부담함과 동시에 지정목적지까지의 운송비를 제외한 모든 비용을 부담하여야 한다.

CPT

CARRIAGE PAID TO

CPT (insert named place of destination) Incoterms® 2010

GUIDANCE NOTE

This rule may be used irrespective of the mode of transport selected and may also be used where more than one mode of transport is employed.

"Carriage Paid to" means that the seller delivers the goods to the carrier or another person nominated by the seller at an agreed place (if any such place is agreed between the parties) and that the seller must contract for and pay the costs of carriage necessary to bring the goods to the named place of destination.

When CPT, CIP, CFR or CIF are used, the seller fulfils its obligation to deliver when it hands the goods over to the carrier and not when the goods reach the place of destination.

This rule has two critical points, because risk passes and costs are transferred at different places. The parties are well advised to identify as precisely as possible in the contract both the place of delivery, where the risk passes to the buyer, and the named place of destination to which the seller must contract for the carriage. If several carriers are used for the carriage to the agreed destination and the parties do not agree on a specific point of delivery, the default position is that risk passes when the goods have been delivered to the first carrier at a point entirely of the seller's choosing and over which the buyer has no control. Should the parties wish the risk to pass at a later stage (e.g., at an ocean port or airport), they need to specify this in their contract of sale.

The parties are also well advised to identify as precisely as possible the point within the agreed place of destination, as the costs to that point are for the account of the seller. The seller is advised to procure contracts of carriage that match this choice precisely. If the seller incurs costs under its contract of carriage related to unloading at the named place of destination, the seller is not entitled to recover such costs from the buyer unless otherwise agreed between the parties.

CPT requires the seller to clear the goods for export, where applicable. However, the seller has no obligation to clear the goods for import, pay any import duty or carry out any import customs formalities.

(4) CIP(carriage and insurance paid to: 운송비·보험료지급인도조건)

CIP는 CPT조건에 운송도중의 위험에 대비한 적하보험계약을 체결하고 보험료를 지급하는 것을 매도인의 의무에 추가한 조건으로, CIF조건을 모델로 하여 만들어진 것이다.6) 이 조건을 사용할 경우 CIP뒤에 지정목적지를 표시한다. 이 조건의 경우 매도인은 합의된 장소(당사자 사이에 그러한 장소가 합의된 경우)에서 자기가 지명한 운송인 또는 기타 당사자에게 수출통관을 필한 물품을 인도하고, 그 물품을 지정목적지까지 운송하기 위해 통상의 운송경로와 관습적인 방법에 의한 운송계약을 체결하거나 또는 조달하고 운송비를 지급하여야 한다. 이 조건도 CPT 조건과 마찬가지로 위험의 이전과 비용부담의 분기점이 다르므로 당사자들은 위험이 매수인에게 이전되는 인도지와 매도인이 운송비를 부담해야 하는 합의된 목적지에서의 지점을 명확히 해 두어야 한다. 그리고 이 때 매도인이 지정목적지에서의 양하에 관하여 운송계약 하에서 비용을 부담한 경우에도, 당사자 사이에 별도의 합의가 없으면, 매도인은 이러한 비용을 매수인으로부터 회수할 권리가 없다.

또 만약 합의된 목적지까지 물품운송을 위해 여러 명의 운송인이 참여하고, 또 당사자가 특정의 인도지점을 합의해 두고 있지 않은 경우에는, 물품이 최초의 운송인에게 인도된 때에 위험이 이전된다. 따라서 당사자들이 위험의 이전시점을 그 이후의 단계(예컨대 공항에서)로 하고자 하는 경우에는 매매계약에 이를 명확히 해두어야 한다.

그리고 이 조건에서는 CPT조건과 달리 매도인이 운송도중의 물품의 멸실·손상에 대한 매수인의 위험을 담보하는 보험계약을 신망 있는 보험자와 체결하고 보험료를 지급하여야 한다. 또 관습적이거나 매수인이 요청하는 경우 매도인은 자기의 비용으로 매수인에게 통상의 운송서류와 보험증권 또는 기타의 부보증명서류를 제공하여야 한다.

CIP조건에서 매도인이 매수인을 위해 체결하는 해상보험계약은 2009년 1월 1일부터 사용하고 있는 LMA(Lloyd's Market Association; 로이즈 시장협회)/IUA(International Underwriting Association of London; 국제보험인수협

---

6) Carole Murray, David Holloway and Daren Timson-Hunt, *Schmitthoff Export Trade: The Law and Practice of International Trade*(11th ed.), London, Sweet & Maxwell, 2007, p.55.

회)가 제정한 협회적하약관(Institute Cargo Clauses: ICC) C조건 또는 이와 유사한 약관상의 최저담보조건으로 부보하여야 하고, 보험기간은 물품의 출하지에서 운송인에게 인도한 때로부터 적어도 지정목적지까지여야 하며, 보험금액은 계약가격의 110%가 되어야 한다[A3 b) 참조].

또 매수인이 LMA/IUA가 제정한 협회적하약관 A조건이나 B조건 또는 이와 유사한 약관 및/또는 LMA/IUA가 제정한 협회전쟁약관(Institute War Clauses)이나 협회동맹파업약관(Institute Strikes Clauses) 또는 이와 유사한 약관으로 부보를 요구하는 경우 매도인은 부보할 수 있는 한, 매수인의 비용으로 그 수배를 해야 한다. 따라서 이 경우 보험료는 매수인이 부담한다.

한편 매수인은 물품이 운송인에게 인도된 이후의 모든 위험을 부담함과 동시에 지정목적지까지의 운송비와 적하보험료를 제외한 모든 비용을 부담하여야 한다.

CIP

CARRIAGE AND INSURANCE PAID TO

CIP (insert named place of destination) Incoterms® 2010

GUIDANCE NOTE

This rule may be used irrespective of the mode of transport selected and may also be used where more than one mode of transport is employed.

"Carriage and Insurance Paid to" means that the seller delivers the goods to the carrier or another person nominated by the seller at an agreed place (if any such place is agreed between the parties) and that the seller must contract for and pay the costs of carriage necessary to bring the goods to the named place of destination.

The seller also contracts for insurance cover against the buyer's risk of loss of or damage to the goods during the carriage. The buyer should note that under CIP the seller is required to obtain insurance only on minimum cover. Should the buyer wish to have more insurance protection, it will need either to agree as much expressly with the seller or to make its own extra insurance arrangements.

When CPT, CIP, CFR or CIF are used, the seller fulfils its obligation to deliver when it hands the goods over to the carrier and not when the goods reach the place of destination.

This rule has two critical points, because risk passes and costs are transferred at different places. The parties are well advised to identify as precisely as possible in the contract both the place of delivery, where the risk passes to the buyer, and the named place of destination to which the seller must contract for carriage. If several carriers are used for the carriage to the agreed destination and the parties do not agree on a specific point of delivery, the default position is that risk passes when the goods have been delivered to the first carrier at a point entirely of the seller's choosing and over which the buyer has no control. Should the parties wish the risk to pass at a later stage (e.g., at an ocean port or an airport), they need to specify this in their contract of sale.

(5) DAT(delivered at terminal: 터미널인도조건)

DAT는 지정 목적항 또는 지정 목적지에 있는 지정터미널에서 도착된 운송수단으로부터 일단 양하한 물품을 수입통관을 하지 않고 매수인의 임의처분상태로 인도하는 조건으로, 이 조건을 사용할 경우 DAT뒤에 목적항 또는 목적지의 지정터미널을 표시한다. 여기서 말하는 터미널에는 덮개의 유무를 불문하며, 부두, 창고, CY(container yard), 도로・철도 또는 항공화물터미널을 포함한다. 이 조건의 경우 매도인은 자기의 비용으로 합의된 목적항 또는 목적지에 물품을 운송하기 위한 운송계약을 체결하여야 하고, 또한 지정 목적항 또는 지정목적지에 있는 터미널까지 운송하여 양하하는데 따른 모든 위험을 부담한다.[7] 따라서 당사자들은 매도인이 위험을 부담해야 하는 지정 목적항 또는 지정 목적지에서의 터미널 또는 경우에 따라 터미널 내에서의 특정 지점을 명확히 해 두어야 한다. 그리고 만약 특정 터미널이 합의되지 않았거나 관습에 의해 결정되고 있지 않은 경우, 매도인은 합의된 목적항 또는 목적지에서 자기의 목적에 가장 적합한 터미널을 선택할 수 있다[A3 a)].

또 당사자들이 터미널에서 다른 장소로 물품을 운송하고 처리하는데 따른 위험과 비용을 매도인이 부담하기로 하는 경우에는 DAT조건 대신 DAP 또는 DDP조건을 사용하여야 한다.

한편 매수인은 물품이 지정 터미널에서 인도된 이후의 모든 위험과 비용을 부담한다.

---

7) DAT조건이 2010년 Incoterms에 규정된 조건 중 매도인이 양하까지 해 줘야 하는 유일한 조건이다(http://www.kwe.ca/incoterms.asp(2010.10.21).

DAT

DELIVERED AT TERMINAL

DAT (insert named terminal at port or place of destination)
Incoterms® 2010

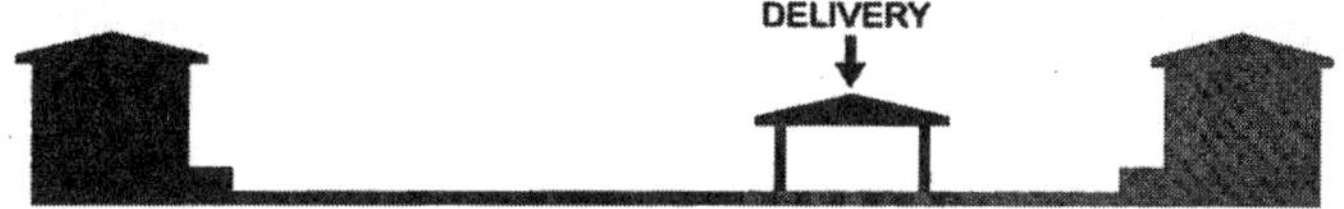

GUIDANCE NOTE

This rule may be used irrespective of the mode of transport selected and may also be used where more than one mode of transport is employed.

"Delivered at Terminal" means that the seller delivers when the goods, once unloaded from the arriving means of transport, are placed at the disposal of the buyer at a named terminal at the named port or place of destination. "Terminal" includes any place, whether covered or not, such as a quay, warehouse, container yard or road, rail or air cargo terminal. The seller bears all risks involved in bringing the goods to and unloading them at the terminal at the named port or place of destination.

The parties are well advised to specify as clearly as possible the terminal and, if possible, a specific point within the terminal at the agreed port or place of destination, as the risks to that point are for the account of the seller. The seller is advised to procure a contract of carriage that matches this choice precisely.

Moreover, if the parties intend the seller to bear the risks and costs involved in transporting and handling the goods from the terminal to another place, then the DAP or DDP rules should be used.

DAT requires the seller to clear the goods for export, where applicable. However, the seller has no obligation to clear the goods for import, pay any import duty or carry out any import customs formalities.

(6) DAP(delivered at place; 목적지인도조건)

DAP조건은 지정목적지에서 수입통관을 필하지 않은 계약물품을 도착된 운송수단으로부터 양하하지 않은 상태로 매수인의 임의처분상태로 인도하는 것으로, 이 조건을 사용할 경우 DAP뒤에 지정목적지를 표시한다. 이 조건의 경우 매도인은 자기의 비용으로 지정목적지 또는 경우에 따라 지정목적지의 합의된 지점까지 물품을 운송하기 위한 운송계약을 체결하여야 하고, 지정지까지 물품을 운송하는데 따른 모든 위험을 부담한다. 만약 특정 지점이 합의되지 않았거나 관습에 의해 결정되고 있지 않은 경우, 매도인은 지정 목적지에서 자기의 목적에 가장 적합한 지점을 선택할 수 있다. 이 때 매도인이 목적지에서의 양하에 관하여 운송계약 하에서 비용을 부담한 경우에도, 당사자 사이에 별도의 합의가 없으면, 매도인은 이러한 비용을 매수인으로부터 회수할 권리가 없다.

한편 매수인은 지정목적지에서 자기가 임의로 처분할 수 있는 상태가 된 이후의 모든 위험과 비용을 부담한다.

이 조건에서 물품의 수입통관은 매수인이 하여야 하는데 만약 당사자들이 수입통관절차를 매도인이 밟기를 희망하는 경우에는 DDP조건을 사용하여야 한다.

DAP조건과 DAT조건의 주된 차이점은 인도조건이다. 즉 DAP조건의 경우 매도인은 (2000년 Incoterms상의 DAF, DES 및 DDU조건에서와 같이) 지정장소에서 도착된 운송수단으로부터 양하하지 않은 상태로 매수인의 임의처분상태로 물품을 인도하면 되는데, 이 때 도착된 운송수단은 선박이 될 수 있고, 또 지정목적지는 항구가 될 수 있다.[8] 한편 DAT에서는 (2000년 Incoterms상의 DEQ조건과 같이) 지정 터미널에서 물품이 일단 선박이나 기타 운송수단으로부터 양하된 후 매수인의 임의처분상태로 물품이 인도되는데, 이 때 지정 터미널은 항구에 있을 수 있다. DAT조건의 경우 매도인은 이러한 지정터미널에 가져와 양하할 때까지의 모든 위험을 부담한다.[9]

---

8) http://www.pca.co.za/modules/news/article.php?storyid=455(2010.10.21)

9) http://www.mondaq.com/canada/article.asp?articleid=112932(2010.10.21)

DAP

DELIVERED AT PLACE

DAP (insert named place of destination) Incoterms® 2010

GUIDANCE NOTE

This rule may be used irrespective of the mode of transport selected and may also be used where more than one mode of transport is employed.

"Delivered at Place" means that the seller delivers when the goods are placed at the disposal of the buyer on the arriving means of transport ready for unloading at the named place of destination. The seller bears all risks involved in bringing the goods to the named place.

The parties are well advised to specify as clearly as possible the point within the agreed place of destination, as the risks to that point are for the account of the seller. The seller is advised to procure contracts of carriage that match this choice precisely. If the seller incurs costs under its contract of carriage related to unloading at the place of destination, the seller is not entitled to recover such costs from the buyer unless otherwise agreed between the parties.

DAP requires the seller to clear the goods for export, where applicable. However, the seller has no obligation to clear the goods for import, pay any import duty or carry out any import customs formalities. If the parties wish the seller to clear the goods for import, pay any import duty and carry out any import customs formalities, the DDP term should be used.

(7) DDP(delivered duty paid; 관세지급인도조건)

DDP는 매도인이 지정목적지에서 수입통관을 필한 물품을 도착된 운송수단으로부터 양하하지 않은 상태로 매수인에게 인도하는 조건으로, 이 조건을 사용할 경우 DDP뒤에 지정목적지를 표시한다. 이 조건의 경우 매도인은 지정목적지에 도착할 때까지 목적지국가에서 수입을 위한 관세(duty)를 포함하여 계약물품을 인도할 때까지의 모든 비용[10)]과 위험을 부담하여야 한다. 그리고 수입에 따라 부과되는 부가가치세나 기타 세금도 계약 상 별도 합의가 없는 한 매도인이 부담한다. 또 이 조건의 경우에도 매도인이 목적지에서의 양하에 관하여 운송계약 하에서 비용을 부담한 경우, 당사자 사이에 별도의 합의가 없으면, 매도인은 이러한 비용을 매수인으로부터 회수할 권리가 없다. 따라서 매도인의 입장에서는 앞에서 설명한 EXW조건이 가장 부담이 적은 조건인데 반하여, 이 조건이 가장 부담이 큰 조건이다.

한편 매수인은 계약물품이 지정목적지에서 자기가 임의 처분할 수 있는 상태로 된 이후의 모든 위험과 비용을 부담하여야 한다.

이 조건에서는 매도인이 수입통관을 하여야 하기 때문에 직접적으로나 간접적으로 매도인이 수입통관을 할 수 없는 경우에는 이 조건을 사용해서는 안 된다. 그리고 당사자들이 수입통관에 따른 모든 위험과 비용을 매수인이 부담하기를 희망하는 경우에는 이 조건 대신 앞에서 설명한 DAP조건을 사용하여야 한다.

---

10) 여기서 말하는 비용은 물품을 수입하는 결과로 필요한 비용이며, 이러한 비용은 적용 가능한 수입규제에 따라 매도인이 지급하여야 한다. 그러나 물품의 수입과 관련하여 개별 당사자에 따라 추가로 소요되는 비용은 매도인이 지급하지 않는다.

DDP

DELIVERED DUTY PAID

DDP (insert named place of destination) Incoterms® 2010

GUIDANCE NOTE

This rule may be used irrespective of the mode of transport selected and may also be used where more than one mode of transport is employed.

"Delivered Duty Paid" means that the seller delivers the goods when the goods are placed at the disposal of the buyer, cleared for import on the arriving means of transport ready for unloading at the named place of destination. The seller bears all the costs and risks involved in bringing the goods to the place of destination and has an obligation to clear the goods not only for export but also for import, to pay any duty for both export and import and to carry out all customs formalities.

DDP represents the maximum obligation for the seller.

The parties are well advised to specify as clearly as possible the point within the agreed place of destination, as the costs and risks to that point are for the account of the seller. The seller is advised to procure contracts of carriage that match this choice precisely. If the seller incurs costs under its contract of carriage related to unloading at the place of destination, the seller is not entitled to recover such costs from the buyer unless otherwise agreed between the parties.

The parties are well advised not to use DDP if the seller is unable directly or indirectly to obtain import clearance.

If the parties wish the buyer to bear all risks and costs of import clearance, the DAP rule should be used.

Any VAT or other taxes payable upon import are for the seller's account unless expressly agreed otherwise in the sale contract.

제4절 해상 및 내수로 운송에서만 사용되는 조건

(1) FAS(free alongside ship; 선측인도조건)

FAS는 지정선적항에서 매수인이 지정한 본선의 선측(예컨대, 부두 또는 부선상)에 수출통관을 필한 물품을 인도하는 조건으로, 이 조건을 사용할 경우 FAS뒤에 지정선적항을 표시한다. 이 조건의 경우 매도인은 지정선적항에서 매수인이 지정한 본선의 선측에 물품을 인도하거나 또는 선적을 위해 이미 그렇게 인도된 물품을 「조달」(procure)하면 된다. 이 때 매도인은 합의된 기일 또는 합의된 기간 내에 그 항구의 관습적인 방법으로 인도하여야 한다.

그리고 매수인이 특정 선적 지점을 통지하지 않은 경우, 매도인은 지정 선적항에서 자기의 목적에 가장 적합한 지점을 선택할 수 있다. 물품에 대한 멸실・손상의 위험은 물품이 본선의 선측에 인도된 때에 이전된다.

한편 매수인은 선박을 수배하고 선박명, 선적장소 및 선적시기를 매도인에게 통지하여야 하며, 지정선적항의 본선 선측에서 유효하게 인도된 때로부터 선적비용을 포함하여 그 물품에 관한 모든 위험과 비용을 부담하여야 한다.

그런데 물품이 컨테이너에 적입된 경우 매도인은 물품을 본선의 선측이 아니라 터미널에서 운송인에게 인도하는 것이 보통이다. 이러한 경우에는 FAS조건이 적합하지 않고 FCA조건을 사용하여야 한다.

FAS

FREE ALONGSIDE SHIP

FAS (insert named port of shipment) Incoterms® 2010

GUIDANCE NOTE

This rule is to be used only for sea or inland waterway transport.

"Free Alongside Ship" means that the seller delivers when the goods are placed alongside the vessel (e.g., on a quay or a barge) nominated by the buyer at the named port of shipment. The risk of loss of or damage to the goods passes when the goods are alongside the ship, and the buyer bears all costs from that moment onwards.

The parties are well advised to specify as clearly as possible the loading point at the named port of shipment, as the costs and risks to that point are for the account of the seller and these costs and associated handling charges may vary according to the practice of the port.

The seller is required either to deliver the goods alongside the ship or to procure goods already so delivered for shipment. The reference to "procure" here caters for multiple sales down a chain ('string sales'), particularly common in the commodity trades.

Where the goods are in containers, it is typical for the seller to hand the goods over to the carrier at a terminal and not alongside the vessel. In such situations, the FAS rule would be inappropriate, and the FCA rule should be used.

FAS requires the seller to clear the goods for export, where applicable. However, the seller has no obligation to clear the goods for import, pay any import duty or carry out any import customs formalities.

(2) FOB(free on board; 본선인도조건)

FOB는 계약물품을 지정선적항의 본선상(on board the vessel)에서 인도하는 조건으로, 이 조건으로 계약을 체결할 때에는 "FOB Busan"(부산항 본선인도조건)과 같이 FOB 다음에 지정 선적항(계약의 이행지)을 표시한다. 이 조건의 경우 매도인은 수출통관을 필한 계약물품을 지정 선적항에서 매수인이 지정한 본선상에 인도하거나 또는 이미 그렇게 인도된 물품을 「조달」(procure)하면 되고, 물품에 대한 멸실·손상의 위험은 물품이 본선상에 인도된 때에 매수인에게 이전된다.[11)] 이 조건과 관련하여 주의할 점은 본선에 인도한다는 의미가 선박이나 화물의 종류 등에 따라 달라질 수 있으므로 그 의미를 명확히 합의하여 계약에 명시해 둘 필요가 있다는 것이다.[12)]

한편 매수인은 지정선적항으로부터 물품을 운송하기 위한 운송계약을 체결하고 선박명, 선적지점 및 인도시기를 매도인에게 통지하여야 하며, 물품이 지정선적항에서 본선에 인도된 이후의 물품에 관한 모든 위험과 비용을 부담한다. 따라서 매수인은 선적 이후의 위험에 대비하여 자기의 비용으로 해상보험계약을 체결하여야 한다.

FOB조건은 물품이 본선에 적재되기 전에 운송인에게 인도되는 경우, 예를 들면 통상 터미널에서 인도되는 컨테이너화물의 경우에는 적합하지 않을 수 있다. 이러한 경우에는 FOB조건이 아니라 FCA조건을 사용하여야 한다.

FOB조건이 앞에서 살펴 본 FAS조건과 다른 점은 FOB가 물품의 인도장소를 본선상으로 하고 있는데 반하여, FAS는 본선의 선측으로 하고 있다는 점이다. 그리고 FOB와 FCA의 가장 큰 차이점은 FOB의 경우는 필연적으로 선적선하증권(on board B/L)을 발행하게 되지만 FCA의 경우는 수취선하증권(received B/L)이 발행된다는 것이다. 그런데 신용장 거래의 경우 수취선하증권은 거절되므로 수취선하증권이 발행된 경우에는 선적 후 본선적재표기(on board notation)를 받아 두어야 한다.

---

11) 2000년 Incoterms까지는 이 조건과 뒤에서 살펴 볼 CFR, CIF조건에서 위험의 분기점을 본선의 난간(ship's rail)을 통과할 때로 규정하고 있었으나 2010년 Incoterms에서는 본선의 난간이 삭제되고 본선상으로 되어 있는 점을 유의하여야 한다.

12) http://www.kwe.ca/incoterms.asp(2010.10.21)

FOB

FREE ON BOARD

FOB (insert named port of shipment) Incoterms® 2010

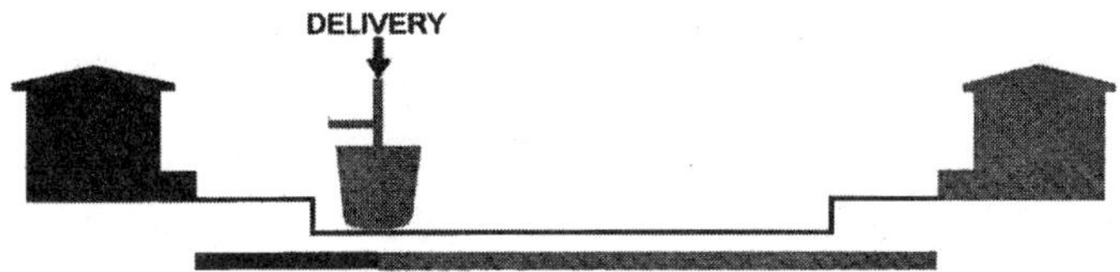

GUIDANCE NOTE

This rule is to be used only for sea or inland waterway transport.

"Free on Board" means that the seller delivers the goods on board the vessel nominated by the buyer at the named port of shipment or procures the goods already so delivered. The risk of loss of or damage to the goods passes when the goods are on board the vessel, and the buyer bears all costs from that moment onwards.

The seller is required either to deliver the goods on board the vessel or to procure goods already so delivered for shipment. The reference to "procure" here caters for multiple sales down a chain ('string sales'), particularly common in the commodity trades.

FOB may not be appropriate where goods are handed over to the carrier before they are on board the vessel, for example goods in containers, which are typically delivered at a terminal. In such situations, the FCA rule should be used.

FOB requires the seller to clear the goods for export, where applicable. However, the seller has no obligation to clear the goods for import, pay any import duty or carry out any import customs formalities.

(3) CFR(cost and freight; 운임포함조건)[13)]

CFR은 선적 시까지의 상품의 원가(cost)[14)]에 지정목적항까지 물품을 운송하기 위한 해상운임(freight)이 가산된 조건으로, 이 조건을 사용할 경우 CFR 뒤에 지정 목적항을 표시한다. 이 조건의 경우 매도인은 물품을 본선상에 인도하거나 또는 이미 그렇게 인도된 물품을 조달하여야 하고, 물품에 대한 멸실·손상의 위험은 물품이 본선상에 인도된 때에 이전된다. 그리고 매도인은 판매된 물품을 운송하는데 통상 사용되는 유형의 선박에, 통상의 항로 및 통상의 조건으로 지정 목적항까지 운송하는 해상운송계약을 체결하거나 또는 조달하고 운임을 부담함과 동시에 물품의 수출통관을 하여야 하고, 또 통상의 운송서류를 지체 없이 매수인에게 제공하여야 한다.[15)] 이 때 매도인이 목적항의 특정된 지점에서의 양하에 관하여 운송계약 하에서 비용을 부담한 경우에도, 당사자 사이에 별도의 합의가 없으면, 매도인은 이러한 비용을 매수인으로부터 회수할 권리가 없다.

한편 매수인은 물품이 본선에 인도된 이후의 모든 위험과 물품이 본선에 인도된 이후 해상운임을 제외한 모든 추가비용을 부담하여야 한다.

CFR조건은 물품이 본선에 적재되기 전에 운송인에게 인도되는 경우, 예를 들면 통상 터미널에서 인도되는 컨테이너화물의 경우에는 적합하지 않을 수 있다. 이러한 경우에는 CFR조건이 아니라 CPT조건을 사용하여야 한다.

---

13) 이 조건은 실무에서 종종 C&F라는 용어로 계속 사용하고 있으나 해석상의 혼란을 피하기 위해 CFR로 사용하여야 한다.

14) 여기서 cost는 매도인이 부담하여야 할 일체의 수출원가, 즉 FOB가격을 뜻한다.

15) CFR조건은 다음에서 살펴 볼 CIF조건과 함께 상징적 인도조건인데, 이에 관하여는 다음 항에서 살펴 볼 CIF조건의 설명 참조.

CFR

COST AND FREIGHT

CFR (insert named port of destination) Incoterms® 2010

GUIDANCE NOTE

This rule is to be used only for sea or inland waterway transport.

"Cost and Freight" means that the seller delivers the goods on board the vessel or procures the goods already so delivered. The risk of loss of or damage to the goods passes when the goods are on board the vessel. The seller must contract for and pay the costs and freight necessary to bring the goods to the named port of destination.

When CPT, CIP, CFR or CIF are used, the seller fulfils its obligation to deliver when it hands the goods over to the carrier in the manner specified in the chosen rule and not when the goods reach the place of destination.

This rule has two critical points, because risk passes and costs are transferred at different places. While the contract will always specify a destination port, it might not specify the port of shipment, which is where risk passes to the buyer. If the shipment port is of particular interest to the buyer, the parties are well advised to identify it as precisely as possible in the contract.

The parties are well advised to identify as precisely as possible the point at the agreed port of destination, as the costs to that point are for the account of the seller. The seller is advised to procure contracts of carriage that match this choice precisely. If the seller incurs costs under its contract of carriage related to unloading at the specified point at the port of destination, the seller is not entitled to recover such costs from the buyer unless otherwise agreed between the parties.

(4) CIF(cost, insurance and freight: 운임·보험료포함조건)

CIF는 앞에서 살펴 본 CFR조건에 지정 목적항까지의 보험료(insurance premium)가 가산된 조건으로, 이 조건을 사용할 경우 CIF뒤에 지정 목적항을 표시한다. 이 조건의 경우 매도인은 물품을 본선상에 인도하거나 또는 이미 그렇게 인도된 물품을 조달하여야 하고, 물품에 대한 멸실·손상의 위험은 물품이 본선상에 인도된 때에 이전된다. 그리고 매도인은 지정 목적항까지의 해상운송계약을 체결하거나 또는 조달하고 운임을 부담함과 동시에 운송도중의 물품의 멸실·손상에 대한 매수인의 위험을 담보하는 보험계약을 체결하여야 한다. 또한 물품의 수출통관도 해 주어야 한다. 이 때 매도인이 목적항의 특정된 지점에서의 양하에 관하여 운송계약 하에서 비용을 부담한 경우에도, 당사자 사이에 별도의 합의가 없으면, 매도인은 이러한 비용을 매수인으로부터 회수할 권리가 없다.

한편 매수인은 물품이 선적항에서 본선에 인도된 이후의 물품에 관한 모든 위험을 부담함과 동시에 물품이 본선에 인도된 이후 해상운임과 해상보험료를 제외한 모든 추가비용을 부담하여야 한다.

CIF조건은 물품이 본선에 적재되기 전에 운송인에게 인도되는 경우, 예를 들면 통상 터미널에서 인도되는 컨테이너화물의 경우에는 적합하지 않을 수 있다. 이러한 경우에는 CIF조건이 아니라 CIP조건을 사용하여야 한다.

CIF

COST INSURANCE AND FREIGHT

CIF (insert named port of destination) Incoterms® 2010

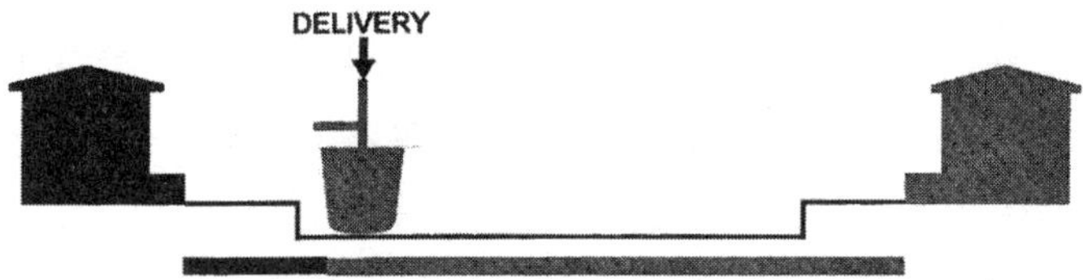

GUIDANCE NOTE

This rule is to be used only for sea or inland waterway transport.

"Cost, Insurance and Freight" means that the seller delivers the goods on board the vessel or procures the goods already so delivered. The risk of loss of or damage to the goods passes when the goods are on board the vessel. The seller must contract for and pay the costs and freight necessary to bring the goods to the named port of destination.

The seller also contracts for insurance cover against the buyer's risk of loss of or damage to the goods during the carriage. The buyer should note that under CIF the seller is required to obtain insurance only on minimum cover. Should the buyer wish to have more insurance protection, it will need either to agree as much expressly with the seller or to make its own extra insurance arrangements.

When CPT, CIP, CFR, or CIF are used, the seller fulfils its obligation to deliver when it hands the goods over to the carrier in the manner specified in the chosen rule and not when the goods reach the place of destination.

This rule has two critical points, because risk passes and costs are transferred at different places. While the contract will always specify a destination port, it might not specify the port of shipment, which is where risk passes to the buyer. If the shipment port is of particular interest to the buyer, the parties are well advised to identify it as precisely as possible in the contract.

(가) CIF계약의 기본적 특징

앞에서 살펴 본 바와 같이 이 조건은 CFR조건과 함께 원래 상징적 인도조건이다. 즉, CIF계약의 본질적 특징은 이 계약 하에서의 인도(delivery)가 물품의 물리적 인도가 아니라 선적서류의 인도를 의미한다는 데에 있다.

따라서 CIF 계약에서 매수인이 요구할 수 있는 것은 선적서류의 인도이고, 반대로 매도인의 입장에서는 선적서류를 인도하면 계약상의 의무를 완수한 것이 된다. 매수인은 선적서류의 인도를 거부하고 현실적인 물품인도를 요구할 수 없고, 한편 매도인도 선적서류 대신 현물을 제공할 수는 없다.[16)]

CIF계약의 경우 매수인은 선적서류가 제시된 때에, 서류가 완전하면 물품이 목적항에 도착하고 있는지의 여부를 불문하고 대금을 지급할 의무를 진다. 그리고 물품이 항해 중에 멸실되거나 또는 손상된 상태로 도착한 경우 매수인은 통상 보험증권에 의거하여 보험회사에 구상하거나 혹은 운송서류에 기재된 운송계약에 의거 운송인에게 구상한다. 다만, 개개의 사건에서 구상을 할 수 있느냐의 여부는 보험증권 또는 운송서류의 조건에 따라 결정된다.

CIF계약에 있어서는 물품이 아니라 물품을 상징하는 선적서류가 매도인으로부터 매수인에게 인도되고, 대금결제도 선적서류와 상환으로 행해지기 때문에 종종 “CIF계약은 선적서류의 매매이다”라고 하지만, 이러한 표현은 법적으로 옳지 않다. 왜냐하면 매수인은 서류 그 자체를 사는 것은 아니고 서류가 상징하고 있는 물품을 사는 것이기 때문이다. 따라서 CIF계약은 “서류의 인도에 의해 이행되는 물품의 매매계약”(a contract for the sale of goods to be performed by the delivery of documents)이라고 하는 것이 정확한 표현이다.[17)]

16) Manbre Saccharine Co. Ltd. v. Corn Products Co. Ltd.(1919) 1 K.B. 198. 이 판례에 McCardie판사의 다음과 같은 유명한 말이 있다.
“All that the buyer can call for is delivery of customary documents. This represents the measure of the buyer's right and extent of the vendor's duty. The buyer cannot refuse the documents and ask for the actual goods, nor can the vendor withhold the documents and tender the goods they represent.”

17) Arnhold Karberg & Co. v. Blythe, Green, Jourdain & Co.(1916) K.B. 495, 510, 514 사건의 판결에서 Bankers 및 Warrington 경의 말.

(나) 선적서류

위에서 알 수 있는 바와 같이 CIF거래에서는 선적서류가 그 중심을 이루고 있는데, 원칙적으로 선적서류는 ① 합의된 목적항까지의 해상운송계약을 증명하는 통상의 운송서류(usual transport document), ② 해상위험을 담보하는 해상보험증권(marine insurance policy) 또는 보험증명서, 그리고 ③ 규정된 형식에 따른 상업송장(commercial invoice)으로 구성된다.

따라서 CIF계약에서는 매도인이 두 가지 부수적 계약을 체결하게 된다. 하나는 운송인과의 해상운송계약(contract of carriage by sea)이고, 다른 하나는 보험회사와의 해상보험계약(contract of marine insurance)이다. 전자에 의거 운송인은 매도인에게 운송서류를 발행하고, 후자에 의해 보험회사는 해상보험증권을 발행한다. 매도인은 이것들에 자기가 작성한 상업송장을 첨부하여 선적서류로서 매수인에게 제공하게 되는 것이다.

1) 운송서류: CIF조건의 경우 매도인이 통상의 운송서류를 지체 없이 매수인에게 제공하여야 하는데, 이러한 운송서류는 선적을 위해 합의된 기간 이내의 날짜로 되어 있어야 하고 매수인이 목적항에서 운송인으로부터 물품을 청구할 수 있어야 하며, 별도 합의가 없는 한 매수인이 운송중인 물품을 서류의 양도 또는 운송인에게 통지함으로써 전매할 수 있어야 한다(A8). 전통적으로 이들 조건하에서는 유통성 있는 선적선하증권(shipped B/L)을 제공해 왔는데 선하증권은 ① 본선상에 물품을 인도한 증거, ② 운송계약의 증거, ③ 증권을 양도함으로써 운송 중인 물품에 대한 권리를 양도하는 수단으로서의 기능을 수행하고 있다.

운송서류로서 선하증권은 물품의 인도청구권을 화체(化體)한 권리증권(document of title)[18]으로서 물품을 대표하게 된다. 이러한 의미에서 선하증권은 물품의 상징(symbol)이고, 선적서류의 인도가 물품의 인도와 동일한 의미를 갖는다. 매수인은 선하증권의 인도를 받음으로써 물품을 자유롭게 처분할 권한을 취득하므로 선하증권의 인도는 물품의 인도와 동일한 효과를 지닌다. 따라서 본선의 항해 중에도 선하증권의 양도를 통해 물품을 전매할 수 있다.

18) 권리가 증권에 화체되어 있다는 것은 그 증권의 점유가 권리행사의 요건으로 되어있는 상태를 말한다.

선하증권의 이러한 특수한 법적 성격에도 불구하고 선하증권이 전자통신문으로 대체되어가고 있다. 따라서 이미 1990년 Incoterms부터 이와 관련된 규정을 두고 있었다. 즉, EXW조건을 제외한 모든 정형거래조건의 매도인의 의무 A8에는 매매당사자가 전자식으로 통신하기로 합의한 경우, 종이서류를 이에 상응하는 전자통신문(EDI message)으로 대체할 수 있도록 하고 있다. 그런데 2010년 Incoterms에서는 여기서 한 걸음 더 나아가 제 A1/B1조에서 당사자들이 합의하거나 관습적인 경우, 전자통신수단에 서면통신과 동일한 효력을 부여하고 있다.

그리고 운송서류가 양도 가능한 형식으로, 그리고 여러 통의 원본이 발행된 경우에는 원본 전통을 매수인에게 제공하여야 한다.

2) 해상보험증권: 해상보험증권은 운송서류에 기재된 물품이 항해 중에 멸실 또는 손상된 경우에 매수인이 손해를 보지 않도록 매수인에게 보험계약에 의거한 구상권을 확보하는 수단으로서 선적서류에 추가된다. 이러한 의미에서 해상보험증권은 운송서류에 의해 표창되고 있는 경제적 이익이 손상된 경우에 그것을 보완하는 기능을 하는 것이다. 항해는 항상 위험을 수반하고 있으므로 운송서류는 보험증권의 뒷받침을 받아야 비로소 안전하다고 할 수 있다.

CIF계약의 경우 위험은 본선에 인도한 때에 매도인으로부터 매수인에게 이전되지만 해상보험계약은 매수인의 이익을 위해 매도인에 의해 체결되고, 그에 의거 해상보험증권이 발행된다. 이 조건에서 매도인이 매수인을 위해 부보하는 적하보험(cargo insurance)의 보험금액과 보험조건은 CIP계약에서의 그것과 동일하고, 보험기간은 선적항에서 본선에 인도된 때로부터 적어도 지정 목적항까지여야 한다.

3) 상업송장: 상업송장은 매도인이 매수인 앞으로 발송한 물품의 명세를 명확히 하고, 대금을 명시하기 위해 선적서류의 하나로 추가된다. 이것은 계약에 의거하여 선적된 물품의 명세서 겸 대금청구서이므로 당연히 계약에 합치되어야 한다.

이상에서 살펴 본 매매당사자의 위험 및 비용부담의 분기점을 정리해 보면 [그림 1]과 같다.

[그림 1] 2010년 Incoterms상의 정형거래조건별 위험과 비용부담의 분기점

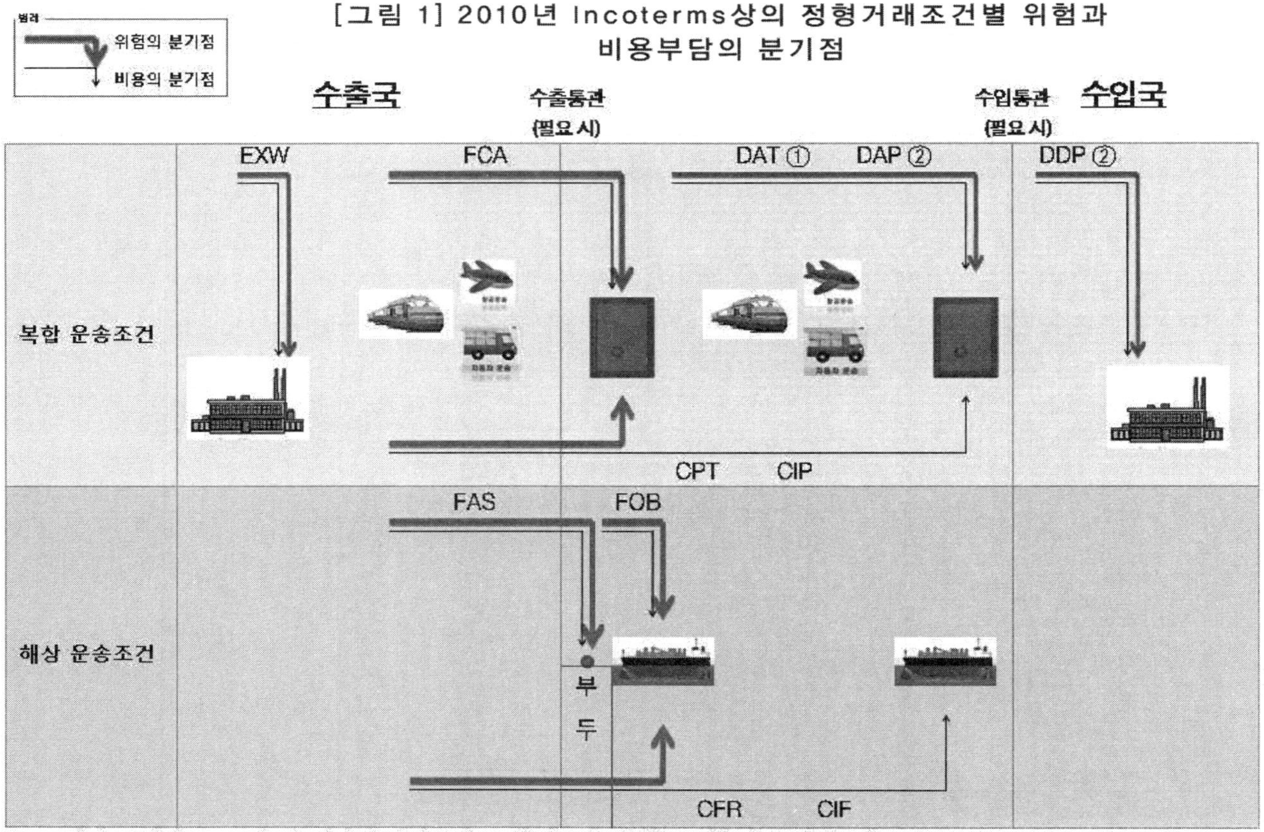

범례
위험의 분기점
비용의 분기점

수출국
수출통관 (필요 시)
수입통관 (필요 시)
수입국

복합 운송조건
EXW
FCA
DAT ①
DAP ②
DDP ②
CPT
CIP

해상 운송조건
FAS
FOB
부두
CFR
CIF

① 지정목적지(또는 항)의 지정터미널에서 도착된 운송수단으로부터 양하 후 인도
② 지정목적지에서 도착된 운송수단으로부터 양하하지 않은 상태로 인도

제 9 장 국제 Transportation

제1절 해상운송(Ocean Transportation)

무역의 3대 지주라고 하면 무역상품을 매매의 목적지까지 안전하게 운반하는 운송수단(transportation)과, 운송도중 화물의 분실, 도난, 멸실, 손상 등으로부터 화주가 경제적 손실을 입었을 경우 이를 보상하는 보험(insurance), 그리고 대금결제의 수단으로써 외국환(foreign exchange)을 들 수 있다. 이 중에서 제1의 지주가 무역운송이며 이는 수입업자와 수출업자의 계약조건에 따라 육상, 해상, 항공 등의 수단에 의하여 무역상품을 운송하게 된다. 이 중 육상운송수단으로는 철도와 자동차가 있고 석유, 가스 등과 같은 것은 송유관을 이용하게 된다. 그리고 항공운송은 항공기에 의하며 해상운송은 선박을 이용하게 된다.

그 중에서도 해상운송은 가장 오래 전부터 이용되어 왔으며 오늘날에도 가장 많이 이용되고 있다. 그 이유로 항공운송은 용량이나 중량의 제한을 받으며 운임 또한 고임이고, 육상운송은 지형적 여건으로 이용하지 못하는 경우도 있는 반면, 해상운송은 대량의 화물을 값싸게 운송할 수 있으며 영국이나 일본과 같은 섬나라와 우리나라와 같이 삼면이 바다로 둘러싸인 반도국가에서는 선박에 의한 화물운송이 가장 적절하기 때문이다. 결국, 무역운송의 주류를 차지하고 있는 것은 해상운송(carriage by sea, ocean transportation)이며 선박의 대형화, 고속화 및 전용화와 컨테이너(container)에 의한 무역상품의 운송 등 다양하게 이루어지고 있다.

1. 해상운송의 형태

1) 정기선

정기선이란 선박회사가 정기선로(regular line or liner)의 운항 스케줄에 따라 정기적으로 선박을 계속적 반복적으로 운항하는 것을 말한다. 따라서 정기선은 불특정 다수의 화주로부터 소량화물, 여객, 우편물 등을 받아서 예정된 일정에 따라 규칙적으로 운항하게 된다. 정기선의 운항형태는 개품운송의 형식을 취하게 되고 정기항로에는 해운동맹이 결성되어 운임 및 기타 운항 조건이 협정되어 있다. 또한 엄격한 운송계획하에 특정한 항로·항만을 규칙적으로 왕복 운항하고, 만선이 아니어도 지정항로를 항해해야 하므로 이에 고정비용이 들어 운임이 비정기선에 비하여 높게 책정되어 있다. 이러한 정기선을 운영하는 해운업자를 정기 해운업자라 하며, 세계의 주요 항로에는 유수한 선박회사들이 정기선을 취항시키고 있다.

2) 부정기선과 전용선

부정기선(tramp or tramper)이란 일정한 항로나 규칙적인 항해 없이 화주의 요청에 의하여 어느 때 어느 항로에서나 화물이 있는 곳이면 선박이 찾아가는 것을 말한다. 부정기선은 항로의 자유선택이 가능하며, 대량의 살화물, 즉 곡물, 광석, 원목, 비료, 시멘트 등의 운송을 주요대상으로 하고 운임의 결정이 그 당시의 수요와 공급에 의하여 선주와 화주간의 협의로 결정되는 등의 특징이 있다.

부정기선은 화주가 선박회사로부터 선복(ship's space)의 일부 또는 전부를 대절하는 계약방식(이것을 용선계약이라 함)에 의하여 운송하며 부정기선 중에는 특수화물을 대상으로 그 화물만을 운송하기 위하여 만든 선박이 있다. 이러한 선박을 일반적으로 산업전용선(industrial carrier)이라 하며, 이 전용선을 그 용도에 따라 광석전용선(orecarrier), 석탄전용선(coal carrier), 곡물전용선(grain carrier), 목재전용선(lumber carrier), 냉동전용선(refrigerated carrier), 시멘트전용선(cement tanker), 유조선(oil tanker), 자동차운송전용선(car carrier), 가스전용선(gas carrier) 등이 있다. 이 전용선은 일반화물선에 비하여 운송비용이 저

렴하고 질적 서비스가 향상되고 있어 최근 들어 선박의 전용화 경향이 현저히 나타나고 있다.

2. 해상운송계약의 종류

1) 개품운송계약

개품운송계약은 개개의 화물을 대상으로 계약을 체결하는 운송방식으로 정기선(liner)에 의한 운송은 전적으로 이 운송방식에 의한다. 개품운송계약은 선박회사, 즉 해운업자가 다수의 차주로부터 화물을 개별적으로 집화·인수하여 화물운송계약을 각 화주와 개별적으로 체결하는 것을 말하며, 이 경우 다수 화주의 화물을 혼적하므로 정기선박운송의 경우에 많이 이용된다.

개품운송계약은 불요식계약이므로 계약서 작성이 필요 없으나 용선계약의 경우에는 용선계약서가 작성된다. 대개의 경우에는 송화인(shipper or consignor) 또는 그 대리인이 운송인인 선박회사 또는 그 대리점 등에 운송을 신청(shipping request)하여 운송인이 이를 승낙, 즉 화물을 인수(booking)하고 선복원부(space book)에 기입함으로써 운송계약이 체결되는데, 이 때 선박회사가 운송계약 증거로 선화증권(Bill of Lading, B/L)을 발행하게 된다. 선복의 신청은 구두 또는 전화로도 가능하나 후일의 분쟁을 방지하기 위하여 선박회사의 소정양식인 선복신청서(shipping request)에 필요사항을 기재한 후 선박회사에 2통을 제출하면 선박회사가 이를 승낙하고 송화인에게 운송계약예약서(freight booking note)를 교부하거나 선복확약서(fixture memo)를 발급하게 된다.

2) 용선운송계약

용선운송계약(chartering)은 송화인이 선박회사로부터 선복(ship's space)의 일부 또는 전부를 빌려서 화물의 운송계약을 체결하는 것으로 이는 개품운송계약과는 달리 계약서의 작성을 필요로 하는데, 이것을 용선운송계약서(Charter Party ; C/P)라고 한다.

용선계약에는 선복의 일부만을 빌리는 일부용선계약(partial charter), 선복의 전부를 빌리는 전부용선계약(whole charter)이 있는데, 전부용선계약은 정기용선

(timecharter), 나용선(bareboat charter), 항해용선(voyage charter, trip charter) 등으로 구분된다.

SHIPPING REQUEST

<table>
<tr><td colspan="3">① Shipper</td><td colspan="3" rowspan="2"></td></tr>
<tr><td colspan="3">② Consignee</td></tr>
<tr><td colspan="3">③ Notify Party</td><td colspan="2">⑩ S/O No.</td><td>⑪ B/L No.</td></tr>
<tr><td colspan="2">④ Vessel</td><td colspan="2">⑦ Voyage No.</td><td colspan="2">⑫ Shipment expiring date on L/C</td></tr>
<tr><td colspan="2">⑤ Port of Loading</td><td colspan="2">⑧ Port of Discharge</td><td colspan="2">⑬ Final destination</td></tr>
<tr><td colspan="2">⑥ B/L to be issued at</td><td colspan="4">⑨ Bill of lading required : original copy</td></tr>
<tr><td>⑭ Marks and Numbers</td><td>⑮ No. and Kind of Pkgs</td><td>⑯ Description of Goods</td><td>⑰ Gross Weight</td><td colspan="2">⑱ Measurement</td></tr>
<tr><td>⑲ Freight & Charges</td><td>⑳ Revenue tons</td><td>㉑ Rate</td><td>㉒ Per</td><td>㉓ Prepaid</td><td>㉔ Collect</td></tr>
<tr><td colspan="3" rowspan="2">㉕ Accepted
20××
㉖ (선박회사명)
By :</td><td colspan="3">Please arrange to ship cargoes as described above :
㉗ Applicant
Add : (Tel)
Name :</td></tr>
<tr><td colspan="3">㉘ Forwarder at the port of loading
Add : (Tel)
Name :</td></tr>
</table>

(210×297mm)

▮표 9-1▮ 해상운임의 분류

구 분		내 용
지급시기에 따른 분류	선불운임 (freight prepaid)	화물을 선적할 때 선하증권과 상환으로 선박회사에 지불하는 운임
	후불운임 (freight collect)	화물의 운송이 완료된 후에 지불하는 운임
부과방법에 따른 분류	종가운임 (ad valorem freight)	특별관리를 요하는 화물의 경우 화주가 신고한 가격을 기초로 하여 일정률을 징수하는 운임
	최저운임 (minimum freight)	화물의 용적이나 중량이 일정기준 이하일 경우 징수하는 일정운임
	차별운임 (discrimination freight)	운임부담력이나 수요탄력성에 기초하여 동일비용의 운송에 대해 화물. 장소, 화준에 따라 운임을 차별화하거나 상이한 비용의 운송에 대해 동일하게 설정하는 운임
	무차별운임 (freight all kind rate)	화물의 형태, 성질, 가격 등과는 관계없이 운송거리를 기준으로 동일한 운임률을 적용하는 운임
특수운임	특별운임 (special rate)	해운동맹이 운임률표상의 기본운임과는 달리 특정화물의 원활한 운송촉진, 맹외선에 대한 대항조치, 대량화물에 대한 우대조치를 위해 일정기간에 한해 적용하는 할인운임
	경쟁운임 (open rate)	화물운임을 해운동맹에서 결정한 운임률표에 의하지 않고 가맹선사가 임의로 결정할 수 있는 운임
	접속운임 (overland common point rate)	운송업자가 해상운송 및 육상, 항공운송까지 화주를 대신하여 북미내륙의 overland common point지역까지 운송하는 경우 화주가 운송업자에게 지불하는 운임
미 신해운법상 운임	기간물량운임 (time volume rate)	선박회사나 해운동맹이 일정기간 제공되는 화물량에 따라 여러 가지 다른 운임률을 부과하도록 승인된 운임
	우대운송계약 (service contract)	화주 또는 화주단체가 정기선운송을 위해 운임동맹 또는 비동맹선사와 체결하는 계약에 따라 화주는 계약기간 중 약정한 화물을 선적하고 그 대가 제공받는 어느 수준의 서비스와 저렴한 운임
	독자운임결정권 (independent action)	미국항로에 취항하는 동맹선사들에게 운임률표에 신고된 운임률이나 기타 조건에 관계없이 독자적인 운임률을 설정. 실시할 수 있도록 허용한 권한

(1) 정기용선계약

정기용선계약은 선박을 일정기간 동안 용선하는 계약으로서 선주는 선박에 일체의 선박용구와 선원까지 승선시킨 상태로 소정의 항구에서 용선주에게 인도하는 것이다. 따라서 선주는 선박의 감가상각비, 보험료 등의 간접비와 선원임금, 수리비, 선용품비 등의 직접비를 부당해야 하며, 용선주는 용선료와 연료비, 운항비, 화물비 등을 부담해야 된다.

이 경우 정기용선주는 용선한 선박으로 자기의 화물을 운송하는 경우도 있으나 용선주가 해운업자로서 선박을 정기 또는 부정기로 운영함으로써 타인의 화물을 운송하여 얻어지는 운임과 용선비의 차액을 노리는 전문용선업자도 있다.

(2) 항해용선계약

항해(항로)용선계약(voyage charter, trip charter)이란 선박을 일정한 항구에 까지(1개의 항구 또는 수 개의 항구) 화물의 운송을 의뢰하는 화주(용선주)와 선박회사 간에 체결하는 운송계약을 말한다. 항해용선계약은 그 내용이 일정한 항해(한 번의 항해-또는 여러 번의 항해)를 기초로 하고 있다는 점에서 정기용선계약이나 나용선계약과는 다르다. 후자는 기간으로 계약하는 용선계약이나 항해용선계약에서는 운송에 대한 보수가 원칙적으로 화물의 톤(ton)당 얼마의 계산하게 된다. 항해용선계약의 변형으로서 선복용선계약(lump-sum charter)과 일대용선계약(daily charter)이 있는데 전자는 화물의 운임을 정함에 있어서 톤당 얼마로 정하지 않고 한 항해에 얼마로 포괄적으로 약정하는 것이며, 후자는 본선이 계약지정 선적항에서 화물을 적재한 날로부터 기산하여 계약지정 양륙항까지 운송하여 화물을 인도 완료할 때까지의 일시 사이에 1일(24시간)당 얼마로 용선료율을 정해서 선복(ship's space)을 빌리는 것을 말한다.

항해용선계약의 체결은 화주와 선박회사간에 계약조건을 기재한 성약각서(fixture note or fixture memo)를 작성하여 선박회사와 화주 및 중개인이 각각 서명하고 각자가 1통씩 보관하게 된다. 그리고 이 성약각서에 따라 항해용선계약서(Voyage Charter Party, Charter Party ; OP)를 작성하여 선박회사와 화주 및 중개인이 서명하여 보유하게 된다.

(3) 나용선계약

나용선이란 용선자가 선박 이외의 선장, 선원, 장비 및 소모품에 대한 모든 책임을 부담하는 것을 말한다. 최근 우리나라에서는 수출화물의 급증으로 선박이 부족하여 외국선박을 나용선(bareboat charter)해서 우리나라의 선원과 장비를 갖추어 다른 나라에 재용선(sub-charter)하여 외화를 획득하고 있다.

(4) 용선계약서

용선계약서의 양식은 법적으로 기재사항에 관하여 아무런 제약이 없기 때문에 당사자간에 임의로 작성할 수 있다. 그러나 오래 전부터 해운거래의 관행에 따라 정형화된 표준양식(standard form)이 이용되고 있는데, 정기용선계약서의 표준양식으로서 세계적으로 널리 사용되고 있는 것은 발틱 국제해운동맹(The Baltic and International Maritime Conference)이 제정한 'Baltime, 1939'와 'New York Produce Exchange'가 제정한 'Produce Form, 1946'이 있는데 우리나라에서는 주로 'Produce Form'을 많이 사용하고 있다.

이러한 용선계약서의 중요계약사항으로는 화물의 명세(description of cargo), 운임율 및 운임지급조건, 하역비용의 부담에 관한 사항(선내비용조건), 하역조건(정박기간에 대한 조건), 체선료(demurrage)[1]와 조출료(despatch money)[2]에 관한 조건 등이 있다.

---

1) 체선료(demurrage)란 규정된 시간 내에 선적이나 양하를 완료하지 못했을 경우에 약정요율에 따라 화주가 선주에게 1일 또는 중량톤수당으로 계산하여 지불하는 계약위반에 따른 손해배상금을 말한다. 체선료의 요율은 정기요선을 기초로 하고 이것에 초과정박으로 인해 추가되는 연료비, 통신료, 항비 등 경비를 고려하여 1일 단위로 결정하는 것이 일반적이다.
2) 체선료의 반대개념으로 허용정박기간 이전에 작업이 완료되었을 때 본선의 회황시간 단축에 대해 선주가 화주에게 지불하는 보수로 보통 체선료의 반액이다.

▮표 9-2▮ 적재 및 하역비 부담조건

구 분	내 용
Liner or Berth terms	적하시와 양하시의 선내하역인부임을 선주가 부담하는 조건
F.I.O(Free In and Out)	적하시와 양하시의 선내하역인부임을 화주가 부담하는 조건
F.I(Free In)	적하시의 선내하역인부임은 화주가 부담하고 양하시는 선주가 부담하는 조건
F.O(Free Out)	적하시의 선내하역인부임은 선주가 부담하고 양하시는 화주가 부담하는 조건
Gross terms(Gross charter)	항비, 하역비, 검수비를 선주가 부담하는 조건
Net terms(Net charter)	항비, 하역비, 검수비를 화주가 부담하는 조건

▮표 9-3▮ 정박기간의 표시방법

구 분	내 용
관습적조속하역(Customary Quick Despatch : C.Q.D)	항구의 관습적 하역방법 및 하역능력에 따라 가능한 한 신속히 적재 및 하역을 실시하는 조건
Running laydays	우천, 파업 및 기타 불가항력적 원인을 불문하고 하역개시시부터 종료시까지 계속된 경과일수로 정박기간을 정하는 조건
Weather Working Days(W.W.D)	가장 많이 사용하는 조건으로 기후가 양호하여 하역이 가능한 작업일만을 정박기간으로 정하는 조건

제2절 컨테이너 운송(Container Transportation)

1. 컨테이너의 정의

컨테이너(container)란 물적 유통(Physical distribution or logistics) 부문의 포장, 수송, 하역 및 보관 등 모든 과정에서 육·해·공을 연합하여 경제성, 수익

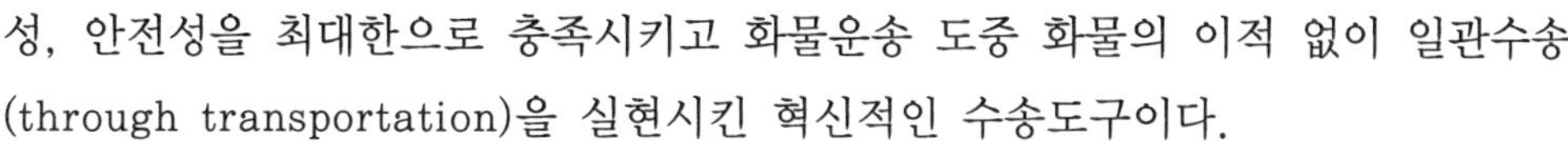

성, 안전성을 최대한으로 충족시키고 화물운송 도중 화물의 이적 없이 일관수송(through transportation)을 실현시킨 혁신적인 수송도구이다.

컨테이너에 관하여 좀 더 구체적으로 설명하면 다음과 같다(관세청 고지 제30조). 컨테이너란 리프트 밴(lift van), 탱크 및 이와 유사한 구조의 수송용기로서 ① 항구적인 성질을 가지며 반복사용에 적합할 정도로 견고한 것 ② 수송 중 환적하지 않고 1개 또는 그 이상의 수송방식에 의한 화물의 수송을 용이하게 하고자 특별히 설계한 것 ③ 화물의 적입 및 적출이 용이하게 설계되어 있는 것 ④ 1㎥이상의 내용면적을 가지고 있는 것 등이다.

컨테이너의 성격과 구조에 관해서 아직도 국제간의 특정협약은 없지만 1972년 UN이 제정한 컨테이너 안전조약이 있다. 일반적으로 국제표준화기구(Inter- national Standardization Organization ; ISO)에 의한 컨테이너의 구비조건은 ① 일정기간에 재사용이 가능한 충분한 내구력을 가질 것 ② 운송도중 수송경로(수단)가 바뀌는 경우 화물의 이적 없이 일관수송을 할 수 있도록 설계될 것 ③ 수송경로를 변할 때 조작이 용이할 것 ④ 화물의 적양이 편리하게 설계될 것 ⑤ 내부용적이 1㎥(35.35t^3) 이상일 것 등이다.

우리나라도 1970년대에 접어들면서 수출입화물이 현저히 증가하여 저렴, 신속, 안전과 문전에서 문전까지의 서비스(door to door service)를 목표로 하고 있는 컨테이너 운송수단을 많이 이용하고 있다.

2. 컨테이너의 운송형태

컨테이너 화물의 운송형태는 화물의 양륙지, 목적지, 집화방식 및 운송형태의 범위에 따라 운임구조 및 책임한계 등이 다르다.

1) CFS/CFS(LCL/LCL : Pier to Pier 방식) 운송

선적항의 CFS[3]로부터 목적항의 CFS까지 컨테이너에 의하여 운송하는 방법으로서 가장 기본적인 이용방법이다. CFS/CFS 운송은 Pier to Pier(부두에서 부두

---

3) CFS란 'Container Freight Station'의 약자로서 1개의 컨테이너를 완전히 채울 수 없는 소량의 화물을 수치하여 보관·분류하고 컨테이너에 적재하도록 선박회사가 지정한 특정의 화물인수장소를 말한다.

까지) 또는 LCL[4]/LCL 운송이라고도 부르며 운송인이 여러 화주로부터 컨테이너에 가득 채울 수 없는 소량화물(LCL 화물)을 목적지별로 분류하여 한 컨테이너에 적입(stuffing)한 후 혼재 운송하여 목적항의 CFS에서 하물을 끄집어내어(unstuffing) 여러 수하인에게 화물을 인도하는 방법이다. 따라서 LCL 화물의 수송형태는 송화인과 수화인이 여러 사람으로 구성되며 운송인은 선적항과 목적항 간의 해당 해상운임만을 징수하고 이에 따른 운송책임도 선적항 CFS에서 목적항 CFS까지이다.

2) CFS/CY(LCL/FCL[5])(Pier to Door 방식) 운송

운송인이 지정한 선적항의 CFS로부터 목적지의 컨테이너 야드(Container Yard ; CY)까지 컨테이너에 의해서 운송되는 화물운송형태로서 운송인이 여러 송화인들로부터 화물을 선적항의 CFS에 집화하여 컨테이너에 적입(stuffing)한 후 최종 목적지의 수화인의 공장 또는 창고까지 화물을 운송한다. 이 운송형태는 CFS/CFS에서 한 단계 발전한 운송방법으로서 대규모 수입업자가 여러 송화인들로부터 각 LCL 화물들을 인수하여 일시에 자기지정창고까지 운송하고자 하는 경우에 이용하기 좋으며 현재 우리나라에서 많이 이용하고 있다.

3) CY/CFS(FCL/LCL : Door to Pier 방식) 운송

CY/CFS 운송형태는 적양지를 뒤바꾼 형태로서 선적지의 운송인이 지정한 컨테이너 야드로부터 목적항의 지정 CFS까지 컨테이너에 의한 화물운송방식이며, 한 사람의 송화인과 여러 사람의 수화인으로 구성되고 있다. 이것은 선적지에서 수출업자가 FCL 화물로써 컨테이너로 운송하여 수입항의 CFS에서 화물을 양륙하여 수화인들에게 인수하도록 하는 운송방법이다. 이 방법은 한 수출업자가 수입국의 여러 수입업자에게 일시에 화물을 운송하고자 할 때에 많이 이용된다.

4) CY/CY(FCL/FCL : Door to Door 방식) 운송

컨테이너의 장점을 최대로 활용한 방식이다. 수출상의 창고로부터 수입상 창고

---

4) LCL이란 'Less than Container Load'의 약자로서 컨테이너 혼재용 소량화물을 말한다.
5) FCL이란 'Full Container Load'의 약자로서, 컨테이너 만재화물을 말한다.

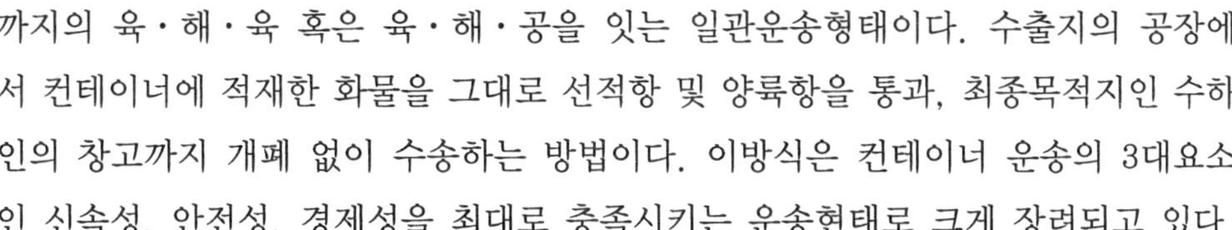

까지의 육·해·육 혹은 육·해·공을 잇는 일관운송형태이다. 수출지의 공장에서 컨테이너에 적재한 화물을 그대로 선적항 및 양륙항을 통과, 최종목적지인 수하인의 창고까지 개폐 없이 수송하는 방법이다. 이방식은 컨테이너 운송의 3대요소인 신속성, 안전성, 경제성을 최대로 충족시키는 운송현태로 크게 장려되고 있다.

3. 컨테이너 선의 종류

1) 분재형 선(semi-container ship)

화물선의 특정선창을 컨테이너 전용선창으로 한 것, 즉 재래선의 선창의 중앙 또는 갑판에다 컨테이너 전용장치를 설치한 선박이다.

2) 혼재형 선(conventional ship)

재래선에 일반 잡화와 함께 혼재하는 선박이다.

3) 전용선(full-container ship)

컨테이너만을 적재하도록 설계된 선박으로 모든 선창에서 컨테이너를 적재할 수 있는데 하역방식에 따라 Lo-Lo방식과 Ro-Ro방식이 있다.

Lo-Lo방식은 lift on/lift off방식으로 일반적인 컨테이너 선의 대부분이 이 방식에 따라 고가이동기중기(gantry crane)로 컨테이너를 수직으로 적재 또는 양화한다.

Ro-Ro방식은 roll on/roll off방식으로 자동차나 철도화차를 수송하는 ferry boat에 이용되는 방식인데, 컨테이너를 fork lift나 트레일러에 적재한 채로 선박과 육상을 연결하는 램프(ramp)를 통해 선측 또는 선미에 있는 출입구(현문)를 이용하여 수평으로 선내에 반출입하는 방식의 선박이다. 이 선형의 단점으로는 쓸모없는 공간이 많다는 점이다.

4) 바지 운반선(barge carrier ship)

바지(barge)는 주로 LASH(lighter aboard ship)와 sea-bee ship, sea-barge clipper 등이 있다. 이 가운데 LASH 방식은 pusher barge 방식에 의하여 부선을

항내의 적소에 이동시켜 대형부선의 상당척수를 gantry crane으로 선미에서 들어올려 선상에서 수납하는 방식이다.

5) float on/float off(LASH)

바지(barge)에 컨테이너 또는 일반화물을 적재하고 바지(barge)에 설치되어 있는 크레인 또는 엘리베이터에 의하여 하역된다.

4. 컨테이너의 장·단점

1) 장점

① 운송 및 하역비의 절감

컨테이너 수송시에 적용되는 품목별 무차별운임(freight all kinds)의 적용에 따른 비용절감과 공장으로부터 본선인도에 이르기까지 섀시(chassis)에 의한 일관수송이 가능하여 대폭적인 비용절감이 된다. 특히 적재와 양륙시 기계적 처리로 하역비가 절감된다.

② 보관비의 절감

컨테이너 야드(container yard)나 컨테이너프레이트 스테이션(container freight station)이 보세창고의 역할을 하므로 화물통관을 위하여 임해의 보세창고에의 입고가 면제되어 화물의 보관비가 절약된다.

③ 포장비의 절감

화물수송을 용기화 함으로써 상품의 외부포장을 생략할 수 있다. 따라서 포장비와 그 부대비용이 절감된다.

④ 자금의 신속한 회전

재래선의 경우 선화증권은 보통 선적 후에 발급되지만 컨테이너를 이용하게 되면 컨테이너에 적입, 봉인되는 즉시 선화증권이 발급되어 매입(negotiation)할 수 있으므로 자금의 원활한 회전을 기할 수 있다.

⑤ 보험료의 절감

화물이 대부분 견고하고 밀폐된 컨테이너에 적재되어 수송되기 때문에 파손, 오손, 도난의 위험이 적고 보험료가 저렴하다.

⑥ 운송서류의 간소화

사무절차의 간소화 및 화물의 컨테이너화로 일관 수송을 하는 경우, 종래의 잡다한 선적단계를 거치는 데서 일어나는 여러 가지 운송서류상의 복잡성을 대폭 간소화시킬 수 있다.

2) 단점

① 컨테이너 수송에 필요한 부두시설, 컨테이너 선 기타 여러 가지의 기구를 준비하는 데 거대한 자금이 든다.
② 컨테이너에 의해서 운송하지 못하는 화물이 있다.
③ 컨테이너 선에는 상당부분이 갑판적재 되는데, 갑판적재의 화물에 대한 높은 할증보험료를 적용하고 있으며, 컨테이너 자체가 일종의 화물로서 보험의 대상이 된다.

제3절 항공운송(Air Transportation)

1. 항공운송의 의의와 특징

항공운송(air transportation)이란 항공기에 의하여 화물 또는 사람을 운반하는 것을 말하는데, 일반적으로 항공수송이라고도 한다. 무역에 있어서 해운이 운송의 주축을 이루고 있는 실정이지만 항공수송의 비중이 매년 증가하고 있는 것도 사실이다.

항공운송의 역사는 군수물자운송에서 비롯되었는데, 본격적인 항공화물의 운송이 시작된 것은 1970년대 점보제트기 등 대형여객기 및 화물전용기의 출현에서 부터이다. 특히 '80년대에 들어와서는 단순한 항공운송뿐만 아니라 다른 운송수단과 연계한 sea/air/land 또는 air/land 등의 일관수송까지도 가능하게 되어 항공운송의 영역이 점차 확대되고 있는 실정이다.

이러한 항공운송의 특성을 들면 다음과 같다.

첫째, 항공운송은 해상운송이나 육상운송보다 신속하게 운송할 수 있어서 기회비용(opportunity cost)이 중요시되는 계절상품이나 납기가 촉박한 상품 등의 긴급수송에 적절하다.

둘째, 안전수송이라는 관점에서 손실, 분실 또는 훼손의 위험이 있는 상품이면서 신속히 전달되어야 하는 상품수송에 유리하다.

셋째, 항공운송은 야행성, 편도성, 비계절성, 신속성 등으로 표현할 수 있다.

넷째, 항공화물운송장(Airway bill ; AWB)은 단순한 화물의 탁송 증거로서 발행된 것이기 때문에 선화증권과 달리 유가증권으로서의 성질을 가지지 못한다.

따라서 기명식 수취인식으로 발행되며 외국환은행에서 매입(negotiation)시에도 수리된다.

2. 항공화물운송장

항공화물운송장(Airway bill ; AWB)이란 송화인이 화물을 항공으로 운송할 것을 의뢰하고 화물을 인도하면 항공회사 또는 항공화물운송대리점(air cargo agent)이 발행하는 비유통성(nonnegotiable)운송서류로서 이를 air consignment note라고도 하는데, 이것은 단순히 화물의 탁송증거로서 발행되는 수취증에 불과하기 때문에 선화증권(B/L)과 달리 유가증권의 성질을 가지지 못한다.

항공운송은 화물이 목적지에 신속하게 도착하므로 도착 즉시 수화인이 화물을 찾을 수 있도록 항공화물운송장은 화물과 함께 보내지며 기명식, 수취인식으로 3통이 발행되는데, 원본 I은 운송인용(original)이고 원본 II는 송화인용(for consigner)이며, 원본 III은 수화인용(for consignee)이다.

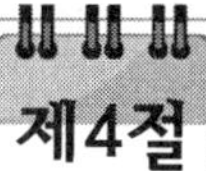

제4절 육상운송(Road Transportation)

국제육상운송(international carriage by road)은 화물자동차운송과 국제철도운송으로 구분된다.

1. 자동차운송

국제육상운송은 국내 및 국제간에 연결된 도로를 이용하여 자동차로 운송하는 것을 말하는데 수화인이 항만철도역 또는 공항에서 떨어져 있는 경우에 수화인에게까지 이적 없이 운송하는 데 편리하다. 따라서 자동차에 의한 육상운송은 철도, 해운, 항공운송의 보조수단이 되기도 한다.

육상운송은 소량화물을 적은 비용으로 운송할 수 있으나 대량운송에 부적합하고 원거리운송시 비용이 비싼 것과 중량제한이 있는 것이 단점이다.

화물을 운송하는 자동차로는 보통 트럭과 컨테이너를 운반하는 트레일러(trailer) 및 전용특장차가 있다. 육상운송은 화주로부터 운송을 위탁받고 화물을 인도받으면 도로화물탁송장(road consignment note or road waybill)을 발급한다.

2. 철도운송

국제철도운송(international carriage by rail)은 철도차량에 의하여 어느 항만시설국 또는 내륙지역국으로부터 다른 내륙지역국으로 물품을 운송하는 것을 말한다. 따라서 국제철도운송은 해상과 육상의 교량적 역할을 한다.

철도운송은 운송비용이 저렴하고 장거리운송이 가능할 뿐만 아니라 연중무휴의 서비스와 안전성이 보장되는 이점이 있다. 그러나 철도는 문전에서 문전까지(door to door) 운송이 불가능하고 철도건설이나 터미널건설에 많은 자본투자가 필요하다는 것이 단점이다.

철도운송은 화차를 기준으로 하는 차취급과 컨테이너를 기준으로 한 컨테이너

취급으로 구분된다. 차취급은 화물을 대절한 화차에 싣고 운송하는 것을 말하는데, 차취급시 화차는 유개차, 무개차 또는 특수화물차를 이용한다.

컨테이너취급은 컨테이너 전용운송용 무개화차에 컨테이너를 싣고 운송하는 방식으로 대량운송과 복합운송에 적합하다.

제5절 복합운송(Combine Transportation)

1. 복합운송의 의의

복합운송(combined transport or multimodal transport)이란 물품이 어느 한 국가의 지점에서 수탁되어 다른 국가의 인도지점까지 운송될 때 두 가지 이상의 운송방식에 의하여 이루어지는 물품운송을 말한다.

다시 말하면 복합운송이란 육상·해상·항공운송 중에서 두 가지 이상의 운송형태를 복합적으로 이용하며 특정화물을 출발지에서 최종 목적지까지 운송구간 중 화물의 이적 없이 일관운송(through transportation)하는 것을 말하는데, 일관운송의 책임을 지는 주체가 복합운송인(combined transport operator)이며, 복합운송인이 발행하는 복합운송계약의 증거서류를 복합운송서류(combined transport documents)라고 한다.

2. 랜드 브리지

랜드 브리지(land bridge)란 해상·육상·항공을 연결하는 가장 경제적인 복합운송을 말하는데, 랜드 브리지에서 해상·육상을 결합시키는 2구간 랜드 브리지(two span land bridge)와 해상·육상·항공을 결합시키는 3구간 랜드 브리지(three span land bridge)가 발달되어 있다.

세계적으로 발달된 랜드 브리지는 다음과 같다.

1) 시베리아 랜드 브리지(SLB)

시베리아 랜드 브리지(Siberia Land Bridge ; SLB)는 부산 또는 일본 등으로부터 러시아의 나홋카(Nakhodka) 또는 보스토치니(Vostochny)까지 해상운송한 후 시베리아 횡단철도에 의해 유럽 및 중동지역에까지 운송하는 경로이다. 시베리아 횡단철도의 서쪽에 이르면 다시 선박으로 영국, 이태리, 북유럽 제국으로 연결되기도 하고 유럽 및 중동 각국으로 철도 또는 트럭으로 연결되기도 한다.

SLB 운송은 1971년 이래 본격적으로 발달되었는데 일본, 한국, 대만, 홍콩, 필리핀, 호주, 뉴질랜드에서 서구, 동구, 북구, 지중해, 중동, 북아프리카, 아프카니스탄, 몽고에까지 이른다. 시베리아 횡단철도는 전소통과화물공단(SOYUZTRANS)이 관장한다.

2) 아메리카 랜드 브리지(ALB)

아메리카 랜드 브리지(American Land Bridge ; ALB)는 극동에서 미국대륙 서해안까지 해상운송하고 철도에 의하여 미국대륙을 횡단한 후 다시 해상으로 유럽에 이르는 경로로서 1972년에 Seatrain사가 개발한 이래 1978년에 Sea Land사가, 1980년에 APL, 1982년 Lykes Lines사가 참가함으로써 본격화되었다.

한국에서 유럽까지 아메리카 랜드 브리지를 이용하면 35~45일이 소요되는데 전 구간을 해상운송할 때보다 수일이 단축되며 운임도 절감된다.

3) 미니 랜드 브리지(MLB)

미니 랜드 브리지(Mini Land Bridge ; MLB)는 극동에서 미국 동부해안의 여러 도시에까지 이르는 경로이다. 즉, 극동에서 선박으로 시애틀, 오클랜드 등 미국 서부해안에 이르고 그 이후는 철도에 의하여 미국의 동부해안 항구에 이른다. 극동에서 파나마 운하를 경유하여 뉴욕까지 해상운송할 때의 거리는 9,800마일(30일소요)이나 미니 랜드 브리지를 이용할 때의 거리는 7,600마일(20일 소요)로 단축된다. 미니 랜드 브리지는 1972년에 미국의 Seatrain사가 시작하였다.

1980년 이후에는 캐나다의 동부해안도시인 토론토, 몬트리올까지 이르는 캐나다 MLB도 발달되고 있다.

4) 마이크로 랜드 브리지(MLB)

마이크로 랜드 브리지(Micro Land Bridge ; MLB)는 극동지방에서 시카고 캔자스시티, 댈라스 미니애폴리스, 디트로이트 애틀랜타 등의 미국의 내륙지점에 이르는 경로로서 내륙지점 복합운송경로(Interior Point Intermodal ; IPI) 라고도 부른다. 마이크로 랜드 브리지는 1977년 미국의 States Steamship Lines가 개발하였다.

5) 캐나다 랜드 브리지(CLB)

캐나다 랜드 브리지(Canadian Land Bridge ; CLB)는 극동지역에서 캐나다의 밴쿠버 또는 미국의 시애틀까지 해상운송하고 그 이후는 캐나다 횡단철도를 이용하여 캐나다 동부해안의 몬트리올 또는 세인트 존(St. John)에 이른 후 다시 해상으로 함부르크 등 유럽의 항구에 이르는 경로이다. 소요일수는 약 35일로 전 구간 해상운송 할 때보다 6~8일이 단축된다. 캐나다 랜드 브리지는 수차례의 환적을 요하기 때문에 운송비용이 다른 랜드 브리지에 비하여 높은 것이 단점이다.

6) 해공복합운송 경로

해공복합운송경로(Sea/Air)는 해상과 항공경로를 결합시킨 것으로 전 구간을 해상운송하기에는 기간이 너무 많이 소요되고 항공운송하기에는 비용이 너무 많이 소요될 때 해상과 항공을 적절히 조합하여 시간과 경비를 절감함에 목적이 있다. 해공복합운송경로는 북미서안 경유 Sea/Air, 러시아 경우 Sea/Air, 동남아시아경유 Sea/Air가 발달되어 있다.

3. 복합운송증권

복합운송인(Combined Transport Operator ; CTO)은 수출업자 또는 송화인의 복합운송의뢰를 받고 화물을 인도받으면 복합운송증권(combined transport bill of lading)을 발급하여 준다.

제5차 개정 신용장통일규칙에서 은행이 수리할 수 있는 운송서류를 해상선하증권, 비유통해상화물운송장, 용선계약부선하증권, 복합운송서류, 항공운송서류 등이 포함되는 것으로 규정하여 종전의 해상선하증권 중심에서 그 범위가 대폭 확대되었다.

복합운송인은 운송수단을 소유하지 않는 것이 일반적이어서 복합운송인의 책임에 문제가 있었다. 그러나 복합운송인이 전 구간 운송의 책임을 지고 송화인과의 계약에서 주체가 되어 복합운송증권을 발행하는 현 실정에서 복합운송증권은 충분히 신뢰할 만한 운송서류가 되므로 신용장통일규칙이 이를 인정하게 되었다.

국제 통상보험

제1절 해상보험(Marine Insurance)의 개요

1. 무역과 해상위험

무역상품이 수출업자로부터 수입업자에게 이전되기까지에는 많은 과정, 즉 수출업자 소재지의 보세창고 입고에서 출구 본선에의 적재와 항해, 양륙항에 있어서의 부선취급 또는 보세장치, 보세창고에의 보관 등 여러 가지 위험에 직면할 수 있다. 이와 같은 위험을 회피하려면 화재보험(fire insurance), 운송보험(transport insurance), 해상보험(marine insurance)에 모두 부보 해야 한다. 그러나 실제로는 이들 세 가지 보험에 모두 부보하지 않고 해상보험만 부보 한다. 여타의 보험은 특약사항으로 부가시켜 무역상품의 출화, 선적, 항해, 양륙, 착화에서 발생할지도 모르는 운송상의 위험이나 화재의 위험을 모두 커버하게 된다.

만약 이러한 보험제도가 없거나 보험제도가 있어도 이를 부보하지 않는다면 수출입업자 모두는 상당한 위험을 감수하지 않으면 안 된다. 여기서는 해상위험(maritime perils)을 커버할 수 있는 보험, 즉 해상보험에 관하여 설명하기로 한다.

해상보험(marine insurance)이란 해상운송도중에 일어나는 사고에 대하여 보험자(insurer, assurer)가 손해를 보상하여 줄 것을 약속하고 피보험자(insured, assured)는 그 대가로서 보험료를 지급할 것을 약속하는 손해보험의 일종이다. 손해보험은 우연한 사고로 인하여 발생할 수 있는 재산상의 손해를 보상할 목적으로 하는 것인데 이 우연한 사고가 항해에 관한 사고 즉, 해상위험에 관한 보험이 해상보험이다. 이와 같이 무역에 있어서 해상위험은 신용위험, 비상위험, 환위험 등과함께 커다란 위험요소가 되고 있으므로 이를 커버하지 않으면 안 된다.

2. 해상보험의 특징

첫째, 해상보험은 일반보험과는 달리 사고발생시 보험자(보험회사)의 실사가 행해지지 않고 피보험자가 제공하는 상황만을 토대로 보험료가 산정되기 때문에 피보험자는 계약체결 전에 자기가 알고 있는 모든 중요한 상황(material circum-stance)을 보험자에게 최대선의의 원칙(the principle of utmost good faith)에 입각하여 고지(disclosure)하여야 한다. 만약 피보험자가 이러한 고지를 소홀히 하거나 하지 않았을 때에는 보험자는 보험계약을 취소하거나 해지할 수 있다(영국해상 보험법 제17조, 제18조). 특히 보험료의 산정이나 보험계약의 성립여부에 영향을 미칠 수 있는 사항은 반드시 고지하여야 하나, 위험을 감소시키는 요인이나 보험자가 사실상 알고 있는 것으로 간주되는 사항 또는 보험자가 별도로 고지의무를 면제한 사항 등은 고지할 필요가 없다(영국해상 보험법 제18조).

둘째, 해상보험증권양식의 모체는 'Lloyd's S.G. Policy' 라는 데 그 특징이 있다. 여기서 S.G는 'Ship and Goods'를 의미하며 선박보험, 적화보험, 운임보험, 기타 모든 해상보험에 공통으로 사용하는 증권이다. 그러나 오늘날에는 선박보험양식(hull form)과 적화보험양식(cargo form)으로 분리되어 있다. Lloyd's 보험증권의 역사는 영국의 Edward Lloyd(1648~1713)가 1648년에 템즈 강변의 타워스트리트(Tower Street)에 개점한 로이드 커피하우스(Lloyd Coffee House)로 거슬러 올라가는데 해운업자와 무역업자들이 많이 모이는 부두에 개점한 이 커피하우스에서 선박·화물의 매매 등이 성행하였으며 어떤 사람들은 배가 출항해서 언제까지 무사히 귀항할 수 있나 없나를 내기(wager)한 데서 해상보험이 유래되었다고 하는데, 이 로이드 커피하우스가 해상보험의 기원이라고 보고 있다.

셋째, 해상보험은 보험계약이 체결되기 전에 발생한 손해라도 계약당사자가 계약체결시 그 발생여부에 대하여 알지 못하였다면 유효한 것으로 해석되어 보험자가 그 위험을 부담하는 특징을 가지고 있다. 이것을 해상보험의 소급보상의 원칙이라고 한다. 그러나 보험계약 당시에 피보험자는 손해가 발생한 사실을 알고 있으나 보험자가 모르고 있는 경우에는 손해에 대한 보상을 받지 못한다(영국해상 보험법 제6조 1항).

넷째, 해상보험은 일반보험과는 달리 국제성이 매우 강하므로 영문보험증권, 보험약관 등이 이용되고, 그 문언의 해석도 영국의 해상보험법과 관습에 따를 것을 규정하여, 각종 협회약관에 따르도록 하고 있다.

다섯째, 그 밖의 해상보험의 특징으로는 담보(warranties)에 관한 약속을 이행해야 하는 특징이 있는데, 담보에 관한 약속은 보험증권상에 명시하는 명시담보(express warranties)와 명시하지 않는 묵시담보(implied warranties)가 있다. 이와 같은 담보는 피보험자의 약속이기 때문에 만약 피보험자가 담보내용조건을 위반하였을 때에 보험계약은 무효가 된다.

그리고 해상보험은 보험자가 보상해 주는 손해가 반드시 보험증권상 담보된 위험이거나 담보되는 위험에 근인하여 발생하여야 한다는 특징이 있다. 즉, 보험자는 담보위험(insured perils)에 근인하여 발생한 손해에 대해서만 보상할 책임이 있다는 원칙이 근인주의이다(영국해상보험법 제55항).

제2절 해상손해의 종류

해상손해(maritime loss)란 해상보험에 있어서 적화품이 해상위험(maritime perils)의 발생으로 피보험이익의 전부 또는 일부가 소멸하여 발생하는 피보험자의 경제상의 부담 또는 재산상의 손해로서, 해상손해의 정도와 그 손해를 누가 부담하느냐에 따라서 여러 가지 종류로 나눌 수 있다.

▌표 10-1▌ 해상손해의 종류

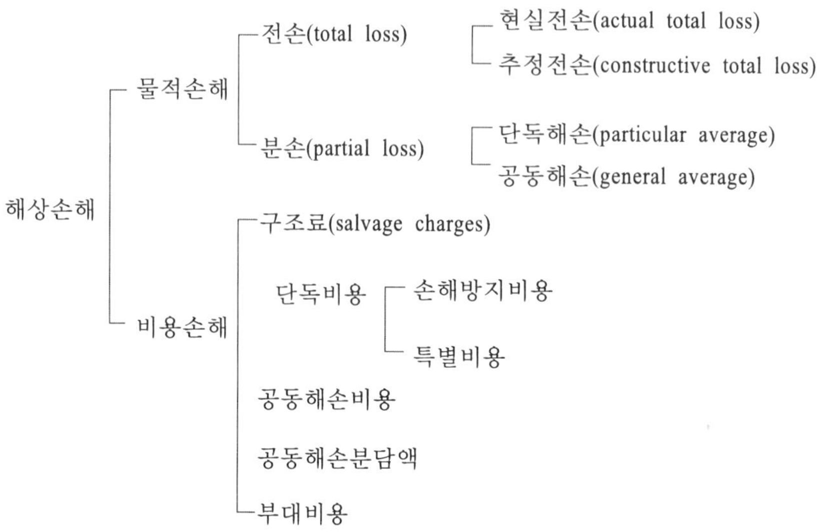

1. 물적 손해와 비용손해

물적 손해란 보험목적물의멸실 또는 손상으로 인한 실체적인 손해(physical loss)로서 무역상품이나 선박 등과 같은 실물이 경제적 가치를 상실하는 것을 말하며, 비용손해란 해상위험이 발생하여 그 결과 지출되거나 또는 위험을 방지하기 위하여 지출된 비용에 관한 손해(loss by way of expenditure)를 말한다. 따라서 물적 손해는 직접손해의 성질을 가지며 비용손해는 간접손해의 성질을 갖는다. 해상보험에서 일반적으로 부보의 대상은 물적 손해만을 보상하게 된다. 그러나 법률이나 보험약관에는 일정한 비용에 대하여 특약이 없어도 보험자가 보상하도록 규정하고 있다.

2. 전손과 분손

1) 전손

전손(total loss)이란 부보된 화물, 즉 피보험이익의 전부가 멸실되어 피보험자의재산상의 손해, 즉 경제적 가치를 전부 상실하였을 경우의 손해를 말한다. 전손은 다시 현실전손(actual total loss)과 추정전손(constructive total loss)으로 구분된다. 현실전손이란 해상보험의 목적물인 부보화물이 현실적으로 전멸되거나 그 손해의 정도가 상품가치(경제적 가치)를 완전히 상실하여 이를 회복할 수 없을 때 또는 선박 등이 행방불명되어 보험목적물이 점유권을 박탈한 경우 등이다. 그리고 추정전손이란 보험목적물이 현실적으로 전멸되지 않더라도 그 손해 정도가 본래의 경제적 가치를 상실하거나 또는 구조되어도 그 수선 또는 수리비용이 구조 후의 경제적 가치를 초과함으로써 전손에 준하는 것으로 추정되었을 경우 등을 말한다.

2) 분손

분손(partial loss)이란 부보된 화물의 일부에만 손해가 발생하였을 경우의 손해를 말하는데 이것을 분손 또는 해손(average)이라고 한다.

분손은 그 손해부담자의 범위에 따라 단독해손(particular average loss)과 공동해손(general average loss)으로 구분된다.

단독해손이란 분손 중에서 공동해손이 아닌 것을 말하는데, 피보험자가 단독으로 겪는 손해이며 공동으로 분담하는 성질의 것이 아니다. 예컨대 폭풍으로 인한 선박의 손상, 화재로 인한 화물의 소실과 화물의 해수·침수, 화물의 일부 손상으로 인한 선임의 상실 등은 선박, 화물 및 선임에 있어서의 단독해손의 일종이다. 공동해손이란 피보험자 목적물이 해난을 당하였을 경우 선장은 공동의 이익을 위하여 선박이나 적화의 일부를 희생하는데, 이 손해를 공동해손이라고 한다. 이 경우 선박이나 적화에 발생한 손해를 공동해손희생(general average sacrifice)이라고 하고 공동해손의 행위에 따른 비용을 공동해손비용(general average charges)이라고 하며 공동해손으로 이익을 얻은 관계당사자가 그 손해를 분담할 경우 이를 공동해손분담금(general average contribution)이라 한다. 그리고 공동해손분담액의 정산을 담당하는 자를 공동해손정산인(general average adjuster)이라 하며 일반적으로 공동해손의 정산의 원칙과 기준은 York-Antwerp Rules, 1950에 의거하거나 또는 합의된 기타 정산기준에 의한다.

3. 위부와 대위

1) 위부

위부(abandonment)란 보험을 부보한 물건이 해난 등에 의해 손상되어 그 손해 정도가 격심한 경우, 그 피보험자 이익이 있는 그대로 이에 관련된 모든 권리와 함께 보험자에게 양도되는 것을 말한다. 즉 위부란 보험의 목적물이 전부 멸실된 것이 거의 확실하지만 이를 입증하기가 곤란하거나 선박의 행방불명이나 또는 수선비가 수선한 후 시가보다 비싸게 견적이 나오는 경우, 또는 선박 또는 적화가 나포되거나 관계당국의 처분에 의하여 6개월 이상 압수당하는 등의 경우와 같이 피보험자가 부보물품에 대하여 소유하는 일체의 권리(all rights and remedies)를 보험자(보험회사)에게 이전하는 대신 보험금의 전부를 취득하게 되는 것을 말한다. 다시 말하면, 피보험자가 보험손해를 추정전손으로 처리하기 위하여 피보험자 이익의 일체를 보험자에게 포기(abandon)하는 행위가 곧 위부행위이다(상법 제710조).

2) 대위

대위(subrogation)란 보험자가 피보험자에게 편의를 제공하기 위하여 보험금을 먼저 지급하고, 보험자는 피보험자의 위부에 의해서 피보험자를 대신해 피보험이익에 관하여 제3자에게 피보험자의 권리를 양도받아 취득하는 것을 말한다. 이렇게 취득한 권리를 대위권(right of subrogation)이라고 하며, 피보험자가 발행한 대위권양도서에 의하여 보험금을 지급하면 그 효력이 발생하는데, 보험자가 취득한 대위권은 보험자가 지급한 보상액 한도 내에서만 유효하다.

앞에서 설명한 위부는 피보험자가 피보험목적물의 모든 권리를 보험자에게 이양하고 보험금액의 전액을 청구하는 권리를 가지는 데 반하여, 대위는 보험자가 보험금을 지급한 경우 손상된 피보험 목적물에 대하여 피보험자가 가지고 있던 소유권과 손상을 발생하게 한 자에 대한 구상권을 보험자에게 주어서 보험자가피보험자의 권리를 취득하게 되는 것이다.

4. 비용손해

비용손해란 해상위험이 발생한 결과 비용의 지출이 불가피하거나 타인에 대한

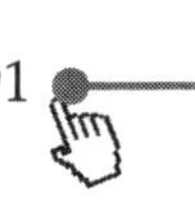

손해배상의 책임을 져야 하는 경우의 손해를 말한다.

비용손해는 여러 가지가 있으나 구조료(salvage charges), 특별비용(particular charges), 손해방지비용(sue and labor charges), 손해조사비용 등을 들 수 있다.

1) 구조료

해상보험에서 구조료(salvage charges)라 함은 제3자가 선박이나 또는 적화를 해난구조계약으로 체결하지 않고 임의로 해난구조행위를 하여 그 결과 재산이 구조되었을 때, 그 구조행위를 한 자는 해상법에 의하여 보수를 받을 권리가 부여되는 것을 말한다.

이 구조비가 보험회사가 담보한 위험에 의한 손해를 방지하기 위하여 지출되었을 때에는 보험자에게 보상책임이 있다. 해난구조에는 구조자와 피구조자간의계약에 의하여 행하는 계약구조(contract salvage)와 구조행위를 임의로 하는 임의구조(voluntary salvage)가 있는데, 구조비의 지급은 임의 구조일 경우의 보수, 즉 임의구조비(voluntary salvage charges)만을 지급하게 된다.

2) 특별비용

특별비용(particular charges)이란 피보험 목적의 안전 또는 손해를 방지하기 위하여 피보험자나 그 대리인이 지급하는 비용으로서 공동해손비용 및 구조료 이외의 비용을 말하는데, 이것을 단독비용이라고도 한다. 이러한 특별비용은 손해방지비용과 거의 비슷한 성격을 띠고 있는데, 실무적으로는 특별비용의 손해방지약관(sue and labor clause)에 의하여 보상되는 클레임이라고 표현하고 있어 사실상 동등한 것으로 간주하고 있다. 따라서 특별비용이 보험 목적물의 안전과 보존을 위하여 지출된 비용인 만큼 손해의 방지·경감을 위하여 지출한 손해 방지비용을 포함하고 있다고 하겠다. 그리고 특별비용에는 손해방지비용과 손해방지비용에 속하지 않는 고유의 특별비용이 있는데, 손해방지비용은 보험금액을 초과해도 보상되지만 고유의 특별비용은 보험금액을 한도로 보상된다. 특별비용과 손해방지비용을 구태여 구분하는 것은 특별비용 중에 양륙항에서 손해를 사정하기 위하여 발생하는 감정료(survey fee)나 화물판매비용 등과 같이 손해방지비용에 포함될 수 없는 순수한 특별비용이 포함되기 때문이다.

3) 손해방지비용

보험계약자, 피보험자 또는 그의 대리인이나 사용인은 손해방지나 손해의 경감조치를 취할 의무가 있는데 이 의무를 이행하기 위하여 소요된 비용을 손해방지비용(sue and labor charges)이라고 한다. 손해방지비용은 손해방지의무에 의하여 지출된 비용이므로 특약이 없어도 보험자가 부담하게 되며 물적 손해 등 다른 손해에 대한 보상액과 손해방지비용의 합계액이 보험금액을 초과하는 경우에도 보험자가 이를 부담한다. 다만, 일부보험인 경우에는 보험금액의 보험가액에 대한비율에 따라 보상한다. 손해방지비용은 피보험자 자신의 손해를 방지하는 비용에 한정하고 선박과 화물 공동의 이익을 위하여 지출된 비용은 공동해손비용(general average expenditure)에 속한다.

4) 손해조사비용

손해조사비용은 보험자가 부담할 보험손해를 조사하고 그 정도를 확정하거나 혹은 증거보전을 확립하기 위하여 지출된 비용이다. 환언하면 손해조사비용은 보험금 청구의 이유 및 그 금액을 증명하기 위한 비용으로서 손해의 보상을 청구하는 피보험자가 부담하여야 할 성질의 비용이지만 각국의 법률 및 약관은 이것을 보험자의 부담으로 하고 있는 경우가 많다(우리 나라 상법 제676조 2항).

다만, 보험자의 부담이 되는 비용은 보험자에게 보상책임이 있는 손해의 확정을 위하여 지출된 것이어야 한다. 따라서 보험자의 보상책임이 있는 손해가 발생하였는지의 여부를 조사하기 위한 자체조사비용은 보상되지 않는다. 이와 같은 손해조사비용에 속하는 것으로는 여비・통신비・입회비・검정료・서류발췌비용・해난보고서 작성비용·사진비용 등이 있다.

5) 충돌손해배상금

피보험선박의 과실이나 상대방의 과실로 인한 충돌에 의하여 입게 되는 피해를 보험자는 자기의 비용으로 피보험자를 보상해 주게 되는데, 이 때 지급되는 비용

을 충돌약관(running down clause)에 의한 충돌손해배상금이라고 한다. 선박의 충돌은 일방의 과실(one to blame), 쌍방의 과실(both to blame), 쌍방 모두의 무과실(none to blame) 등으로 나눌 수 있는데, 과실의 책임여하에 따라서 배상금이 달라진다.

6) 공동해손분담금

공동해손분담금(general average contribution)이란 피보험자가 제3자의 공동해손희생(general average sacrifice) 또는 공동해손비용(general average ex-penditure)의 지급으로 인하여 이익을 보존할 수가 있었던 경우에 그 희생 또는 비용을 제공한 제3자에 대하여 공동해손정산에 따라 보험자(보험회사)가 분담하는 금액을 말한다.

5. 보험자가 부담하지 않는 직접손해

해상손해는 그 손해가 어떻게 이루어졌느냐에 따라 직접손해와 간접손해로 나누어진다. 직접손해란 보험사고로 말미암아 피보험이익 자체에 발생한 손실로서 적화보험의 경우 부보된 화물의 멸실·손상 등으로 인한 소유자 이익의 손실을 말한다. 그리고 간접손해란 보험사고로 인한 피보험자이익에 대한 직접손해 이외의 손해를 말하는데, 적화보험의 경우 희망이익(estimated profit expected profit)에 대한 손해는 간접손해에 해당된다.

이와 같은 직접손해는 원칙적으로 보험자가 부담하는 보험손해이다. 그러나 다음의 경우에는 보험자가 이를 부담하지 않는다.

1) 선박의 불내항성

내항성(seaworthiness)이란 선박이 아무런 사고 없이 안전하게 목적지까지 항해할 수 있는 성능을 말하는데, 내항성의 조건으로는 선체, 기관, 선구가 해상위험에 대항할 수 있어야 하며, 또한 항해에 필요한 연료, 식량, 선원, 서류, 장부 및 소도구 등을 갖추어 항해에 지장이 없어야 한다. 만약 이러한 불내항성이 입증되면 보험자는 이로 인한 손해를 배상하지 않는다.

2) 성질손해

화물에 대한 성질손해, 즉 부패, 감량, 녹·곰팡이 스는 것, 파손, 자연발화, 쥐나 곤충 등에 의한 손해는 특약이 없는 한 보험자가 부담하지 않는다.

3) 소손해

직접손해라 하더라도 경미한 손해에 대하여는 보험자가 이를 부담하지 않게 되는데, 이때 보험자가 면책되는 일정한 비율을 소손해면책비율(franchise)이라고 한다. 우리나라에서는 총부보량 또는 부보금액의 2%를 면책비율로 규정하고 있으나 국가에 따라서는 약간의 차이가 있다. 일반적으로 3%의 면책비율을 적용하는 것이 국제관습으로 되어 있다.

제3절 해상보험 증권(Marine Insurance policy)

1. 해상보험증권 의의

보험증권(insurance policy)이란 보험계약의 성립 및 그 내용을 명백히 하기 위하여 보험자가 작성하고 보험계약자에게 교부하는 증서로서, 보험증권상에는 보험자(insurer, underwriter), 피보험자(insured, assured), 피보험목적물, 담보위험, 보험가액, 부보금액(보험금액), 위험의 시기와 종기, 피보험자에 대한 손해보상의 약속 등 보험계약의 내용을 상세하게 표시한 증권이다.

보험증권은 보험계약성립의 증거로서 보험자가 보험계약자에게 발급하는 증거증권으로서 일반적으로 배서(endorsement) 및 인도(delivery)에 의하여 양도(transfer)된다. 해상보험증권은 1779년 1월 영국의 로이즈 보험자(Lloyd's under-writer's) 총회에서 그때까지 사용되어 오던 여러 가지 양식의 보험증권을 통일한 'Ship and Goods Form(S. G. Form)'의 보험증권이 영국해상보험법(Marine Insurance Act, 1906)부록에 표준해상보험증권으로 채택됨으로써 공식적으로 사용되었으며, 우리나라에서도 1983년 3월 1일부터 지금까지 사용하던 ILU 회사용 보험증권(The Institute of London Underwriters, Companies Combined Policy, Hull and Cargo)과 개정(신)해상보험증권인 New ILU Marine Policy Form과 New Lloyd's Marine Policy Form을 함께 사용하고 있다. 개정(신) 양식은 기존의 해상보험증권에 있던 본문 약관 중 주요내용은 적화보험약관(Institute cargo clause)에 포함시키고, 나머지 본문약관과 이탤릭서체약관(Italic clause) 및 난외약관(Marginal clause) 등은 모두 삭제하여 간결하게 되어 있다.

2. 현행의 해상보험증권

현재 각국이 사용하고 있는 해상보험증권은 앞에서 설명한 바와 같이 1779년 영국의 로이즈에서 공식적으로 사용했던 S.G. Form(Ship and Goods Form)의 보험증권을 그대로 사용하거나 또는 S.G. Form 보험증권의 일부를 수정하거나 첨가하여 사용하고 있는데, 보험증권의 구성은 ① 본문 ② 이탤릭서체약관 ③ 난외약관 등의 보통약관으로 구성되어 있고, 경우에 따라서 여기에서는 특별약관이 추가되어 있다.

보통약관은 보험자의 책임범위 및 기타 당사자의 권리·의무를 규정한 약관으로서 보험증권의 표면 밑부분에 기재되어 있고 어느 계약에도 적용되는 기본 약관이다. 이에 대해 특별약관은 보통약관에 기재되어 있지 않은 사항이나 보험자의 책임을 확정하는 사항을 규정한 약관으로서 보통약관을 추가 수정하기 위해서 사용된다.

본문(body)은 보험증권의 표면 우측 아래에 보통 글씨체로 인쇄되어 있는 가장 기본적인 약관이다. 여기에는 모두 문언, 양도, 소급, 보험기간, 기항정박, 보험평가액, 위험, 손해방지, 면책비율 등의 약관들이 기재된다.

이탤릭 서체약관(Italicized Clause)은 표면좌측 및 윗부분에 이탤릭 서체의 활자로 인쇄되어 있는 약관을 말하는데, 여기에는 포획·나포 부담보약관(FC&S. clause), 동맹파업, 소요, 폭동부담보약관(FSR & C. C. Clause)이 있고 본문보다 우선하여 적용된다.

난외약관(Margin Clause)은 증권의 표면 좌측 밑의 하반부분에 보통자체로 인쇄된 여러 약관을 말하며 보통 교사약관(Grounding Clause), 타보험약관(Other

Insurance Clause), 손해통지약관(Claim Notice Clause)이 있고 본문보다 우선하여 적용된다.

그리고 보험증권 이면에 있는 특별약관에는 협회적화약관(Institute Cargo Clause ; FPA, WA, A/R), 협회전쟁위험담보약관(Institute War Clause), 협회동맹파업, 소요, 폭동담보약관(Institute SRCC Clause) 등이 있다. 현행보험증권양식과 개정(신) ILU 및 로이즈의 해상보험 증권양식은 다음과 같다.

(1) 현행보험증권양식

① standard S. G policy form hull(or freight) and cargo(표준 S. G Form 보험증권, 선박(혹은 선적) 및 적하)

② the institute of London underwriters, companies combined policy, hull and cargo(ILU 회사용 보험증권, 선박 및 적하)

(2) 개정(신) ILU 및 로이즈의 해상보험증권양식

① new ILU marine policy form

② new Lloyd's marine policy form

제4절 해상보험약관

1. 종래의 해상보험약관

종래의 협회적화보험약관(ICC)은 런던해상보험자협회(Institute of London Underwriters ; ILU), 로이즈 보험자(Lloyd's underwriters) 및 해손정산인 등으로 구성된 기술 및 약관위원회(Technical and Clause Committee)가 1912년에 제정한 뒤 지금까지 사용되고 있다. 협회약관에는 협회적화약관 이외에도 협회전쟁약관(Institute War Clause), 협회동맹파업·폭동 및 소요약관(Institute Strikes, Riots and Civil Commotions Clause), 협회 도난·분실 및 부도착약관(Institute

Theft Pilferage and Non-Delivery Clause), 기타 특정상품에 대한 약관 등이 있다.

(1) 협회적화약관

협회적화약관에는 협회적화 분손부담보약관(Institute Cargo Clauses FPA), 협회적화 분손담보약관(Institute Cargo Clauses WA), 협회화물 전위험담보약관(Institute Cargo Clauses A/R) 등이 있다.

① **단독해손부담보약관(Institute Free From Particular Average Clause FPA)** : FPA란 보험목적물의 전손의 경우는 물론이고 분손 중 공동해손의 경우와 손해방지비용, 구조비, 특별비용, 소송비용, 본선 또는 부선의 침몰, 좌초, 모래접촉, 화재 또는 물 이외의 다른 물체(석유, 빙산, 향료 등)와의 접촉, 혼적 등에 나쁜 냄새가 스며든 것 등의 손해를 보상하는 것으로 단독해손 이외의 모든 손해를 보상하므로 단독해손부담보조건 이라고도 한다.

② **분손담보약관(With Average ; WA, With Particular Average ; WPA)** : WA는 보험자가 보통의 항해에서 입는 보통해상손해의 전부를 담보하는 보험조건이다. 즉 보험목적물의 전손과 공동해손은 물론이고 단독해손에 의한 손해까지도 보상해 주는 조건을 말한다. 이 조건에서는 모든 분손을 담보하는 것이 아니고 일정비율 이하의 분손(단독해손)에 대해서는 보험자가 책임을 면책 받고 있으며, 이 면책액을 최소책임액(franchise)이라고 하는데 일반적으로 WA 3%까지 면책된다. 그러나 WAIOP(With Average Irrespective Of Percentage ; 퍼센트에 관계없는 분손담보) 조건으로 협약하면 면책비율이 없으며 적은 분손이라도 보험자가 보상한다.

③ **전위험담보약관(All Risks ; AR)** : AR은 WA보다 보험자가 담보하는 범위가 더 넓으며, 항해에 관한 우연한 사고로 발생한 모든 손해를 보상하는 보험조건으로서 보험료가 가장 고율이다.

그러나 전쟁위험, 파업, 폭동위험까지도 포함하는 것은 아니며, 특히 화물고유의 하자 또는 성질에 의한 손해와 수송지연으로 인한 멸실, 손상 또는 비용은 제외되는데, 이 조건의 주요한 추가보상범위는 다음과 같다.

- 우・담수유손{RFWD(Rain and/ or Fresh Water Damage)}

- 유류 또는 타물질과 접촉손{COOC(Contract With Oil and/or Other Cargo)}
- 조손(hook & hole)
- 파손, 누손, 부족손(breakage, leakage, shortage)
- 도난, 발화, 불착손{TPND(Theft, Pilferage and/or Non-Delivery)}
- 한습, 열손(sweat & heat)
- 곡손(bending and/or benting)
- 서식 또는 충식손(rat and vermin)
- 곰팡이로 인한 손해(mould & mildew)
- 갑판상 유실손{WOB(washing overboard)}
- 녹(rust)
- 동물의 자연사(ordinary mortality of animals)
- 자연발화(spontaneous combustion), 자연폭발(spontaneous explosion)
- 포장의 불완전(insufficiency of packing)

이와 같이 해상고유의 위험에 속하지 않는 모든 위험을 부가적 위험(extraneous risks)이라고 하는데, 이 부가적 위험은 특약이 있는 경우에 한하여 보험자가 담보한다.

(2) 협회전쟁약관(Institute War Clause)

전쟁 위험담보는 포획, 나포 등의 위험을 담보하는 것인데 보험증권본문(이탤릭서체약관)에 있어서 면책된 부담보약관을 포괄담보하는 것이다.

(3) 협회동맹파업 · 폭동 및 소요약관 등

이 약관은 파업참가자, 공장, 사업소 등의 직장을 이탈한 노동자, 노동소요, 폭동, 내란 등의 가담자에 의해서 발생한 화물의 멸실손상과 악의적인 의도를 갖거나 악의적인 행동을 하려는 자에 의해서 발생한 화물의 멸실, 손상 그리고 노동쟁의와 직접 관련이 없는 불순분자 및 동조자들의 악행(방화, 약탈, 파괴 등)으로 발생한 손해도 담보된다.

한편 협회 도난, 발화(pilferage) 및 부도착으로 입는 손해를 보험자가 담보하며 일반적으로 TPND(Theft, Pilferage and/or Non-Delivery)라고 한다.

2. 개정(신) 적화보험약관

개정(신) 적화보험약관은 종래의 협회적화보험약관 전위험담보(ICC, A/R)가 개정 ICC(A)로, 적화보험약관 분손담보(ICC, WA)가 개정 ICC(B)로 그리고 적화보험약관 분손부담보약관(ICC FPA)이 개정 ICC(C)로 각각 명칭이 변경·간소화되고, 그 내용도 획일성을 갖도록 정비되었으며 종전에 면책위험이 불분명하던 것을 개정약관에서는 담보범위를 명확히 하고 있다. 그러나 보험자의 보상범위나 기타의 담보(warranties)에 대한 근본적인 조항들은 거의 변동이 없는데, 개정(신) 적화보험약관(ICC)의 공식명칭은 다음과 같다.

① Institute Cargo Clause (A) : ‘A’ 약관(Clause)……종전의 A/R이 개정됨
② Institute Cargo Clause (B) : ‘B’ 약관(Clause)……종전의 W/A가 개정됨
③ Institute Cargo Clause (C) : ‘C’ 약관(Clause)……종전의 FPA가 개정됨

(1) ‘A’약관(Institute Cargo Clause (A))

개정 ICC(A)는 A약관(A Clause)이라고도 부르며 19개 조항(소약관)으로 구성되어있고 종전의 전위험담보조건(ICC A/R)과 유사한 조건으로서 명칭만 변경되었을 뿐 실질적인 내용은 거의 같다.

ICC(A)에서는 다음과 같은 면책위험을 제외하고 보험의 목적에서 발생한 멸실, 손상 또는 비용일체를 담보한다. 즉, 여하한 경우에도 이 보험은 다음의 손해를 담보하지 아니한다.

① 일반적인 면책위험(general exclusions clause)

- 피보험자의 고의적 비행에 기인한 멸실, 손상 또는 비용
- 보험목적물의 통상의 누손, 중량 또는 용적상의 통상의 손실 및 통상의 자연소모
- 보험목적물의 포장 또는 준비의 불완전 또는 부적합으로 인하여 발생한 멸실, 손상 또는 비용
- 보험목적물의 고유의 하자 또는 성질로 인하여 발생한 멸실, 손상 또는 비용
- 지연이 피보험위험으로 인하여 발생된 경우일지라도 지연을 근인으로 하여

발생한 멸실, 손상 또는 비용

- 본선의 소유자, 관리자, 용선자 또는 운항자의 지급불능 또는 재정상의 채무불이행으로부터 생긴 멸실, 손상 또는 비용
- 원자력 또는 핵의 분열 및 융합과 기타 이와 유사한 반응 또는 방사능이나 방사성 물질을 응용한 무기의 사용으로 인하여 발생한 멸실, 손상 또는 비용

② 불내항 및 부적합면책약관(unseaworthiness and unfitness exclusion clause)

- 선박 또는 부선의 불내항
- 보험목적물의 안전수송을 위한 선박, 부선, 운송용구, 컨테이너 또는 지게자동차(lift van)의 부적합

③ 전쟁면책약관(war exclusion clause)

- 전쟁, 내란, 혁명, 모반, 반란 또는 이로 인하여 발생한 국내분쟁, 교전국에 의하여 또는 교전국에 대하여 행해진 적대행위
- 포획, 나포, 강류 또는 억류(해적행위 제외) 및 그러한 행위의 결과 또는 그러한 행위의 기도
- 유기된 지뢰, 어뢰, 폭탄 또는 기타의 유기된 전쟁무기

④ 동맹파업면책약관(strikes exclusion clause)

- 동맹파업자, 직장폐쇄를 당한 노동자 또는 노동분쟁소요 또는 폭동에 가담한자에 의하여 발생한 것
- 동맹파업, 직장폐쇄, 노동분쟁, 소요 또는 폭동의 결과로 생긴 것
- 테러리스트에 의하여 또는 정치적 동기로 행동하는 자에 의하여 발생한 것

■표 10-2■ 개정(신) 적하보험조건과 담보위험

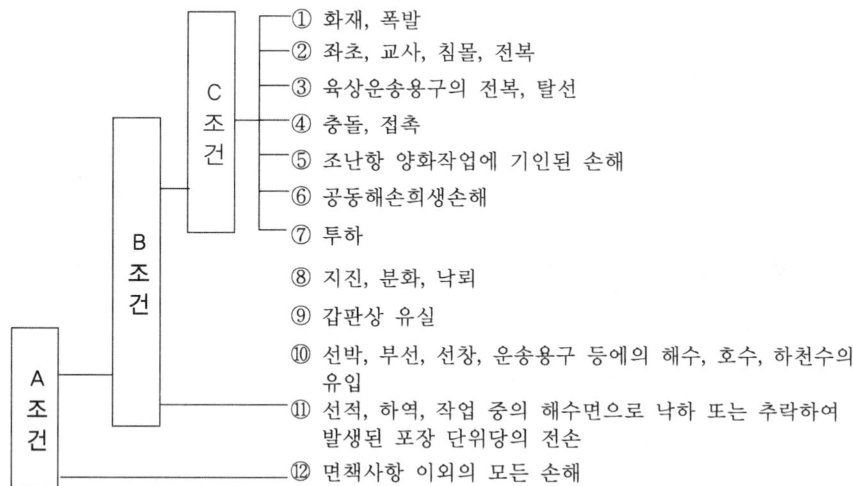

(2) 'B'약관(Institute Corso Clause (B))

개정(신) ICC(B)는 B약관(B Clause)이라고도 부르며, ICC(A)와 마찬가지로 19개조항(소약관)으로 구성되어 있고, 종전의 분손담보조건(ICC, WA)과 유사하다. 이 조건에서 보험자의 면책위험은 앞에서 설명한 ICC(A)의 면책위험을 제외하고 다음에 의한 멸실, 손상의 경우에 보상한다.

① 화재 또는 폭발

② 선박 또는 부선의 좌초 교사(grounding), 침몰(sinking, foundering at sea) 또는 전복

③ 육상운송용구의 전복 또는 탈선

④ 선박, 부선 또는 운송용구와 물(수) 이외의 다른 물체와의 충돌 또는 접촉

⑤ 조난항에서의 적화의 양화

⑥ 지진, 분화, 또는 낙뢰

⑦ 공동해손 희생(general average sacrifice)

⑧ 투화 또는 파도에 의한 갑판상의 유실(jettison or washing over-board)

⑨ 선박, 부선, 선창, 운송용구, 지게 자동차(lift van) 또는 보관소의 해수 또

는 하천수의 유입

⑩ 선박, 부선에 선적 또는 양화작업 중 해수면으로 낙하하여 멸실되거나 추락하여 발생된 포장 단위당의 전손

(3) 'C'약관{(Institute Cargo Clause (C)}

ICC(C)는 종전의 분손부담보조건(ICC, FPA)과 유사하다. 보험자의 면책위험은 ICC(A)의 면책위험과 동일하며 보험자는 다음과 같은 멸실 또는 손상의 경우에 보상한다.

① 화재 또는 폭발
② 선박 또는 부선의 좌초, 교사, 침몰, 전복
③ 육상운송용구의 전복, 탈선
④ 선박, 부선, 운송용구의 타물체와의 충돌, 접촉
⑤ 피난항에 있어서의 화물의 양화
⑥ 공동해손희생손해
⑦ 투화

제5절 수출보험(Export Insurance)

1. 수출보험의 개요

1) 수출보험의 의의

수입자의 계약파기, 파산, 대금지급지연 또는 거절 등의 신용 위험(Commercial Risk)과 수입국에서의 전쟁, 내란 또는 환거래 제한 등의 비상위험(Political Risk)으로 인하여 수출자, 생산자 또는 수출자금을 대출해준 금융기관이 입게 되는 불의의 손실을 보상함으로써 궁극적으로 수출 진흥을 도모하기 위한 비영리 정책보험

※ 해상보험(Marine Insurance) : 항해에 수반되는 위험으로 인해 수출화물 및 수입 화물에 멸실, 파손 등을 입은 손해를 담보하는 보험

2) 수출보험의 특징

・위험의 동시다발성 : 전쟁, 내란 및 환거래의 제한 또는 금지 등의 비상위험으로 인한 보험사고는 위험을 예측하기가 매우 어렵고 또한 다수의 수출거래에 대하여 동시에 발생하게 됨

・거액의 보험사고 발생가능성 : 비상위험에 의한 사고는 그 다발성으로 인해 보험금청구가 집중되게 되어 대규모의 보험금지급이 불가피함

・비영리 정책보험 : 민간기업이 수출보험을 운영할 경우 수출지원정책을 견지하기 보다는 이윤추구의 입장에서 채산에 맞는 위험유형만을 선택운영하게 되므로 담보하는 위험의 범위가 극히 제한될 수밖에 없음

3) 수출보험의 기능

・수출거래상의 불안제거 기능

・금융보완적 기능 : 수출대금 미회수위험을 담보하므로 금융기관으로 하여금 수출금융을 공여하게 함

・수출진흥 정책수단으로서의 기능

・해외수입자에 대한 신용조사 기능

4) 수출보험의 종류

・단기수출보험 : 결제기간 2년 이내의 단기수출계약을 체결한 후 그 수출이 불가능하게 되거나 수출대금을 받을 수 없게 된 때에 입게 되는 손실(당해 물품에 발생한 손실은 제외한다)을 보상하는 보험

・중장기수출보험 : 수출대금의 결제기간이 2년을 초과하는 중장기수출 계약을 체결한 후 수출이 불가능하게 되거나 수출대금 받을 수 없게 된 경우 또는 수출대금 금융계약을 체결한 후 대출원리금을 받을 수 없게 됨으로써 입게 되는 손실을 보상하는 보험

・해외공사보험 : 해외공사계약 체결 후 그 공사에 필요한 물품의 수출이 불가

능하게 되거나 그 공사의 대가를 받을 수 없게 된 경우 또는 해외공사에 사용할 목적으로 공여된 장비에 대한 권리가 박탈됨으로써 입게 되는 손실을 보상하는 보험

- 수출보증보험 : 금융기관이 해외공사계약 또는 수출계약등과 관련하여 수출보증을 한 경우에 보증 상대방으로부터 이행 청구를 받아 이를 이행함으로써 입게 되는 금융기관의 손실을 보상하는 보험
- 해외투자보험 : 해외투자를 한 후 투자대상국에서의 수용, 전쟁, 송금위험으로 인하여 그 해외투자의 원리금, 배당금 등을 회수할 수 없게 되거나 보증채무이행으로 입게 되는 손실을 보상하는 보험
- 농수산물수출보험 : 농수산물 수출계약 체결 후 수출이 불가능하게 되거나 수출대금을 받지 못하게 된 경우 또는 당해 농수산물의 국내가격변동으로 당해 수출계약의 이행에 따라 입게 되는 손실을 보상하는 보험
- 시장개척보험 : 해외시장개척을 위하여 필요한 비용을 지출한 경우에 시장개척계획대로 수출이 이행되지 못함으로써 입게 되는 손실을 보상하는 보험
- 수출신용보증 : 수출계약과 관련하여 중소기업이 금융기관으로부터 어음할인을 포함한 대출을 받은 후 수출이 불가능하게 되거나 수출대금을 받지 못하게 됨으로써 중소, 중견기업이 금융기관에 대하여 부담하는 금전 채무에 대한 연대보증
- 환변동보험 : 자본재 수출거래시 입찰시점에서 공사가 제공하는 환율과 실제 결제시점의 환율을 비교하여 그 차액을 보상 또는 환수하는 보험
- 이자율변동보험 : 금음기관이 고정금리로 대출 후 차주로부터 받은 이자금액과 변동금리(LIBOR) 대출로 받았을 이자금액을 비교하여 그 차액을 보상 또는 환수하는 보험
- 신뢰성보험 : 국산 부품·소재를 사용하는 수요기업에게 제품의 신뢰성을 보장하여 안정적으로 사용할 수 있도록 제조물의 결함으로 인한 재산적 피해를 담보하는 손해보험으로, 제조물 보증책임, 제조물 회수비용, 제조물 배상책임 및 기업유지위험을 담보하는 보험

2. 수출신용보증(선적후)

1) 개요

- 수출신용보증(선적후)은 수출거래와 관련하여 외국환은행이 중소기업 수출지에 수출신용 보증서를 담보로 대출함에 따라 발생하는 수출자의 채무에 대하여 수출보험공사가 그 지급을 연대보증하는 제도로서
- 수출자가 수출계약에 따라 물품을 수출한 후 외국환은행이 운송서류 및 수출신용보증서를 근거로 수출자에게 일으킨 신용보증부대출금에 대하여 대출 만기에 수입자(신용장 개설은행 포함)로 부터 수출대금 회수불능 등으로 인하여 결제하지 않아 수출자가 외국환은행에 상환하지 못한 금액을 보상함.

2) 대상거래

- 거래형태 : 결제기간이 2년이내의 신용장 또는 무신용장방식의 일반수출 또는 위탁가공무역

구 분	내 용
일반수출	국내에서 생산・가공・집하된 물품을 수출하는 거래
위탁가공	무역 국내에서 주소를 둔 수출자가 국내기업의 해외현지법인이 생산. 가공한 물품 또는 국내기업이 위탁하여 외국에서 가공한 물품을 수출하는 계약

※ 수출자 및 수입자의 관계가 약정서에서 정한 본지사관계 또는 혈연관계가 아니어야 함

– 이용대상업체 : 중소기업 전용 신용보증제도이므로 중소기업수출자만이 이용할 수 있음

3) 특징

- 수출보험과 연계하여 운영 : 수출신용보증(선적후)제도는 단기수출보험 또는 수산물 수출보험과 연계하여 운영함
- 회전 한도로 운영 : 보중한도는 동일한 수출입자간 수출거래와 관련하여 외국

환 은행이 수출자에게 일으킨 대출에 대하여 보험공사가 보상하는 한도로서 보증한 대출이 상환되고 공사에 그 사실을 통지하면 상환금액만큼 한도가 되살아 남

- 건별보증 : 보증채무대상은 신용보증한도가 아니라 신용보증 한도내에서 외국환은행이 수출신용보증서에서 정하는 바에 따라 수출자에게 일으킨 개개의 대출이 됨

〈연계부보 사유〉

- 통상의 신용보증에서 연대보증인이 보증채무 이행시 채무자에 대하여 보증채무이행금액 및 그 부대비용을 구상할 권리를 가짐.
- 수출신용보증제도를 수출보험과 연계할 경우 수출대금 미회수의 사유가 수출보험에서의 보험금 지급대상이 되면 보험금만큼은 구상권을 행사하지 않게 됨.
- 따라서 보험금에 상당하는 금액만큼 수출자는 수출대금 미회수 위험으로부터 벗어나고 공사는 보증채무 이행에 따른 구상권을 행사하지 않음으로써 수출자를 보호할 수 있음.
  - 보증금액 = 대출금액 × 100%
  - 보증기간 = 신용보증부대출의 대출일 - 대출만기일
  - 보중채무이행금액 = 신용보증부대출원금 - 신용보증부이행전까지 지급받은 금액(연체이자 제외) - 신용보증채무 이행전까지 신용보증부 대출과 관련한 권리의 행사로 회수한 금액에서 회수에 소요된 합리적인 비용을 뺀 잔액
  - 보증요율 : 보증기간에 따라 산출되는데 보증기간은 월단위로 구분되며 최저보증기간은 1개월이고 1년초과시 매 1개월마다 0.03%씩 가산됨
  - 보증료 보증금액에 보증요율을 곱하여 산출되며, 최저보증료는 10,000원

4) 보상하는 손실

수출계약에 따라 물품을 수출한 후 운송서류 및 수출신용보증서를 근거로 외국환은행이 수출자에게 일으킨 신용보증부대출로서 대출만기에 수입자(신용장개설은행 포함)로부터 수출대금 회수불능으로 인하여 외국환은행이 상환하지 못한 금

액을 보상함

※ 신용보증부 대출 : 수출신용보증서를 담보로 하여 외국환은행이 수출신용보증약관에 따라 수출계약에 근거하여 수출자에게 일으킨 대출

5) 보상하지 않은 손실 (수출신용보증(선적후)약관 제6조(면책) 참조)

- 신용보증서의 신용보증조건을 위반하여 신용보증부대출을 실행한 경우
- 은행이 약관에서 규정한 통지의무를 이행하지 아니한 경우
- 공사로부터 신용보증부대출의 중지를 통보받은 후 공사의 동의 없이 신용보증부대출을 한 경우
- 동일한 수출입자간 무신용장방식 거래에서 은행이 연속수출관련 환어음 등의 매입 시 이전 매입건의 수출대금이 최초 결제기일로부터 30일을 경과하였음에 불구하고 그 수출대금이 결제되지 아니한 채 매입된 경우
- 동일한 수출입자간 무신용장방식 거래에서 은행이 환어음 매입 후 2월이 경과시점까지 인수 통보가 미접수된 상태에서 추가매입한 경우
- 신용보증관계가 성립된 신용보증부 대출의 신용보증조건을 공사의 동의 없이 변경한 경우
- 외국환은행이 수출계약상대방의 결제대금으로 선적후 신용보증부대출을 상계처리하지 않은 경우
- 외국환은행이 수출계약 또는 신용장조건의 중요사항을 위반하여 발행된 환어음 등을 매입함으로써 손실이 발생한 경우
- 기타 외국환은행의 고의로 신용보증사고가 발생한 경우 등

6) 보증채무이행절차 및 사후관리

(1) 손실발생통지

은행은 환어음 등의 결제기일에 그 대금이 결제되지 않은 경우에는 결제기일부터 1월, 환어음 등의 대금이 결제되지 않을 것이 결제기일전에 확실하게 된 때에는 그 사실을 안 날 부터 1월 이내에 공사에 서면으로 신용보증사고 발생사실을 통지하여야 함

(2) 보증채무의 이행청구

외국환은행은 신용보증사고의 발생을 통지한 날부터 1월이 지난 뒤 공사에 신용보증채무의 이행을 청구할 수 있음

(3) 보증채무의 이행

공사는 사고조사를 한 후 그 결과에 따라 보증채무이행 금액을 산정하여 신용보증채무이행을 청구 받은 날부터 1개월 이내에 외국환은행에게 신용보증채무를 이행

(4) 회수금의 변제충당

수출입자간에 신용보증관계가 성립한 채무와 다른 채무와 경합하는 경우 수입자의 변제 제공이 그 채무전부를 소멸하지 못하는 때에는 수입자 또는 수출자에 의한 충당의 지정이 있더라도 공사와 은행사이에는 만기일 도래순으로 충당된 것으로 보며, 만기일이 동일한 경우에는 채무금액의 비율로 충당된 것으로 봄

(5) 회수금의 납부

공사가 신용보증채무를 이행한 후 외국환은행이 회수한 금액이 있는 경우에는 회수한 날로부터 15영업일 이내에 회수금계산서와 함께 공사에 납부

- 사 례 1 -

연속어음매입 주의

보증부대출은행이 동일 수출입자간 과거거래의 최소 수출건이 결제기일부터 30일이 경과하도록 결제되지 않은 상황에서 추가하여 연속어음 매입함.

- 09. 7. 19 : 매입은행 최초 수출건 (A 어음)매입
- 09. 9. 19 : 최초 매입건 (A 어음)의 원 만기일
- 09. 11. 19 : A 어음 미결제상태에서 매입은행이 추가어음(B 어음)매입
- 09. 12. 26 : 최초 매입건(A 어음) 결제 완료

해 설

매입은행은 기 매입된 건의 환어음이 원 만기일에 미결제된 상태에서 30일이 경과한 시점에서 추가 매입하여 수출신용보증(선적후) 약관 제10조(신용보증부대출의실행금지) 제1호를 위반하였으므로 연속매입한 건에 대하여 은행 책임으로 귀속 됨

- 최초 결제기일(연장된 결제기일이 아님)로부터 30일을 경과하도록 결제되지 않은 상태에 있을 경우 수입자의 결제능력 등 신용상태가 악화된 것으로 간주하여 연속매입을 금지하고 있음

※ <u>매입은행 유의사항</u>

기 매입건의 결제일이 연장된 경우에도 연속매입 해당여부는 최초 결제기일을 기준으로 판단하게 되는 바, 기 매입건의 원 만기일로부터 30일 경과시점까지 미결제 상태에 있다면 추가매입하지 않도록 유의 할 것

- 사 례 2 -

신용장 매입시 중대하자

신용장상 선하증권과 관련하여 백지배서를 요구하였으나 수출자는 선하증권에 배서를 하지 않음

- 수출자는 B/L 상 Consignee란에 To Order로 명기되어 있으므로 선하증권에 배서할 의무가 없다고 주장

해 설

- 백지배서는 피배서인을 지명하지 않으나 배서인의 서명 또는 기명날인은 필요하며 ICC가 제정한 ISBP 제85조에 의하면 선하증권이 지시식(to order)또는 송하인의 지시식(to order of the shipper)으로 발행된 경우에는 반드시 송하인(shipper)에 의하여 배서되어 있어야 함.

※ 매입은행 유의사항

BLANK ENDORSE(백지배서)라 함은 피배서인을 지명하여 양도하는 기명식배서와 달리 피배서인을 지명함이 없이 배서인의 서명 또는 기명날인만으로 배서하는 방식인 바, 백지배서를 요구하는 선하증권 매입시 유의할 것

- 사 례 3 -

사고발생통지 및 보증채무이행청구기한 준수

대출은행은 청구가능일(사고발생통지일로부터 1개월 후 : '09. 1. 7)로부터 2개월을 초과한 '09. 3. 14자에 보증채무이행청구 하였음

- 사고통지일 : '08. 12. 7
- 보증채무이행청구기간(A) : '08. 3. 7
- 보증채무이행청구일(B) : '09. 3. 14

해 설

대출은행은 동 청구기한 경과일수(7일)에 대한 이자는 약관 제5조 제2항에 의거 보증채무대상 제외

- 이자지급 제외일수(B-A) : 7일

〈약관〉

사고통지 및 보증채무이행 청구기한

- 사고발생통지(원금연체)는 사고사유발생일로부터 1월이내
- 사고발생통지(이자연체)는 사고사유발생일로부터 2월이내
- 신용보증채무이행청구는 청구가능일로부터 2개월이내

〈약관〉

통지지연기간에 대한 미수이자액은 보증채무 불이행

- 기한내에 사고발생통지 않은 경우 기한의 종료일 익일부터 사고발생통지일까

지 발생된 미수이자액

- 기한내에 보증채무이행을 청구하지 않은 경우 기한의 종료일 익일부터 청구

3. 단기수출보험

결제기간 2년이내의 단기 수출계약을 체결한 후 그 수출이 불가능하게 되거나 수출 대금을 받을 수 없게 된 때에 입게 되는 손실(당해 물품에 발생하는 손실은 제외한다)을 보상하는 보험

1) 대상거래

구 분	내 용
일 반 수 출	국내에서 생산, 가공, 집하된 물품*을 수출하는 거래(연계무역방식의 구상무역, 대응구매 포함)
위탁가공무역	국내기업의 해외현지법인이 생산가공한 물품 또는 국내기업이 위탁하여 외국에서 가공한 물품을 수출하는 계약
중 계 무 역	수출자가 수출을 목적으로 물품을 수입한 후 이를 제3국에 수출하는 거래
재 판 매 거 래	국내 생산 가공물품, 국내기업의 해외현지법인 생산 가공 물품 또는 외국 위탁가공물품의 수출자의 해외지사(현지법인 포함)에 수출하고 동 해외지사가 현지 또는 제3국에 재판매하는 거래

* 물품 용역을 포함하며 이하 같음

2) 보상하는 손실

구 분	내 용
수출불능위험(선적 전)	①에서 ⑨까지의 사유(비상위험) ⑩의 사유(신용위험)
대금회수불능위험(선적 후)	①에서 ⑦까지의 사유(비상위험) ⑩에서 ⑬까지의 사유(신용위험)

(1) 비상위험

① 외국(수입국 및 지급국을 포함함)에서 실시되는 환거래의 제한 금지

② 외국에서의 전쟁 혁명 내란 천재지변으로 인한 환거래의 불능
③ 수입국에서 실시되는 수입의 제한금지
④ 수입국에서의 전쟁 혁명 내란 천재지변으로 인한 수출불능
⑤ 대한민국 밖에서 발생한 사유로 인한 수입국으로의 수출불가
⑥ 정부간 합의에 따른 채무상환연기협정 또는 지급국에 원인이 있는 외화 송금 지연
⑦ 기타 대한민국 밖에서 발생한 사유로서 수출계약 당사자에게 책임이 없는 경우
⑧ 대한민국 법령에 의한 수출의 제한금지
⑨ 공공수입자가 수출계약을 파기하거나 터무니없는 계약조건변경이나 1년이상의 선적 또는 결제기일연장으로 수출계약이 해제된 경우

(2) 신용위험

⑩ 수출계약상대방의 파산 또는 이에 준하는 사유
⑪ 수출계약상대방에 의한 수출물품의 인수거절 또는 인수불능
⑫ 수출계약상대방의 지급거절 또는 지급불능
⑬ 수출계약상대방의 지급지체

(3) 보상하지 않는 손실

- 보험계약자등의 고의 또는 중대한 과실로 발생한 손실
- 본지사간인 경우 신용위험으로 발생한 손실
- 물품의 멸실, 훼손 등으로 발생한 손실
- 보험계약자가 법령을 위반하여 취득한 채권에 대해 발생한 손실
- 보험계약자가 동일한 수출계약상대방에게 계속적으로 수출하는 경우(이 보험에 부보되지 않은 수출 거래를 포함함) 이전의 수출대금이 결제기일(연장된 만기일이 아닌 최초의 만기일을 말함)부터 20일이 경과한 날까지 결제되지 않은 상태에서 추가로 수출하여 대금을 회수하지 못하여 발생한 손실
- 단기수출보험 포괄보험의 경우 단기수출보험 포괄보험 특약의 비대상거래에서 발생한 손실이거나 특약에서 정한 보상한도를 초과하여 발생한 손실

(4) 유의사항

아래의 사항에 해당하는 경우 보험금의 전부 또는 일부를 지급하지 않거나, 이미 지급한 보험금의 전부 또는 일부를 반환하거나, 보험계약을 해지할 수 있다.

- 보험계약자등의 과실로 손실이 발생한 경우
- 보험계약자가 고의 또는 과실로 보험계약을 체결하기 전에 공사가 서면으로 요구한 사항 및 기타 손실을 입을 우려가 있는 사실을 알리지 않거나 허위로 알린 경우
- 보험계약자가 약관 등을 위반한 경우

(5) 운영방법

- 개별보험 : 수출건별로 계약
- 포괄보험 : 사전에 보험계약자와 보험자가 포괄보험특약을 체결하여 보험계약자는 일정기간동안 부보대상거래를 의무적으로 포괄부보하고 보험자도 이를 자동적으로 포괄 인수하는 방식

- 대상거래

  단기수출보험 포괄보험은 결제기간 1년이내의 일반수출거래 및 위탁가공무역 및 재판매거래를 대상으로 선적 후 위험만 담보하고 있다. 부보대상거래는 포괄보험 대상거래(일반, 위탁가공, 재판매) 중 보험계약자가 선택할 수며 본지사거래 또는 L/C at sight 거래 등은 대상에서 제외할 수 있음

4. 환변동보험

1) 개요

- 환변동보험은 기업 또는 금융기관이 환율 변동으로 입게 되는 손실을 보상하고 이익을 환수하는 보험제도
- 환변동보험은 수출기업, 특히 환위험 관리여건이 취약한 중소 수출기업이 환위험을 손쉽게 헷지할 수 있도록 2000년 2월에 도입된 제도
- 기본계약내용은 공사가 보장하는 환율(보장환율)과 결제시점의 환율(결제환율)과의 차이에 따른 손익을 정산하는 것으로 금융기관의 선물환거래와 유사

· 수출기업은 환변동보험을 통하여 계약금액을 원화로 고정시킴으로써 영업이익을 확보하고, 환율등락에 따른 환차손익을 제거

2) 이용요건

· 보험 대상통화는 미화, 엔화, 유로화 등 3개 통화
· 신용상 문제점이 없는 수출기업

3) 기본계약 내용

· 수출거래인 경우
  - 보장환율 > 결제환율 : 공사가 환차손에 대하여 보상
  - 보장환율 < 결제환율 : 공사가 환차익을 환수
· 원자재수입거래인 경우
  - 보장환율 < 결제환율 : 공사가 환차손에 대하여 보상
  - 보장환율 > 결제환율 : 공사가 환차익을 환수

▮수출거래의 경우▮

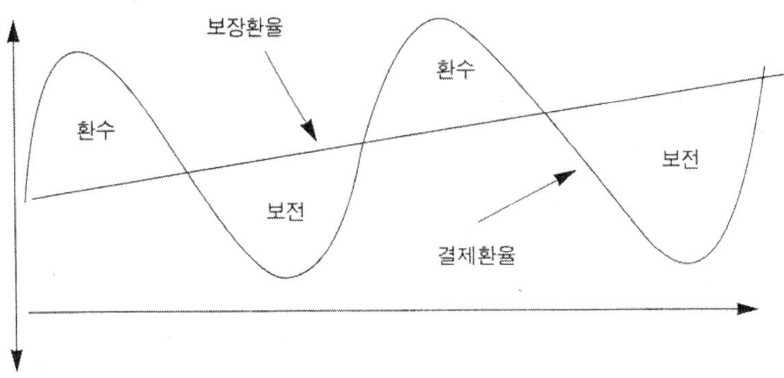

4) 환변동 보험의 특징

(1) 최장 5년까지 환리스크 헷지 가능

· 청약시점부터 최장 5년까지 보장환율이 제공됨에 따라 플랜트, 선박 등 장기 수출계약건에 대한 환리스크 헷지 가능

(2) 보험료 이외 부대비용 전무

- 선물환 또는 선물거래시 요구되는 계약이행관련 증거금, 담보제공 등 절차가 생략되며 보험료 이외 추가비용 없음
- 6개월동안 U$ 1백만 헷지시 보험요율은 0.06%(U$600)

(3) 결제일자를 지정해야 하는 일반 선물환과 달리 결제월(月)별로 헷지 가능

- 환변동보험의 결제시점은 특정 결제일이 아닌 결제월을 지정하여 운영함에 따라 1개월 동안의 기간적 여유를 가지고 환리스크 대처 가능

(4) 외화자금의 실제인도 없이 차액만 정산

- 실제 외화자금 매매와 관계없이 공사와 환율차이에 따라 발생하는 원화정산
- 외화자금 환전 등은 보험계약자가 기존 거래은행과 자유롭게 거래

제 11 장 International Finance

제1절 국제금융개요

1. 국제금융의 의의

국제금융이란 예금, 현금, 채권, 주식 등 금융자산이 국제적으로 이동하는데 관련된 현상을 말한다. 미시적인 입장에서 볼 때는 개인 또는 기업이 해외에서 또는 비거주자를 상대로 효율적인 자금조달 및 운용을 도모하는 각종 행위를 말하며 거시적인 입장에서는 국민경제면에서 본 해외자금의 유입 및 유출행위를 말한다.

2. 국제금융의 기능

1) 국제대차결제

국제금융의 첫째 기능은 국제간 재화 및 용역거래(경상거래)와 자본거래의 결과 이미 발생되어 있는 국제간 채권·채무를 원활하게 결제하여 주는데 있다.

국제간 결제를 원활하게 수행하기 위해서는 이종통화간 교환을 위한 외환시장이 발달되어 있어야 하며, 주요 국제금융시장에 위치하고 있는 세계 유수은행들과 환거래계약을 체결, 당좌계정을 개설하여 동 계정의 대·차기를 통한 결제방법을 미리 마련하여 둘 필요가 있다.

2) 국제무역금융 지원

국제금융의 두 번째 기능은 국제간 상품 및 용역의 수출입대금을 융자해 줌으로써 국제교역을 촉진해 주는데 있다.

이와 같은 수출입 금융은 상품의 원료 구입에서 생산 판매를 거쳐 동 대전을 회수할 때까지 소요되는 1회전 기간 동안의 단기 금융이다.

3) 국제대차 및 국제 유동성 과부족 조정

국제금융시장은 단기무역금융에서 한 걸음 더 나아가 중장기 국제투자 및 시설금융까지 취급하게 되었으며, 만성적인 국제수지적자 및 국제유동성 부족상태에 놓여 있는 비산유개발도상국의 국제수지적자 보전용 금융(balance of payment loan) 및 경제개발소요자금금융(project loan)까지 취급하게 되었다. 그러나 한편으로는 금융기간의 장기화, 개도국의 외채비율 누증 등에 따라 국제은행의 건전경영을 위협하는 단점이 노출되기도 하였다.

4) 국제자금관리 경로 제공

국제개방경제체제하에서 기업 및 금융기관이 국제화 내지 다국적화됨에 따라 그들의 자금조달 및 운용상의 지역 및 통화가 다원화되었으며, 이를 국제적으로 종합관리 할 필요성이 대두되게 되었다.

국제금융시장은 이와 같은 국제은행 및 다국적기업의 국제자금관리(International financial management) 상 필요한 각종 금융수단과 기법을 제공함으로써 더욱 번창할 수 있었다. 특히 국제금융시장은 다국적기업의 번창과 더불어 그들의 자금조달 및 운용시장으로서 크게 활용되고 있는 바, 그들이 필요로 하는 유동성관리, factoring, 자금관리 및 결제기능 등 각종 금융서비스를 취급하고 있을 뿐 아니라, 경우에 따라서는 환투기 내지 금리투기시장으로서의 기능까지도 수행하게 된다.

제2절 국제금융시장의 의의

국제금융시장(International Financial Market)이란 국제적으로 또는 국가간에 직접적으로 또는 금융기관을 통하여 간접적으로 장·단기 금융거래가 대량적 반복적으로 이루어지는 시장을 말한다. "장·단기 금융거래"란 국제무역거래, 해외투자, 자금의 대차거래 등에 수반하여 예금, 채권, 주식 등의 금융자산이 이동되는 거래를 말하며 "국제적으로 또는 국가간에"라는 뜻은 금융거래의 양당사자 중 적어도 어느 한쪽이 비거주자인 경우를 말한다. 그러므로 국제금융시장은 금융거래의 양당사자 중 적어도 어느 한쪽이 비거주자인 경우를 말한다. 그러므로 국제금융시장은 금융거래의 양당사자 즉 자금의 수요자와 공급자 모두가 거주자인 국내금융시장(Domestic Financial Market)과 구별된다.

1. 국제금융시장의 성립요건

한국가나 특정지역이 국제자금 조달과 운용 및 결제기능을 원활히 수행하고 고부가가치 정보를 생산·공급할 수 있는 국제금융시장으로 발전하기 위해서는 다음과 같은 기본조건을 구비하여야 한다.

1) 해당국 통화의 국제교환성

해당 국가의 건전한 경제력이나 자금력을 배경으로 그 통화가 국제결제 및 거래에 사용될 수 있는 국제교환성의 기능을 수행할 수 있어야 한다. 만약 해당국 통화가 이 요건을 갖추지 못하면 국제금융거래가 제3국 통화로 결제되는 불편이 따르게 되고 시장의 발전은 기대하기 어렵게 된다. 따라서 어떤 통화가 국제통화로서 기능을 발휘하기 위해서는 건전한 기초경제여건이나 자금력 이외에도 자유로운 자본이동의 보장 및 정치·경제의 안정도 필수적 요건이 된다.

2) 고도의 금융상품 및 시장의 발달

국내외 장단기 금융시장이나 외환시장이 발달되어 있어 다양한 금융수단이 언제나 가능하며, 시장의 폭이 넓고 심화되어 외부환경의 충격에 크게 흔들리지 않고 시장의 안정성을 확보할 수 있어야 한다.

3) 시장의 개방 및 규제완화

자유로운 자본거래, 자금이체, 예금, 외환거래, 자본의 유출입 등이 보장되어야 하고 장단기 금융재정거래와 선물, 옵션, 스왑 등 다양한 금융수단의 이용될 수 있도록 제도적인 규제가 최소화되고 조세면의 우대조치 등이 보장되어야 한다.

4) 정보통신기술의 발전

세계 각국의 시장정보가 신속하고 저렴하게 공급되어야 시장기능이 심도 있고 효율적으로 운용되며, 대규모 거래가 즉시 이루어 질 수 있고 거래비용도 저렴하여야 한다. 이를 위해선 통신, 네트워크 등 금융 인프라의 구축이 필수적이다.

1. 광의의 국제금융시장

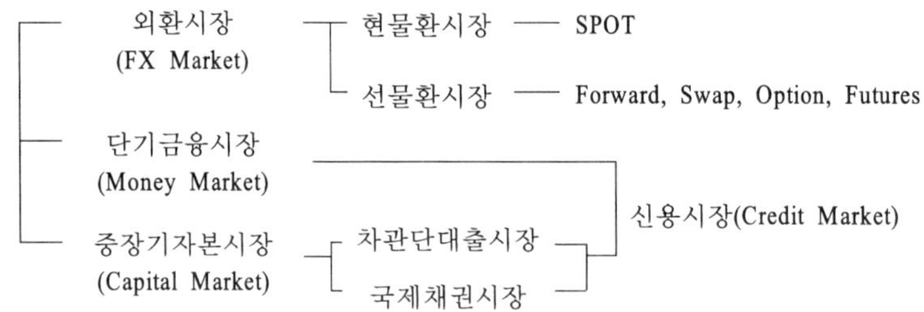

1) 외환시장

(1) 의의

국제경제거래가 이루어지기 위해서는 교역국간에 타국가의 통화가 교환될 수

있는 매개체가 존재하여야 하는데 외환시장은 각각 다른 화폐단위에 대한 매개체의 기능을 발휘함으로써 어느 한 국가의 통화의 구매력을 타국가로 이전시키는 역할을 하게 된다. 모든 국제경제거래는 물물교환이 존재하지 않는다면 외환시장에 반영된다. 따라서 외환시장은 교역국간의 실물경제 흐름을 연결시켜주는 역할을 할 뿐만 아니라 국가경제의 대외경제거래가 외환시장에서 집약될 수 있으며, 대외경제정책수립의 지표도 외환시장의 변동에서 찾을 수 있다.

외환시장은 외환에 대한 수요와 공급이 만나 외환의 가격이 결정되는 곳을 지칭하는 추상적인 개념이며 외국환은행, 고객, 환중개인 등으로 구성된다.

(2) 외환시장의 기능

① 이종통화간의 교환을 통하여 실제 환율을 결정해 줌과 동시에 국제간의 구매력 이전을 가능하게 함으로써 국제수지 및 국제투자를 원활하게 해 준다.

② 국제무역 및 투자신용을 가능하게 해 준다.
국제무역 및 투자가 단일통화로 이루어지지 않는 한 이에 대한 신용공여 역시 2개 이상의 통화로 이루어질 수밖에 없으므로 외환시장의 존재를 그 전제로 한다.

③ 환위험관리를 할 수 있는 경로를 제공해 준다.

(3) 외환시장의 구분

① 현물환시장
환매매의 계약과 동시에 외국환의 인도가 이루어지는 시장

② 선물환시장
환매매계약의 성립 이후 일정한 기간이 경과 후에 외국환의 인도가 이루어지는 시장

2) 단기금융시장(Money Market)

(1) 의의

단기금융시장(money market)은 금융기관 및 기업 등의 단기과부족자금의 수

급을 조절해주는 시장으로서 중장기자본시장(capital market)과는 구별되어진다. 단기금융시장의 금융수단은 만기가 1년 이내의 현금대용물로서 유동성이 확보되고 환위험을 극소화할 수 있는 안전성이 구비되어 있어야 하는데, 현재 재정증권, 콜자금, 양도성예금증서, 기업어음, 은행인수어음, 환매조건부채권 등이 있다.

(2) 단기금융시장의 기능

① 경제내의 자금수요자에 대해서는 신속하게 자금을 제공하여 주고, 자금공급자에게는 지급준비자산의 시장성을 확보하게 해 줌으로써 금융효율을 높여준다.

② 이자율이 완전경쟁하에서 결정되기 때문에 자금의 효율적 배분 및 사용을 촉진해 주고 금융의 자동조절기능이 발휘될 수 있는 여건을 마련해 준다.

③ 이자율의 기민한 변동을 통한 금융시장의 자금수급사정이 통화당국에 신속하게 알려짐으로써 공개시장조작 등 금융정책의 수립·집행이 용이하게 이루어지게 된다.

④ 정책수단의 다양화를 뒷받침하여 금융정책효과를 제고해 주고 금융기관에 대해서는 제2선지급준비의 수단을 제공해 준다.

이상과 같이 단기금융시장은 금융중개기능을 강화하여 단기여유자금의 효율성을 높이고 공개시장조작의 활성화를 통한 통화관리기능을 촉진하여 금융정책효과를 극대화하는 중요한 기능을 수행하고 있다.

따라서 단기금융시장의 발전은 경제전체의 자원배분이 효율적, 합리적으로 이루어져 금융부문과 실물부문의 균형적인 발전을 도모하는데 필요조건이 된다고 하겠다.

3) 중장기 자본시장(Capital Market)

(1) 개요

중장기 자본시장(capital market)이란 만기 1년 이상의 금융시장으로서 만기 1년 이하의 단기자금시장(money market)에 대응되는 개념이다. 중장기 자본시장은 만기 이외에 다음과 같은 점에서 단기자금시장과 성격을 달리 하고 있다.

① 단기자금시장은 금융거래의 목적이 단기상업 내지 무역금융 또는 운전자금 조달에 있는 반면, 중장기 자본시장은 주로 장기 고정자산 투자자금 조달에 그 주된 목적이 있다.

② 단기자금시장은 상업은행 주도하에 주로 간접금융형태를 취하 있는 반면, 중장기 자본시장에서는 상업은행의 기능이 감축되는 대신 투자은행(Investment Banking Firm), 유가증권 broker회사(Commission Brokerage House), 투자자문회사(Investment Advice Co.)가 주축기능을 수행하는 한편, 그 기능도 자기계산하의 금융중개보다는 단순한 직접금융 서비스에 중점을 두고 있다.

③ 한편 FRB 등 금융통화당국은 money market에 참여하고 있는 상업은행 등 금융기관에 대하여 지준 및 유동비율규제, 이자율규제를 통하여 직접적인 규제를 하는 한편, 금리정책 및 공개시장을 통하여 money market에 직접적인 영향을 미치고 있다. 반면 capital market에 참여하고 있는 금융기관에 대하여는 직접적인 규제를 하지 않고 있을 뿐 아니라, capital market 자체에도 직접적인 영향을 미치지 않고 있다. 즉 금융통화당국은 money market 규제를 통하여 간접적으로 capital market에 영향을 미치고 있다.

(2) 중장기 자본시장의 구분

중장기 자본시장은 크게 나누어 차관단 대출시장과 국제채시장으로 나누어지며 아래와 같은 기준으로도 구분한다.

- 발행시장(Primary Market) : 자금의 최종수요자와 자금공급자간에 직접 금융 거래가 이루어진다(예 : 신디케이티드론 모집, CB, DR 발행 등).
- 유통시장(Secondary Market) : 금융자산거래가 금융중개기관을 통하여 이루어진다(예 : 기발행 FRN의 매입 및 매각 등).

2. 직접금융시장과 간접금융시장

	국내금융시장	국제금융시장	
		역 내	역 외
직접금융[1])시장	자본시장	외국채시장	유로본드시장
간접금융[2])시장	중개시장	국제여신시장	유로커런시시장

3. 역내시장과 역외시장

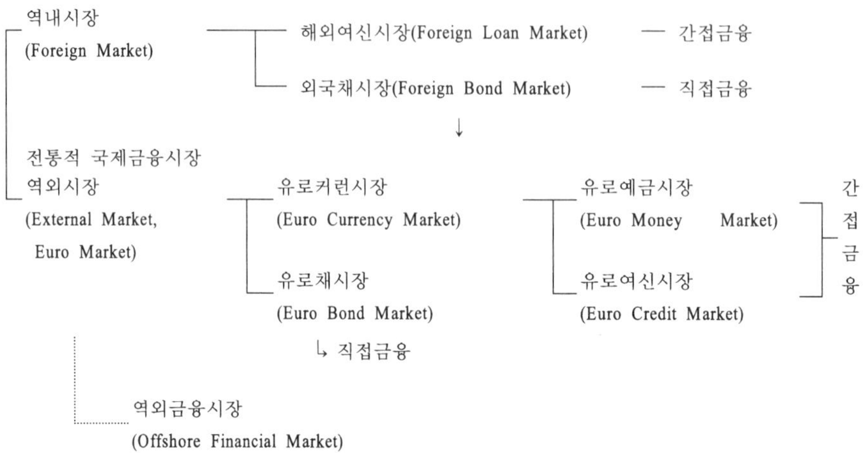

※ 역내시장과 역외시장의 구분

- 역내시장 : 주요국의 국내금융시장에 비거주자가 참여하여 이루어지는 전통적인 국제금융시장을 뜻하며 내·외국인간 또는 외국인간 거래가 금융기관(국내 금융기관이든 외국의 금융기관이든)의 소재지 통화로 금융거래가 일어난다.
- 역외시장 : 통화발행국의 영토나 규제범위 밖에서 해당통화의 금융거래가 이루어지는 유로시장을 뜻하며 금융기관 소재지로 볼 때 외국통화 표시로 외국인간 또는 내·외국인간 금융거래가 일어나며 비거주자간의 거래만 일어나는 역외금융시장(Offshore Financial Market)을 포함한다.

국제금융센터는 전술한 바와 같이 국제금융시장의 요건을 갖추고 있고 세계적인 금융기관들이 지점 또는 현지법인의 형태로 영업망을 집중시킴으로서 국제금

1) 직접금융이란 차입자가 은행에서 차입을 하지 않고 증권시장에서 채권(Bond)이나 기업어음(CP) 등을 발행하는 것을 말한다. 즉, 증권발행자는 차입자이고 투자가는 대출자인데 은행대출과 같이 은행이 개재하지 않고 직접융자가 이루어지기 때문에 직접금융이라 한다.
2) 간접금융이란 차입자가 자금을 은행을 통하여 차입하는 것으로 차입자와 대출자(예금자)가 직접 자금을 수수하지 않고 은행이 중간에 개재하여 중개를 하기 때문에 간접금융이라 부른다.

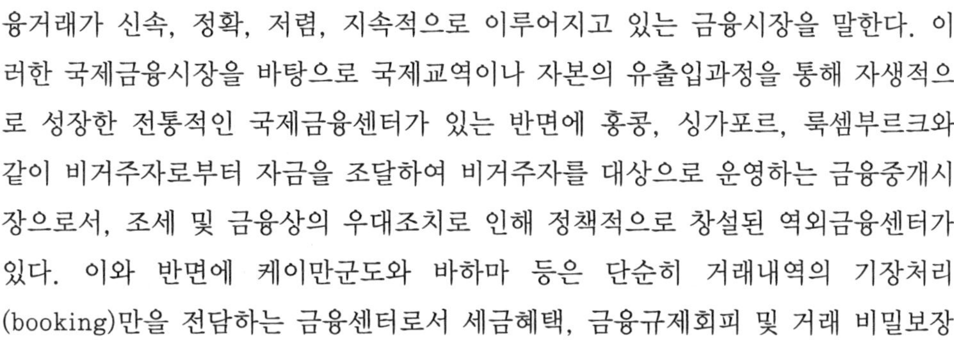

융거래가 신속, 정확, 저렴, 지속적으로 이루어지고 있는 금융시장을 말한다. 이러한 국제금융시장을 바탕으로 국제교역이나 자본의 유출입과정을 통해 자생적으로 성장한 전통적인 국제금융센터가 있는 반면에 홍콩, 싱가포르, 룩셈부르크와 같이 비거주자로부터 자금을 조달하여 비거주자를 대상으로 운영하는 금융중개시장으로서, 조세 및 금융상의 우대조치로 인해 정책적으로 창설된 역외금융센터가 있다. 이와 반면에 케이만군도와 바하마 등은 단순히 거래내역의 기장처리(booking)만을 전담하는 금융센터로서 세금혜택, 금융규제회피 및 거래 비밀보장 등을 목적으로 하는 'Tax haven'의 역할을 하며 발전되었다.

1. 미국 금융시장

1) 개요

뉴욕시장은 국제금융시장이 갖추어야 할 필수조건을 아래와 같이 완벽하게 갖추고 있다. 미달러화는 국제금융시장에서 가장 활발히 거래되는 기축통화이다.

미국은 외환관리를 채택하고 있지 않는 나라여서 거주자예금과 비거주자예금간에 대우상 어떠한 차별도 두고 있지 않다.

비거주자에게 있어 국제결제의 장소일 뿐 아니라 세계에서 제일 큰 자금운영의 장소이기도 하며 국제적인 자금조달의 장소이기도 하다.

2) 미국의 금융제도

(1) 특징

중앙은행제도가 지방분권사상에 의거 복합적 형태로 되어 있다. 전국이 12지구(연방준비지구, Federal Reserve District)로 나누어져 각 지구마다 중앙은행에 상당하는 연방준비은행(Federal Reserve Bank)이 있다.

연방법에 의해 설립된 국법은행(National Bank)과 주법에 의해 설립된 주법은행(State Bank)으로 나누어지는 이원은행제도(Dual Banking System)를 채택하고 있다.

1행 1점포주의의 단점은행제도 (Unit Banking System)이다. 과거 은행의 지점설치가 국법으로 인정되지 않고 주간은행업무(Interstate Banking)도 금지되어 왔으나 현재는 이를 완화하고 있는 추세이다.

(2) 연방준비제도(Federal Reserve System)

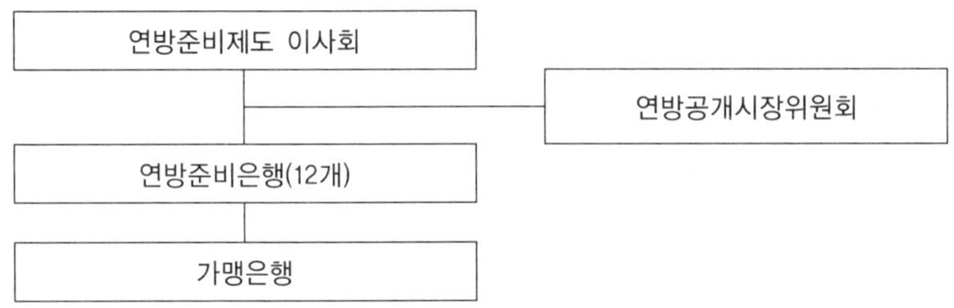

① 연방준비제도 이사회(Board of Governers of the Federal Reserve System : FRS)

FRS의 최고 의사 결정기관이며 i) 금융정책의 결정운영 ii) 각 지역 연준의 경영감독 및 지역연준이 제안한 공정할인율의 변경승인 또는 부결 iii) FRS 가맹은행의 경영에 관한 제규칙의 결정 및 감독, 규제 등이다.

② 연방준비은행(Federal Reserve Bank)

미국 전국이 12지구로 나뉘어져 각 지구마다 중앙은행에 상당하는 연방 준비은행이 있으며 i) 공정할인율의 결정(FRB의 승인이 필요함) ii) 은행권의 발행 iii) 지불준비금의 수입 iv) 어음의 재할인 v) 국공채 매매 vi) 어음의 교환 등의 역할을 수행하고 있다.

③ 연방공개 시장위원회(Federal Open Market Committee)

금융정책수단 중 가장 중요한 수단인 공개시장조작 즉, 국공채의 매매를 통한 시중의 자금사정조절에 관한 결정을 한다. FOMC회의는 대체로 6주 간격으로 연 8회 개최된다.

④ 가맹은행(Member Bank)

FRS는 가맹제로서 가맹은행만이 FRS의 감독을 받도록 되어 있다. 가맹은행은

i) 일시 자금필요시 연준으로부터 차입을 할 수 있으며 ii) 어음교환, 송금 등과 관련하여 연준으로부터 각종 서비스를 제공받을 수 있는 등 메리트가 있다.

반면 i) FRB가 설정한 지불준비금을 적립할 의무가 부여되고(다만 1980년의 금융제도개혁법에 의하여 지불준비금적립의무는 거의 모든 금융기관에 적용되도록 되었다) ii) FDIC에 가입하여야 하며 iii) FRB의 각종 규제 감독을 받아야 하는 등의 부담도 있다. 상업은행 중 국법은행은 모두 FRS에 가맹할 의무가 있으나 주법은행은 가맹을 희망한 은행 중 FRB가 정한 요건을 충족한 은행만이 가맹할 수 있다.

(3) 금융산업구조

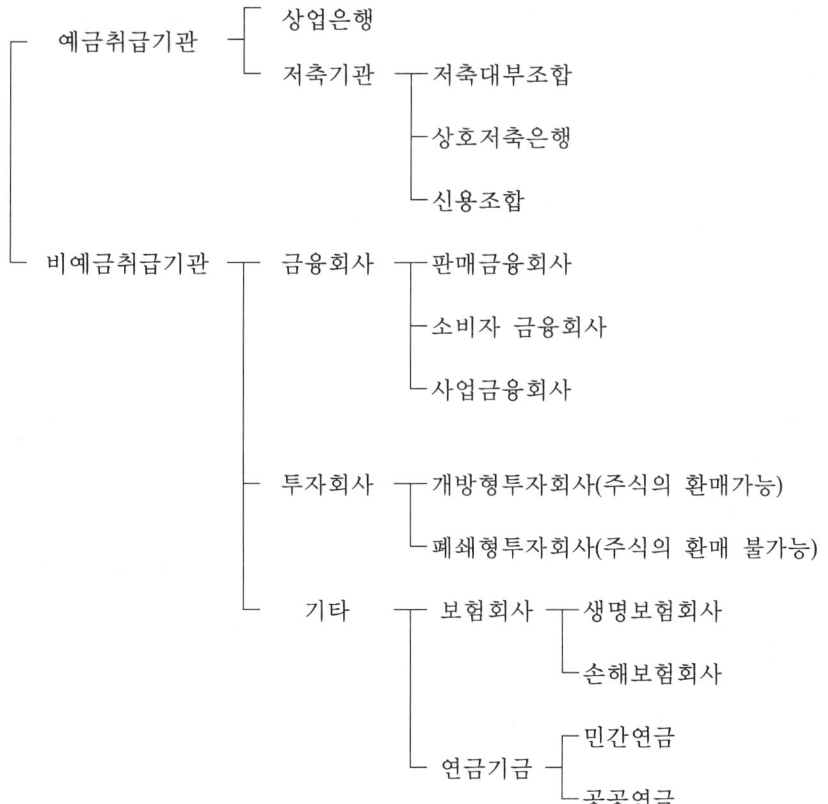

(4) 미국 금융시장

1) 개요

금융시장(Money Market)이란 통상 기간이 1년 이내인 각종 단기 증권이나 단기 자금이 거래되는 시장을 말하며 기간이 1년 이상인 자본시장(Capital Market)과 구분된다.

2) Federal Funds 시장

Federal Funds(FF)란 연방준비은행예금(Federal Reserve Bank Funds)의 약자로 FRB 가맹은행이 무이자로 FRB에 예치하고 있는 지급준비예치금을 말한다.

과잉준비금을 가진 은행은 이를 일시적으로 운용하기 위하여 자금을 대여하며, 준비금이 부족한 은행은 자금을 차입하게 되는데 이러한 거래가 일어나는 시장을 Federal Funds Market이라고 한다. 페더럴펀드는 대차기간이 대부분(90% 내외) 1일(over-night : 당일인도, 익일 변제)이며 경우에 따라서는 1주일 또는 1개월 이상의 기간물(Term FF)도 있다.

페더럴펀드(FF)금리는 금융정책과 단기금융시장의 자금사정을 가장 민감하게 반영하는 대표적인 단기금리 중의 하나이다.

3) RP시장

RP(Repurchase Agreement: Repo, buy back이라고도 함) 시장이란 어떤 증권을 후일에 환매(Repurchase)하기로 하고 매각함으로써 일정기간 동안 자금을 조달하는 환매조건부 유가증권매각시장을 말한다. 유가증권의 재매입 또는 환매시의 가격은 통상 당초의 증권매각 가격에 환매시점까지의 자금이용에 대한 이자 상당액을 가산하여 결정된다. 따라서 유가증권을 처음 매각한 자는 자금의 차입자가 되고 그 증권을 매입한 자는 자금의 대여자가 된다. 일반적으로 RP금리는 Fed Fund금리와 연계되어 움직이나 대체로 Fed Fund금리보다 낮은 수준에서 결정된다.

4) 연방정부채시장

연방정부채(government securities)란 미국의 연방정부가 재정적자를 보전하기

위하여 재무부(US treasury)명의로 발행한 국채로서 미국금융시장의 중추적 역할을 담당하고 있다. 연방정부채는 다른 채권과 달리 채무 불이행의 위험이 없으므로 안전성이 최고로 높으며 대부분 유통시장이 잘 발달되어 있어 시장성도 높다. 따라서 다른 채권보다도 시장에서 선호되고 있으며 활발한 거래가 이루어지고 있다.

연방정부채는 시중에 발행되어 유통되는 시장성 증권(marketable securities)과 만기전 매각(양도)이 불가능한 비시장성증권(non-marketable)으로 구분된다. 시장성증권에는 단기재정채권(Treasury Bills) 중기재정채권(Treasury Notes), 장기재정채권(Treasury Bonds)이 있으며 비시장성증권에는 연방정부직원 퇴직금 등의 특수한 용도로 발행된 연방정부채로서 미국저축채권(U.S. Savings Bonds), 재무성투자채권(Treasury Bonds Investment Series) 등이 있다.

① 단기재정채권(Treasury Bills)

미국 재무부 명의로 발행된 기간 1년 이내의 할인채로 이자부 증권인 중기채(Treasury Notes) 및 장기채(Treasury Bonds)와 구분된다. T-Bill은 할인발행 후 만기일에 액면 금액을 보상해주는 증권이며 채권 기간 중 어떠한 이자의 지급도 없는 Zero-Coupon 증권이다. T-Bill의 종류는 상환기간에 따라 3개월, 6개월, 1년 만기의 3종류가 있다.

② 중장기재정채권

확정이자부 채권(coupon-bearing bond)으로서 그 중 Treasury Note(T-Note)는 만기 1년 초과 10년 이하 Treasury Bond(T-Bond)는 만기 10년 초과 30년 이하의 채권을 가리킨다. 이들 채권의 이자 지급은 연방준비은행이 재무성을 대신하여 채권투자가에게 6개월마다 표면금리(copon rate)에 의한 확정이자를 지급하며 만기에는 원금을 포함 지급한다.

5) 양도성 정기예금증서 시장

CD(Certificate of Deposit)란 상업은행이 예금주에게 발행해주는 정기예금증서를 말하는데 일반적으로 양도 가능한 것을 말한다.

고정금리 CD와 변동금리 CD(Floating Rate CD)의 두 종류가 있으며 발행방식으로는 사모식 판매방식과 공모식 판매방식이 있다.

CD금리는 일반적으로 T-Bill 금리를 상회하는데 이를 T-Bill 만이 주와 지방의 소득세를 면제받고 있는 외에 CD는 발행은행의 채무불이행 위험이 있기 때문이다.

6) 은행인수어음(Banker' s Acceptance)

BA(Banker's Acceptance)는 은행을 지급인으로 하여 발행된 기한부 어음에 당해은행이 이 어음의 지급의무를 인수(Accept)한 환어음을 말한다. 인수은행은 인수행위를 통해 어음만기일에 어음 금액을 지불할 취소불능 확정 채무를 안게 되며 어음의 주채무자가 된다. 즉 은행은 인수에 의해 자유로이 거래될 수 있는 양도성 증서인 BA를 창출하게 된다. 현재 BA시장에서 매매되는 은행인수어음은 대부분 수출입거래를 배경으로 하여 그 결제 또는 무역금융자금의 조달을 목적으로 하여 발행된 것이다.

BA는 만기에 인수은행이 어음금액을 지불하지 않으면 발행인이 지불책임을 지는 복명어음(two-name paper)이므로 안전도가 높아 BA Rate는 CD Rate를 약간 하회하는 경향이 있다.

7) 상업어음(Commercial Paper)시장

CP란 금융회사 은행지주회사(Bank Holding Company)등이 공개시장에서 단기 운전자금을 조달하기 위해 발행하는 무담보 약속어음을 말한다.

CP는 발행인이 만기에 소지인에게 액면금액을 지급하는 소지인 지급식 채무증서이며 우량기업의 경우 차입비용이 은행차입보다 상대적으로 저렴하고 투자자 입장에서는 CP가 T-Bill, BA, CD보다 안정성은 다소 낮으나 수익률이 높다.

2. 영국 금융시장

1) 금융산업구조

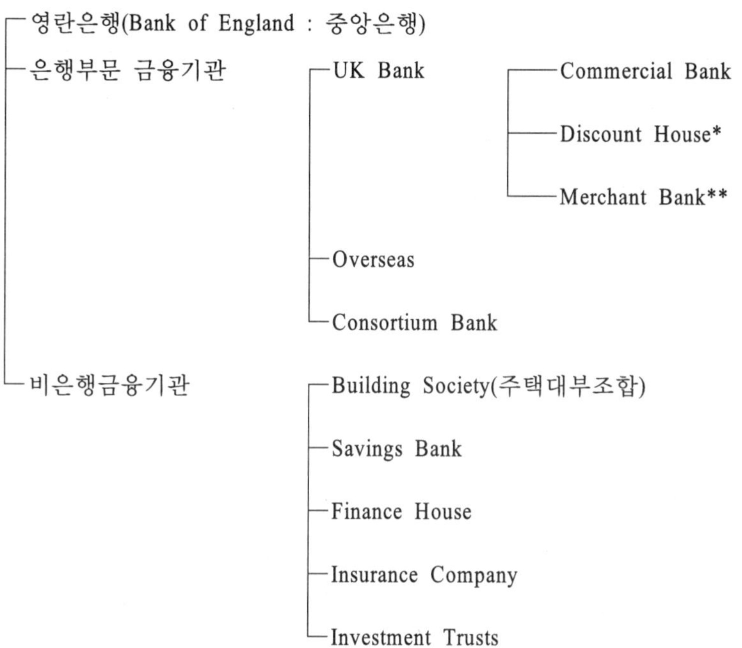

※ 할인상사(Discount House)
영국 특유의 금융기관으로 영란은행과 시중은행 사이에서 은행기관들의 유동성을 조절하는 중개기관이다. 할인상사는 시중은행으로부터의 콜자금 차입을 주요자금조달원으로 하여 상업어음, 단기국채, CD 등을 매입하면서 시중은행간의 자금거래를 중개하며, 필요에 따라서 영란은행에 의한 어음 및 단기국채의 재할인 또는 담보대출 방식으로 자금 공급을 받아 시중은행의 자금부족을 조절하는 기능을 한다.

※ Merchant Bank
증권인수업무, 회사에 대한 금융자문업무, 중장기 수출 금융의 간사역할 등을 수행하는 영국 특유의 금융기관으로 상업은행(도매금융을 취급하는 Wholesale Bank)과 투자은행(증권 발행 및 인수업무를 주로 하는 은행)을 겸하고 있다.

2) 단기금융시장

(1) 할인시장(Discount Market)

할인상사가 영란은행과 시중은행사이에서 TB, 지방정부채, 어음 CD 및 Call Money를 거래하는 단기금융시장으로 전통적 시장(Traditional Market)이라고 불리고 있다. 할인시장은 영란은행이 자금의 최종적 공급자로서 참가하고 있다는 점, 유담보주의인 점이 평행시장과 다른 특징이 있다.

① 콜자금(Call Money)

콜자금은 상업은행이 할인상사에 예입하는 예금의 일종이며 익일물과 2주 이내의 기일물이 대종을 이룬다. 각 은행은 당해은행 적격채무의 평균 5%(하한 2.5%)의 예입의무가 부여되어 있어 영란은행에 대한 지급준비예금이 대상채무의 0.45%인데 비해 오히려 지준예치에 가까운 성격을 띠고 있다.

② 어 음

할인시장에서는 은행인수어음을 주 대상으로 하는 어음거래가 대부분을 차지하고 있다. 할인시장에서 거래되는 어음에는 상업어음, 지방자치단체 발행의 어음 및 정부 발행의 광의의 어음인 TB가 있다.

상업어음은 은행어음(bank bills), 무역어음(trade bills), 외화어음(foreign currency bills)의 3종류로 나누어지고 있는데 은행어음은 은행에 의하여 지급의무가 인수된 상업어음을 말하며 미국 금융시장에서의 은행인수어음(bankers acceptance: BA)에 해당된다.

은행어음에는 민간은행의 재할적격어음(eligible bank bills)과 비적격어음(ineligible bank bills)이 있으며 이 가운데서 어음교환소 가맹은행, 영국계 해외은행 또는 일류은행이 인수한 어음을 "fine bank bill"이라고 부르고 그에 대한 할인율을 "fine bank bill rate"라 부르는데 이러한 어음은 시장성이 높아 동 할인율은 상업어음시장의 지표금리 역할을 한다.

③ TB(Treasury Bill)

TB는 원칙적으로 기간 3개월의 소지인 지급식 할인채로 매주 금요일에 영란은행의 공모입찰방식에 의하여 매출된다.

TB는 정부증권이라는 안전성과 소지인 지급식이라는 유동성을 갖추고 있어 영국에서 뿐 아니라 해외의 은행도 거액을 투자하고 있다. 영국의 국채 가운데 단기국채(TB) 외에 만기가 1년이 넘는 중·장기 국채도 있는데 이는 금처럼 투자대상으로서 안전하다 하여 gilt-edged stock 또는 gilt라고 불린다.

(2) 제2차시장(Secondary Market)

제2차시장은 국제적 자금이동을 배경으로 발달한 단기 금융시장이며 어떠한 금융기관도 참여할 수 있는 자유로운 시장으로 1960년대에 등장한 평행시장(parallel market)을 말한다.

이 시장에는 은행간 시장, CD시장, CP시장 등이 있으며 이 중에서도 CP시장은 최근의 세계적인 증권화(securitization) 추세에 영향을 받아 급성장을 보이고 있으며 1986년에는 파운드화표시 CP시장이 창설되었다.

① 은행간 예금시장

은행간 예금시장(inter-bank deposit market)은 50년대 후반 이후 유로달러시장의 발생에 자극을 받아 할인시장의 밖에서 평행시장으로서 발생하였으며 1970년에 초에 clearing bank의 참여를 계기로 급속히 발달하였다.

이 시장은 외국은행을 포함하는 시중은행간의 가장 중심적인 자금조달 및 운용의 장소가 되고 있다. 따라서 이 시장의 금리(LIBOR, LIBID)는 예금금리 및 대출금리 전반을 결정하는 매우 중요한 지표로서의 역할을 하고 있다.

② CD시장

CD는 소지인 지급식 무담보 예금증서로서 배서 없이 양도가 가능하여 양도 또는 만기시에 과세되는 일도 없고 세제상 일반의 이자배당과 동일한 취급을 받는다.

발행자는 주로 Clearing Bank 및 Building Society가 되며 투자가는 금융기관과 기업이 되는데 할인상사를 중심으로 유통시장이 잘 발달되어 있어 해외로부터의 수요도 많다.

3. 기타 국제금융센터

1) 동경국제금융센터

일본 경제의 고도성장에 따른 대외개방 필요성과 해외로부터의 국내금융시장

개방압력 등에 대응하여 엔화 국제화를 장기간에 걸쳐 단계적으로 추진하여 왔고, 1963년 환율 변동폭 확대 및 평형조작의 도입과 1964년 일본이 IMF 8조국으로 바뀜에 따라 동경외환시장은 본격적으로 발전하여 왔다.

1971년에 변동환율제도 도입, 1980년 12월 외화관리법 개정으로 외화관리가 원칙금지에서 원칙자유로 전환됨에 따라 국제금융센터로 발돋움하였다. 1980년대 후반에 미・일간의 국제수지 불균형 심화, 시장개방압력 증대 등에 대응하여 일본 국내 금융시장 및 유로엔시장의 자유화, 동경역외금융시장(Japanese Offshore Market) 창설(1986년 12월) 등을 통해 엔화의 국제화를 본격적으로 추진하여 외환, 엔화채권 및 주식거래를 중심으로 국제금융센터로 부상하였다.

동경시장은 그 규모는 크나 시차관계상 동일 시간대에 개장되는 유럽이나 뉴욕시장이 없기 때문에 뉴욕시장의 전일시세에 크게 좌우되는 실수요중심의 시장이라는 특색을 가지고 있다.

2) 홍콩국제금융센터

홍콩국제금융센터는 1970년대부터 역외금융시장으로 발달되기 시작한 아시아의 대표적 금융센터로 특히 유로신디케이트론, 역외기금운용 및 주식거래가 활발한 시장이며 싱가포르, 대만, 일본 및 한국 등 주요 아시아 국가들과 근접한 지리적 장점, 법인세와 소득세 등 저리의 세금혜택, 외환 및 자본거래의 자유화, 지급결제제도의 발달 등을 배경으로 성장한 국제금융센터이다.

1997년 홍콩이 영국으로부터 중국에 반환된 이후에도 홍콩은 중국에 대한 경제개발자금 공급원 및 선진금융기법 공급자로뿐만 아니라 중국의 세계금융시장 진출거점으로서 중요한 역할을 수행하고 있으나 중장기적으로는 중국의 상해 육성정책에 따라 아시아의 금융센터 지위확보를 위한 치열한 경쟁이 예상된다.

3) 싱가포르국제금융센터

싱가포르는 1969년 'Asian Currency Unit 계정'을 설치하고 세금감면 등 역외금융 활동을 증진키 위한 정책을 펴면서 국제금융센터로 부상하기 시작했다. 싱가포르는 정치적 안정, 사회간접시설의 발달, 풍부한 전문인력과 지리적으로 근접한 아시아 국가들의 급속한 경제성장 등을 배경으로 아시아의 대표적 역외금융센터

로 발전하였다.

그러나 싱가포르금융센터는 은행간 자금대차시장 및 외환시장이 발달한 반면 국내경제규모가 작고 재정흑자로 인해 주식시장과 국채 등 채권시장이 상대적으로 발달하지 못한 점이 단점이라 할 수 있다.

제5절 유로시장

1. 유로시장의 개요

1) 유로시장의 정의

유로시장(Euro-Market)이란 유로통화가 거래되는 시장을 말한다. 여기서 유로통화란 어떤 나라의 국민통화(National Currency)가 통화 발행국의 영역을 벗어나 외국 소재 금융기관에 예치되어 있는 자금을 말한다. 예를 들어 유로달러란 달러의 발행국인 미국 이외의 지역, 다시 말해 런던 또는 싱가포르 소재은행에 예치되어 있는 달러 자금을 말하며 이러한 유로달러 자금을 조달, 운용하는 시장을 유로달러시장이라고 한다. 또한 유로파운드란 파운드화의 발행국인 영국 이외의 지역 즉, 프랑크푸르트 또는 홍콩 소재은행에 예치되어 있는 파운드화 자금을 말하며 이러한 파운드 자금을 조달, 운용하는 시장을 유로파운드시장이라고 한다.

원래 '유로'라는 말은 유럽이라는 뜻에서 비롯되었다. 즉, 유로달러라 하면 유럽지역에 예치되어 있는 달러자금이란 뜻이었다. 그러나 달러자금이 점차 아시아, 중동 등 세계 각국으로 확산됨에 따라 오늘날에는 유로라는 뜻이 유럽이라는 뜻보다 통화발행국 이외의 지역이라는 뜻으로 해석되고 있어 통화발행국의 각종 규제로부터 벗어난 통화라는 뜻으로 확대 해석되고 있다. 즉 미국에 있는 달러도 미국내의 각종 규제를 받지 않는 달러는 유로달러로 간주되고 있다.

2) 유로시장의 특징

유로시장의 특징을 살펴보면,

- 첫째, 유로시장이 각국의 금융규제를 벗어나 다양한 금융자산거래가 이루어지고 효율적으로 중개되는 초국가적인 금융시장이다. 즉, 지준예치의무나 예금보험료가입의무 등이 면제되어 자금조달비용면에서 유리한 조건을 갖고 있다.
- 둘째, 유로시장은 그 기능수행면에서 공간적으로나 시간적으로 제약을 받지 않는 범세계적인 국제금융시장이다. 따라 유로시장은 일정장소나 공간에 지배받는 협의의 시장이 아니고 Bloomberg, Reuter, Internet 등 전자통신기기에 의해 세계금융시장 정보가 제공되고 거래되는 효율적 시장인 것이다.
- 마지막으로 유로시장은 금리나 자금의 상대적 이용면에 있어서 각국의 금융시장과 밀접히 연계되어 있어 각국의 지준정책이나 금리정책이 유로시장의 예대금리에 직접적인 영향을 미치게 된다.

3) 유로시장의 분류

유로시장은 원래 만기가 1년 미만인 단기금융시장으로 출발하였으나 그 이후 점차 중장기 금융시장으로 확대 발전되었다. 이에 따라 오늘날의 유로시장은 자금거래기간의 장·단에 따라 만기 1년 미만의 자금이 거래되는 유로머니시장(Euro Money Market)과 만기 1년 이상의 중장기 금융시장인 유로크레디트시장(Euro Credit Market) 및 유로본드시장(Euro Bond Market)으로 대별된다. 유로크레디트시장이란 만기 3~10년 정도의 신디케이티드론(Syndicated Loan) 등을 중심으로 하는 중장기 대출시장을 말하며 유로본드시장은 채권발행을 통하여 형성되는 중장기 자금의 조달 운용 시장을 말한다.

2. 유로시장의 생성

1) 성장배경

1950년대 후반 동서간의 냉전으로 동구 공산권 국가들의 중앙은행들이 미국 소재 은행에 예치된 자금이 동결될 것을 우려하여 이들 자금을 미국 소재 은행에서 인출하여 런던이나 타유럽지역 소재 은행에 예치하면서 유로달러가 생성되었다.

또한 1960년대 후반 미국은 통화긴축정책을 실시하면서 예금금리의 상한을 규제하는 Regulation Q를 실시하였고 미국은행들은 대출재원을 조달하기 위해 유럽 소재 지점들을 통하여 유로차입을 실시하였다. 이에 외국투자자들은 미국 소재 은행에서보다 높은 금리를 지급하는 유로달러예금을 선호하게 되었다. 이러한 결과 두시장의 금리격차로 미달러 자금의 유로시장으로의 유출과 미국은행들의 대체자금 조달을 위한 유로차입이 증가하게 되었다. 또, 1970년대 유가급등에 따른 오일쇼크로 OPEC 국가들의 막대한 국제수지 흑자는 유로달러형태로 유로시장에 유입되게 이었으며 이러한 환경여건들로 인해 유로시장은 급성장하게 되었다.

2) 유로달러의 생성메커니즘

유로시장에서 주도적 역할을 하고 있는 유로달러시장이 생성되는 구체적 메커니즘을 살펴보고 유로달러의 은행간 자금이체가 종국적으로 뉴욕연방준비은행의 지준예치금계정에 어떻게 반영되는가를 알아보자.

유로달러는 기본적으로 아래의 3가지 거래로 창출된다.

① 미국 소재 은행에 예치된 달러예금이 유로은행에 이체

② 유로달러예금을 받은 유로은행이 동 자금을 타은행에 재예치

③ 재예치 받은 유로은행은 동 자금을 유로론(Euro-Loan)에 의해 자금수요자에 대출

제6절 국제금융 결제 제도

1. SWIFT (Society for Worldwide Interbank Financial Telecommunications)

SWIFT란 각국의 금융 및 외환시장 등에서의 거래를 실제로 연결시켜 국제자금이 원활히 결제될 수 있도록 지원하는 거래메시지 교환시스템이다. 동 국제통신기

구는 1973년 5월 벨기에 브뤼셀에 설치된 비영리단체로서 엄격한 메시지 통일양식을 이용하여 거래내역을 신속하고 정확하게 전달하여 대부분의 국제금융거래에 사용되고 있다. 특히 SWIFT는 1982년에 은행간 전산자금결제제도인 CHIPS와 유로채의 인도·결제기구인 Euro-clear 및 Clearstream과 연계됨으로써 범세계적인 차원에서 신속한 국제간 자금결제가 가능하게 되었다.

2. CHIPS (the Computerized Clearing House Interbank Payments System)

CHIPS는 1981년 10월부터 실시된 은행간 전산자금결제제도로서 동제도의 실시로 인하여 종전 New York Clearing House의 자금이체 지연문제를 해소하였으며, 미국내 은행들간의 자금거래뿐만 아니라 미국소재은행과 유로은행간의 자금거래도 거래당일 결제가 가능하게 되었다.

3. Euro-clear 및 Clearstream

Euro-clear 및 Clearstream(舊 CEDEL)은 유로채의 인도와 결제기능을 동시에 수행하는 기구로서 전자는 1968년 말 Morgan Guaranty Trust Co.에 의해 벨기에 브뤼셀에, 후자는 1970년 9월 룩셈부르크시에 각각 설립되었다. 이들 기구의 탄생을 통해 채권매매 등의 국제간 거래의 결제, 증권보관, 증권대여, 차입거래 주선, 자금이체 등 환거래 은행업무 수행으로 유로채시장의 성장에 크게 기여하였다.

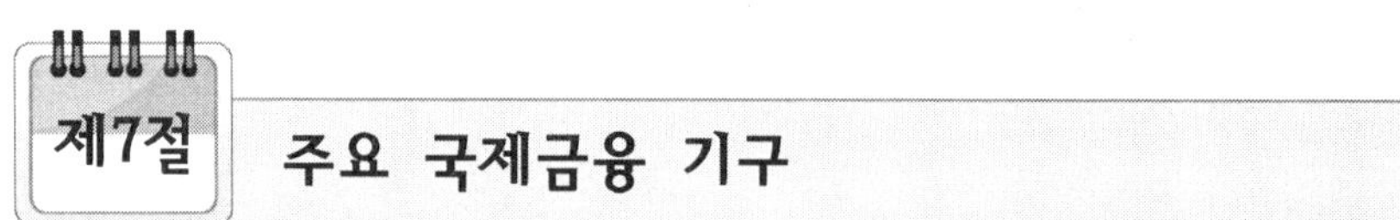

1. 국제통화기금(IMF)

국제통화기금(International Monetary Fund : IMF)은 1944년 7월 44개 연합국 대표들이 미국의 뉴햄프셔주 브레튼우즈협정에 따라 1945년 12월 27일에 정식

으로 설립된 기구이다. 2차대전 후 연합국들이 IMF라는 국제통화기구를 설립하게 된 것은 1차 대전 후 국제금본위제도의 붕괴, 역제한조치의 만연, 환율의 불안정, 경쟁적 평가절하, 외환통제의 확산, 대공황 등 국제통화 및 경제질서의 혼란의 경험을 바탕으로 전후에는 이러한 혼란의 재발을 막고 세계경제의 안정적 성장을 보장해 줄 국제통화제도의 설립이 절실했기 때문이다.

IMF의 목적은 환율의 안정 및 무역확대를 통한 세계경제의 균형성장을 도모하고 외환에 대한 제한 철폐 및 다자간 결제제도의 확립 등에 두고 있다. 이를 위해 IMF는 가맹국의 환율제도 및 외환정책에 대한 규제감독, 국제수지 불균형에 처한 국가에 신용공여 등을 수행한다.

IMF회원국은 소정의 쿼타를 납입해야 하며 회원국의 쿼타는 IMF의 주요재원이 된다. 우리나라는 1955년 8월에 가입하였으며 현재 IMF 8조국에 속한다. IMF 8조국은 외환자유화의 의무를 수락한 국가를 말한다.

2. 세계은행그룹(World Bank Group)

세계은행그룹은 국제부흥개발은행(IBRD), 국제금융공사(IFC), 국제개발협회(IDA), 국제투자보증기구(MIGA) 등으로 구성되어 있다.

1) 국제부흥개발기구(IBRD)

국제부흥개발기구(IBRD)는 2차대전 후 전후복구자금과 개도국의 개발자금을 지원하기 위해 1945년 12월 27일 IMF와 함께 설립된 개발금융기구이다. 즉 IBRD는 원래 장기개발자금의 공여를 목적으로 설립되었으며 최근에는 이와 더불어 개도국의 개발정책수립 및 집행에 필요한 기술지원, 융자대상프로젝트의 평가, 개도국 개발담당인사의 연수, 인적투자, 환경보호, 경제개혁, 부패방지 등으로 그 범위가 확대되고 있다.

IBRD의 재원은 가맹국의 출자금과 국제금융시장에서의 차입금으로 충당하고 있다. IBRD의 가입자격은 IMF가맹국으로 제한되어 있다. 우리나라는 1955년 8월 26일에 가입하였다.

2) 국제금융공사(IFC)

국제금융공사(International Finance Corporation : IFC)는 가맹국 특히 개도국의 민간부문 투자활성화를 통한 경제개발 촉진을 목적으로 1956년 7월 24일 설립된 세계은행의 자매기구이다.

설립 당시의 업무는 민간기업에 대한 융자로 국한되었으나 이후 주식투자도 가능토록 하였으며 나아가 개도국의 민간자본시장 육성을 위해 리스산업, 증권업 등의 금융기관 설립 및 운영지원과 신디케이티드론 제공 등으로 업무를 확장하였다.

우리나라는 1964년 3월 17일 IFC에 가입하였다.

3) 국제개발협회(IDA)

국제개발협회(International Development Association: IDA)는 최빈개도국에 대한 장기 저리의 양허적조건의 개발자금지원을 목적으로 1960년 11월 8일 설립된 IBRD 및 IFC의 자매기구이다. 즉 IDA는 대외 신인도가 낮아 상업적 베이스에서는 도저히 개발자금의 조달이 곤란한 최빈개도국들이 자금을 조달하는데 도움을 주기 위하여 설립된 기구이다. 우리나라는 IDA에 1961년 8월 18일 가입하였으며 경제력의 신장으로 1974년에 이미 IDA 수혜대상국에서 졸업하였다.

4) 국제투자보증기구(MIGA)

국제투자보증기구(Multilateral Investment Guarantee Agency: MIGA)는 대개도국 외국인 직접투자자들이 직면하는 투자위험에 대한 손실보상을 보증해 주는 기구로 1988년 4월 12일 설립된 IBRD 및 IFC의 자매기구이다.

이러한 설립목적에 따라 MIGA는 현재 주기능인 대개도국 외국인투자에 대한 투자보증(Guarantee)과 재보험(Reinsurance) 인수업무를 수행하는 외에도 개도국들에 대한 기술원조 및 투자정보 제공 등의 역할을 수행하고 있다.

우리나라는 1988년 4월 설립당시 가입하였다.

3. 국제결제은행(BIS)

국제결제은행(Bank for International Settlement: BIS)은 1차대전 후 독일로

부터 전쟁배상금을 수령하여 이를 관계 각국에 배분할 목적으로 1930년에 설립된 국제은행이다. 그러나 BIS의 업무내용은 그동안 많은 변화를 보여 왔으며 최근의 주요업무는 다음과 같다.

① 각국 중앙은행, 국제상업은행 및 국제기구 등과의 여・수신업무는 물론 각국 중앙은행간 및 중앙은행과 상업은행간의 상호결제업무를 수행하고 있다.

② 주요 출자 중앙은행총재회의 및 중앙은행 고위 실무자회의 주최와 OECD, IMF 등의 각종 국제금융회의에의 참석 등을 통하여 국제통화협력을 적극 유도하거나 측면 지원하고 있다.

③ 국제금융협회의 대리인(Agent) 또는 수탁자(Trustee)로서의 역할을 수행한다. 예를 들어 BIS는 현재 유럽통화단위(EU)의 민간사용에 따른 결제를 위해 1986년 결성된 민간 EU결제제도 가맹은행의 EU결제대리인 업무를 맡고 있다.

④ 중앙은행간 통화협력을 뒷받침하기 위해 국제경제 및 통화금융 전반에 관한 각종 통계의 작성발표 및 연구분석활동을 하고 있다.

우리나라는 1997년 1월 가입하였다.

4. 지역개발금융기구

1) 아시아개발은행(ADB)

아시아개발은행(Asian Development Bank : ADB)은 아시아・태평양 지역의 경제성장과 경제협력을 촉진하고 역내 개발도상국의 경제발전에 기여하고자 1966년 11월 24일 설립된 지역개발 금융기구이다. ADB는 현재

① 역내 개발도상국의 개발프로젝트에 대한 자금지원

② 개발사업 계획의 작성 및 이의 집행을 위한 기술지원 제공

③ 가맹국의 민간기업에 대한 투자 등의 업무를 수행하고 있다.

우리나라는 1966년 ADB 설립 당시에 가입하였다.

2) 아프리카개발은행(AfDB)

아프리카 개발은행(African Development Bank : AfDB)은 아프리카 역내국의 경제개발 및 사회발전을 촉진하기 위하여 1964년 9월 10일 설립된 지역개발금융

기구이다. AfDB의 주요 업무로는

① 아프리카 역내국의 경제 및 사회개발사업 지원
② 개발재원의 조달과 공공 및 민간투자의 촉진
③ 개발프로젝트와 참가기업에 대한 조사연구 및 선정
④ 개발사업계획의 작성, 자금조달 및 집행에 필요한 기술지원 등

AfDB는 역내경제구조상 만성적인 재원부족을 경험하였는데 이 문제를 해결하기 위하여 1973년 아프리카개발기금(AfDF)을 자매기구로 설립하여 역외국으로부터 재원공급을 받고 있으며 1982년 5월부터는 역외국의 가입도 허용하였다.

우리나라는 1982년 12월 가입하였다.

3) 유럽부흥개발은행(EBRD)

유럽부흥개발은행(European Bank for Reconstruction and Development : EBRD)은 중동부유럽국가의 개방적 시장경제체제로의 전환을 촉진하고 나아가 이들 국가의 경제발전과 부흥에 기여하는 것을 목적으로 1991년 3월 28일 설립된 지역개발금융기구이다. EBRD는 특히 중동부유럽국가들이 계획경제에서 자유시장경제 체제로의 체제전환을 지원하기 위한 금융지원을 중시하고 있다. 즉 EBRD는 설립 이후 구소련연방 및 동구권국가의 민영화 추진 등 이들 국가의 시장경제 체제로의 전환을 지원해 왔다.

우리나라는 1991년 가입하였다.

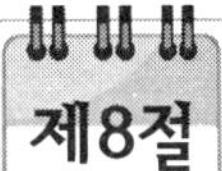

제8절 최근 국제금융시장의 동향

최근 국제금융시장은 범세계적 통합화(Global Integration)가 진행되고 있으며, 동시에 자율화(Liberalization) 및 규제완화(Deregulation), 증권화(Securization) 및 자산의 유동성 개선 등으로 그 효율성이 제고되고 있다. 또 통신 및 정보수단의 발전에 발맞추어 파생상품 등 새로운 금융상품 및 기법이 끊임없이 개발되어 고객

의 필요(Needs)에 대응한 다양한 금융서비스가 제공되는 등 질량면에서 끊임없는 성장을 계속하고 있다.

한편 국제금융시장은 과거 70~80년대에도 브레튼우즈체제의 붕괴에 따른 환율의 급격한 변동, 중남미 국가 및 동구 국가의 채무위기와 같은 불안한 모습을 보이기도 하였지만, 최근 1990년대에 들어서는 불안정성이 보다 심화되는 경향을 보이고 있다. 특히 금융위기는 그 영향이 지대하여 한 국가에서 위기가 발생하면 곧바로 주변국가로 확산되는 양상을 보이고 있다. 2008년도에 미국의 금융위기가 전 세계로 전이되어 각국마다 실물경제가 침체되어 새로운 세계경제위기가 도래되고 있다. 경제에 관한한 국경이 없이 동일국가화 되고 있는 셈이다.

1. 금융의 규제완화(Deregulation) 및 범세계화(Globalization)

금융의 규제완화, 다시 말하면 금융자율화란 각국이 금융제도의 안정과 신용질서의 유지를 위하여 실시해 온 제 규제를 철폐 또는 완화하여 금융산업의 자유 경쟁을 보장하고, 금리 및 금융자원의 배분이 시장기능에 따라 결정될 수 있게 하는 제도적 변혁을 의미한다.

그간 각국에서는 지나친 금융규제는 자금 배분의 왜곡을 초래할 뿐 아니라 금융산업의 발전 및 통화정책의 효율성을 저해한다는 의식이 확산되어 왔는바, 최근에는 주요국의 금융혁신의 진전과 함께 규제의 철폐 및 완화가 주요 의제가 되고 있다. 그러나 이러한 환경 속에서 금융기관간 경쟁의 심화로 인해 금융기관들의 영업 이윤이 축소되자 수익의 확보를 위한 무리한 자산 확대를 가져 왔으며, 이에 따라 금융시장의 건전성 및 안전성을 확보키 위하여 국제결제은행(Bank for International Settlements: BIS)에 의한 금융기관 자기자본비율규제(Capital Adequacy Ratio)가 강화되는 등 국제금융의 감독강화나 재규제(Reregulation) 움직임도 나타나고 있다.

한편 1980년대 이후 국제금융은 국내시장과 국제시장간 상호 의존, 업무영역의 중복, 동질화 진전 등 범세계적으로 통합되어 가는 모습을 보이고 있다. 또한 이러한 모습은 거래시장과 거래수단의 국제적 통합 및 참가자의 국적을 이유로 하는 진입장벽의 완화 내지 해소로 진전되는 바, 이 결과 국경을 넘어선 금융기관간 경쟁의 심화가 초래된다.

또한 지역 경제의 블록(Bloc)화 현상도 나타나고 있으며, 유럽연합(EU), NAFTA 등이 대표적인 블록이다. 그 중 선두 주자인 EU블록에서는 대외 경쟁력 제고를 위해 역내 금융시장을 단일화하고, 금융기관 설립과 서비스 제공을 자유화함과 동시에, 블록 내에서는 상호 인정의 원칙과 단일면허제도를 바탕으로 은행, 증권, 보험 등 금융서비스를 국경을 초월하여 자유롭게 제공하고자 한다.

이 같은 현상을 통틀어 금융의 세계화(Globalization)라고 하며, 국경을 초월한 금융거래가 활발해지고 금융기관 상호진출이 증가함으로써 세계각국의 금융시장이 단일시장으로의 변모(특히 외환시장 등을 중심으로 24시간 영업 체계)가 진행되고 있는 것을 의미하는바 대개 다음의 세 가지로 정리될 수 있다.

- 첫째, 금융거래의 국제화로 이는 자금이 국경을 넘어 보다 자유롭게 거래되는 현상을 말한다. 국내의 경제 주체들과 해외의 경제 주체들 간의 거래가 국내 거래보다 상대적으로 더 활발해지는 것이다.
- 둘째, 금융수단의 국제화로 국내금융에서도 국제금융의 개념이 활용(국내금융의 국제화)되게 된다. 금융거래의 국제화와 금융수단의 국제화는 구분해야 한다. 예를 들면 외국투자자가 한국증시에서 주식을 매입한다면 이는 금융거래의 국제화이고, 해외에서 DR을 발행했다면 이는 금융수단의 국제화이며, 변동금리부채권을 국내에서 발행한다면 이는 국내금융의 국제화가 된다.
- 셋째, 금융서비스의 국제화로 이는 다양한 금융수단을 사용하는 금융거래의 성립을 위해 필요 불가결한 금융서비스를 공급하는 기업이 해외로부터 국내로 국내로부터 해외로 진입 또는 진출하는 것을 의미한다.

그러나 미국의 저금리기조로 인하여 확산되었던 Mortgage Loan이 Sub-prime의 부실로 그에 따른 파생상품이 눈덩이처럼 붕괴되는 결과를 초래 하였다. 그 결과로 미국의 대형 투자은행이 정부의 구제금융을 요청하는가 하면 인수 합병이 전개되고 있다. 파생상품의 급진전을 금융당국이 효율적으로 관리 감독 못하였다는 측면이 부각되어 앞으로 규제를 강화하는 움직임이 대두되고 있어 귀추가 주목된다.

2. 금융의 증권화(Securitization) 현상의 심화

금융의 증권화는 금융기관을 포함한 기업의 자금조달과 자금운용이 증권의 매매형태를 띠는 현상이라고 정의할 수 있다. 이러한 정의에서 볼 때 금융의 증권화는 기업이 자금조달면에서 간접금융 대신 직접금융화(금융의 중개화: Disintermediation) 하며, 금융기관은 대출위주의 자금운용에서 유가증권 운용형태로 전환하게 되므로 (증권의 우위화), 간접금융기관의 대표인 은행은 많은 기존고객이 이탈하는 사태를 맞게 될 것이다. 이 개념은 금융기관의 비유동적 자산이 매매 가능한 증권형태로 전환(예 : 대출채권의 유동화)하는 현상도 포함한다.

여기서 금융 증권화의 방향을 정리하면 다음과 같다.

- 첫째, 자금조달수단이 은행차입에서 증권발행으로 이전되고
- 둘째, 대출채권이나 리스채권이 증권화되어 당초의 채권자(은행 또는 리스회사 등)로부터 일반투자자 손으로 분산 판매. 유로시장에서는 신디케이트대출에 있어서 양도성 차관(Transferable Loan Facility : TLF)이 개발 이용되며,
- 셋째, 금융공여시 대출과 증권발행의 양 Service가 복합적(소위 Hybrid Service)으로 제공된다(예: 유로시장에서 개발된 NIF(Note Issuance Facility)와 RUF(Revolving Underwriting Facility) 등)

최근에는 금융의 주식화(Equitization)란 용어가 사용되고 있다. 이는 각국의 현물 주식시장의 개방과 확대, 선물 옵션과 같은 파생상품(Derivatives)의 부각, 동시에 주식 연계채의 발행증가와 이에 따른 채권과 주식의 연계 강화 현상 등은 기존의 증권화의 개념으로 설명하기 미흡하므로 이를 설명하기 위해 만들어진 용어이다. 주식화에서의 주식(Equity)이란 현물 주식뿐만 아니라 선물, 옵션을 포함한 광의의 주식상품개념이다.

3. 파생금융상품 및 금융공학의 발달

1970년대 이후 금융시장은 금융환경의 급변과 이에 대응한 금융기관의 적극적인 노력으로 금융혁신(Financial Innovation)이 일상화되었다. 금융부문이 혁신을 거듭해 온 배경을 정리해 보면 다음과 같다.

- 첫째, 각국 정부의 국제금융거래에 대한 각종 규제의 완화와 금융자율화(Deregulation) 조치가 국제금융시장의 자유로운 경쟁 분위기를 조성하여 기존의 금융상품보다 수익성이 높으면서 위험도 낮은 신종 상품의 개발보급이

가능하게 되었다.

- 둘째, 컴퓨터 및 통신기술의 비약적 발달에 따라 통신 정보 산업이 새로운 상품의 결제와 이전을 신속하고 정확하게 뒷받침하여(예 : 전자 자금이체제도 : Electronic Fund Transfer System) 지리적으로 시간적으로 분산되어 있는 각국의 금융기관을 유기적으로 연결시켜 주었고 다량의 국제 정보의 전달과 국제거래의 처리를 경제적으로 가능하게 하였다. 이것은 관련 기술의 발달이 단순한 사무혁신차원을 넘어서 영업관습 및 절차를 바꾼 의미 있는 사건이다.
- 셋째, 불안정한 국제금리 및 환율의 변동 위험을 회피해야 할 필요성이 증대됨에 따라, 실질금리를 보장하는 상품이나 각종 위험관리상품 등 첨단 기법을 이용한 신상품이 계속 개발되고 금융서비스가 다양화되었다.

1970년대 국제금융시장의 적극적인 혁신의 결과 종래의 전통적 금융시장에 더하여 다양한 파생금융상품시장(Derivatives Financial Market)을 형성하게 되었다. 파생금융상품이란 전통적인 금융상품을 바탕으로 하여 그에서 파생된 금융상품이라고 정의할 수 있다. 이 상품은 위험 헷지 수단인 동시에 시장 참가자들에게 투기적 거래 기회를 제공하고 있다.

이러한 혁신 및 발전의 결과 국제금융시장에서는 다양한 금융 기본요소의 결합을 통하여 새로운 종류의 금융상품을 창출해 낼 수 있게 되었다. 이를 금융공학(Financial Engineering)이라 한다. 이 개념은 기존의 개별 금융기법의 특성을 결합하여 상황에 적합한 새로운 형태를 창출하는 합성거래기법(Synthetics)과 다양한 형태의 자산부채관리기법이나 위험관리기법을 총칭하는 발전적 개념으로 국제금융시장에서의 금융혁신(Financial Innovation)의 결과를 구체적으로 국제 재무관리에 적용하여 자산 또는 부채를 보다 효율적으로 관리하는 과정이라고 할 수 있다.

금융공학은 우선 동일한 경제적 효과를 얻을 수 있는 금융상품을 보다 우회적으로 저렴하게 만들어 냄으로써 부가가치를 높일 수 있다. 또, 새로운 종류의 금융상품을 창출함으로써 보다 적합한 재무적 위험관리 수단을 구할 수 있다. 이같은 금융공학은 새로운 재정거래 기회의 창출, 위험관리의 효율성 제고를 통한 기업가치 증대, 투자와 자금조달에 있어서의 신축성 증대 등 그 활용을 통하여 얻을 수 있는 이익은 적지 않다. 그러나 이런 파생상품은 금융당국의 철저한 규제와 감독

하에 이루어져야하는데 최근 미국의 경우를 보더라도 과도한 파생상품 허용이 새로운 금융위기를 초래하는 원인을 제공하기도 하였다

4. 금융시장 불안정 심화 및 금융위기 확산

1980년대에 주요 자본 수출국인 일본은 최근 거품경제 해소에 따른 금융긴축 및 국내 불경기의 지속, 또 금융기관들의 BIS 규제 강화에 대응한 운용규모 축소, 각종 금융사고 및 국내금융기관 부실화에 따른 신용도 저하 등으로 국제 자금 공급 능력이 크게 약화되었으며, 한편 독일은 통독자금부담 및 통독후의 경기 침체, 동유럽 재건비용 분담으로 국제금융시장에 전통적인 자금공급자로서의 역할을 잃어 버렸다. 또 산유국의 경기침체로 인한 오일 달러(Petroleum Dollar) 수입의 축소 및 유동성 제약 등으로 국제금융시장의 전체적인 자금공급이 축소되고 있다.

이에 따라 신인도가 낮은 개발도상국 및 비 OECD 국가에 대하여는 차입비용 상승 및 차입만기 기간의 단축 경향을 초래하였으며 차입자간 자금 확보 경쟁 심화로 대규모 차관단 구성도 어렵게 만들고 있다. 또한 국제 상업은행들의 신중한 여신정책과 위험/수익(Risk/Return) 대응 방식 강화로 기채 조건이 크게 악화되고 있다.

최근의 국제금융시장은 자금수급 불균형이 심화되고 있는 것과 함께, 대형 파생금융상품 사고의 빈발, 환율의 급격한 변동 및 주요 금리의 불안정성의 심화, 핫머니(Hot Money)의 증대 등으로 불안정성이 가중되고 있는 바, 다음과 같은 몇 가지 특징을 지닌다.

- 첫째, 강한 동조성을 들 수 있다. 금융의 범세계화 현상이 가속화되면서 한나라의 금융시장에서 어떤 위기상황이 발생하는 경우 순식간에 다른 나라로 전파된다.
- 둘째, 대형금융사고의 돌발성이다. 수백 년 전통을 가진 은행이 딜러 한사람의 실수로 파산하는 등, 파생금융상품 거래확대로 인하여 수억 또는 수십억 달러의 금융 손실사고가 갑자기 생기는 경우가 허다하다.
- 셋째, 금융위기에 대처하는 중앙은행의 역부족을 들 수 있다. 환율변동의 경우 예를 들면, 각국의 이해상충으로 다국간 정책협조도 쉽지 않은데다가 전세

계의 하루 평균 외환거래량이 1조 달러를 상회하기 때문에 불과 몇 십억 달러 정도의 외환시장 개입으로는 중앙은행의 정책목표를 달성하기 어려운 실정이다.

- 넷째, 헷지펀드(Hedge Fund)를 포함한 민간자본의 주도 현상을 들 수 있다. 흔히 George Soros의 Quantum Fund로 대표되는 헷지펀드들은 전세계를 대상으로 오로지 고수익성만을 추구하여 무차별적으로 각국의 금융시장을 공격하고 있다. 이러한 헷지펀드들은 많은 경우 파생상품을 거래함으로써 동원 가능한 자금량의 몇 십 배까지 거래규모를 확대시킬 수 있다. 헷지펀드의 희생자는 다른 민간자본은 물론이며, 심지어 중앙은행들도 빈번히 피해자가 되고 있다.

최근 국제금융시장의 불안정성은 1980년대 후반부터 가속화되어 온 국제금융시장의 구조적 변화에 기인하고 있다. 즉 1980년대 후반 선진국을 중심으로 한 규제완화와 자본자유화 등에 따른 금융의 범세계화 통합화, 금융거래의 증권화는 각국 금융시장의 연계성을 강화하고 국제금융시장의 양적 팽창과 금융자산의 유동성을 제고시킴으로써 단기유동자산의 양산을 가져왔다. 금융의 범세계화 통합화, 금융거래의 증권화는 각국 금융시장의 연계성을 강화하고 국제금융시장의 양적 팽창과 금융자산의 유동성을 제고시킴으로써 단기유동자산의 양산을 가져왔다. 금융의 범세계화 통합화는 다시 금융기관관의 서비스경쟁을 격화시켜 새로운 금융상품과 거래기법을 끊임없이 창출하는 한편 금융기관들의 고수익 고위험자산에 대한 투자를 유발시킴으로써 금융시장의 안정성이 저하되고 있다.

또한 미국계자금을 중심으로 한 핫머니의 팽창과 이들의 주요 투기대상인 파생금융상품 거래의 급신장도 환율의 급격한 단기변동을 초래하는 등 국제금융시장의 교란 요인으로 등장하였다. 이처럼 금융시장의 통합화와 국가간의 자본이동 증대로 각국은 독자적이고 효율적인 통화 환율정책수단을 갖기 힘들게 되었고, 이에 따라 각 정책당국의 협조가 절실히 요구되고 있음에도 불구하고 미국의 지도력 상실, 각국의 이해관계 상충 등으로 잘 이루어지지 않음으로써 금융시장의 불안정성을 더욱 심화 시키고 있는 것이다. 결국 2008년에는 미국의 부동산시장 하락으로 mortgage bank의 sub-prime시장이 침체되고 그로인한 고도의 이익을 추구하는 파생상품시장의 발달로 미국의 투자은행들이 합병내지 도산하면서 금융위기로 전개되었다. 미국의 금융위기는 빠른 동조화 현상으로 세계경제가 침체되는 양상을 초래하였다.

제 12 장 외국환(Foreign Exchange)

제1절 외국환의 개념

1. Definition

환이란 격지자간의 채권·채무관계를 현금의 수송에 의하지 않고 금융기관의 중개에 의하여 결제하는 수단으로써 그 격지가 국내일 경우에는 내국환(domestic exchange)이 되고, 외국일 경우에는 외국환(foreign exchange)이 된다.

외국환의 개념을 명확히 하기 위하여는 무엇보다도 먼저 국제간에 이루어지는 경제거래의 내용을 파악하여야 한다. 국가 간에 거래되는 경제거래는 상품이 수출입 등과 같은 재화의 거래, 이와 관련된 운임, 보험료 등의 용역거래, 원조증여, 전쟁배상, 이민송금 등과 같은 이전거래 그리고 해외투자(foreign investment)와 같은 자본거래 등을 들 수 있다. 그 밖에 투자수익(investment income), 해외여행자경비, 외국에 주재하는 공·사기관원의 경비 등과 이와 관련된 사용료나 임대료 등도 국제거래의 주요항목이 되고 있다.

이와 같이 국제간에 경제거래가 발생하게 되면 반드시 거래대금의 결제가 이루어져야 하며, 이에 따라 결제수단과 결제기구가 필요하게 되고 결과적으로 국제간에 자금이동이 생기게 된다. 예를 들어 어느 한 국가가 다른 국가의 상품을 수출하였다면 상품대금을 수취하여야 하고, 또 외국의 선박으로 수송하였다면 운임을 지급해야 하는데 이와 같은 자금의 수수를 직접 현금의 이동에 의하지 않고 지급인이나 수취인이 각각 제자리에 있으면서 주고받는 효과가 이루어지도록 하는 방법 또는 수단을 외국환이라고 한다. 다시 말하면 외국환이란 국제간의 대차관계를 결제하는 수단 또는 국제간의 자금이동수단이라고 할 수 있는데 이러한 외환은 추상적 의미의 외환이다.

한편, 구체적 의미의 외환은 일국에서 대외지급수단으로 사용할 수 있는 외국통화로 표시된 채권(all claims to foreign currency and payable abroad), 즉 국제유동성(international liquidity)을 총칭하는 개념이다. 일반적으로 국제간에 사용할 수 있는 대외지급수단으로는 외국통화를 비롯하여 외화표시의 은행권, 수표, 환어음, 예금증서, 채권 및 금(gold)과 국제통화기금의 특별인출권(SDR), 국제통화기금 포지션(IMF position) 등을 들 수 있다.

2. 외국환의 분류

외국환에 의한 국제간의 대차결제가 이루어지기 위하여는 반드시 국제간에 자금의 수수가 있어야 한다. 이와 같은 자금을 수수하는 방법으로는 채무자가 채권자 앞으로 먼저 자금을 송금하는 방법과 채권자가 채무자 앞으로 대금을 역으로 청구하는 방법이 있는데, 전자를 송금환(또는 순환)이라 하고, 후자는 추심환(또는 역환)이라고 한다.

한편, 국제대차의 결제는 거의 모든 나라의 은행이 그 기능을 담당하게 된다. 그러므로 어느 한 나라의 은행에서 타국의 외국환은행으로 자금이 이동되었다면 쌍방의 은행은 각기 자국화를 대가로 한 외국환의 매매가 이루어진다. 이 경우에 외국환매매의 시발점이 되는 외국환은행을 당방은행이라 하고, 반대로 외국환매매의 종착점이 되는 외국환은행을 상대은행 또는 선방은행이라고 한다.

그리고 외국환매매의 시발점인 당방은행에서 취급이 되는 외국환을 당발환(outward exchange)이라고 하고 외국환매매의 종착점이 되는 상대은행 또는 선방은행에서 피동적으로 취급이 되는 외국환을 타발환(inward exchange)이라고 한다.

▌그림 12-1▐ 외국환의 구분

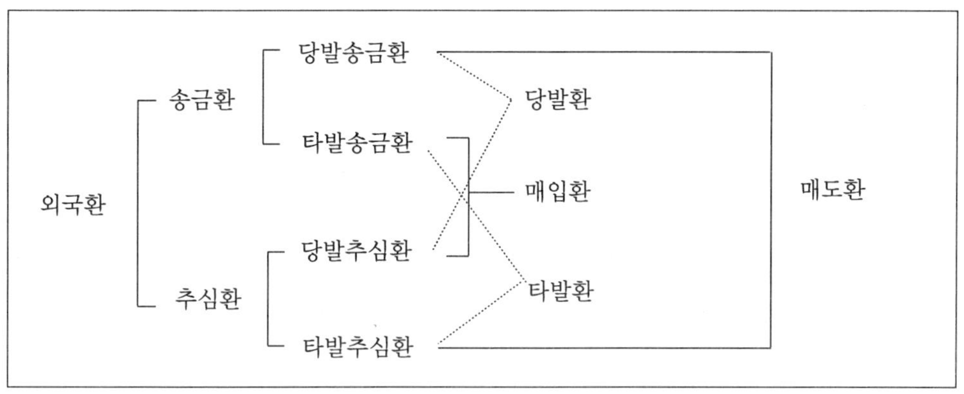

따라서 송금환 및 추심환은 그것이 자기은행에서 취급되는 경우에 당발 송금환(outward remittance exchange) 또는 당발추심환(outward collection exchange)이라 하고, 타외국환은행에서 취급되는 것을 타발송금환(inward collection exchange)이라고 한다.

또한 외국환을 하나의 상품으로 간주할 경우에 어떤 은행에서의 외국환의 매도 또는 매입행위가 반드시 일어나게 되는데, 전자를 매도환이라 하고 후자는 매입환이라고 한다. 따라서 당발송금환 및 타발추심환은 매도환의 경우에 해당하며, 타발송금환과 당발추심환은 매입환에 해당된다. 이들 외국환을 요약하여 예시하여 보면 그림과 같다.

1) 송금환

송금환(remittance exchange)은 송금의 방향에 따라 외국으로 자금을 송금하는 당발송금환과 외국으로부터의 자금이 송금된 타발송금환으로 구분되고 있는데, 이들의 이용방법으로는 송금수표(demand draft : D/D)에 의한 방법과 우편송금환(mail transfer ; M/T)에 의한 방법 그리고 전신송금환(telegraphic transfer ; T/T)에 의한 방법이 있다.

(1) 송금수표

송금수표(demand draft ; D/D)는 일종의 신용증권으로 송금인(remitter)으로부터 송금의뢰를 받은 은행이 송금수표를 만들어 송금인에게 교부하면 송금인이 직접 수취인(payee)에게 우송하고, 동 송금수표의 수취인은 송금수표상에 표시된 지급은행(paying bank)에 지시하고 송금대금의 지급을 요청하면 지급은행은 송금수표발행은행(drawing bank or issuing bank)에서 보내온 송금수표발행통지서(drawing advice or advice of draft issued)와 대조한 후 수취인에게 동 대금을 지급하게 된다.

이 경우에는 송금수표가 송금인에 의하여 직접 수취인에게 우송됨으로써 운송도중에 분실 또는 도난의 위험이 따르게 되므로, 이는 주로 소액을 송금할 경우에 많이 이용된다.

(2) 우편송금환

우편송금환(mail transfer ; M/T)은 송금시에 송금수표를 발행하여 교부해주는 대신 지급은행(해외외환거래은행 또는 자기은행 해외지점)에 대하여 일정한 금액을 지급하여 줄 것을 지급지시서 또는 차기수권서(payment order or debit authorization)를 발행하여 송금은행이 직접 우편으로 송달하면 지급은행은 동 지급지시서 또는 차기수권서에 의하여 수취인의 예금계정에 송금대전을 입금시킨 후 수취인에게 통지하여 지급하게 되는 방법이다.

이 방법은 긴급을 요하지 않는 송금이나 소액송금 등에 많이 이용되며 지급지시서가 우송도중에 분실되었다 하더라도 부본에 의하여 지급할 수 있으므로 이는 안전한 송금방법의 하나이다. 그러나 우편송금환을 이용할 경우에는 지급은행에 수취인의 예금계정(a/c)이 개설되어 있어야만 가능하다.

(3) 전신송금환

전신송금환(telegraphic transfer ; T/T)은 우편송금환과 마찬가지로 지급지시의 방법(payment order method or debit authorization)에 의하여 송금하는 방식이나 우편송금환은 그 지급지시서를 우편으로 서면통지하는 데 반하여 전신송금환의 경우에는 지급지시를 전신지시로 하는 점이 상이하다. 따라서 전신송금환은 거액의 송금이나 긴급을 요하는 송금 등에 많이 이용되는 방법으로서 신속하고 가장 편리한 송금이라는 장점이 있는 반면에, 전신료(teletransmission charge)

의 부담이 크다는 단점이 있다.

그리고 전신으로 지급지시를 할 경우에는 그 완급의 정도에 따라 ORD (ordinary;보통전보), URG(urgent;지급전보), L/T(letter telegram;서신전보)가 이용되고 있는데, 이 중에서 서신전보는 착신지에서 배달될 때까지의 소요시간이 가장 많이 걸리는 것으로서 원칙적으로 발신일 다음날 오전 8시(착신시간) 이후에 배달되며 한 글자당 요금은 보통전보의 반액이고 지급전보의 4분의 1이다.

2) 추심환

(1) 추심환의 의의

추심환(collection exchange)이란 송금환과는 반대로 채권자가 채권금액을 역으로 청구하는 역환이다. 즉 지급지가 외국으로 되어 있는 수표 또는 어음 등을 고객으로부터 매입하거나 추심의뢰를 받아 직접 지급은행에 대하여 또는 거래은행을 통하여 대금을 청구하여 받는 과정을 추심이라고 한다.

추심은 추심의 방향에 따라 당발추심(outward collection)과 타발추심(inward collection)으로 구분할 수 있는데, 전자는 수표나 어음의 지급인이 외국에 있을 때 거래은행을 통하여 대금을 청구하는 것이고, 후자는 그와 반대로 해외은행의 의뢰에 의하여 채무자에게서 대금을 회수하여 송금해 주는 것을 말한다.

또한 외국환은행이 수표나 어음 등을 추심하는 경우에는 그 대금을 먼저 고객에게 지급하는 매입에 의한 방식과, 수표나 어음의 대금을 추심에 의하여 추심은행으로부터 동 대금이 입금되었다는 통보를 받은 연후에 지급하는 방법이 있는데, 전자를 추심 전 매입(bills purchased)이라 하고, 후자를 추심 후 지급(bills collection)이라 한다. 따라서 국제자금이동 중에서 중요한 비중을 차지하는 수출입 대금의 결제는 외국환어음에 의한 추심환의 방법이 많이 이용되고 있다.

(2) 추심환의 종류

① 추심 전 매입(bills purchased ; B/P)

지급지가 외국으로 되어 있는 수표나 어음 등은 추심을 완료하여 자금화된 후에 동 금액을 고객에게 지급하는 것이 원칙이다. 그러나 지급이 확실시되거나 추심의뢰인의 신용이 확실한 경우에는 이를 추심 전에 미리 그 대금을 융자적으로 지급하고 사후에 추심요청을 하여 그 대금을 회수하는 것을 추심 전 매입이라 한다. 이 경우에는 부도(dishonor)등에 의한 환위험(exchange risk)이 따르므로 그의 취급시에는 부도 등에 대비하여 만전을 기하여야 한다.

※ 추심 전 매입대상 외국환

㉠ 은행이 발행한 수표(banker's check, cashier's check)
㉡ 은행이 보증한 개인수표(bank-certified personal check)
㉢ 여행자수표(traveller's check)
㉣ money order(bank money order, personal money order, postal money order)
㉤ 신용장에 의하여 발행된 화환어음 또는 무화환어음
㉥ 지급이 확실한 개인수표
㉦ 미국 정부기관 또는 국제연합군에서 발행한 미국의 국고 수표

② 추심 후 지급

추심 후 지급(bills collection ; B/C)은 지급자가 외국으로 되어 있는 수표 또는 어음대금을 추심절차를 취한 후에 추심은행으로부터 대금이 결제 또는 입금되었다는 통보를 받은 후에 추심의뢰인에게 지급하는 것으로서, 추심 후 지급대상이 되는 외국환은 당사자의 신용부족 때문에 추심 전 매입을 할 수 없는 개인수표(personal check)나 환거래가 없는 은행(non-correspondent bank)이 발행한 수표, 환어음 기타 수표상에 하자가 있어 추심 전 매입을 할 수 없는 경우 등이다.

그리고 추심 후 지급의 경우를 추심 전 매입의 경우와 비교할 때 추심의뢰인으로부터 추심만을 위임받아 행할 뿐이며 먼저 매입하지 않는 것이 추심 전 매입과 상이하다.

제2절 환율제도

1. 고정환율제도

고정환율제도(fixed exchange rate system)는 정부가 특정통화에 대한 환율을

일정수준으로 고정시키고, 이의 유지를 위해 중앙은행이 외환시장에 개입하는 제도를 말한다. 그러나 실제로는 균형환율 또는 중심환율을 기준으로 상하 소폭적인 범위 내에서 환율변동을 허용하는 것이 일반적이다.

이러한 고정환율제도의 환율고정방법으로는 환율변동폭을 고정시키는 방법과 환율을 절대수준으로 고정시키는 방법이 있는데, 이를 그림을 통해 구체적으로 살펴보기로 한다.

먼저, 환율변동폭을 고정시키는 방법은 균형환율 또는 중심환율을 중심으로 일정수준의 상하 변동허용폭을 사전에 고정시키고 실제환율이 이 범위를 벗어나면 중앙은행이 시장개입을 하여 환율변동폭을 고정시키는 것이다. 그림에서 민간부분의 외환에 대한 수요와 공급에 의해 결정되는 균형 환율이 E_0이라고 할 때 상한선을 E_1, 하한선을 E_2로 하여 환율변동폭 자체를 고정시켜 운용하게 된다.

이와 같은 유형의 고정환율제도는 과거 국제통화제도로서의 금본위제도(1880년~1914년)와 브레튼우즈체제(Bretton Woods system : 1947년 3월 ~ 1973년 3월)하의 환율제도가 그 대표적인 예이다.

▌그림 12-2▌ 환율의 고정방법

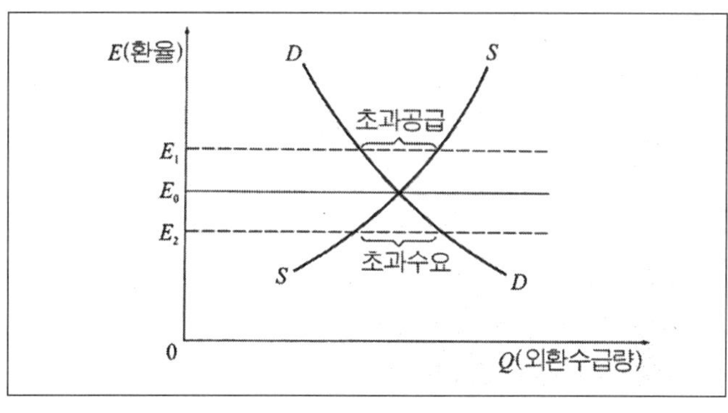

다음으로 환율을 절대수준으로 고정시키는 방법은 환율의 소폭적인 변동조차도 허용하지 않고 환율을 특정수준에서 고정시키는 경우로서, 그림에서 균형환율 E_0보다 높은 수준인 E_1 또는 E_0보다 낮은 수준인 E_2로 고정시키는 방법이 있을 수 있다.

첫째, 정부가 환율수준을 균형환율(E_0)보다 높은 환율수준(E_1)에서 고정시켰다고 하자. 이 경우에는 균형환율보다 고정환율이 높아 외환시장에서의 외환공급은 증대되나 외환수요량은 감소할 것이므로 외환의 초과공급이 발생하게 된다. 이때 환율을 E_1으로 유지하기 위해서는 중앙은행이 초과공급에 해당하는 외환을 매입해야 되며, 그 결과 중앙은행의 외환보유액은 증가하게 된다. 그런데 이때 중앙은행의 외환보유액의 증가는 특별한 통화환수 조치가 수반되지 않는 한 국내통화의 공급증가를 초래하고, 그에 따른 인플레이션의 발생가능성이 상존하게 된다. 뿐만 아니라 정부가 균형환율수준을 상회한 고정환율을 지속시키면 최저가격제와 같이 외환에 대한 수요는 더욱 감소하여 초과공급이 확대되고 그에 따른 통화환수문제가 수반된다.

둘째, 정부가 사전적으로 균형환율수준인 E_0보다 낮은 환율수준인 E_2로 환율을 고정시킨 경우를 생각해보자. 이 경우에는 첫 번째 경우와 정반대의 현상이 나타난다.

이상에서 알 수 있는 바와 같이 고정환율제도의 유지는 적정환율수준을 중심으로 절대수준으로 고정시키는 방법보다는 기준환율을 중심으로 상하 일정폭의 환율변동을 허용하는 방식으로 운용하는 것이 보다 효율적이라고 할 수 있다.

이 제도는 1960년대까지 견지되어 온 이른바 브레튼우즈체제하에서 국제수지의 조정은 조정가능조정환율제도(adjustable fixed exchange rate system)를 통해서 이루어지도록 하는 것이었으나 1971년 12월말부터 1973년 2~3월까지의 스미소니언체제를 거쳐 주요통화의 변동환율제도로 이행됨과 함께 이는 사실상 붕괴되었다.

2. 변동환율제도

변동환율제도(floating exchange rate system)는 일정한 범위 내에서 환율을 유지하는 것이 아니라 환율이 기본적으로 외환시장에서 외환의 수요와 공급에 의해 결정되도록 하는 제도를 말한다. 특히 중앙은행이 외환시장에 전혀 개입하지 않고 오직 외환의 수급에 의하여 환율이 자유롭게 결정되는 경우를 순수변동환율제도(clean floating exchange rate regime)또는 자유변동환율제도(freely floating exchange rate system)라고 한다.

그리고 변동환율제도의 다른 유형으로는 관리변동환율제도(managed or controlled floating exchange rate system)가 있다. 이는 장기적으로는 환율이 외환시장의 수급에 의해 결정되도록 허용하나 단기적으로는 중앙은행이 환율의 지나친 등락을 방지하고 환율변동의 속도를 완화할 목적으로 외환시장에 개입하는 방식으로 환율을 관리하는 제도를 말한다. 따라서 관리변동환율제도는 변동환율제도와 고정환율제도의 중간형태라 할 수 있다.

제3절 환거래은행(Correspondent Bank)

1. 환거래계약체결은행

1) 의의

외환거래에 따른 송금환의 취결과 결제 그리고 대금추심과 지급 등은 법률, 언어, 화폐제도, 상관습 등이 상이한 외국에 있는 은행과의 거래가 대부분이기 때문에 사전에 외국의 상대방 은행과 거래를 하기 위한 일정한 약속을 하여두고 그 약속된 범위 내에서만이 거래를 할 수 있도록 하는 계약을 체결하게 되는데 이를 환거래계약(agency arrangements)이라고 한다. 외환을 취결하는 은행은 외국의 현지에 자기은행의 지점을 설치하고 본지점계정을 통하여 결제할 수도 있으나 외환거래의 경우에 자기은행의 해외지점 설치가 제한되어 있고 또한 대부분의 거래당사자의 거래은행이 상이하기 때문에 외환거래를 하기 위하여는 해외에 있는 외국은행과의 환거래계약이 필요하다. 즉, 환거래계약은 외환업무의 원활한 수행을 위하여 외국의 특정은행과 환거래계약을 체결하고 상대은행으로 하여금 자기의 업무를 대행시키는 것이다.

은행이 외국의 국제금융시장에 진출함에 있어서는 자기은행의 재무상태와 경영전략, 국제거래량 및 진출하고자 하는 국가의 금융구조와 법규 및 규제조치 등의 여러 가지 요인 등을 감안하여 지점(branch), 에이전시(agency), 사무소

(representative office), 현지법인(overseas subsidiary) 등의 형태를 취하게 되지만 국제거래량이 적을 경우에는 외국에 진출하는 것보다 환거래계약체결은행(correspondent arrangement bank)을 통하여 외환거래를 하게 된다.

2) 환거래은행의 종류

환거래계약체결은행(correspondent arrangement bank ; 약칭 corres bank)은 보통 예치환거래은행(depository correspondent arrangement bank)과 무예치환거래은행(non-depository correspondent arrangement bank)으로 구분할 수 있는데, 전자는 상대방 은행과의 외환거래에 따라는 대금결제 등을 더욱 원활하게 하기 위하여 상대방 거래은행에 자기은행 명의의 예치금계정(당좌계정;current account)을 개설하고 이 계정을 통하여 외화자금(환결제자금)을 주고받을 때 이를 예치환거래은행이라 한다. 그리고 후자는 상대방 환거래은행에 예치금계정을 개설함이 없이 단순히 송금에 관한 지급위탁, 환어음의 추심위탁, 신용장의 통지 및 매입의 위탁 등과 같은 일반적인 환거래만을 유지할 때 이를 무예치환거래은행이라 한다. 무예치환거래은행은 환거래결제계정이 없으므로 외환거래를 직접결제할 수 없고, 해당은행과 환거래계약이 체결되어 있는 제3의 은행을 결제은행(reimbursing bank)으로 지정하여 삼각결제하게 된다. 예컨대 환어음은 결제은행 앞으로 발행되며, 동 어음이 무예치환거래은행 앞으로 제시되면 동 은행은 이를 지급하여 주고 지정된 결제은행의 계정에서 차기(debit)하게 된다. 결제은행은 다시 발행은행의 계정에서 차기함으로써 환거래는 종료된다. 일반적으로 예치환거래은행(결제은행)은 주로 뉴욕, 런던, 프랑크푸르트, 샌프란시스코, 동경, 취리히 등 국제금융의 중심지에 위치한 일류은행들이 예치환거래은행이 되고 있다.

3) 환거래계약서

환거래계약을 체결하고자 하는 은행은 상대방 은행에 대하여 환거래계약을 체결하고자 하는 제의를 하고(환거래계약체결 제의서신) 상대방 은행이 그 제의에 대한 수락통보가 있으면 환거래계약서(schedule of correspondent arrangement)를 작성하여 상호 교환하게 되는데, 보통 이 계약서는 서신의 형식으로 이

루어진다. 이 서신에는 별도의 부대문서(control document)가 첨부되는데, 이는 양 은행간의 환거래시에 중요한 지침이 된다. 따라서 외환거래를 할 경우에는 이들 지침에 의하여 수행하게 되는데, 이의 내용을 살펴보면 다음과 같다.

① 환거래협정문

환거래계약조건을 수락하고 환거래를 개시할 뜻의 명확한 환거래협정문(schedule of correspondent arrangement)을 문서로써 교환한다.

② 서명부

환거래은행간의 모든 왕복문서, 신용장, 지급지시서 등의 진위판별을 위하여 서명권한이 있는 은행 임직원의 서명을 수록한 책자(specimen signature)를 발간하여 서로 교환하게 되는데, 이를 서명감 또는 서명부(list of authorized signature)라 한다. 서명부는 보통 1~2년에 한 번씩 발간하고 중간에 변경되는 사항이 있으면 이를 추록(supplement)으로 발간하여 통지한다.

③ 전신암호문

전신환거래를 할 경우에는 서명이 없으므로 정상거래임을 확인할 수 있는 전신암호(telegraphic test key)가 있어야 한다. 환거래은행은 각각 전신암호를 제정하여 상대방 은행에 송부하고 전신환 취결시마다 이를 사용케 함으로써 상호간의 전신을 확인(authentication)한다. 전신암호장에는 일반전신암호장(public code)과 사설암호장(private code)이 있는데, 일반전신암호장은 전신요금을 절약할 수 있는 이점이 있으나 비밀을 유지하기가 어려우므로 환거래은행간에는 각 은행이 고유의 사설암호장을 제정하여 사용하고 있다.

④ 거래조건 및 수수료 요율표

환거래은행간에는 송금환의 위탁, 대금추심의 위탁, 신용장의 발행, 조건변경 및 신용장에 의하여 발행된 어음의 매입, 지급보증, 신용조회 등 각종의 서비스 제공에 따르는 수수료 요율표(terms and conditions)를 작성하여 상호교환 한다.

⑤ 기타 부대서류

위에서 열거한 부대문서는 환거래계약을 체결할 때 반드시 상호교환 되어야 하는 기본서류이며, 이외에도 필요에 따라 영업보고서 · 재무제표 · 전신약어문 등을 보내거나 기타 특약사항을 교환하여 환거래가 보다 원활하게 된다.

2. 환거래 계약의 기능

환거래계약은 당사은행간의 계약에 따라 업무의 범위와 형태, 방법 등에 다소 차이가 있으나 일반적으로 다음과 같은 기능을 담당한다.

1) 지급위탁

환거래계약 체결시에는 상대방 은행이 발행한 어음 또는 수표가 지급 제시될 때 상대방 은행을 위하여 이를 수취인 또는 그 지정인에게 지급(payments)하여 주도록 위탁하게 된다.

2) 대금추심의 위탁

환거래은행은 대리인 약정에 따라 지급인으로 발행된 양도가능 지급수단을 상대방 은행을 위하여 추심(collection)하여 준다. 외환의 추심거래는 주로 상품의 수출입과 관련된 신용장에 의하여 발생하나 신용장이 없는 상업어음이나 기타 지급수단도 추심의 대상이 되고 있다.

3) 신용장의 통지와 매입의 위탁

신용장을 발행하는 경우에 이를 수익자(beneficiary)에게 통지하고 그에 따른 환어음을 지급 또는 매입해 줄 것을 위탁한다. 그리고 신용장의 확인(L/C confirmation)이나 환어음의 인수(acceptance), 할인(discount) 등도 환거래계약의 중요한 내용이 된다.

4) 자금이체

환거래은행은 상대방 은행계정의 자금을 다른 은행계정으로 이체(transfers)하거나 또는 다른 은행계정으로부터 환거래 상대방계정으로 자금을 이체하여 준다.

5) 단기금융

환거래은행은 상대방 은행에 대하여 신용공여한도(credit line or credit facility)를 설정하고 설정된 한도범위 내에서 인수금융, 당좌대출 등의 단기금융을 제공한다. 또한 환거래은행은 보증신용장(stand-by L/C)에 의한 현지금융도 제공한다.

3. 외환결제계정

외국환은행이 외환거래를 위하여 외화자금을 보유하는 방법으로는 두 가지가 있다. 자기은행의 국외본지점에 외화본지점계정(inter-office a/c)의 형태로 외화자금을 예치하고 외환거래를 결제하는 방법과 타 은행과 환거래계약을 체결하여 외환거래를 결제하는 외화타점계정(또는 외국타점계정)이 그것이다.

1) 당방계정

당방계정(our account)은 노스트로 어카운트(Nostro account)라고도 하는데, Nostro account란 라틴어로서 'our account with you'의 뜻이며 환거래은행에 자기은행 명의로 개설한 예금계정을 말하는데, 이는 주로 외환거래에 따른 채권·채무관계를 결제함을 주요목적으로 한다. 당방계정은 주로 외국에 있는 자기은행의 지점, 현지법인은행 또는 외국은행에 외화예금계정으로 개설된다. 따라서 당방계정은 해외환거래계약체결은행에 개설되어 당방의 지시에 의하여 입금과 지급이 행하여지는 외화표시 자기명의의 타점계정이다.

2) 선방계정

선방계정(their account)은 보스트 어카운트(Vost account)라고도 하는데, Vostro란 라틴어로서 'your account with us'의 뜻이며, 자기은행에 개설된 해외환거래계약체결은행 명의의 자국통화표시 타점계정으로 상대방의 지시에 의하여 입금과 출금이 행하여진다. 다만, 우리나라의 경우에 원화(₩)가 국제결제통화가 되지 못하기 때문에 해외은행으로부터 예수한 선방계정은 일반적으로 외화표시계정이다.

3) 로로 어카운트

로로 어카운트(Loro account)는 고객인 제3자 명의로 고객을 위하여 환거래은행에 개설하는 외화표시예금계정으로 앞에서 설명한 노스트로 어카운트와 같은 성격을 가지나 이 계정은 고객의 외화예금계정에 의하여 창출되는 것이 노스트로 어카운트와 다르다.

예컨대 어떤 은행이 제3자를 위하여 외국에 있는 다른 사람에게 송금하고자 할 경우에 송금금액은 동 은행이 외국환거래은행에 개설하고 있는 제3자 명의의 계정에 차기(debit)될 것이다. 로로 어카운트는 외국에서 수입하거나 구매할 경우에 그 대금지급에 편리하게 이용되므로 유로 커런시(Euro currency)시장에서는 활발하게 이용되고 있다.

제4절 환율(Foreign Exchange Rate)

1. 환율의 표시방법

1) 직접표시법과 간접표시법

환율이란 두 통화간의 상대적 관계이므로 이의 표현방법은 외국통화를 기준으로 하여 자국통화로 표시하느냐, 자국통화를 기준으로 하여 외국통화로 표시하느냐의 두 가지 방법밖에 없다.

이 중 전자는 외국통화를 상품으로 보고 자국통화로 이 상품(즉 외국통화) 1단위의 가치를 표현하는 방법인데, 이를 직접표시법(Direct Quotation), 자국통화표시법(Rate in Home Currency), 또는 지급계정표시법(Giving Quotation)이라고 한다. 우리나라를 포함한 대부분의 국가에서 자국내 외환거래에 사용하고 있으며, 예를 들면 1 USD = 930.60KRW, 100JPY = 780.10KRW 등과 같이 표시한다.

후자는 자국통화 1단위와 교환될 수 있는 외국통화의 단위수를 표시하는 방법인데 이를 간접표시법(Indirect Quotation), 외국통화표시법(Rate in Foreign

Currency), 또는 수취계정표시법(Receiving Quotation)이라고 한다.

영국, 호주, 뉴질랜드 등에서 사용하고 있으며, 1GBP = 1.4073USD, 1AUD = 0.5502USD 등과 같이 표시한다.

2) European Terms와 American Terms

European Terms는 미국의 달러(USD)를 기준통화로 하고, 미국달러 1단위와 교환되는 상대통화의 단위 수로 환율을 표시하는 방법이다.

예를 들면 USD/JPY = 101.28

USD/KRW = 1.001.65

American Terms는 다른 나라 통화를 기준통화로 하고, 환율을 다른나라 통화 1단위와 교환되는 미국달러의 단위 수로 나타내는 표시방법이다. 예를들면

GBP/USD = 1.5330

European Terms와 American Terms로 나타낸 환율은 역수관계에 있다. 1978년 이후 외환시장의 은행간 거래에 있어서는 미국달러에 대한 각국 통화의 표시는 European Terms로 통일되어 있다. 그러나 다음 통화들의 환율은 외환시장의 오랜 관행상 American Terms로 표시되는 것이 일반적이다.

- Euro (EUR)
- Great Britain Pound Sterling (GBP)
- Australia Dollar (AUD)
- New Zealand Dollar (NZD)
- South African Rand (SAR)

2. 환율관련 용어

1) 기준통화(Fixed Currency)와 가변통화(Variable Currency)

상품의 가격을 표시하는 방법과 비교해 보자. 옷가게에서 옷값을 표시할 때 1벌에 일만 원이라고 하였을 때 옷에 해당하는 것이 기준통화(또는 상품통화 Commodity Currency)이고 원이라는 가격표시 통화가 가변통화(가격통화 Term Currency)이며 일만 원이라는 숫자는 환율이라고 할 수 있다. 국제외환시장에서

는 기준통화/가변통화 형태로 표시하는 것이 일반적인데 예를 들어 GBP/USD 1.4073이라고 하면 기준통화 GBP 1단위가 가변통화 USD 1.4073과 동일하다는 의미이다. 만일 GBP/USD 1.4073이던 환율이 1.4080, 1.4090의 수치가 올라가면 옷값이 비싸지는 것과 마찬가지로 기준통화인 GBP가 강세(USD 약세)임을 나타낸다.

2) Quoting Bank와 Calling Bank

외환시장에서 Quoting Bank는 자신의 위험과 책임하에 환율을 고시하는 자라는 뜻으로 Market Maker라고도 한다. 반면에 Calling Bank는 Quoting Bank가 고시하는 가격을 보고 필요에 따라 외환거래를 수행하며 환율고시를 요청하기 위하여 전화를 거는 자라는 뜻으로 Market User 또는 Market Follower라고도 한다. Quoting Bank도 때로는 Calling Bank의 입장이 되어 거래를 하기도 한다.

3) Bid Rate와 Offered Rate

Quoting Bank가 기준통화를 매입하는 환율을 Bid Rate(매입률)라 하고 기준통화를 매도하는 환율을 Offered Rate(매도율, Asked Rate)라고 한다.

Quoting Bank가 다음과 같이 고시하였다고 하자.

	Bid Rate		Offered Rate
USD/JPY	107.04	–	107.14

이때, 은행과 고객의 Position은 아래와 같다.

Quoting Bank(은행)	USD	1	buy(+)	USD	1	sell(–)
	JPY	107.04	sell(–)	JPY	107.14	buy(+)
Calling Bank(고객)	USD	1	sell(–)	USD	1	buy(+)
	JPY	107.04	buy(+)	JPY	107.14	sell(–)

4) Spread

외환 및 자금시장에서 가격을 고시할 때 Bid Rate와 Offered Rate의 차이를 의미한다. USD/JPY 환율이 107.04–107.14일 경우 스프레드는 0.10이 되나 보통 스프레드를 표시할 때는 소수점을 생략하여 스프레드는 10(흔히 10 points 또는 10pips)이 되며 이는 고시은행이 1달러를 샀다가 되팔면 0.10JPY의 이익이 발생

한다는 뜻이다. 따라서 스프레드는 딜러(고시은행)의 입장에서 보면 외환매매익의 원천이 되는 반면 고객(Calling Bank)의 입장에서는 거래비용의 성격을 지닌다. 일반적으로 스프레드는 거래통화의 유동성, 거래의 빈도 및 규모, 딜러의 포지션 상황, 커버거래의 난이도, 환율전망의 불투명성 등 시장상황에 따라 수시로 변동하게 된다. 유동성이 높은 통화간의 거래나 거래빈도가 높은 통화의 스프레드는 좁게 나타나는 경향이 있고 표준거래 단위금액을 하회하는 소액거래, 일시거액거래, 또는 환율전망이 불투명한 경우에는 확대되는 경향이 있다.

5) Big Figure

환율은 일반적으로 소수점 아래 4자리까지 표시하는데 소수점 아래 2자리까지의 숫자를 Big Figure라고 하며 이는 자주 바뀌지 않는 큰 숫자라는 뜻이다.

예를 들어 GBP/USD 1.4073에서 1.40을 Big Figure라고 한다. 한편, KRW, JPY, IDR 등은 소수점아래 2자리까지 환율을 표시하므로 소수점 이상의 숫자를 Big Figure라고 한다.

6) Points(Pips), Two-way Quotation

환율의 소수점 아래 4째 자리를 Point 또는 Pip라고 한다. KRW, JPY, IDR 등은 소수점 아래 2째 자리를 Point 또는 Pip라고 한다. Quoting Bank가 환율을 고시할 때 Bid Rate와 Offered Rate를 동시에 고시하는 것을 Tow-way Quotation라 한다.

7) Over-The-Counter(O.T.C.) Market과 Exchange Market

외환시장은 거래소와 같은 일정장소에서 모여 거래하는 구체적인 시장(Physical Market)이 아니라 대부분 전화, 텔렉스, 로이터딜링시스템(RMDS) 등의 통신기기를 통하여 Dealer간에 개별적으로 형성되는 장외시장(O.T.C Market)으로서 조직적인 거래소 시장(Exchange Market)과 구분된다.

3. 환율의 종류

1) 은행간환율과 대고객환율

환율은 외환거래대상자에 따라 은행간환율(Inter-Bank Rate)과 대고객환율(Customer Rate)로 나누어진다. 은행 상호간의 외환거래에 적용되는 매매율을 은행간환율이라고 하며 통상 시장환율이라 하는 것은 이 환율을 의미하며, 은행이 고객과의 외환거래에 적용하는 대고객환율은 은행간환율을 기준으로 결정되므로 은행간환율을 도매가(Wholesale Price)라고 한다면 대고객환율은 소매가(Retail Price)라고 할 수 있다. 그러나 대고객환율의 구체적인 산정방법은 나라에 따라 다소 차이가 있다. 우리나라의 경우 1990년 3월 2일부터 한국금융결제원에서 USD대 기타통화의 환율(기준환율)을 고시하면 각 외환은행이 자율적으로 일정한 마진율을 가감하여 대고객환율을 고시한다.

(1) 전신환 매매율(T/T Buying & Selling Rate)

이 전신환 매매율은 모든 시장률의 기준이 되며 전신으로 1일 이내에 결제가 이루어지기 때문에 보통환율과 같이 금리요인이 포함되지 않은 순수교환비율이다 대고객매매율은 우선 기준환율이 결정되고 여기에 일정한 Margin을 차감하여 T/T매입률을 산출하며 다시 일정한 Margin을 두어 일람출급환어음매입률・기한부어음매입률(after sight buying rate)이 산출된다. 또한 T/T매도율은 기준환율에 일정한 Margin을 더하여 수입어음결제율(at sight selling rate)이 결정된다.

(2) 일람출급환매매율(At sight Buying & Selling Rate)

이는 환어음이 지급은행에 제시되어야 지급되는 일람출급환어음(at sight or on demand bill)의 매매에 적용되는 환율로서, 일반적으로 환어음의 우송기간이 경과하여야만 자금화가 되므로 해당 기간에 대한 금리율 T/T매매율에서 가감한 율이 된다.

① 매입률(Buying Rate)

이는 외국환은행이 수출업자의 어음을 매입하는 경우와 외국수입업자가 수출대

전으로 송금했을 때의 외환을 매입하는 두 가지 경우를 들 수 있는데, 외국환 은행이 가장 많이 사용하는 율이다.

- 첫째, 한국의 수출업자가 선적을 하고 그 관계 선적서류(clean draft일 때는 필요 없지만)와 신용장 발행은행 앞(또는 수입업자 앞) 어음을 외국환은행에 매도하면이 어음을 매입한 외국환은행은 발행은행 앞으로 그 해당 액수에 대하여 추심(collection)시키며 이 자금이 매입은행 구좌에 입금되기까지는 우편일수만큼 시간이 소요된다. 그러므로 At Sight Buying Rate는 T/T매입률보다 우편일수에 해당하는 금리만큼 낮다 즉 미국 달러($)당 원화로 지급받는 액수가 적다 구체적으로 말하면, 대 고객일람출급환매입률 = 대 고객전신환매입률 - 우편일수이자이다.
- 둘째, 외국에서 상품대전으로 송금을 하였을 경우 외화는 외국환 은행에 즉시 입금되고 며칠 후 원화로 수익자에게 지급되므로 수익자의 자금이 잠간 동안이나마 은행에 예치되어 있는 형식을 취하나 이것에 대해서 은행측은 수익자에게 이자를 내어 준다든지 T/T Buying Rate에 며칠의 이자율을 가산한 일람출금환매입률을 적용하지 않고 이자 없는 T/T Buying Rate를 적용한다.

② 매도율(Selling Rate)

이는 매입률의 반대입장이라고 보면 된다. 즉, 우리가 수출하는 측이 아닌 수입하는 경우라고 생각하면 된다.

- 첫째, 외국환은행이 외국에 대금을 지불하여야 할 고객에게 송금환을 매도하면 원화 자금은 즉시 입금되지만 외국환은행계정의 매도한 액수의 자금은 우편일수 후에야 지급되며, 이 기간 동안의 금리는 고객에게 지급되지 않고 다만 제일 낮은 T/T Selling Rate가 적용된다.
- 둘째, 수출자가 수입자 앞으로 발행한 어음이나 수입자가 은행도 개인수표를 수출자 앞으로 송부하면 수출상은 수출지 은행을 통하여 수입지 은행으로 추심을 하게 되며, 이 경우 수입지 외국환은행의 외화는 즉시 유출되나 수입상으로부터의 원화 결제는 며칠 후에 받게 되므로 이 경우 매도율은 T/T Selling Rate + Mail Days Interest로 된다.

(3) 수입 어음결제율

Sight Credit인 경우 수입환어음이 수출국 매입은행에서 매입되고 그 대전은 신용장 개설은행명의 예치계정에서 먼저 차기(debit)되고 난 후 선적서류가 신용장 개설은행으로 송부되어 와서 수입상에게 제시되므로 결국 수입상은 우편일수만큼 경과 후에 자기 자금이 결제되며, 그 동안은 신용장 개설은행이 고객을 위해서 선대해 준 셈이 되므로 이 기간 동안의 금리는 더 징수해야 한다. 따라서 '수입어음결제율=대고객 전신환매도율+우편일수이자'가 된다.

(4) 기한부어음 매매율(Usance Rate)

① 매입률(Buying Rate)

이것은 수출업자가 수입업자에게 금융의 혜택을 주는 경우에 발생하는 것으로 수출업자가 선적완료 후 관계선적서류와 기한부어음을 매입은행에 제시하면 매입은행측은 원화대금을 당일 지급하나 추심된 외화는 어음의 기간이 완료되어야 매입은행계정에 입금되므로 그 동안의 금리(우편일수 및 Usance 기간이 해당하는 금리)를 차감해서 수출업자에게 지불하게 된다. 즉, '기한부어음매입률=전신환매입출-우편일수 및 Usance 기간의 이자'가 된다.

② 매도율(Selling Rate)

기한부어음 매도율은 외국환은행이 일람 후 또는 확정일로부터 일정기간 후에 지급되는 조건의 기한부어음을 매도할 때 적용하는 환율이며 전신환매도율에 우편일수 및 Usance기간에 해당하는 이자를 가산하여 산출한다.

일반적으로 다 같은 기한부어음이라도 신용장부어음이면 신용장이 보증이 있기 때문에 Credit Rate라고 해서 매입률의 우대를 받고, 신용장 없는 기한부어음을 Private Rate의 적용을 받아 매입률이 불리하다

이들 신용장부 Usance Bill은 London이나 New York의 할인시장에서 언제나 재할인되어 결제일자 전에 자금화가 가능하며, 일류은행의 보증이 있는 Usance Bill은 특히 우대를 받는다.

(5) 현찰매매율

현찰매매율은 외화현찰을 매매할 때 적용되는 환율이다 외환현찰은 운송 및 보관비용, 보험료가들 뿐만 아니라 보관자체가 비수익적이고 환위험이 수반된다. 따라서 현찰매입률은 전신환매입률보다 낮게, 현찰매도율은 전신환매도율보다 높게 결정되며 통상적으로 기준환율에서 1.5%(달러지폐 기준)를 가감한 율로 한다.

2) Cross Rate

원래 뜻은 자국통화가 개입되지 않은 외국통화간의 환율을 의미한다. 우리나라의 경우 미달러화와 일본엔화의 환율, 영국 파운드화와 미달러화의 환율 등을 들 수 있겠다. 뉴욕외환시장에서는 유로화와 일본엔화간의 환율, 런던외환시장에서는 미달러화와 스위스 프랑화간의 환율, 동경외환시장에서는 유로화와 미달러화간의 환율 등을 Cross Rate라고 한다.

그러나 국제외환시장에서는 자국통화라는 개념이 모호한 만큼 Cross Rate의 개념은 달라진다. 즉, 국제외환시장에서 Cross Rate는 미달러화가 개입되지 않은 3국통화간의 환율을 의미한다. 예를 들면 유로화와 일본엔화간의 환율, 영국 파운드화와 일본 엔화간의 환율 등이 있다. 예제를 통하여 실제 Cross Rate를 산출해 보기로 하자.

[예제] USD/CHF : 1.7780(USD매입률) – 1.7790(USD매도율)
USD/JPY : 106.60(USD매입률) – 106.70(USD)매도율)
어느 은행이 위와 같은 환율을 고시할 때 CHF/JPY 환율을 구해 보자.

[풀이] CHF/JPY의 Bid Rate는 +CHF –JPY이므로 USD를 개입시켜 보면 –USD +USD이 된다.

즉, USD를 매도하고 CHF를 매입하는 환율은 1 USD = 1.7790 CHF이고 USD를 매입하고 JFY를 매도하는 환율은 1 USD = 106.60 JPY이므로 방정식으로 풀면

1.7790 CHF = 106.60 JPY
1 CHF = 106.60/1.7790 JPY = 59.92 JPY

같은 논리로 Offered Rate를 구하면 1 CHF = 106.70/1.7780 JPY = 60.01 JPY이 된다. Bid와 Offered Rate를 구할 때 서로 짝이 되는 숫자를 보면 Cross Rate라는 명칭을 사용하는 이유를 이해할 것이다.

[풀이2] GBP/USD : 1.5640 – 1.5650
AUD/USD : 0.7870 – 0.7880

GBP/AUD의 Bid Rate는 +GBP – AUD이므로 USD를 개입시켜 보면 –USD + USD이 된다.

즉 GBP를 매입하고 USD를 매도하는 환율은 1 GBP = 1.5640 USD이고 AUD를 매도하고 USD를 매입하는 환율은 1 AUD = 0.7880 USD이므로 방정식을 풀면

GBP/AUD = 1.5640/0.7880, 1 GBP = 1.9847 AUD
같은 논리로 Offered Rate를 구하면
1 GBP = 1.5650/ 0.7870 AUD = 1.9886 AUD가 된다.

GBP/USD	1.5640	–	1.5650
		×	
AUD/USD	0.7870	–	0.7880
		×	
		↙ ↘	
GBP/AUD	1.9847	–	1.9886

[풀이3] USD/DEM : 1.5020 – 1.5030
GBP/USD : 1.5640 – 1.5650

GBP/DEM의 Bid Rate는 + GBP – DEM이므로
USD를 개입시켜 보면 –USD + USD이 된다.

즉, GBP를 매입하고 USD를 매도하는 환율은
1 GBP = 1.5640 USD이고 USD를 매입하고 DEM를 매도하는 환율은 1 USD = 1.5020 DEM이므로 방정식으로 풀면
1 GBP = 1.5640 × 15020 DEM = 2.3491 DEM
같은 논리로 Offered Rate를 구하면
1 GBP = 1.5650 × 1.5030 DEM = 2.3522 DEM이 된다.

USD/DEM	1.5020 – 1.5030
	↓ ↓
CBP/USD	1.5640 – 1.5650
	↓ ↓
GBP/DEM	2.3491 – 2.3522

3) 현물환율과 선물환율

외환의 거래형태에는 거래대상 통화의 수도결제를 언제 하느냐에 따라 현물환거래(Spot Transaction)와 선물환거래(Forward Transaction)의 두 가지 형태가 있다. 현물환거래는 외환의 거래계약 체결후 통상 2영업일 이내에 외환의 수도결제가 이루어지는 거래를 말하며 이때 적용되는 환율을 현물환율(Spot Exchange Rate)이라 한다. 반면, 선물환거래는 외환의 매매계약 체결일로부터 2영업일 경과

후 장래의 특정일 또는 특정기간에 외환의 수도결제가 이루어지는 거래를 말하는데 이때 적용되는 환율을 선물환율(Forward Exchange Rate)이라고 한다. 우리들이 보통 말하는 환율이란 현물환율을 의미하며 이 현물환율은 선물환 등 여타 환율의 산출기준이 된다.

4. 환율변동 요인

1) 경제적 요인

① 이자율 : 이자율의 상승은 단기자금에 대한수요를 증가시켜 단기적으로 해당 통화의 즉각적인 강세요인이 된다.

② 통화량 : GNP증가율을 감안한 통화량의 증가율이 상대적으로 높을 경우 인플레이션율을 상대적으로 높게 하여 해당통화의 약세요인이 된다.

③ 인플레이션 : 구매력 평가설에 의하면 상대적으로 높은 인플레이션율은 해당국통화의 약세요인이 된다.

④ 국제수지 : 국제수지 특히 경상수지가 적자를 실현하는 경우에는 대외지급이 많게 되어 해당통화가 약세를 보이게 된다.

⑤ 경제성장률 : 경제성장률이 높아지면 그 나라 통화는 강세를 보인다.

2) 정치적 요인

정치상황이 불안할 때는 해당국의 통화를 기피하여 다른 안정된 통화로 투자대상을 바꾸려는 투자자들 때문에 해당통화가 약세가 된다. 최근 태국 및 인도네시아의 국내정정 불안에 따른 태국 바트화 및 인도네시아 루피화의 폭락, 1993년과 1994년에 걸쳐 유럽통화제도의 위기에 따른 환율급변 등을 들 수 있는데, 이렇게 굵직한 정치적 사건이 있게 되면 통상 안정된 통화(Safe Haven)를 선호하여 미국 달러는 강세를 나타낸다.

3) 기술적 요인

환율이 한쪽 방향으로 과도하게 움직이면 자율적으로 단기적인 반등 또는 반락 현상이 있게 되는데 이렇게 환율변동 그 자체의 작용에 따라 환율이 변한다.

4) 중앙은행의 통화정책

중앙은행이 환율의 급격한 변동으로부터 자국화를 보호하기 위하여 시장에 직접 개입한다거나 금융통제수단으로 지준율, 할인율 등의 정책을 쓰는 경우에는 환율에 중대한 영향을 미친다. (미국 FRB : Federal Reserve Bank, 유럽 ECB : European Central Bank, 일본 BOJ : Bank of Japan, 영국 BOE : Bank of England 등)

5) 시장참가자들의 예측과 기대

시장참가자들은 환율에 영향을 미치는 각종 경제지표 등을 미리 예측하여 거래를 하는 경우가 많고, 특히 권위 있는 Economist들의 예측은 환율변동에 중대한 영향을 미친다.

6) 국내외환시장의 환율변동요인

우리나라 원화는 아직 국제적으로 통용되는 통화가 아니기 때문에 국내에서 미달러화를 기준통화로 하여 서울외국환중개 또는 한국자금중개를 통하여 거래가 되고 있으며, 이와 같이 국내에서 원화 대 미달러화가 거래되는 시장을 국내외환시장이라고 부른다.

(1) 대고객 외환수급 상황

일반적으로 고객의 무역거래 등 실수요거래 결과 외환공급이 많으면 환율이 하락하고 수입결제수요가 많으면 환율이 상승하는데, 대개 월초에는 결제수요의 집중으로 상승하고 월말이 다가오면 수출대금의 유입으로 하락하는 경향이 많다.

(2) 현물환포지션 수준

외국환은행의 현물환포지션이 Short Position상태일 경우 포지션커버를 위해 달러를 매입하려는 세력이 많아 환율상승 압력으로 작용하고, 반대로 Long Position상태일 경우에는 환율하락 압력으로 작용한다.

(3) 거주자외화예금 동향

거주자외화예금은 잠재 매물로서 작용한다. 또한 일반기업들도 향후 원화에 대한 USD의 방향이 뚜렷이 강세가 될 것으로 예상하는 경우에는 Long USD Position을 보유하여 거주자예금이 증가하게 된다.

(4) 원화자금 사정

원화자금이 경색되어 있을 때에는 원화자금을 높은 금리로 운용하고자 현물환 포지션 보유를 가급적 줄이려 하기 때문에 환율은 하락한다. 또한, 명절전이나 월말, 급여일, 부가세납부일등은 원화자금 수요가 많아 원화조달을 위한 달러매각으로 환율이 하락하는 경향이 있다.

(5) 환율기대심리

향후 국제수지전망, 통화당국의 정책방향, 외국인 주식자금 유입 동향 등 환율에 영향을 미칠 수 있는 요인들에 대한 참가자들의 기대에 따라 환율이 변동한다.

▌표 12-1▐ 환율변동 요인과 변동방향

환율변동요인		WON/USD환율 변동방향	비 고
현물환포지션	과다보유	원화하락(절상)	단기영향
	과소보유	원화상승(절하)	
주가동향	증시활황	원화하락(절상)	단기영향
	증시침체	원화상승(절하)	
중앙은행개입	매도개입	원화하락(절상)	단, 장기영향
	매입개입	원화상승(절하)	
기대심리	하락기대	원화하락(절상)	단, 장기영향
	상승기대	원화상승(절하)	
국제수지	흑자시기	원화상승(절하)	장기영향
	적자시기	원화하락(절상)	
물가수준	상승시	원화하락(절상)	장기영향
	하락시	원화상승(절하)	
단기원화자금 (이자율중심)	상승시	원화하락(절상)	단기영향
	하락시	원화상승(절하)	

※ 변동 요인의 상호관계는 무시되었음

5. 결제일(Value Date)

1) 개요

결제일이란 자본거래, 외환거래 등 금융거래에 있어 자금의 수도결제일, 즉 자금의 수수가 실제로 이루어지는 날을 말한다.

결제일이 유효하게 성립하기 위해서는 결제일로 정해진 일자가 그 표시통화국의 영업일에 해당되어야 한다.

외환거래시에는 해당통화국 중 어느 한 국가라도 휴일인 경우에는 다음 영업일로 결제일이 연장된다. 실무적으로는 오류방지를 위하여 특정거래시 Value Date가 몇 월 며칠인지 거래상대방과 분명히 확인하는 것이 바람직하다.

2) 현물환결제일(Spot Value Date)

현물환거래의 결제일은 대부분의 경우 거래일로부터 제2영업일이 되는데 이는 국제간의 자금거래에 있어 각국간에 존재하는 시차를 감안하고 또 자금이체에 따른 은행의 업무상 소요시간을 감안한 것이다. 현물환결제일에는 Value Today, Value Tomorrow, Value Spot의 세 가지가 있으며 Today 및 Tomorrow Value를Ante Spot Value라고 부른다.

3) 선물환결제일(Forward Value Date)

선물환결제일을 초과하는 거래(선물환거래)의 결제일을 말하며 다음의 3가지가 있다.

(1) 표준일물 거래(Standard Date, Even Date)

Spot Date로부터 1주일, 1개월, 2개월, 3개월, 6개월, 1년 등의 기간물을 말한다.

(2) 비표준일물 거래(Broken Date, Odd Date)

표준일이 아닌 특정일을 결제일로 하는 선물환거래를 말하며, 주로 대 고객 거래시 발생한다.

보 기 1
1 Week over Spot 또는 3 Months over Spot 은행간거래의 경우에는 거의 표준일물 거래이다. Spot Date로부터 개월 수로 계산한 선물환결제일이 영업일이 아닌 경우에는 다음 영업일로 연장된다.

보 기 2
2 Months over Spot Forward Trading ↓ 9/20 거래일 · ↓ 9/22 Spot · ↓ 11/22 (공휴일) · ↓ 11/23 11월 22일이 공휴일인 경우 결제일은 11월 23일로 자동 연장된다. 다음 영업일로 연장될 때 결제일이 다음 달로 넘어가게 될 경우에는 결제일을 하루 앞당긴다. 왜냐하면 대개 월말에 지준마감을 하거나 자금시장이 경색될 가능성이 많기 때문이다.

보 기 3
3. Months over Spot Forward Trading ↓ 3/29 거래일 · ↓ 3/31 Spot · ↓ 6/30 결제일 · ↓ 6/31 (없음) 6월 31일이라는 날짜가 없고 연장하면 달이 바뀌므로 결제일은 해당 월의 최종일자인 6월 30일이 된다.

보 기 4
4. Months over Spot Forward Trading ↓ 12/27 거래일 · ↓ 12/29 Spot · ↓ 4/28 (금) · ↓ 4/29 (토) · ↓ 4/30 (일) · ↓ 5/1 (월) 4월 29일이 토요일이고 다음 영업일까지 연장하면 5왈1일으로서 달이 바뀌므로 결제일은 반대방향으로 앞당겨져 4월 28일이 된다. Spot Date가 월중의 최종 영업일이 되는 경우 월단위로 정해진 선물환결제일은 해당 월의 최종 영업일로 한다. (Month- end Rule)

(3) Time option Forward

Spot Date로부터 3개월과 4개월 사이의 어느 특정일 또는 9월 15일부터 9월 30일 사이의 어느 특정일에 거래를 하는 것과 같이 특정기간 중 결제일에 대한 선택권이 고객에게 주어진 선물환거래를 말한다.

제 13 장 Risk Management

제1절 Risk Management 본질

1. 의의

미국의 고정환율제도 붕괴, 유가파동(oilprice shocks), 블랙먼데이(black Monday), 글로벌화(globalization)와 규제완화, 금융위기(Financial Crises) 등을 겪으면서 세계경제는 환율, 금리, 기초상품의 가격변동성이 증가함에 따라 위험이 증가되었다. 이러한 위험증가에 따라 이를 규제하거나 관리하기 위한 수단으로 파생상품이 도입되었으며, 이러한 파생상품시장은 1980년대 이후 폭발적으로 성장하여 시장의 변동성을 가중시켰다.

국제금융거래 변동성의 증거와 일련의 규제완화는 시장참가자에게 업무선택의 범위를 확대시켜 수익을 올릴 기회를 증가시킨 반면, 동시에 거래에 따른 책임을 시장참가자 자신이 부담한다는 측면에서 리스크관리에 보다 많은 관심을 기울여야 한다. 국제금융거래에 따른 각종 리스크를 사전에 파악하지 못하여 Sub-Prim으로 세계 유수의 금융기관들이 거액의 손실 및 금융기관 파산이 발생하는 것에서도 알 수 있는 바와 같이 리스크관리는 모든 금융기관에게 가장 관심이 많은 부분이라 할 수 있다.

일반적으로 리스크관리라 하면 위험을 줄이는 쪽으로만 생각하기 쉬우나 이것은 옳지 않다. 리스크관리란 과도한 위험은 줄이고 부족한 위험은 늘리는 것으로 이해해야 한다. 수익과 위험을 바라보는 기본원칙은 'High Risk, High Return'이다. 위험이 없으면 초과수익도 존재하지 않는다. 따라서 어떤 금융기관이 위험을 지나치게 적게 유지한다는 것은 수익을 얻을 수 있는 기회를 포기하는 소극적 경영으로 비난 받을 수 있다.

따라서 위험관리의 본질은 어떤 경영의사결정을 내림에 있어서 금융기관이 부담해야 할 위험이 어디에 어느 정도 있는지를 정확하게 파악하고, 이를 감당 할 수 있는 경영능력을 갖출 수 있어야 한다는 것이다. 즉, 위험을 무조건 회피하는 것이 아니라 적극적으로 대응해 기업가치를 유지 또는 창출 할 수 있는 기회를 활용할 수 있어야 한다. 이를 위해서는 위험허용수준의 분석(risk tolerance analysis)을 통한 적절한 금융위험관리에 대한 이해가 필요하다.

금융기관 내부적으로는 과거의 관치금융과 성장위주의 양적경영으로 리스크에 대한 인식 부족 및 이에 대한 체계적인 관리가 이루어지지 못하고 있다. 여기에 금융감독기관은 부실 금융기관 판단기준에 각 금융기관의 리스크관리체계 구축여부를 포함하고 이에 대한 지속적인 이행실사를 보고하도록 요구하고 있다.

이와 같은 환경하에서 국내 금융기관들이 직면하는 리스크가 예전에 비해 보다 복잡해지고 그 규모도 커질 것은 자명한 사실이며 리스크관리능력은 생존을 위한 당면과제이자 핵심역량으로 그 중요성이 커지고 있다.

2. 리스크 관리의 3대 요소

그렇다면 리스크를 어떻게 관리할 것인가? 리스크를 효과적으로 관리하기 위해서는 리스크관리를 구성하는 세 가지 축인 조직문화(Culture), 제도/규정/절차(Procedure), 시스템(System)이 상호 균형을 이루어야 한다. 조직문화나 규정 및 절차가 체계적으로 구축되어 있다 하더라도 현재와 같은 다양하고 복잡한 리스크를 측정, 통제, 평가하기 위한 시스템이 뒷받침되지 않는다면 리스크의 균형적 관리는 불가능하다. 반대로 거액의 비용을 들여 리스크관리시스템을 도입했다 하더라도 리스크에 대한 인식과 이해가 부족하다면 리스크관리시스템에서 산출되는 정보는 전략적 의사결정과 무관한 숫자놀음에 그칠 뿐이다.

실제로 은행을 비롯한 많은 금융기관들이 감독기관의 규제와 같은 외부적인 요구에 의해 리스크관리시스템을 도입했으나 감독기관에 제출하는 보고양식만 뽑아 낼 뿐 실제 전략의 의사결정에는 활용하지 못하고 있다. 따라서 성공적인 리스크 관리는 리스크를 인식하고 이를 관리하고자 하는 조직문화에서부터 조직원들이 이를 체계적으로 수행할 수 있도록 해주는 제도/규정/절차의 확립, 필요한 정보를 적시에 필요한 형태로 제공해줄 수 있는 시스템에 이르기까지 3박자가 골고루 균형을 이루어야만 가능하다.

▌그림 13-1▌ 리스크관리의 세 가지 축

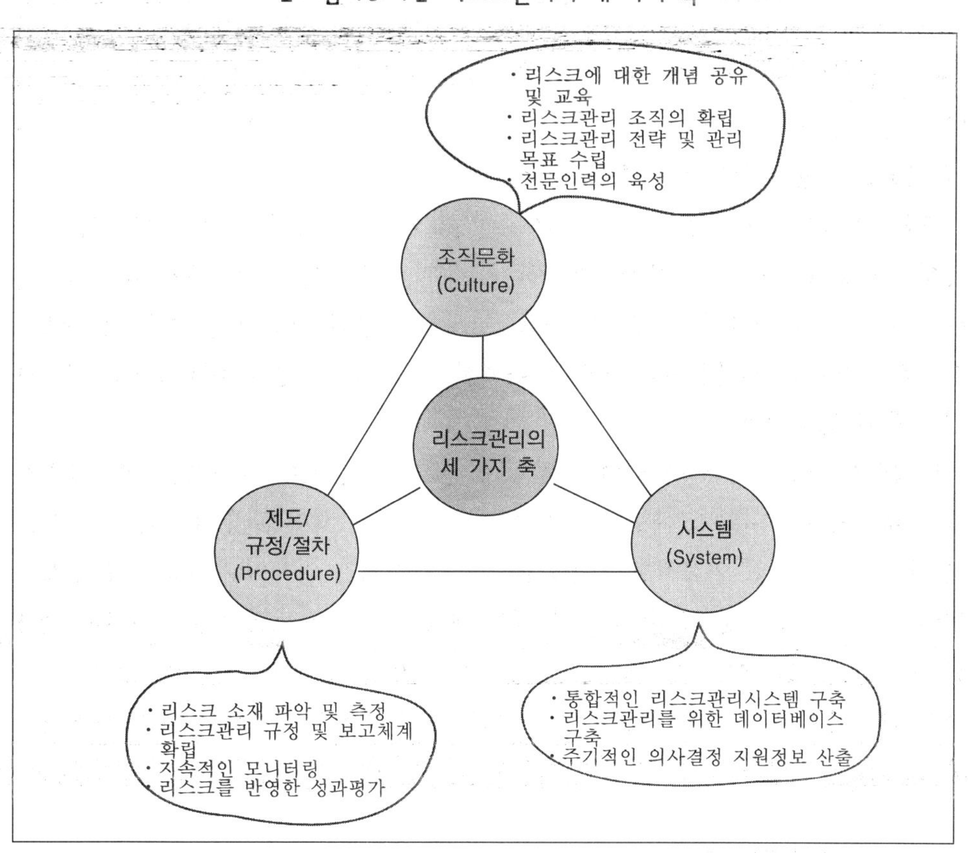

제2절 Risk Management 기본원칙

리스크관리의 세 가지 축을 구성하는 대표적인 항목이며 성공적인 리스크관리를 위한 필수적인 요소를 살펴보면 다음과 같다.

1. 경영층의 이해 및 경영진에 대한 교육

경영진의 지지와 관심은 리스크관리에 있어 매우 중요하다. 많은 경영기법들이 유행처럼 왔다가 사라지는 가장 큰 이유 중의 하나가 경영진의 지속적인 관심 결여 때문이다. 리스크관리의 실패는 실패에 의한 학습비용 부담뿐만 아닌 그 이상의 영향을 금융기관에 미칠 수도 있다.

또한, 파생상품의 발달로 금융기관이 당면하고 있는 리스크는 보다 다양하고 복잡해지고 있다. 반면에 사용하기에 따라서는 얼마든지 리스크를 헤치(hedge)하거나 보다 높은 수익을 창출 할 수 있다. 다양한 상품과 급변하는 시장환경하에서 경영진이 올바른 의사결정을 내리기 위해서는 리스크에 대한 체계적이고 지속적인 교육이 필수적이다.

파생상품거래나 리스크관리와 같이 소수인력의 전문성이 요구되는 업무일수록 특정 개인의 지식이나 노하우가 되기 쉽다. 주기적은 교육을 통해 실무자의 상품 및 시장추세에 대한 이해정도를 높임은 물론 개인적인 지식이나 노하우가 조직차원에서 전수되고 확장 될 수 있도록 해야 한다. 특히, 최고경영자를 비롯한 경영진 및 이사회 멤버에 대한 교육은 이제까지 소홀히 다루어진 경향이 없지 않다. 리스크를 일방적으로 회피하는 것이 아니라 적극적으로 수용하고 이를 체계적으로 관리하기 위해서는 경영진 및 이사회에 대한 교육이 필수적이라 할 수 있다.

2. 독립적인 리스크관리조직 확립

국내 금융기관들의 리스크관리는 실무부서차원에서 개별 리스크에 대한 관리정도에 머물고 있다. 그나마 일부 금융기관에서 내부통제 차원에서 실제 거래를 하는 일선영업부서(front office)와 이에 대한 결제를 하는 후선지원부서(back of-

fice)를 분리하는 정도에 그치고 있다. 그러나 능동적으로 리스크를 관리하기 위해서는 현재 노출되고 있는 리스크의 확인뿐만 아니라 이를 통제할 수 있는 독립적인 리스크관리조직(middle office)을 확립하는 것이 중요하다.

리스크관리조직의 확립이란 이사회, 리스크관리위원회, 리스크관리팀 등 리스크관리와 관련한 조직의 역할을 정립하는 것을 말한다. 이사회는 리스크관리위원회를 통하여 당해 금융기관이 당면한 리스크를 이해하고, 그러한 리스크들을 적절히 통제, 관리할 수 있는 권한과 책임을 갖는다. 따라서 이사회는 리스크관리위원회를 통하여 수립된 리스크관리전략을 승인하고 이로 인한 결과에 대한 책임을 져야 한다. 리스크관리위원회는 리스크관리전략을 실행하기 위해서 필요한 일상적인 의사결정권한을 이사회로부터 위임받는다.

3. 리스크관리 전략 및 관리목표 수립

리스크관리전략을 명문화한다는 것은 형식적인 의미 이상을 갖는다. 리스크관리전략을 수립하기 위해서는 당해 금융기관이 지향하는 리스크에 대한 철학 또는 비전이 있어야 한다.

전사차원의 리스크관리전략을 수립한 다음에는 리스크관리전략을 연계시켜야 한다. 리스크관리전략에 따라 전사 및 각 부서별, 상품별 리스크 수용범위 등 관리목표를 설정하고 이를 반영한 자금조달 및 영업전략, 운영전략을 수립하여야 한다.

4. 리스크관리에 대한 자체평가(self-assessment)

업종이나 개별 금융기관이 처해 있는 상황에 따라 각사의 리스크관리 수준은 상이하다. 따라서 실제로 리스크관리와 관련한 제도/규정/절차를 정비하기에 앞서 먼저 현재 자사의 리스크관리 수준이 어느 정도이며 이상적으로 추구된 리스크관리와 비교할 때 어떤 점이 부족한지 스스로 진단해 볼 필요가 있다.

외국의 금융감독기관이나 리스크 관련 컨설팅 회사 등에서는 이와 관련해 다양하고 체계적인 내부통제절차 및 규정이나 자체평가는 장기적으로 행하는 것이 효과적이다. 정기적인 자체평가는 현재 리스크관리 수준을 파악하고 부족한 점을 보완한다는 일차적인 목적 외에도 최고경영자를 비롯한 전 임직원에게 리스크관리에 대한 인식을 제고시킬 수 있다는 이점이 있다.

5. 리스크별 한도 설정

개인별, 상품별, 부서별, 각 리스크별로 한도를 규정하기 위해서는 리스크를 파악(identify), 측정(measure), 관리(control and monitor), 평가(evaluate)하는 일련의 과정이 체계적으로 구축되어야 한다.

리스크를 파악할 때는 계량적으로 측정할 수 있는 리스크뿐만 아니라 비계량적인 리스크까지 발생가능한 모든 리스크의 소재를 파악해야 한다. 계량 가능한 재무리스크는 매일 매일 내지는 적어도 일주일마다 정기적으로 측정하고 적극적으로 관리하여야 하며 비계량적인리스크는 이를 통제할 수 있는 관리프로세스를 확립해야 한다.

계량 가능한 리스크의 총 한도는 자기자본금액과 직결된다. 즉, 건전성을 해치지 않는 범위 내에서 기업의 리스크관리전략이나 과거 실적에 근거하여 수용 가능한 리스크의 한도를 결정한다. 따라서 한도는 시장상황이나 기업의 리스크관리 전략이 변화하면 이에 따라 수정되어야 한다.

6. 리스크관리 규정 및 보고체계 확립

거의 모든 금융기관들은 업무와 관련한 규정이 있다. 그러나 리스크관리에 관한 규정은 없거나, 있다 하더라도 그 적절성을 주기적으로 모니터링 하는 경우는 드물다. 리스크관리규정은 기본에 충실하도록 가능한 한 이해하기 쉽고, 단순하게 만들어야 하며 환경이나 조직의 변화에 따라 그때그때 수정해야 한다. 그래야만 실제 업무와 괴리되지 않고 사문화되지 않는다.

특히 리스크를 확인하고 측정하며 통제하는 역할 및 책임은 각 개인에게 명확하게 규정되어야 한다. 이제까지 발생한 거액의 손실사고는 대부분 본인의 권한을 벗어난 거래를 한 실무자와 이에 대한 통제의무가 모호하거나 통제의무를 소홀히 한 관리자에 의해서 발생했다. 따라서 역할 및 책임에 대한 규정과 더불어 리스크와 관련한 활동을 전사적으로 파악하고 통제할 수 있는 통합적인 보고체계를 확립하여야 한다.

7. 신상품 개발시 리스크관리팀 참여

리스크관리와 관련한 전략, 제도, 규정 및 절차가 효과적으로 실시되고 있는지에 대한 지속적인 모니터링은 매우 중요하다. 지속적인 모니터링을 통해 리스크관리의 허점이 발견된 경우에는 즉시 보완하고, 경영환경이나 조직내 리스크에 대한 인식, 상품구성, 모델링기법 등이 크게 변화한 경우에는 전략이나 규정 및 절차에 신속하게 반영되어야 한다.

특히, 신상품 개발과정에서 발생할 수 있는 리스크를 효과적으로 모니터링 하기 위해서는 신상품 개발과정에 리스크관리팀이나 내부감사팀을 포함시켜 신규리스크에 대한 적절한 측정 및 통제기법 등을 개발하여야 한다.

8. 리스크를 반영한 성과평가

성과는 전략목표와 부합되면서 각 사업부문별 성과를 비교할 수 있도록 전사적으로 일관된 기준으로 평가하여야 한다. 일반적으로 이용되는 계량적 평가기준으로는 기본적인 손익분석과 자기자본이익률(ROE), 총자산수익률(ROA) 등이 있다. 이러한 평가기준들은 리스크를 고려하지 않고 있다.

따라서 리스크관리전략과 이를 반영한 사업전략하에서 진정한 성과를 평가하고 자본을 배분하려면 리스크와 수익의 상관관계를 반영한 평가기준을 적용하여야 한다.

9. 통합 리스크관리시스템 구축

각 금융기관들이 노출되어 있는 리스크를 수작업을 통해서 관리하기란 매우 어렵다. 따라서 적시에 필요한 형태로 리스크 관련 정보를 지원해줄 수 있는 시스템의 구축은 필수적이다. 지금까지 국내 금융기관들이 구축한 리스크관리시스템은 신용리스크관리나 금리나 유동성관리와 같은 개별적인 리스크관리시스템이 대부분이었다.

그러나 전사적으로 리스크의 한도를 결정하고 이에 따라 자본을 배분하고 성과를 평가하기 위해서는 단일 측정기준에 따라 측정하고 관리할 수 있는 통합적인 리스크관리시스템이 필요하다. 이를 위해서는 리스크관리를 위한 데이터베이스

구축과 모델의 지속적인 업데이트가 필수적이다.

데이터베이스의 구축은 내부적인 리스크정보를 체계적으로 축적하고 필요한 외부정보와의 인터페이스를 통해 시스템에서 필요로 하는 자료를 보다 풍부하게 제공함으로써 보다 정확하고 신뢰성 있는 정보를 산출하게 한다. 이렇게 신뢰성 있는 풍부한 자료를 바탕으로 예측을 한다 하여도 예측정보와 실제정보와는 차이가 발생하기 마련이다. 따라서 예측모델은 실제 발생되는 정보에 의해 신속하고 지속적으로 업데이트 되어야 한다.

10. 예측모델을 이용한 미래 대비

앞서도 언급한 바와 같이 금융기관은 업무상 시스템의 지원이 필수적이다. 그러나 이보다 더욱 중요한 것은 시스템에서 산출되는 정보를 주기적으로 분석하여 전략적으로 활용할 수 있어야 한다. 리스크를 효과적으로 관리하고 리스크관리정보를 전략적 의사결정에 활용하려면 스트레스 테스트(stress test)나 시나리오 분석(scenario analysis), 조기경보시스템(early warning system)등과 같은 예측모델을 이용해서 미래를 대비하는 것이 중요하다. 이러한 예측모델들은 비정상적인 시장상황하에서 일어날 수 있는 손실가능성이나 리스크 구성요소 변화에 따른 포지션의 민감도, 리스크 변동추이 등을 고려하여 시장변화에 따른 적절한 의사결정지원정보를 제공한다.

이제 리스크관리능력 여부가 생존의 핵심역량이 되고 있다. 리스크를 수용하고 관리할 수 있는 금융기관만이 고수익을 통한 성장을 기대할 수 있을 것이다.

제3절 리스크관리 발달과정

1. 부문별 리스크관리

금융기관의 리스크관리 체계는 최근 크게 발전하여 왔지만 아직도 대부분의 금

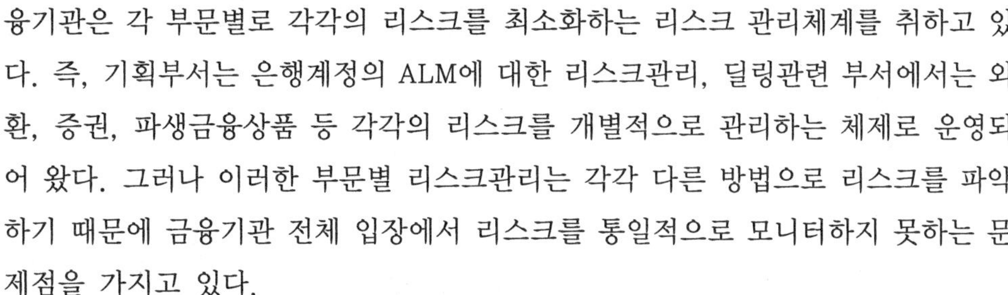

융기관은 각 부문별로 각각의 리스크를 최소화하는 리스크 관리체계를 취하고 있다. 즉, 기획부서는 은행계정의 ALM에 대한 리스크관리, 딜링관련 부서에서는 외환, 증권, 파생금융상품 등 각각의 리스크를 개별적으로 관리하는 체제로 운영되어 왔다. 그러나 이러한 부문별 리스크관리는 각각 다른 방법으로 리스크를 파악하기 때문에 금융기관 전체 입장에서 리스크를 통일적으로 모니터하지 못하는 문제점을 가지고 있다.

은행부문의 ALM에서는 주로 기간별 단순만기방식에 의해 금리가 변화하는 경우에 기간손익이 어떻게 변화하는가를 착안하여 리스크를 관리하는 경우가 대부분이었다. 그러나 수익의 시뮬레이션은 대부분의 경우 향후 1년 정도의 단기로 제한되고 포트폴리오의 전기간을 통한 수익의 금리민감도을 측정한 듀레이션(duration : 잔존 평균만기)방식은 도입이 미진한 편이다.

각 딜링관련 부문에서는 각각 상품별 리스크를 측정하여 상품별 포지션 규모, 손절매 기준(loss-cut rule) 등을 이용한 부문별 리스크관리가 이루어지고 있는 곳이 많다. 그러나 포지션 규모와 손절매 기준의 결정방식은 각 부분으로부터의 하의 상달(bottom-up)방식으로 결정되기 때문에 부문간 형평성이 맞지 않거나, 전체적으로 각 금융기관이 감당할 수 있는 능력을 고려하지 않고 결정되는 경우가 많다.

2. 통합 리스크관리

향후 금융기관들은 전체적으로 '통합 리스크관리 시스템'체제로 리스크를 관리할 필요가 있다. 통합리스크 관리체제에서는 금융기관이 안고 있는 리스크를 가능한 모두 포괄, 리스크의 가중치에 따라 자기자본을 가장 효율적으로 배분함으로써 얻는 위험조정수익률(RAROC)을 극대화하는 것을 목표로 한다.

'통합 리스크관리 시스템'에서는 ① 각 영업부문 리스크의 통합 ② 은행계정과 트레이딩계정 리스크의 통합 ③ 해외지점, 관련자회사 등을 포함한 연결기준에 의한 통합 ④ 신용리스크, 시장리스크의 통합 등 가능한 한 금융기관 전체의 리스크를 통합해서 관리하는 것을 원칙으로 한다.

또한 리스크는 각 부문에 공통된 통일적인 척도로 정량적으로 파악될 필요가 있다. 이를 위해 VaR(Value at Risk)와 같은 통계적인 리스크 측정 개념이 이용되는 경우가 많다. 각 부문의 리스크가 동일기준에 의해 파악되기 때문에 리스크에 대해서 어느 정도의 수익이 시현되었는가를 측정하는 것이 가능하고, 각 부문에 대한 위험 조정 후 자기자본의 배분이 용이하게 된다.

제4절 Risk의 종류와 관리방법

1. 유동성 리스크

1) 유동성의 정의 및 확보이유

유동성(liquidity)의 정의는 여러 가지가 있겠지만 다음 세 가지로 생각해 볼 수 있다. 첫째, 평상시 경영(business as usual)을 위한 충분한 현금 확보를 의미한다.

즉, 고객의 자금인출 요구에 응할 수 있는 능력이라고 하겠다. 둘째, 적절한 비용으로 자금을 조달할 수 있는 상태이다. 즉, 가치손실 없이 현금화하는 능력 같은 것을 말한다. 셋째, 유동성은 문제를 해결할 시간(buying time)을 갖는 능력을 말한다.

다음으로 금융기관이 유동성을 확보하여야 하는 이유는 다섯 가지로 생각해 볼 수 있는데, 첫째는 예금인출이 예금유입보다 많은 경우이고, 둘째는 대출수요가 대출회수보다 많은 경우이다. 셋째는 자산과 부채의 만기구조(maturity structure)상 불일치가 심할 때이고, 넷째는 수익거양을 위한 신속한 투자에 대비하기 위함이고, 다섯 번째는 감독당국의 규제나 지침에 부응하기 위해서이다.

2) 유동성리스크의 의의 및 관리 필요성

유동성리스크(liquidity risk)는 영업상의 심각한 손실발생 없이 자금조달계획상의 차질 등에 따른 유동자금 부족으로 인하여 채무를 만기에 지급할 수 없게 되는 리스크를 의미한다. 또한 운용과 조달기간이 불일치하거나 예기치 않은 자금의 유출 등으로 유동성 부족이 발생하여 보통 때보다 현저히 높은 자금조달비용을 부담하거나 기술적 지급불능(technical insolvency)에 빠질 경우에도 발생한다.

유동성리스크는 다시 금융자산의 처분시 시간·비용 등의 측면에서 발생하는 경제적 손실인 시장유동성리스크(market liquidity risk)와 자금조달원의 예상치 못한 변화로 발생하는 경제적 손실인 조달유동성리스크(funding liquidity risk)로 구분할 수 있다.

따라서 금융기관은 자금의 조달 및 운용과 관련하여 유동성 변동요인을 사전에 예측하고 체계적인 관리를 통하여 적정수준의 유동성을 유지함으로써 안정성과 수익성을 동시에 추구하여야 한다.

2. 신용 리스크

1) 신용리스크의 정의

신용리스크(credit risk)는 거래상대방의 채무불이행(default) 또는 신용등급의 악화 등으로 대출금, 유가증권, 파생상품 등 계약에 명시된 의무를 이행하기 못하게 됨으로써 경제적 손실이 발생할 가능성 즉, 각종 여신이 부도상태가 되거나, 보유 유가증권의 발행자가 도산하여 그 원리금을 상환 받지 못할 경우 금융기관이 손실을 입게 되는 위험을 의미한다. 보통, 거래상대국의 정치, 경제, 법령 등의 변동으로 인해 발생하는 국가위험(country risk)을 포함하게 되며 거래상대방위험(counterparty risk)이라고도 한다.

신용리스크란 예상손실을 뛰어넘어 은행이 입게 될 최대손실로서 예상외손실을 의미한다. 예상외손실은 기업의 경영여건이나 경제상황에 따라 달라지는 확률분포를 가지게 되며, 예상손실을 뛰어넘는 손실 중 최대로 어느 정도까지 손실이 발생할 수 있는가를 뜻하는 것이다.

전통적으로는 대출, 채권 및 지급보증과 같은 직접적인 신용공여만을 신용리스크의 관리대상으로 삼아 왔으나 파생상품의 거래가 보편화됨에 따라 오늘날에는 장외파생상품의 거래와 같이 직접 신용을 제공하지 않지만 상대방의 지불능력에 대한 신뢰를 바탕으로 한 거래들도 신용위험 관리대상으로 되고 있다. 통상의 신용리스크와 파생상품거래의 신용리스크와의 차이점은 전자의 경우 거래상대방의 도산 등에 따른 경제적 손실은 남아있는 원리금 전액인 반면, 파생상품거래의 경우 경제적 손실은 통상 파생상품의 계약시점의 가격차이로 산정된다는 점을 지적할 수 있다.

신용리스크 관리의 목적은 신용위험의 원천을 금융기관이 감수할 수 있는 수준 내에서 유지하고 위험이 반영된 금융기관의 수익률을 최적화하는 데 있다. 신용위험은 시가평가의 어려움, 데이터의 제약 등으로 과학적인 측정·관리에 어려움이 있었으나, 최근 신용위험을 보다 정교하게 관리하고자 다양한 신용포트폴리오 모형이 개발되었으며, 금융기관은 동 모형들을 중심으로 신용위험의 측정과 그에 상응하는 경제적 자본을 활발히 추정하면서 감독과 규제목적에 사용될 수 있는지에 대한 지속적인 검토가 이루어지고 있다.

2) 신용리스크의 특징과 중요성

시장리스크의 경우 동일한 상품의 가격변화 자료를 시장에서 반복적으로 수집할 수 있는데 반해, 신용리스크는 확률 등 통계자료가 불명료하다. 그뿐만 아니라 부도사건은 발생빈도가 낮고 장기간의 관측기간이 필요하므로 부도율과 손실률의 상관관계 측정이 어렵다는 특징이 있다. 신용리스크의 측정방식과 절차가 이처럼 복잡하고 어려움에도 불구하고, 오늘날 특히 신용위험의 중요성이 강조되는 이유는 무엇일까?

첫째, 기업간 경쟁의 심화로 인한 채무불이행이나 파산의 증대경향을 들 수 있다. 정보기술의 발달과 각국의 시장개발 확대로 인해 기업의 경쟁자가 전세계적으로 확대되었다. 이에 따라 모든 국가에서 기업간의 경쟁은 더욱 치열해졌고 기업 파산의 건수가 급증하고 있다. 또한, 하루가 다르게 변화하는 금융환경도 기업의 안정성을 저해하는 요인으로서 기업의 파산위험을 증대시키고 있다.

둘째, 자본시장이 발달함에 따라 규모가 작고 위험이 높은 기업들이 자금을 쉽게 조달 할 수 있게 되었고, 따라서 이들의 위험을 관리하고 이전시키는 것이 중요한 문제로 부각되었다.

셋째, 금융기관간의 경쟁이 치열해졌다. 오늘날 금융기관은 동일한 권력에 속한 금융기관들과 경쟁할 뿐만 아니라 다른 권역에 속한 금융기관들도 경쟁해야 하는 상황에 처해 있다. 전통적인 업무영역에서 시간이 지날수록 이익의 폭이 작아지고 있기 때문에 필연적으로 고수익 투자대상을 발굴해야 한다. 고수익 투자대상에는 고위험이 수반되기 때문에 금융기관 입장에서는 이를 효율적으로 관리하는 것이 중요하게 된다.

넷째, 부동산을 포함한 담보자산의 가치가 불확실하다. 최근 아시아의 금융위기와 미국금융위기에서 보았듯이 부당산 등의 담보가치는 그 불확실성이 커서 이를 통한 신용위험 관리에 한계가 존재한다.

다섯째, 장외파생상품과 부외거래가 급속히 성장하였다. 금융기관의 장외파생상품 거래가 확대됨에 따라 거래상대방위험 등이 증대하였다. 따라서 감독당국의 입장에서는 신용위험을 보다 강조하는 입장으로 재무건전성 규제정책을 수행하고 있다. 금융기관 입장에서도 신용위험을 관리하는 시스템 개발과 신용위험을 전가할 수 있는 신용파생상품 거래에 많은 관심을 기울이고 있다.

3. 시장 리스크

1) 시장리스크의 정의

시장리스크는 보유자산이나 부채가 금리, 환율, 또는 주가 등의 시장 요인의 변동으로 인해 보유자산의 가치가 하락할 위험을 말하며, 각각의 시장요인에 따라 금리변동위험, 환율변동위험 및 주가변동위험이라 말한다.

금리변동위험은 일반적으로 기간이 길수록 크게 되며, 반대로 기간이 짧으면 리스크가 작게 된다. 금리변동위험은 ① 금리수준의 전반적 변동 (수익률곡선의 평행이동) ② 수익률곡선의 기울기 변화 ③ 특정기간에 대응된 금리의 변동 ④ 동일기간에서도 국채와 금융채간의 금리변동 차이와 같은 2가지 금융상품간의 금리변동의 차이(basis risk)에 의해서 발생한다. 환율변동위험은 현물환율 및 선물환율의 변동에 따라 환차손이 발생하는 위험을 말한다.

2) 시장리스크의 종류

시장리스크는 크게 절대위험과 상대위험의 두 가지 형태로 나눌 수 있다. 절대위험(absolute risk)은 잠재적 손실을 금액기준으로 측정하며, 총 수익률의 변동성에 초점을 둔다. 반면에 상대위험(relative risk)은 기준지수(benchmark index)와 비교하여 위험을 측정하고, 추적오차 (tracking error) 또는 기준지수와의 편차 (deviation)에 초점을 맞추고 있다.

3) 시장위험관리

(1) 포지션관리

시장위험을 관리하기 위해서는 먼저 시장위험 포지션 한도를 설정하여야 한다. 이러한 한도는 일반적으로 위험에 대한 경영전략, 자본금, 법적규제 등을 종합적으로 감안하여 설정된다. 전통적으로는 금액기준으로 한도가 설정된 데 반해 최근에는 VaR로도 기준을 정하고 있다. 여기서 포지션이라 함은 금리상품, 주식상품, 외환상품 등 여러 종류의 상품별 자산, 부채간의 차액 또는 커버, 헤지 되지 않은 거래 잔액을 의미한다. 이 포지션을 실무에서는 업무단위별, 딜러별로 관리하고 있다.

적정한도를 두는 목적은 경영진이 은행의 제반 여건을 고려하여 시장상황이 변하더라도 어느 범위 이상은 위험에 노출되지 않도록 건전하게 은행을 관리하자는 데 있다. 경영진은 수익과 위험의 상반관계(trade-off)를 고려하여 적정한도를 설정해야 한다.

은행이 포지션의 적정한도를 설정할 때 고려사항은 첫째, 위험 - 수익의 상반관계를 고려할 때 얼마만큼의 기대수익을 위하여 어느 수준의 위험을 감수할 준비가 되어 있는가 하는 은행의 위험에 대한 태도이다. 둘째, 은행 포지션의 특성을 고려할 때 헤지 수단들이 얼마나 신속하게 사용될 수 있느냐이다. 마지막으로는 담당자들이 얼마만큼의 경험이 있는지, 과거 실적이 어떠한지를 검토해 보아야 한다.

(2) 손실제한 관리(loss-cut)

위험을 최소화하기 위하여 보유포지션의 손절매(loss-cut)수준을 제한하는 방법도 영업현장에서 많이 사용되고 있다. 예를 들면, 트레이딩 자산에 포함된 유가증권을 운용함에 있어 개별 유가증권의 시가평가손실금액이 제한수준을 초과하는 경우, 해당 운용팀장은 익영업일내에 반대매매를 실시하고 상위자에게 보고하도록 한다.

좀 더 구체적으로 예를 들면 주식의 경우 시가가 매입가 대비 15% 이상 하락시, 채권의 경우는 시가가 매입과 대비 5% 이상 하락시 손절매를 한다.

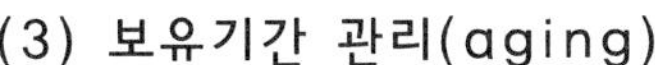

(3) 보유기간 관리(aging)

손실제한과 또 다른 위험관리 방법으로 보유기간을 관리하는 방법이 있다. 이는 딜러가 당초 매입할 때의 시장예측이 어긋난 경우 신속하게 대응하여 예상실패에 따른 손실이 장기간에 걸쳐 커지지 않도록 하는 데 그 목적이 있다. 예를 들면, 상품유가증권의 경우 취득일로부터 6개월 이내에 처분함을 원칙으로 하고, 운용상 필요한 경우 위원회의 심의, 의결을 거쳐 총보유기간이 12개월을 초과하지 않는 범위내에서 연장할 수 있게 한다. 그러나 통상적으로 잔존만기 1년 이내의 상품유가증권의 경우는 보유기간을 적용하지 않는다.

4. 운영 리스크

1) 운영리스크의 개념 및 중요성

운영리스크(operational risk)는 부적절한 시스템, 관리실패, 잘못된 통제, 사기, 직원의 오류 등에 기인해서 발생하는 잠재적 손실을 의미한다. 운영위험에는 거래가 실행되지 못하는 상황에서 발생하는 실행위험(execution risk)이 포함된다. 거래가 실행되지 못하면 지연으로 인해 크게 손해 보거나 또는 위약금을 물 수도 있다. 보다 일반적으로 실행위험은 모든 거래를 기록하고 개별거래를 회사의 총포지션으로 통합하는 지원부서(back-office)에서 발생하는 위험을 의미한다.

또한 운영리스크에는 거래자들이 고의적으로 잘못된 정보를 퍼뜨리는 사기행위(fraud)로 인한 위험도 포함되며, 무단침입(unauthorized access)이나 무단변경(tampering)으로부터 시스템을 보호하는 것과 관련된 기술위험(technical risk)도 포함된다. 운영리스크의 예로는 시스템 오류, 자연재해로 발생한 손실, 그리고 인적사고 등을 들 수 있다.

운영리스크는 신용위험이나 시장위험 등 타 금융위험과는 다른 특성이 있는데, 이는 동 위험의 정의부터가 보는 관점에서 많은 차이가 있을 뿐만 아니라 이를 인식, 측정하고 통제, 관리하는 것이 용이하지 않으며 또한 타 금융위험과 운영리스크간에 애매한 부문(grey zone)이 있어 이를 인식하고 정확히 구분하는 것이 쉽지 않다는 점이다. 예를 들면, 만약에 가격결정 수단(pricing tool)이 잘못된 수치(wrong estimate)를 산출해 내어 손실이 발생하였을 때 이것을 거래상대방의 신용위험으로 간주할 수도 있고 모델 에러로 인한 운영위험으로 생각할 수도 있다.

또한 운영위험은 이를 측정할 때 사용하는 각종 데이터들이 개별 금융기관에 따라 또는 주관적인 관점에 따라 많은 차이가 있을 수 있다.

운영리스크는 상품 및 정보기술 발전 등 급격한 금융환경의 변화에 따라 중요성이 강조되는 위험 중 하나이다. 즉, 금융거래량 증가, 복잡한 금융상품 및 경영전략의 보편화, 테크놀러지에 대한 의존도 심화, 법적 요구수준 및 법적 소송의 증가 등으로 운영위험의 중요성이 강조되고 있다. 운용위험은 자체 모니터링 기능이 비교적 양호한 기업금융, 트레이딩, 투자은행 부문보다도 고객과의 계약의전도가 큰 소매금융, 자산신탁 운용, 고객서비스 부문에서 더 중요한 위험으로 인식되고 있다.

2) 운영리스크의 관리절차

체계적인 절차에 의거하여 운영리스크를 관리하게 되면 위험프리미엄 경감, 경영정보 가치증대, 이익변동성의 감소, 시장・신용리스크와 연계된 전사적 위험관리, 감독기구 혹은 신용평가회사로부터 평가등급 상향조정 등의 장점이 있다. 그러나 운영리스크에 대한 합의된 정의가 아직 없고 위험 발생빈도수가 적고 데이터의 부족 등으로 운영위험 측정의 계량변화가 어렵기 때문에 학문적이고 실무적인 개발은 늦어지고 있는 실정이다.

▮표 13-1▮ 운영리스크의 관리절차

1단계 인식 (identification)	2단계 사건연결 & 추적 (metric & tracking)	3단계 측정 (measurement)	4단계 관리 (management)
・리스크관리 정책 수립 ・리스크 정의 ・측정기준 설정 ・개별영업부문 업무내용 및 절차분석	・영업부문에서 발생할 수 있는 손실과 정의된 운영리스크 타입연결 ・발생가능성과 손실가능액의 매트릭스 작성 ・보고체계 수립 ・리스크 추적을 위한 측정도구 및 모델 개발	・지속적인 모델 수정 및 개발 ・리스크자료 가공 ・매트릭스를 이용한 운영리스크 측정	・계량화된 리스크 자료 통합・분석 ・절차의 피드백 ・운영리스크 익스포져의 관리방법 결정 ・성과 평가 ・보고 및 공시 ・예상되는 환경을 반영한 분석 실시

3) 주요운영리스크 관리수단

운영리스크는 정의하기가 애매할 뿐만 아니라 관리하는 방법에도 몇 가지 어려움이 있다.

첫째, 신용이나 시장위험과는 달리 운영위험은 주로 금융기관 내부적인 요인과 관련된다. 따라서 자신들의 실수를 밝히지 않으려는 경향 때문에 위험관련 데이터를 수집하기가 쉽지 않다.

둘째, 신용이나 시장위험은 위험에의 노출액(exposure)과 위험요인(risk factors)이 분리될 수 있는 반면, 운영위험은 위험요인과 손실의 발생가능성 또는 손실규모와의 연관관계를 밝혀내기가 쉽지 않다.

셋째, 운영위험은 신뢰도가 높은 안정적인 통계치를 이끌어 내기가 어렵다. 이와 같은 문제점들로 인하여 운영위험을 신용이나 시장위험과 같이 계량화하여 관리하는 데에는 어려움이 있다.

운영리스크의 측정방법은 크게 top-down 방식과 bottom-up 방식이 있다. top-down 방식은 넓은 범위, 즉 전행적 차원이나 산업적 차원의 데이터를 이용하여 위험을 측정하고자 한다. 측정된 결과는 위험에 대한 완충역으로서의 필요자본량을 결정하거나 사업단위별 자본 배분에 사용된다. bottom-up 방식은 개별사업단위나 업무처리 수준에서 시작하여 전체적으로 합산한다. 이 방식의 장점은 운영손실(operational loss)의 원인을 파악하기가 용이하다는 점에 있다.

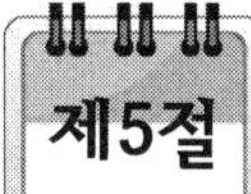

제5절 BIS 자기자본 비율

1. 개요

상업은행의 건전성을 확보하여 투자자를 보호하고 국제은행시스템의 안정성을 도모하는 동시에 국제상업은행간의 공정한 경쟁여건을 마련키 위해 1998년 국제결제은행(BIS: Bank for International Settlements)의 은행감독위원회(바젤위원회)는 '자기자본 측정과 적정자기자본 수준에 관한 국제적합의(바젤협정)'을 제정하였다. 바젤협정은 1992년부터 은행자산에 위험가중치를 부여하여 산출한 위험가중자산(Risk-weighted Assets)에 대해 최소한 8%의 자기자본을 보유할 것을 의무화하고 있으며, 우리나라도 은행에 대한 경영지도기준의 하나로 BIS 규제방식을 도입하여 BIS자기자본비율을 유지하도록 하고 있다.

$$\text{BIS자기자본비율} = \left(\frac{\text{자기자본}}{\text{위험가중자산}}\right) \times 100 \geq 8\%$$

자기자본 = 기본자본(Tier 1) + 보완자본(Tier 2) − 공제항목

위험가중자산 = (ΣB/S자산항목 × 위험가중치)
+ (ΣB/S외 자산항목 × 위험가중치)

2. 新 BIS 협약

국제결제은행(BIS) 산하 바젤은행감독위원회는 규제완화, 금융공학의 발달과 같은 환경의 급격한 변화로 현행 BIS협약의 유효성이 저하됨에 따라 이를 대체할 신 BIS 협약 제정을 추진하여 2004. 6월에 최종 확정하였다. 이에 바젤위원회 회원국(미국, 일본, 영국, 독일, 프랑스, 캐나다, 이태리, 네덜란드, 벨기에, 스웨덴 등의 G10국가에 스위스, 룩셈부르크 및 스페인을 포함한 13개 국가)은 2006년 말부터 동 협약을 시행하고 있으며, 비회원국 중에서도 많은 나라들이 회원국과 같은 시기 또는 각국의 실정을 고려하여 적절한 시기에 시행할 방침이다. 신 BIS 협약은 일명 'Basel Ⅱ'라고도 불리며, 은행의 리스크관리 선진화와 자본충실화를 유도하기 위한 종합적인 자본규제제도로서 현행 신용·시장리스크에 운영리스크를 추가하고, 신용리스크 측정시 차주의 신용도에 따라 위험가중치를 차등화 하는 최저자기자본 규제(Pillar 1), 은행의 자본적정성과 리스크관리체계를 감독당국이 점검·평가하고 필요시 적절한 감독조치 하겠다는 감독기능 강화(Pillar 2), 그리고 은행의 리스크 수준과 자본적정성에 관한 정보를 시장에 공시하도록 의무화하는 시장규율 강화(Pillar 3)의 3개 축(3 Pillars)으로 구성되어 있다.

1) Basel II의 도입배경

1988년 확정된 기존 BIS협약은 첫째, 차주별 신용리스크의 차이를 적절하게 반영하지 못하여 모든 기업에 대해 획일적인 위험가중치를 적용하고 있다는 점, 둘째, 금융공학의 발달로 자산유동화 등을 이용한 규제자본 회피거래(Capital Arbitrage)가 증가하여 은행의 잠재리스크가 증가하였다는 점, 셋째, 최저자기자본 산출시 은행간 리스크관리 능력의 차이를 인정하지 않고 동일한 방법을 적용하고 있다는 점, 넷째, 부적절한 내부통제, 직원 및 시스템의 실패 또는 외부충격에 따라 발생하는 운영리스크 등 다양한 리스크를 반영하지 못하고 있다는 점에 따라 바젤위원회는 1996. 7월부터 이를 대체할 신 BIS 협약을 마련키로 하고 은행, 감독당국과 관련 전문가들의 의견을 광범위하게 수렴하여 2004. 6월 최종 확정하였다.

▌표 13-2▌ BIS자기자본규제 제도 추진경과

구 분	시 기	추 진 내 용
현행협약	1988.7월	-BIS제도 발표(1992년말부터 8% 유지 의무화)
	1996.1월	-시장리스크 반영 수정 BIS제도 발표(1997년 시행)
신BIS 협약	1999.6월	신BIS협의 1차안 발표(CP1 : Consultative Paper 1)
	2001.1월	신BIS협약 2차안 발표(CP2)
	2003.4월	신BIS협약 3차안 발표(CP3)
	2004.5월	시행시기 일부 연기(고급법 2007년 말)
	2004.6월	신BIS협약 확정

2) Basel II의 주요내용

그 동안 구제완화, 전자통신기술·금융공학의 발달을 배경으로 은행의 영업규모가 커지고 그 내용이 복잡다기화됨에 따라 최저 자기자본규모 산출방식을 정해주고 동 규모 이상으로 자본을 유지토록 하는 방식(Pillar 1)만으로는 은행의 건전성·안정성을 확보하는데 불충분하다고 판단되어 왔다. 이에 따라 은행의 리스크관리와 자본적정성평가 시스템에 대한 감독당국의 적극적인 점검(Pillar 2)과 공시강화를 통한 시장참여자의 감시유도(Pillar 3)로 보완하고자 하는 것을 주요 골자로 한다.

▌표 13-3▐ 구BIS 협약과 신BIS협약 주요 내용 비교

구분	구BIS협약	신BIS협약
최저자기자본 규제 (Pillar1)	신용리스크 (모든 기업에 대해 일률적으로 100% 위험 가중치 적용)	① 표준방법(승인불필요, Standardised Approach) 적격 외부신용평가기관이 평가한 신용등급에 따라 위험 가중치 차등적용(0∼1.250%)
		② 내부등급법(감독당국의 승인필요) (IRB : Internal Ratings-Based Approach) 은행 자체의 내부신용평가 모형 활용 i) 기본내부등급법(Foundation-IRB) 은행 자체적으로 PD만 추정하고 LGD, EAD, M은 협약에서 제시
		ii) 고급내부등급법(Advanced-IRB) 은행 자체적으로 PD, LGD, EAD, M을 추정
	시장리스크	- 현행BIS협약과 동일 (금리, 주식, 외환의 시장가격 변동에 따른 리스크)
	운영리스크 (없음)	- 운영리스크 추가 (부적절한 내부절차, 직원, 시스템 또는 외부의 사건으로부터 초래되는 손실리스크)
		① 표준방법(승인불필요) 총이익을 기준으로 운영리스크 산출 i) 기초지표법(Basic Indicator Approach) - 총이익의 15%를 운영리스크로 산출 ii) 표준방법(Standardised Approach) - 8개 사업부문별 총이익의 일정비율(12∼18%)의 합을 운영리스크로 산출
		② 고급측정법(감독당국의 승인 필요) (AMA : Advanced Measurement Approach) 자체의 손실자료와 리스크측정시스템을 활용하여 운영리스크 산출
감독기능강화 (Pillar2)	-	감독당국은 은행의 내부 자본적정성평가절차를 점검하고 리스크가 높은 은행에 대해서는 최저비율(8%) 이상의 자본 보유 요구
시장규율강화 (Pillar3)	-	자기자본 세부내역과 리스크별 측정방법에 대한 공시 확대

(1) 최저자기자본 규제(Minimum Capital Requirements ; Pilar 1)

위험가중자산 산정에 이용되는 신용리스크 산출방식을 개선하고, 신용·시장리스크 이외에 운영리스크를 추가하여 신용리스크 측정시 차주의 신용도에 따라 위험가중치를 차등하고 정교한 내부 신용평가모형을 갖춘 은행에 대해서는 리스

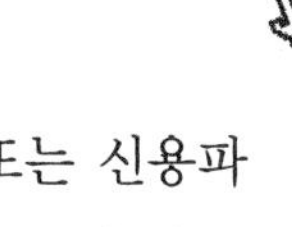

크 측정과 규제자본 산출에 있어 재량을 허용하는 것으로 담보, 보증 또는 신용파생상품과 같은 신용위험 경감수단을 현행 협약보다 폭넓게 인정하여 그 동안 발전해온 리스크관리법을 수용하도록 하는 것이다.

신용·운영리스크를 측정함에 있어서 난이도·정교도가 다른 리스크측정방법을 3가지씩 제시하고 은행이 선택하도록 하고 있으며, 이는 크게 바젤위원회에서 정한 표준적인 방법에 의해 리스크를 산출하는 방법과 은행이 내부 데이터와 리스크측정시스템을 이용하여 리스크를 스스로 산출하도록 하는 내부모형으로 구분할 수 있다.

여기서 내부모형은 은행이 내부 데이터와 리스크측정시스템을 이용하여 리스크를 스스로 산출하도록 하는 방법으로 기본내부등급법과 고급내부등급법 등으로 나누어지며, 그 적정성을 확보하기 위해 감독당국의 사전 승인을 받도록 하고 있다. 그리고 신용리스크 측정방법에 있어서는 보유 익스포져를 국가·기업·은행, 자산유동화 등으로 나누고 각각에 대하여 적격 외부신용평가기관(eligible external credit assessment institution)이 평가한 신용등급에 따라 위험가중치를 차등(0% ~ 1,250%) 적용하는 표준방법(SA : Standardised Approach)과 은행이 보유한 익스포져를 국가·기업·은행, 소매, 주식, 자산유동화로 구분하고 은행의 내부 신용평가모형을 이용하여 각각의 리스크를 측정하는 내부등급법(IRB : Internal Ratings-Based Approach)로 리스크를 측정할 수 있다. 이중 내부등급법은 신용리스크를 산출하는데 필요한 위험요소인 부도율(PD), 부도시 손실률(LGD), 유효만기(M)를 각 익스포져별로 추정하고 이를 제시된 소요자기자본율 함수에 대입하여 소요자기자본율을 산출, 여기에 부도시 익스포져(EAD)를 곱하여 소요자기자본을 구한 다음 8%의 역수인 12.5를 곱하여 위험가중자산을 산출하는 방법이다.

(2) 감독기능 강화(Supervisory Review Process ; Pillar 2)

은행이 스스로 리스크를 인식·측정·관리하는 시스템을 갖추도록 한 후, 감독당국은 그 시스템의 적정성 여부를 점검하고 필요한 경우 적절한 감독조치를 취하는 것을 주내용으로 하는 것으로, 미국과 영국의 감독당국이 현재 운영중인 감독제도와 매우 유사하며, 은행별 특성을 감안한 차별적 감독제도인 '맞춤감독'(institution-specific supervision)과도 일맥상통한다. Pillar 2에 따라 은행은 업무 수행과정에서 나타나는 모든 중요한 리스크를 스스로 평가하고 리스크 수준에 맞는 적정자기자본을 산출·관리하는 절차를 구축·운용하여야 하며, 감독당국은 이러한 절차의 적정성 여부를 평가하고 그 결과에 따라 필요한 경우 자기자본 확충 요구를 포함한 감독조치를 취하게 된다. 또한 감독당국은 개별은행에 대하여 최저자기자본비율(8%)을 초과한 자본금을 보유하도록 요구할 수 있으며 은행의 자본이 적정한 수준 이하로 허락하는 것을 방지하기 위하여 조기에 감독조치를 취하여야 한다.

(3) 시장규율 강화(Market Discipline : Pillar 3)

은행의 리스크에 관한 정보의 공시를 확충하여 시장참가자가 스스로 이를 평가하고 적절히 대응할 수 있도록 함으로써 시장규율을 강화하자는 것으로 현재 국내에서 경영지도기준의 하나로 자기자본비율을 산출한 결과치를 공시하고 있으나 Pillar 3에서는 자기자본 내역, 경영지표 산출과정 및 내역, 내부 통제구조 및 기타 항목 등 리스크관리 구조와 관련된 공시항목을 확대하여 이들 항목에 대한 시장 이해관계자(고객, 투자자, 주주 및 감독 당국 등)의 평가를 통해 시장의 규율을 강화하고자 하는 것이다. 이러한 시장규율의 강화는 은행으로 하여금 건전하게 영업활동을 수행하도록 하는 유인을 갖게 함으로써 감독당국에 의한 규제를 보완하는 역할을 수행하려는 것이다.

3) BIS 비율에 미치는 영향

자기자본비율은 현행 협약과 동일하게 자기자본을 총위험가중자산(신용위험가중자산+시장위험가중자산+운영위험가중자산)으로 나누어 산출하며 최저자기자본비율도 기존 협약과 동일한 8%를 유지하고 있다. 하지만, 신 BIS 협약은 국가, 은행, 기업의 신용도에 따라 적용되는 해당자산의 위험가중치를 변경한 것이 큰 특징이라고 할 수 있다. 현행 외국 정부 및 공공기관채권에 대한 위험가중치는 OECD 가입국 0%, 기타국 100%로 설정되어 있으나 바젤 II은 OECD가입국이나 기타국에 관계없이 정부 및 공공기관의 신용위험에 따라 위험가중치를 0% ~ 150%로 설정하고 있다. 또한 현행 은행채권의 위험가중치는 OECD가입국 은행

20%, 기타국 은행 100%인데 바젤 II는 OECD가입국이나 기타국에 관계없이 은행채권에 대한 위험가중치를 신용도에 따라 20% ~ 150%로 설정하였다. 또한 현재 민간채권의 위험가중치는 무조건 100%인데 신 BIS 협약은 민간채권의 신용도에 따라 위험가중치를 20% ~ 150%로 차등화하였다. 은행의 자산유동화증권 익스포져에 대한 위험가중치가 현행협약에 비해 대폭 커져 자산유동화시장이 위축될 우려가 있다. 신BIS 협약에서는 유동화증권 발행을 통한 자본회피거래를 막기 위해 투자부적격등급 또는 무등급 순위증권(tranch)에 대해 동일한 등급의 기업대출보다 훨씬 높은 250% ~ 1,250%의 위험가중치를 적용하고 있다. 이는 자산유동화증권 발행시 인수한 후순위채의 손실폭이 클 수가 있다는 판단 때문이지만 이로 인해 자산유동화 시장은 크게 위축될 것이라는 지적이 나오고 있다. 하지만 국내은행은 그동안 부실채권 정리를 주된 목적으로 자산유동화증권을 발행함에 따라 신용공여(credit line)보다 선·후순위구조(subordination)에 의존하여 신용보강을 하고 있으므로 바젤II가 도입되어 국내 자산유동화시장이 위축되고 부실채권 정리에도 어려움이 예상된다.

▮표 13-4▮ 신BIS협약의 구조

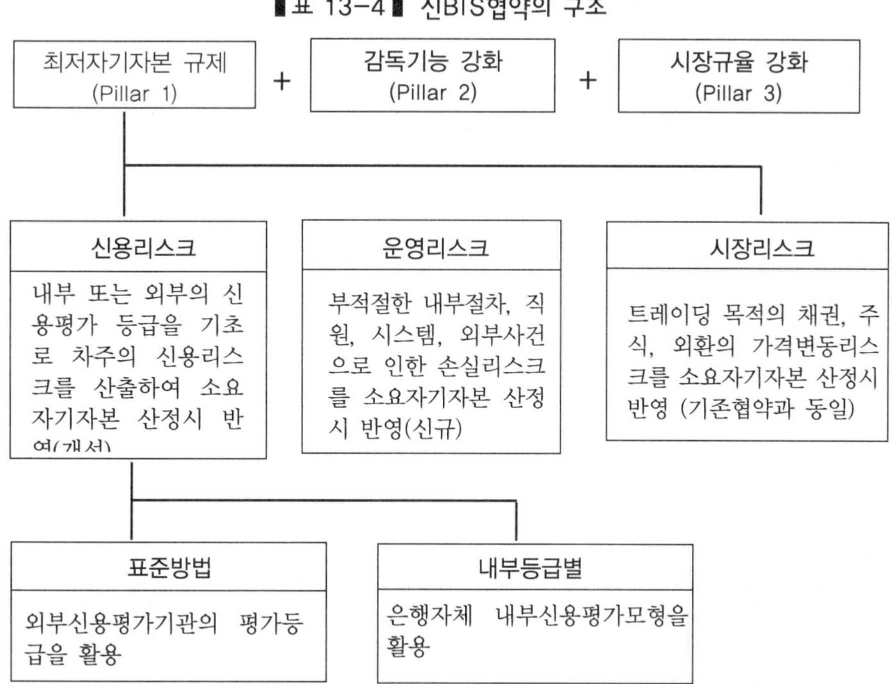

▌표 13-5▐ 주요 익스포져별·신용등급별[1] 위험가중치

	AAA~AA-	A+~A-	BBB+~BB-	BB+~BB-	B+~B-	B-미만	무등급
기 업	20%	50%	100%	100%	150%	150%	100%
(현행 기준)	(100%)	(100%)	(100%)	(100%)	(100%)	(100%)	(100%)
국 가	0%	20%	50%	100%	100%	150%	100%
(현행 기준[2])	(0%)	(0%)	(0%)	(0%)	(0%)	(0%)	(0%)
은 행[3]	20%	50%	100%	100%	100%	150%	100%
(현행 기준)	(20%)	(20%)	(20%)	(20%)	(20%)	(20%)	(20%)
자산유동화	20%	50%	100%	100%	350%[4]	자기자본에서 차감(1,250%)	
(현행 기준)	(100%)	(100%)	(100%)	(100%)	(100%)	(100%)	

현재 국내은행들의 재무구조에 기초하여 신 BIS 협약 도입에 따른 영향을 살펴보면 은행들의 경영에 상당한 부담요인이 발생할 것으로 예상된다. 먼저 신 BIS 협약의 신용리스크 차등화 및 운영리스크 추가에 따른 위험가중자산(필요자기자본)의 증대로 국내은행의 BIS자기자본비율은 현재수준보다 상당히 하락할 것으로 추산된다. 이는 소매부문의 필요자기자본 감소에도 불구하고 운영리스크, 기업여신 및 자산유동화부문의 필요자기자본 규모가 대폭 증가하고 전체 필요자기자본 규모가 크게 늘어난 데 주로 기인할 것이다. 이러한 결과는 외환위기로 인해 1997년 이후 높았던 부도율 수준이 반영된 반면 일부 국내은행들의 담보관리시스템이 구축되지 않아 신용리스크 경감효과가 제대로 반영될 수 없었던 것으로 보인다.

1) S&P 신용등급 기준
2) 현행 협약에서는 OECD 비가입국가의 경우 신용등급과 상관없이 100%의 가중치 적용
3) 원화로 조달된 원만기 3개월 이하 은행에 대한 채권은 20%의 가중치 적용
4) 유동화 은행(기초익스포져를 직·간접적으로 생성하는 은행 또는 특정 제3자로부터 익스포져를 인수하는 스폰서(sponsor) 역할을 하는 은행)의 경우 자기자본에서 차감

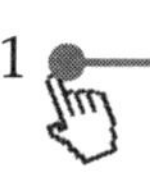

■그림 13-2■ 신 BIS 도입에 따른 필요자기자본의 증감률

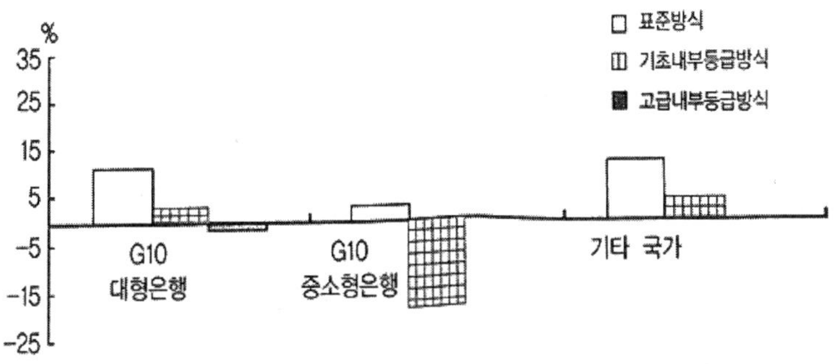

자료 : 2003년 05월, 바젤위원회에서 발표한 제3차 계량영향평가(QIS3)결과임

이를 감안할 경우 신 BIS 협약이 2006년 말부터는 실제 자기자본비율 하락폭은 크지 않을 수도 있다. 또한 신 BIS 협약 도입에 따른 BIS 자기자본비율 하락은 은행의 자산운용에 제약을 가하고 이에 따라 수익성도 저하될 것으로 예상된다.

4) 금융기관의 대응방안

신 BIS 협약 도입은 국내 은행의 리스크관리체계를 강화시키고 은행산업의 리스크에 상응하는 자기자본을 적립하도록 함으로써 금융시스템의 안정성을 제고하고 선진 리스크관리기법을 갖춘 은행의 대형화를 촉진시키는 등 긍정적인 효과가 기대된다. 그러나 은행의 자기자본비율 및 수익성 저하, 안전자산 선호현상 심화에 따른 중소기업금융 위축, 은행의 외화자금조달비용 상승, 자산유동화시장 위축, 경기변동 진폭 확대 등 우리경제에 부정적인 영향도 예상된다. 따라서 이러한 부정적인 영향을 최소화하는 한편 은행산업의 대외경쟁력을 향상시키기 위하여 다음과 같은 대응방안 마련이 필요할 것이다.

첫째, 신 BIS 협약 이행과 연계하여 리스크 관리체계의 선진화를 장기적으로 유도할 필요가 있다. 먼저 은행은 기존의 리스크 관리 조직을 개편하면서 리스크관리부서의 역할확대, 리스크관리체계의 관점에서 사업단위를 재편하거나 사업단위별로 리스크담당자를 설정하고 이들의 네트워크를 리스크관리부서에서 관장하도록 유도하는 방안도 검토해야 한다. 또한 은행들은 부도자료 등 데이터베이스를 은행간 또는 신용평가회사와의 전략적 제휴를 통해 확충하고 신 BIS 협약에 사용되는 예상부도율 등의 리스크요소를 보다 신뢰성 있게 측정하도록 하고, 신용리스크 측정결과를 리스크 한도관리, 성과평가 및 여신기획 등 은행경영 전반에 적극 활용함으로써 경쟁력을 향상시킬 수 있도록 신용리스크 관리체계를 강화해야 한다.

둘째, 신 BIS 협약의 리스크 민감도 증대에 따라 신용도가 낮은 중소기업 등의 자금조달 애로를 완화하기 위해 신용파생상품시장과 연계하여 투자부적격등급 채권시장을 육성하는 것이 필요하다. 먼저 신용파생상품에 대한 수요를 확대하기 위해 은행이 신용파생상품을 활용하여 신용리스크를 충분히 이전시킨 경우 리스크 경감효과를 인정하는 방안을 전향적으로 검토할 필요가 있다. 아울러 은행보유 후순위채권 등의 정리를 위한 합성담보부채권(Synthetic Collateralized Debt Obligations) 발행을 국내금융기관이 중심이 되어 추진할 필요가 있다. 그리고 가입퇴출제도의 정비 및 신용평가회사의 경쟁력 제고 등을 통해 채권시장의 인프라를 정비하는 작업도 지속되어야 할 것이다.

제6절 환위험의 관리

1. 내부적 환 리스크 관리 기법

1) 상계(Netting)

일정기간동안 한 업체의 본사와 지사간에 혹은 자사 상호간에 발생한 채권 채무를 상계한 후 순차액만을 수취하거나 지불하는 결제제도를 의미한다. 이러한 제도를 이용할 경우 상계되는 금액에 대해 외환거래비용 및 자금이체비용을 절약할 수 있다.

2) 매칭(Matching)

현금수입과 지출을 각 통화별, 각 만기별로 일치시키는 기법을 말하며, 동일기업간을 포함하여 타기업과의 거래에도 적용될 수 있다. 동일통화에 의거 현금수입

과 지불을 일치시키는 경우와 환율의 변동방향이 유사한 통화끼리 수취와 지불을 일치시키는 경우가 있다.

3) 리딩(Leading)

수입대금결제나 기타 자금결제 등을 앞당겨 결제함으로써 리스크를 감소시키려는 방법이다. 예를 들어 향후 일본 엔화의 강세가 예상될 때 수입대금결제시기를 앞당김으로써 좀 더 저렴하게 결제할 수 있다.

4) 래깅(Lagging)

리딩과 반대 되는 개념으로, 수출입 대 금 또는 자금결제를 인위적으로 늦춤으로써 리스크를 최소화하려는 방법이다. 예를 들어 국내시장에서 원화대비 달러화의 강세가 예상될 때 수출대금매각 시기를 늦춤으로써 더 많은 원화대금을 수취할 수 있다.

2. 자산부채 종합관리

1) 의의

자산 부채 종합관리(ALM)란 금융기관이 측정한 손실 및 수익변동의 위험요인을 반영한 후 자산, 부채의 구조를 인위적으로 변경하여 유동성 위험을 감당할 수 있는 수준까지 억제하고, 이자율변동에서 충분한 위험보상을 받음으로써 수익을 극대화할 수 있는 은행경영의 전술·전략적 의사결정기법이다. ALM의 근본목적 중 하나는 은행경영층에서 위험선택 (Risk preference)의 model을 제시 하고 실천에 옮기는 것이다. 통상 ALM Team이하는 일은 ① 대차대조표의 유동성과 이자율구조 정밀분석 ② 은행의 전월 실적분석, 현황파악, 경영환경조사 ③ Money Market 동향예측 ④ Gap Management 전략수립, ⑤ 보고체제의 구축 ⑥ 개선된 기법실시를 위한 Simulation점검 등의 업무를 수행한다.

2) 유동성위험 관리(Liquidity Risk Management)

(1) 의의

은행의 유동성 노출과 이자율 노출은 상호 불가분의 관계에 있으므로 ALM 담

당자는

- 첫째, 현시점의 대차대조표 구성항목을 정밀 분석하고
- 둘째, 양자의 관계를 명확히 한 다음
- 셋째, 이자율 변동을 관리하기 위해 유동성을 상실하거나 반대의 경우에 빠지지 않도록 대비하는 것이다.

은행은 스스로의 유동성을 확인한 다음에 이자율 변동 위험을 관리하는 순서를 밟아야 한다.

(2) 만기 갭 분석(Maturity Gap Analysis)

① 의의

자산·부채를 금리 개정(repricing) 기준이 아닌 최종 만기를 기준으로 분류하여 각 기간별 자산·부채 대응 현황을 파악하고 그 결과를 토대로 유동성을 점검한다.

② Gap

Gap=변동금리부 자산-변동금리부 부채
=금리민감 자산(RSA : Rate Sensitive Assets)
- 금리민감 부채(RSL : Rate Sensitive Liabilities)

$$\text{Gap Ratio} = \frac{\text{금리만감 자산}}{\text{금리만감 부채}} = \frac{\text{RSA}}{\text{RSL}}$$

③ 분석방법

i) 자산·부채의 만기에 따라 기간별로 분류한다.

ii) 아래 항목은 만기 없음으로 분류한다.

- 자산 : 외국통화, 외화타점예치, 보유유가증권 중 주식(단, 현지법인 출자액은 가장 긴 기간으로 분류한다) 외화본지점 을A 등
- 부채 : 외화요구불예금, Position 등

iii) Gap을 파악한다.

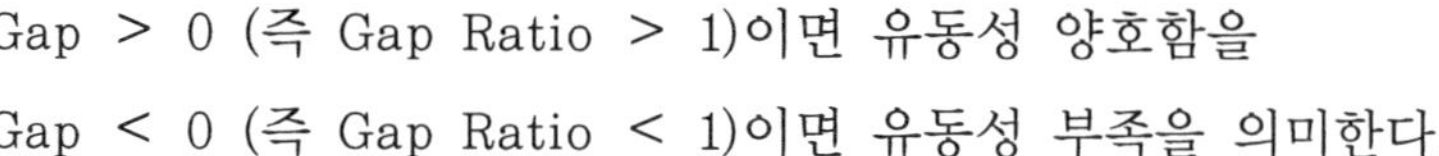

Gap > 0 (즉 Gap Ratio > 1)이면 유동성 양호함을
Gap < 0 (즉 Gap Ratio < 1)이면 유동성 부족을 의미한다.

④ 유동성의 관리

단기조달로 장기운용시는 유동성이 감소되고 장기조달로 단기운용시는 유동성이 증가된다. 그러나 장기조달로 단기운용시는 일반적으로 장기조달금리가 단기조달금리보다 높으므로 수익 마진이 감소된다. 즉 과도한 유동성의 보유는 수익성을 하락시키나 과소한 유동성 역시 불리한 조건의 차입이나 불리한 조건의 자산 매각 등을 유발하여 수익성을 하락시킬 수 있으므로 적정한 유동성 보유가 요구된다.

3) 금리위험관리(Interest Rate Risk Management)

(1) 금리 민감도 분석(Interest Rate Sensitivity Analysis)

① 개요

ALM 중 가장 중요한 분야인 금리위험 관리 기법인 금리민감도 분석은 자산과 부채의 금리 민감도를 분석하여 향후 금리전망에 따라 유리한 자산과 부채의 position을 유지하도록 관리함으로써 이익의 안정화 혹은 극대화를 도모하기 위한 기법임.

② 관리 방법

금리민감자산(RSA : Rate Sensitive Assets)과 금리민감부채(RSL : Rate Sensitive Liabilities)를 이자율 개정(repricing) 기준으로 분류하여(통상 1개월, 3개월, 6개월 분류) 기간별 Gap position과 누적 Gap, 누적 Gap의 전체 금리민감 자산에 대한비율을 산출한다.

③ 분석

- 금리위험에 노출되지 않으려면 Gap이 0에 가까워야 한다.
- 正의 Gap 상태에 있으면 금리 상승시 이익이 증가한다. 즉 금리개정되는 부채보다 금리개정되는 자산이 많기 때문이다.

•負의 Gap 상태하에서는 금리하락시 이익이 증가한다.
•일반적으로 누적 Gap/RSA가 10% 이내에 있는 경우 기간대응이 잘 되어 있다고 판단한다.

④ 금리민감도 분석의 예

A은행(단위 : 천미 불)

	1개월	3개월	6개월	1년	합계
RSA(A)	80,000	150,000	70,000	20,000	320,000
RSL(B)	100,000	160,000	60,000	5,000	325,000
GAP(A-B)	-20,000	-10,000	10,000	15,000	-5,000
누적GAP(C)	-20,000	-30,000	-20,000	-5,000	
C/총RSA	-6.3%	-9.4%	-6.3%	-1.6%	

• 분석 결과

-A은행은 외국통화 등 비금리부자산의 존재로 금리민감부채〉금리민감자산인 상태임
누적갭 비율 -1.6%로 양호한 편이나 기간별 Gap이 커 Risk에 노출되어 있음
1개월, 3개월이내 금리개정되는 부채가 금리개정되는 자산보다 많음.
6개월, 1년 : 운용에 비해 조달이 부족함
*금리위험처리 대책
-3개월 이내 : Call Money 감소 및 3개월 미만 자금 조달 축소로 Gap 축소 요
-3~6개월 이내 : 3개월 이상 자금 증대요-환거래 은행으로부터 장기차입을 늘리고 부족분은 FRA, Euro Dollar 선물거래 등으로 Hedge요.

◆ 중소기업 환리스크 실패사례

1. (주) 고무신

► 외환거래현황

(주) 고무신은 등산화 제조회사이며 한 켤레당 제조원가는 45,000원이다. 이러한 상황에서 2008년 12월 5일에 처음으로 미국에 등산화 3,000켤레를 한 켤레당 40달러에 수출하기로 하였다. 2008년 12월 5일 현재 원/달러환율이 1,280원이므로 한 켤레당 수출가격은 51,200원(=1,280원×40달러)으로 제조원가를 상회하고 있다. 수출대금은 3개월 후인 2009년 3월 5일, 거래은행 계좌로 입금된다.

수출에 따른 이익(계약시점)

A. 수출단가	1,280원×40달러	= 51,200원
B. 제조원가		45,000원
C. 단위당 이익	51,200원-45,000원	= 6,200원
D. 총수출액	51,200원×3,000켤레	= 153,600,000원
E. 총원가	45,000원×3,000켤레	= 135,000,000원
F. 이익(D−E)	153,600,00원-135,000,000원	= 18,600,000원

► 헷지전략

(주)고무신은 등산화를 내수판매만 해오다가 2008년 12월에 처음으로 수출하였으며 이에 따라 외환리스크관리 필요성에 대한 인식이 전무하였다. (주)고무신은 헷지거래를 수행하지 않음으로써 외환리스크에 완전히 노출되어 있었다.

► 결과

수출 3개월 뒤 120,000 달러(=3,000켤레 × 40달러)를 수취하였으나 수출대금 입금 당시에 원/달러환율이 1,200원으로 하락함에 따라 총수출액은 153,600,000원에서 144,000,000원으로 감소하였다.

⇒ 9.6백만원(=3,000 × 40달러 × (1,280원−1,200원))의 환차손이 발생

원/달러환율 하락에 따른 환차손

	2008년 12월 5일(계약시점)	2009년 3월 5일(결제시점)
원/달러환율	1,280원	1,200원
총수출액	153,600,000원 = 1,280원×40달러×3,000켤레	
이익	18,600,000원 = 153,600,000원-135,000,000원	9,000,000원= 1,200원×40달러×3,000켤레
환차손익	-9,600,000원 = 9,000,000원-180,600,000원	

2. 가나다 농원

► 외환거래현황

가나다 농원은 2008년 10월 15일에 5만달러에 달하는 키위를 수입하였으며 동 수입대금을 한달 뒤인 2008년 11월 15일에 지불하기로 하였다. 한편, 가나다 농원은 키위를 국내에 시판하여 6천5백만원의 매출을 올렸으며 수입당시 원/달러환율이 1,250원이어서 2백5십만원의 이익실현을 예상하고 있다.

예상판매이익(계약시점)

A. 수입원가	62,500,000원 = 1,250원 × 50,000달러
B. 매출액	65,000,000원
C. 판매이익	2,500,000원 = 65,000,000원 - 62,500,000원

► 헷지전략

가나다 농원은 외환리스크관리에 대한 인식이 부족하여 수입(외화부채)에 대한 헷지를 전혀 고려하지 못하였다.

► 결과

수입한지 한달 뒤인 2008년 11월 15일(대금결제일)에 원/달러환율이 1,350원으로 상승함에 따라 수입금액이 6천2백5십만원에서 6천7백5십만원으로 증가하였다.

⇒ 5백만원(=50,000달러 × (1,350원 - 1,250원))의 환차손이 발생
(판매손실은 2백 5십만원)

원/달러환율상승에 의한 환차손

	2008년 10월 15일(계약시점)	2009년 11월 15일(결제시점)
원/달러환율	1,250원	1,350원
총수입액	62,500,000원 = 1,250원×50,000달러	67,500,000원= 1,350원×50,000달러

판매손익	25,000,000원 = 65,000,000원-62,500,000원	-2,500,000= 65,000,000원-67,500,000원
환차손익	-5,000,000원 = -2,500,000원-2,500,000원	

◆ 성공사례

1. (주)한올

► 외환거래현황

(주)한올은 2008년 6월 1일에 35만달러에 상당하는 의류를 수출하기로 계약을 맺고 3개월 뒤인 2008년 9월 1일에 200,000달러, 6개월 뒤인 2008년 12월 1일에 150,000달러를 수취하기로 했다.

► 헷지전략

(주)한올은 경영진은 수출대금 전액을 은행과의 선물환거래를 통해 헤지하기로 하였으며수출당시에 현물환율은 1,260원, 3개월 및 6개월 선물환율은 각각 1,262원과 1,263원이었다.

수출에 따른 예상판매액(계약시점)

A. 3개월 뒤	252,400,000원 = 1,262원×200,000달러
B. 6개월 뒤	189,450,000원 = 1,263원×150,000달러
C. 총판매(A+B)	441,850,000원 = 252,400,000원+189,450,000원

► 결과

3개월 뒤인 원/달러 현물환율은 1,258원이 되어 환차익이 발생하였으나 6개월 뒤인 원/달러환율은 1,270원이 되어 환차손이 발생하였다.

헤지거래 결과

A. 3개월 뒤 환차손익	800,000원 = (1,262원-1,258원)×200,000달러
B. 6개월 뒤 환차손익	-1,050,000원 = (1,263원-1,270원)×150,000달러
A+B	-250,000원 = 800,000원 - 1,050,000원

⇒ 250,000원의 환차손이 발생하였으나 계약시점에 선물환거래를 통해 불확실성(환리스크)을 제거하였다는 점에서 바람직하다.

2. 진영상사

► 외환거래현황

수출기업은 진영상사는 국내은행으로부터 미달러화를 차입하여 운영자금 및 생산자금으로 사용하면서 수출대금으로 원금과 이자를 상환하고 있었다. 그러나 2008년 초부터 수출이 지속적으로 감소하면서 외환부채의 상환이 어렵게 되었다. 2008년 9월 현재 660,000달러의 외화부채가 있으며 상환스케줄은 다음과 같다.

미달러화표시 부채 상환계획

날짜	A.원금상환액	B. 이자	C(A+B)	D. 선물환율	E(C×D)
08.10.20	$55,000	$4,400	$59,400	1,200	71,280,000
11.20	$55,000	$4,033	$59,033	1,205	71,135,167
12.20	$55,000	$3,667	$58,667	1,210	70,986,667
09.1..20	$55,000	$3,300	$58,300	1,215	70,834,500
2.20	$55,000	$2,933	$57,933	1,220	70,834,500
3.20	$55,000	$2,567	$57,567	1,225	70,678,667
4.20	$55,000	$2,200	$57,200	1,230	70,519,167
5.20	$55,000	$1,833	$56,833	1,235	70,356,000
6.20	$55,000	$1,467	$56,467	1,240	70,018,667
7.20	$55,000	$1,100	$56,100	1,245	69,844,500
8.20	$55,000	$733	$55,733	1,250	69,666,667
9.20	$55,000	$367	$55,367	1,255	69,485,167

► 헷지전략

진영상사는 수출감소로 수출대금이 미달러화표시 부채를 상환하기가 어려워짐에 따라 여유 원화자금으로 외화부채를 상환하기로 하고 거래은행과 선물환매입계약을 체결하였다.

► 결과

계약기간동안 원/달러환율은 아래와 같이 1,100원 수준에서 1,300원 수준으로 크게 상승하였다.

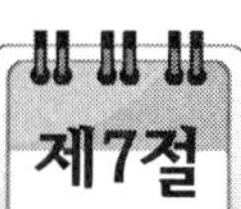

제7절 국별 신용도 관리(Country Risk)

1. 의의

70년대 들어 두 차례에 걸친 유가파동으로 비산유 개발도상국들의 국제수지 적자가 확대되고 90년 후반기 IMF사태가 발생함에 따라 금융기관들의 국별신용도에 대한 관심과 필요성이 커지게 되었다.

2. Country Risk의 개념

1) Country Risk의 정의

Risk란 '어떤 우발적 손실에 대 하여 노출된 상태'라고 정의할 수 있으며 Country Risk는 통상 '어느 특정국가에의 대출 또는 투자시 그 국가에서 발생한 어떤 사태로 인하여 야기될 손실의 가능성에 노출된 상태'라고 정의할 수 있다.

2) Country Risk의 요인

(1) 직접 Risk

① 정치적요인 : 전쟁, 외세점령, 폭동, 영토분쟁, 이념의 차이, 경제적 이해대립 등
② 사회적요인 : 내란, 폭동, 종족분쟁, 종교적 분열, 사회계층간의 불화 등
③ 경제적요인: 단기적 경제의 운용관리 능력부재, 효율적인 경제정책의 수행능력 부재, 생산코스트의 상승 등

(2) 간접 Risk

과세율변경, 보호정책의 중지 등 정책의 변화에 대한 Risk다.

3) Country Risk의 대상 Exposure

Exposure란 Risk 대상 자산을 의미하며 Country Exposure를 정확히 파악하는

것이 Country Risk를 평가하는 전제조건이다.

(1) 금융 Risk의 대상 Exposure

① 무역관계 : 수출어음의 매입, D/P, D/A, 연불수출금융, 선수금 지불 등

② 금융관계 : 대출, 유가증권투자, 지급보증, 예치금, Credit Line공여, 기타투자 등 금융관계의 Country Exposure는 외국인에 대한 채권 잔액과 우발채무로 분류할 수 있음.

- 외국인에 대한 채권
  - 외국금융기관에 대한 대출
  - 모든 종류의 해외대출
  - 매입외화채권
  - 해외에 대한 직접 리스금융
  - 해외소재 법인에 대한 투자
  - 인수된 외국인 발행어음 등
- 우발채무
  - 외국금융기관에 대한 대출
  - 외국인에게 발급한 L/C, L/G 등의 채무

(2) 투자 Risk의 대상 Exposure

① 출자금 : 투자Risk의 주된 Exposure

② 장기 대출금

③ 부동산에 관한 권리

④ 보증 : 현지기업의 장・단기 차입 및 제3국을 통한 차입에 대하여 지급보증한 것

⑤ 투자의 과실, 기술료 : 배당금, 배당금이자, 로열티 및 특허권 사용료 등

4) Country Risk 평가방법

대표적인 방법으로는 각 국가의 여러 변수중에서 지수사항을 선정하여 다양한

가중치를 부과한 후 종합점수를 산출 100점 만점에서 높은 점수를 받은 국가의 위험이 낮은 것으로 분석하는 지수가중평균방식이 가장 널리 사용되고 있으며 보편적으로 인용되는 Euromoney지와 Institutional Investor지도 동방식을 채택하고 있어 널리 활용되고 있다.

제8절 Credit Rating

1. 개요

국제금융시장에서 채권발행에 있어 차입자의 신용도는 가장 중요한 조건이다. 즉 신용도에 따라 채권의 이자, 만기, 발행가격, 유통시장가격 및 수수료 등이 결정된다. 채권발행자의 신용도에 관한 정보는 전문신용평가기관으로부터 얻을 수 있는 바, 대표적 신용평가 기관으로는 미국의 S&P (Standard&Poors Cor-poration), MIS(Moody's Investors Service), 영국의 ESS(Extel Statistical Services), 캐나다의 CBRS(Canada Bond Rating Services), 일본의 공사채연구소(JBRI) 등이 있다.

2. 신용등급 사정방법

전문신용평가기관은 채권발행자와 같은 신용평가의뢰자로부터 소정의 수수료를 받고 의뢰자가 제출한 각종 자료와 평가기관이 수집한 자체자료를 분석하여 신용등급과 분석결과를 공표함.

일반적으로 채권발행자를 대상으로 하지 않고 발행채권별로 원리금상환 위험을 상대적으로 평가하여 신용등급을 정하게 된다.

3. 신용등급의 유용성

전문신용평가기관으로 부터 양호한 수준의 신용등급을 받는 경우 국제금융시장에서의 기채가 원활하게 되고 특히 미국자본시장에서 사채(Corporate Bond) 또는 Yankee Bond 발행시 사전에 신용등급을 받는 것이 관례이며 공모발행의 경우 의무적이다.

4. 신용등급의 구분

미국의 S&P와 Moody's의 신용등급이 국제금융시장에서 대표적으로 통용되고 있는 바 그 등급의 구분과 평가기준은 다음과 같다.

Moody's	S & P	평가기준
Aaa	AAA	원리금 지급능력이 가장 높음
Aa(Aa1, Aa2, Aa3)	AA(AA+, AA, AA-)	원리금 지급능력이 매우 높음
Baa(Baa1, Baa2, Baa3)	BBB(BBB+, BBB, BBB-)	원리금 지급능력이 평균적 수준보다 높음
Ba(Ba1, Ba2, Ba3)	BB(BB+, BB, BB-)	원리금 지급능력이 평균적 수준임
B(B1, B2, B3)	B(B+, B, B-)	현재의 원리금 지급능력은 적절, 장래는 불확실
Caa	CCC	투기적 요소가 있어 장기적으로 불확실
Ca	CC	Dafault 발생 중 또는 중대한 문제 있음
C	C	전혀 장래성 없음
	D	Dafault 발생중
(총 19단계)	(총 20단계)	

5. 일본의 신용평가기관

일본은 현재 세계 최대의 자본공급국이며, 일본투자가들이 세계 주요 금융시장에서 차지하는 비중이 높아지고 있어 유리한 자금조달을 위한 일본시장의 중요성이 증대되고 있으며 일본에서의 Rating 취득시 아래와 같은 자금조달이 가능하다.

1) Samurai Bond(엔화표시 공모외채)

(1) Rating 기관

국 별	기 관 별
일본	일본공사채 연구소(JBRI) 일본정부연구소(JCR) 일본 INVESTORS SERVICE(NIS)
미국	MOODY'S STANDARD & POOR'S FITCH

(2) 발행액

신용등급	발행금액
AAA	무제한
AA	300억 엔
A	200억 엔

제 14 장 국제수지 (International Balance of Payment)

제1절 국제수지의 개념

1. 국제수지의 의의

국제수지(international balance of payments)란 일정한 기간 동안 (보통 1년)에 한 나라의 거주자와 외국의 거주자(비거주자) 사이에서 이루어졌던 모든 경제적 거래를 체계적으로 분류하여 집계한 것이다.

즉 한나라의 국제거래에서 발생하는 화폐지급(payments)과 화폐수취(receipts)를 대조시킨 것이다.

이러한 정의는 국제수지를 국제수지통계 내지 국제수지표라는 뜻으로 사용한 것이다. 또 국제수지가 흑자(surplus) 또는 적자(deficit)라고 말하는 경우처럼 국제수지차액의 뜻으로 사용되는 경우도 있다. 국제수지가 어떠한 뜻으로 사용되든 간에 그 내용은 국제수지표에 잘 나타나고 있다.

국제수지와 혼동하기 쉬운 영어로 국제대차(international indebtedness)라는 말이 있는데, 이는 한 나라가 일정한 시점에 있어서 외국에 대해 얼마만큼의 채권 또는 채무를 가지고 있는가를 나타내는 것이다.

이처럼 국제수지는 일정한 기간에 실제로 결제된 과거의 화폐수지의 총액인데 반해 국제대차는 일정시점에서 볼 때 장래에 결제될 채권·채무의 총액으로서 이

두 개념은 명확히 구별되어야 한다. 말하자면 국제수지가 사경제(기업회계) 아래에서의 손익계산서(income statement : I/S)에 해당된다고 하면 국제대차는 대차대조표(balance sheet : B/S)에 해당된다고 할 수 있다.

이와 같이 국제수지라 함은 일정기간에 걸쳐서 한 나라의 거주자(국내거주자)와 다른 나라의 거주자(해외거주자) 사이에서 발생한 각종 경제거래, 예컨대 재화 및 용역의 수출입, 현금지불 및 수입금의 유출입, 증여, 차관 및 대부, 해외직접투자 등의 대차관계를 뜻한다. 따라서 정부에 의해 작성되는 국제수지표는 한 나라의 일정 기간에 있었던 대외경제관계를 나타낼 뿐만 아니라 고용과 임금의 수준, 투자규모의 결정 등 국내경제정책을 수립하는 데 반드시 고려되어야 할 내용이 되고 있다. 동시에 국제수지표는 기업인들의 의사결정에 영향을 미치게 되며, 특히 재정경제부·중앙은행 등 외부경제 안정을 유지하는데 책임을 가진 통화당국에 의해 집약·기록되고 있기 때문에 한 나라의 국제경제입장 전반을 반영해 주고 있다.

또한 국제수지표는 국제대차표와도 엄밀히 구별할 필요가 있다. 국제대차표는 일정한 시점에 있어서의 한 나라의 대외채권과 대외채무의 잔액을 대조하는 것으로서 저량(stock)을 나타내는 표이다. 그러나 국제수지표는 일정한 기간에 있어서 국제거래에 따라 발생한 자금의 흐름을 나타내는 표이기 때문에 유량(flow)을 나타내는 표이다.

그런데 국제거래의 대부분은 재화나 용역의 이동과 같이 유량으로 나타나지만 자본거래와 같이 저량의 성격을 가지는 거래도 적지 않다. 이와 같은 저량개념의 자본거래를 유량개념의 경상거래와 일치시키기 위해서는 일정한 기간에 있어서의 저량의 변화만을 기록한다. 즉 국제수지표는 모든 자본거래를 부채와 자산으로 나누어 그 증가 또는 감소만을 계상하고 있는 것이다.

2. 국제수지표 작성의 목적

국제수지표를 작성하는 가장 큰 목적은 한 나라의 대외경제관계의 상황을 일목요연한 방법으로 명백히 하는 데 있다. 기업이나 가계의 경우에 손익계산서나 가계부를 작성하는 일반적인 목적이 경상적인 수취와 지급이 균형을 이루고 있는가를 보기 위한 것과 같이 국제수지표도 한 나라의 대외결제관계가 원활하게 이루어지고 있는가를 보기 위한 목적으로 작성되고 있다.

국가와 국가 사이에는 화폐 및 금융제도가 다르기 때문에 외국에의 자금의 지급은 외국으로부터 수취한 자금을 가지고 행하게 된다. 만일 한 나라가 국제 거래의 결과 지급초과(적자)가 생긴다면 이 지급초과분은 그 나라가 지금까지 축적한 대외지급수단, 즉 외환보유고(foreign exchange reserves)로부터 지급하지 않으면 안 된다. 그러나 한 나라가 보유하는 외환보유고는 한도가 있기 때문에 지급초과가 장기적으로 지속되는 경우에는 국제수지의 조정정책을 실시할 필요가 있다. 이때 국제수지표는 그 진단자료가 된다.

국제수지표 작성의 또 다른 목적은 외환의 원천과 용도를 밝히는 데 있다. 어떤 나라의 경우에도 외환은 한정되어 있기 때문에 그 원천이 어디에 있으며, 또 효율적으로 운용되고 있는가에 관심을 갖게 된다. 특히 외환관리가 실시되고 있는 경우에는 외환배분계획의 자료로서 국제수지표는 불가결한 것이다. 오늘날 선진국은 무역자유화로 이 목적이 그리 중요하지 않게 되었다고 할 수 있으나, 국제수지 문제로 곤란을 겪고 있는 개발도상국의 경우에는 이 목적이 특히 중요시되고 있다고 할 수 있다.

제2절 국제수지표의 기재와 구성

1. 국제수지표의 기재방식

1) 국제수지표의 2대 계정

국제통화기금(IMF)의 표준양식에 따른 국제수지표에 의하면 모든 대외거래를 계상한 국제수지표의 계정은 크게 두 그룹으로 나뉜다.

그 하나는 상품·용역 및 소득거래와 경상이전(unrequited transfers)을 합친 것으로서, 경상거래(current transaction)라고 한다. 경상거래는 직접 소득을 만들어 내거나 혹은 그것을 사용하는 거래로서, 이를 계상한 경상계정(current account)은 국민소득의 경상적 순환의 흐름에 영향을 주기 때문에 소득계정이라고도 한다.

또 하나의 그룹은 자본 및 투자계정으로서 자본계정에는 자본이전거래와 비생산·비금융자산의 취득 및 처분거래가 포함된다. 또한 투자계정에는 직접 투자·포트폴리오 투자·기타 투자가가 기재되고, 화폐용 금·특별인출권(SDR)·국제통화기금 리저브 포지션(IMF reserves position)·외환·기타 청구권 등 준비자산(reserve assets)이 투자계정에 포함된다.

이상에서 언급한 경상계정과 자본 및 투자계정은 IMF 국제수지 표준분류에서 다음과 같은 구성을 보여준다.

▮표 14-1▮ IMF 국제수지표의 2대 계정

Ⅰ. 경상계정	Ⅱ. 자본 및 투자계정
A. 상품, 용역 및 소득 (commodity, services and income) B. 경상이전거래 (unrequited transfer)	A. 자본(capital) B. 투자(investment) [리저브 포함(including exchange reserves)]

2) 국제수지표의 기재방법

국제수지표의 기재방법은 기업회계에서 볼 수 있는 복식부기원리(the principle of double entry book-keeping)에 입각하고 있다. 복식부기방법은 모든 거래를 급부와 반대급부의 두 측면에서 파악하여 대변과 차변의 쌍방에 동액을 계상하는 방법으로서, 이와 같은 원리는 〈복식부기원리에 의한 기재방법〉에서 보는 바와 같이 대외거래에도 응용되고 있다. 국제수지표에서 한 나라의 모든 대외경제거래는 각각 두 가지 면에서 파악되는데, 비거주로부터 금액의 수령을 수반한 거래는 대변(credit, 좌측)에, 비거주자에 대한 금액의 지급을 수반한 거래는 차변(debit, 우측)에 각각 기록하는 것이 원칙이다. 따라서 상품·용역의 수출, 이전거래의 수령, 자본유입은 대변에 기재되고, 상품·용역의 수입, 이전거래의 지급, 자본유출은 차변에 기재된다.

■표 14-2■ 복식부기원리에 의한 기재방법

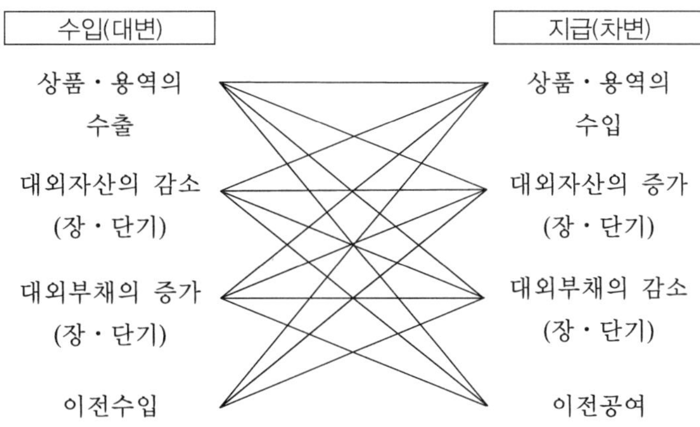

원조 및 배상과 같은 반대급부가 없는 이전거래의 경우에는 대변 또는 차변에 실체가 없는 항목을 만들어서 복식부기의 원칙을 유지하고 있다. 복식부기에서 자산의 감소 또는 부채의 증가는 대변에, 자산의 증가 또는 부채의 감소는 차변에 기입되는데 이것은 국제수지표의 경우도 마찬가지이다.

일반적으로 국제수지표의 수입(대변)・지급(차변)의 의미는 거래의 결과 발생하는 화폐 흐름의 방향에 따라 설명되고 있다. 이를테면 상품의 수출은 그 대가로서 화폐가 유입되므로 수입란에 계상되고, 대외투자의 경우는 차입증을 받은 대가로서 화폐가 유출된다고 생각하고 지급란에 계상된다.

2. 국제수지표의 구성내용

우리나라는 1998년도부터 새로운 편제에 의한 국제수지표를 작성하고 있는데, 1993년 9월 발간한 IMF 국제수지편제 매뉴얼 제5판에 의한 국제수지표의 기본구조는 개편 전의 경상계정(current account), 자본 및 투자계정(capital and investment account), 준비자산계정(reserves account)의 증감으로 변경되었다. 금융계정에 계산되던 예금은행의 대외자본거래를 신기준에서는 민간기업의 대외거래와 함께 자본계정에 계상하고 준비자산 증감에는 각종 대외거래의 결과로 발생한 통화당국의 외환보유액(foreign exchange holdings) 증감만을 기록하게 되었다.

1) IMF 국제수지표 제 항목의 내용

다음의 표는 신체계에 의한 IMF 국제수지의 표준항목 분류체계이다. 이 표에 있는 주요항목의 내용에 관하여 구체적으로 살펴보기로 한다.

대 계 정	소 계 정		대 항 목
I. 경상계정	A. 상품 및 서비스	a. 상품	1. 일반상품 2. 가공용 재화 3. 재화수리 4. 운수조달재화 5. 비화폐용 금
		b. 서비스	1. 운수 2. 여행 3. 통신서비스 4. 건설서비스 5. 보험서비스 6. 금융서비스 7. 컴퓨터 및 정보서비스 8. 특허권 사용료 9. 기타 사업 서비스 10. 개인・문화 및 오락서비스 11. 기타 정부서비스
	B. 소득		1. 피용자 보수 2. 투자소득
	C. 경상이전		1. 일반정부 2. 기타 부문
II. 자본 및 투자계정	A. 자본계정		1. 자본이전 2. 비생산・비금융 자산의 취득, 처분
	B. 투자계정		1. 직접투자 2. 증권투자(포트폴리오투자) 3. 기타 투자 4. 준비자산
III. 준비자산 증(-) 감(+)			
IV. 오차 및 누락			

(1) 경상계정

경상계정(current account)의 구성항목은 개편 전의 무역수지, 무역외수지, 이전수지에서 국민계정체계(system of national accounts : SNA)와의 조화를 위하여 상품・서비스수지, 소득수지, 경상이전수지로 변경되었다. 상품・서비스수지는 다시 상품수지와 서비스수지로 구분되는데 상품수지에는 개편전의 무역수지에

계상되었던 재화의 수출·수입은 물론 무역외수지에 계상되었던 운수조달재화 및 재화수리를 포함하였다.

서비스수지에는 개편 전의 무역외수지에서 운수조달재화, 재화수리 등 상품수지에 포함되는 항목과 투자수익 등 소득수지에 포함되는 항목을 제외한 순수 서비스 거래만을 계상하였으며 통계분석의 편의를 위해 운수, 여행, 통신서비스, 보험서비스, 특허권 등 사용료, 사업서비스, 정부서비스, 기타 서비스 등 8개 항목으로 세분하였다.

한편 소득수지에는 개편 전 무역외수지에 포함되었던 투자수익수지·급료 및 임금을 계상하였으며, 개편 전의 이전수지에 계상되던 이전거래는 경상이전거래와 자본이전거래로 구분하여 경상이전거래만 경상이전수지에 계상하고 자본이전거래는 자본계정에 포함하였다.

① 상품수지

상품수지(commodity balance)는 수출입상품을 상품특성에 따라 일반상품, 가공용 재화, 운수조달재화, 재화수리 및 비화폐용 금으로 세분하였는바, 가공용 재화는 외국에서 가공하기 위해 수출한 후 재수입된 재화 또는 국내에서 가공하기 위해 수입한 후 재수출된 재화로서 재수출 및 재수입시에는 가공임을 포함한 재화 총가액을 계상한다.

운수조달재화에는 선박, 항공기 등 운송수단이 해외의 항구 및 공항에서 조달한 연료·식량·보급품 등을 계상하며 재화수리에는 선박, 항공기 등 재화에 대한 수리대가로 수취 또는 지급한 수리비를 계상한다. 비화폐용 금에는 통화당국이 준비자산으로 보유하고 있는 금(화폐용 금)을 제외한 모든 금의 수출입 거래를 계상하고 일반상품에는 수출입상품 중 가공용 재화, 운수조달재화, 재화수리 및 비화폐용 금에 포함되지 않는 모든 재화의 거래를 계상한다.

이와 같은 상품수지는 유상거래와 무상거래를 불문하고 원칙적으로 수출은 수입란에, 수입은 지급란에 기록된다. 이들 상품의 수출입은 원칙적으로 세관을 통과해야 하므로 통관통계를 기초로 산출한다. IMF방식은 수출입 모두 FOB(Free On Board: 본선인도가격)가격으로 계상하도록 통일되어 있으므로 수입이 CIF (Cost, Insurance&Freight : 운임·보험료 포함가격)가격으로 되어 있는 경우에는 이를 본선인도가격(FOB)으로 조정할 필요가 있다.

② 서비스수지

서비스수지(services balance)에는 거주자와 비거주자 간의 용역거래를 운수, 여행, 통신서비스, 보험서비스, 특허권 등 사용료, 사업서비스, 정부서비스 및 기타 서비스로 구분하여 계상한다. 운수에는 거주자와 비거주자 간의 운송수단을 이용한 서비스거래로서 여객의 수송, 재화의 수송, 승무원을 포함한 운송수단의 임대, 예인·도선 등 기타 지원 및 보조서비스를 계상한다.

- 여행에는 여행자인 개인이 직접 사용하거나 타인에게 제공할 목적으로 해외 체류기간 중 체류국에서 취득한 재화 및 서비스를 계상한다.
- 통신서비스에는 거주자와 비거주자 간의 전화, 팩시밀리 등을 이용한 원격통신 서비스, 우편 및 배달서비스를 계상한다.
- 보험서비스에는 거주자와 비거주자 간의 보험료, 보험금의 수취 및 지급을 계상하며 수출입상품에 대한 적하보험, 재보험 등을 포함한다.
- 특허권 등의 사용료에는 상표권, 저작권, 특허권 등 무형자산의 사용에 따른 대가를 계상한다.
- 사업서비스에는 상품중개인 및 대리인의 상품 및 서비스거래, 승무원이 동반하지 않은 선박·항공기 등 수송장비의 임대, 법률·회계·경영컨설팅, 광고 및 시장조사, 각종 공사의 기획 및 감독 등에 따른 서비스 수수료를 계상한다.
- 정부서비스는 정부와 비거주자 간의 서비스거래를 계상하며 해외의 대사관, 영사관, 군대 등이 주재하고 있는 경제권의 거주자와 행한 모든 거래를 포함한다.
- 기타 서비스에는 거주자와 비거주자 간의 금융서비스, 컴퓨터 및 정보서비스, 개인, 문화 및 오락서비스, 건설서비스를 포함한다.
- 금융서비스에는 수출신용장(L/C), 금융리스, 외국환거래 등과 관련된 금융중개수수료와 발행모집·인수, 상환 등 유가증권거래관련 수수료를 계상한다.
- 컴퓨터 및 정보서비스는 소프트웨어의 구축, 하드웨어관련 자문, 컴퓨터 및 주변기기의 유지·보수, 통신사의 뉴스서비스, 신문 등 정기간행물의 구독료를 포함한다.

· 개인, 문화 및 오락서비스에는 영화제작, TV 프로제작 등과 관련된 서비스료, 대중매체 배급권료, TV 중계권료 및 문화 · 스포츠 · 오락활동과 관련된 서비스를 계상한다. 건설서비스에는 일반적으로 1년 이내에 외국에서 수행되는 건설 및 설비 공사를 계상한다.

일반적으로는 경제적 가치를 목적으로 생산되는 무형의 경제가치를 모두 서비스로 정의하는 데 반하여 국제수지체계에서 서비스거래로 간주하는 서비스에는 아래 표에서 보는 바와 같이 11가지가 있다. 과거의 국제수지체계에서는 운임 및 보험료, 기타 운수, 여행, 투자수익 및 기타 서비스의 5항목으로 분류하였으나 서비스 산업이 매우 다양하게 분화 · 발전되고 또 WTO체제하에서 국제적인 규범체계가 수립됨에 따라 더욱 세분화된 분류체계가 요구되어 IMF 국제수지 매뉴얼 제5판에는 이를 반영하여 11개 항목으로 확대하였다.

▮표 14-3▮ 경상계정의 분류체계

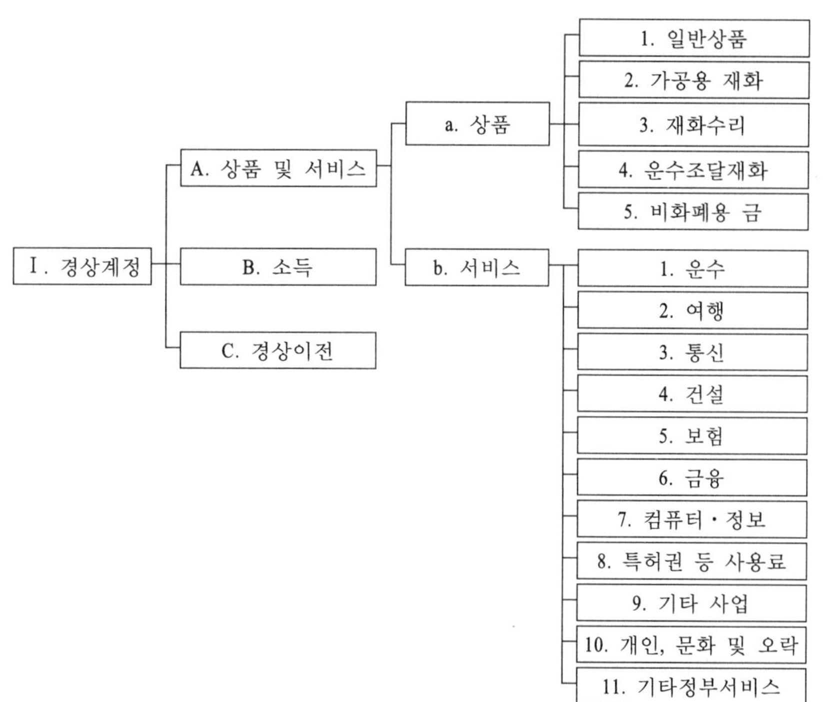

③ 소득수지

소득계정(income account)은 IMF 국제수지 매뉴얼 제5판에 새로이 설치된 계정으로서 그 이전에는 주로 재화 및 서비스 계정에 속해 있는 항목들을 분리·독립시켰다.

국제수지의 소득계정에는 비거주자와 거주자 사이에서 일어난 두 가지 형태의 지급, 즉 근로소득의 지급과 투자소득의 지급을 계상하고 있는데, 먼저 계절노동자나 국경노동자 혹은 기타 단기 비거주 노동자에게 지급되는 근로소득은 피용자보수항목에 계상하고, 대외금융자산이나 부채와 관련한 소득의 수입과 지급은 투자소득항목에 기록한다. 즉, 소득수지에는 외국인 노동자에게 지급되거나 내국인 해외근로자가 수취하는 급료 및 임금과 금융자산 또는 부채에 관련된 배당, 이자 등 투자소득의 수입 및 지급을 계상한다. 투자소득은 자본계정 내의 투자수지분류체계에 맞추어 직접투자소득, 증권투자소득 및 기타 투자소득으로 구분한다.

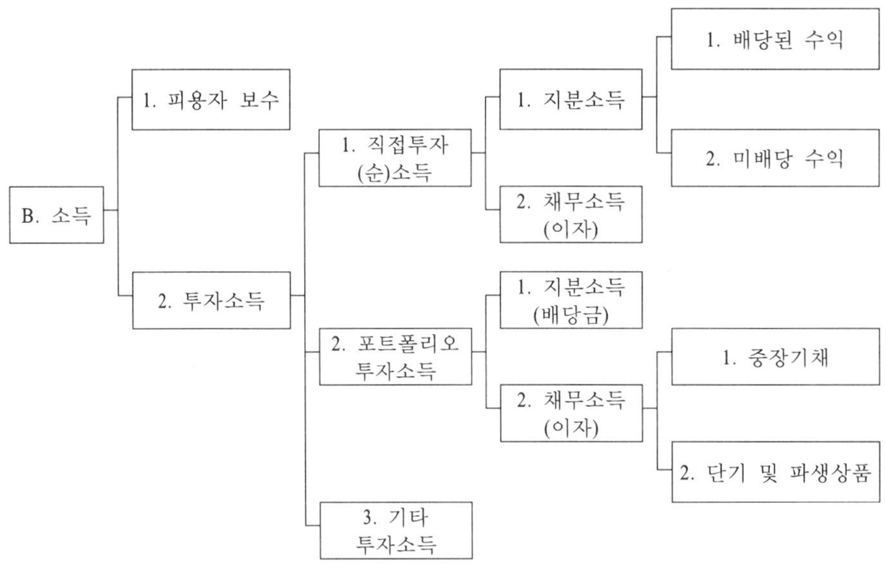

④ 경상이전수지

경상이전수지(current transfers balance)는 비거주자와 거주자 사이에 아무런 경제적 가치를 대가로 받지 않음에도 불구하고 한쪽이 다른 쪽에게 실물자산이나

금융자산과 같은 경제적 가치를 제공하는 거래를 일반적으로 이전거래(transfers transaction)라 한다.

경상이전수지에는 아무런 대가없이 제공되는 송금, 구호를 위한 식량, 의약품 등의 무상원조, 국제기구에 대한 출연금 등이 계상된다. 종전에는 이전거래를 따로 구분하지 않았으나 IMF 매뉴얼 제5판 국제수지체계에서는 이전거래를 경상이전과 자본이전으로 구분하여 각각을 경상계정과 자본 및 투자계정에 나누어 설정해 놓고 있다.

▮표 14-4▮ 경상이전계정 체계

- C. 경상이전
  - 1. 일반정부
  - 2. 기타부문
    - 1. 근로자 송금
    - 2. 기타 경상이전

(2) 자본 및 투자계정

국제수지체계의 자본 및 투자계정에는 거주자와 비거주자 사이에서 발생한 채권·채무관계의 변동내용과 금융자산의 거래를 기록한다. 따라서 반대급부가 없는 이전거래적 성격의 거래라 하더라도 채권·채무관계의 변동을 초래하거나 금융자산의 변동이 발생하면 자본 및 투자계정(capital and investment account, 자본계정의 자본이전항목)에 기록한다. 종전의 국제수지체계에서는 이러한 이전적 성격의 거래를 경상계정의 이전거래항목에 포함하여 계상하였으나 IMF 국제수지체계 매뉴얼 제5판에서는 자본 및 투자계정의 자본이전항목에 계상하고 있다.

① 자본이전계정과 특허권 등 기타 자산계정

자본이전(capital transfer)이란 거래 당사자 중 최소한 일방에게 반드시 현금 이외의 자산에 변동을 초래하는 이전거래로서 현물형태나 현금형태로 나타나게 된다.

자본이전은 해외이주비·투자보조금 지급 등 고정자산 취득과 관련한 현금이전을 계상하고, 특허권 등 기타 자산의 거래는 특허권·저작권·상표권 등 비생산 무형자산 및 토지·지하자원 등 비생산 유형자산의 취득 및 처분에 따른 거래를 계상한다.

② 투자계정

투자계정(investment account)은 통화당국의 준비자산증감을 제외한 민간기업·금융기관·정부의 대외금융자산 또는 부채의 소유권 변동과 관련된 거래를 계상하며 직접투자, 증권투자, 기타 투자로 세분한다.

직접투자는 한 경제권의 거주자인 직접투자가가 영속적인 이익을 취득하기 위하여 다른 경제권의 기업(직접투자기업)에 대하여 행하는 대외투자를 계상하는데, 영속적 이익이란 직접투자가와 직접투자기업 간의 장기적인 관계가 존재하고 직접투자기업의 경영에 대한 직접투자가의 영향력이 큰 경우를 의미한다. 직접투자는 직접투자가와 직접투자기업의 관계를 발생시키는 최초거래뿐만 아니라 자금의 대출, 차입 등 후속거래도 포함한다.

증권투자는 기업에 대한 영속적인 이해관계보다는 투자수익을 목적으로 하는 대외투자로서 주식 및 채권에 대한 투자를 포함한다. 주식은 지분 및 참가증서를 포함하며 채권은 만기가 1년 이상인 전환사채, 변동금리부채권 등 중장기채, 재무성단기증권, 기업어음, 은행인수어음 등 단기채와 선물, 옵션, 스왑 등의 파생금융상품을 포함한다.

기타 투자는 대출 및 차입, 무역관련 신용, 현금 및 예금 등 직접투자와 증권투자에 속하지 않는 모든 금융거래를 계상한다. 대출 및 차입은 채권자가 채무자에게 직접적으로 자금을 대여하는 거래로서 차관·금융리스·환매조건부거래(repo), IMF 신용인출 및 IMF 차입을 포함하며 무역관련 신용은 재화 및 서비스 거래와 관련하여 공급자와 구매자 간에 직접적으로 이루어지는 신용공여와 그에 따른 채권·채무를 계상한다. 현금 및 예금은 민간기업, 금융기관 등이 보유하고 있는 현금 및 해외예치금을 계상한다.

(3) 준비자산계정

준비자산계정(reserves account)은 통화당국이 국제수지의 불균형을 직접 보전하거나 외환시장 개입을 통하여 환율정책에 의한 국제수지 불균형을 간접적으로 조정하기 위하여 사용할 수 있는 대외준비자산이다. 준비자산으로는 화폐용금, 특별인출권(SDR), IMF 리저브 포지션(reserves position), 외환자산(현금, 예금 및 외화증권 등) 등이 이에 속한다. 준비자산 증감에 나타나 있는 수치가 (+)일 경우에는 국제수지의 적자를 의미하고, (-)일 경우에는 국제수지의 흑자를 의미하므로 이를 이해하는데 주의하여야 한다.

(4) 오차 및 누락

오차 및 누락(error and omission)이란 국제수지에 계상되는 모든 거래는 복식부기의 원리에 의하여 대변과 차변에 동액이 기재되기 때문에 모든 거래에 대한 대변과 차변의 합계는 항상 일치하여 그 차액은 0이 되어야 한다. 그러나 국제수지계상에서 그 단위가 거액일 뿐만 아니라 내용이 너무 복잡하기 때문에 대변의 합계와 차변의 합계가 항상 일치하는 것은 아니며, 이를 일치시키기 위하여 사후적으로 만들어 낸 항목을 오차 및 누락항목 또는 통계상의 불일치항목이라고 한다. 이와 같은 오차 및 누락의 발생원인을 정확하게 파악할 수는 없으나 첫째, 국제수지에 계상되는 자료의 통계출처가 서로 다르기 때문에 발생할 수 있고, 둘째, 계상시점의 차이에서 발생할 수 있으며 셋째, 거래의 포괄범위의 차이로부터 오차 및 누락이 발생할 수 있다. 넷째, 시장가격의 원칙에 의거해 거래를 평가하는 방법의 차이에 의해서도 발생할 수 있으며 다섯째, 환산(conversion)과정에서 발생하는 수도 있고 부주의나 과오로 인하여 발생할 수도 있다.

제3절 국제수지의 조정

1. 국제수지조정의 의의

국제수지의 조정이란 한 국가의 대외거래에 있어서 수입과 지급의 총괄적 집계인 국제수지가 균형의 상태를 벗어나는 경우 이 불균형의 상태를 조정하는 것을 말한다. 불균형이 지급초과(적자)가 된다는 것은 화폐용 금 및 외환보유액이 한도가 있고, 국내물가가 상승할 우려가 있기 때문에 바람직하지 않으며, 수취초과(흑자)가 된다는 것 역시 다른 교역상대국의 적자를 발생시킴으로써 종국적으로는 그 영향이 자국의 수출부진으로 파급될 수 있기 때문에 바람직하지 않다. 따라서 국제수지가 적자이든 흑자이든 간에 불균형은 바람직한 상태가 아니므로 각국은 국제수지 균형을 위해 여러 가지 조정을 하게 된다.

2. 국제수지의 조정과정

1) 국제수지의 조정경로

한 나라의 국제수지가 균형으로부터 이탈했을 때 다시 균형으로 복귀되는 과정은 자동적 조정(automatic adjustment)에 의한 과정과 조정정책(adjustment policies)에 의한 과정으로 구분할 수 있다. 자동적 조정은 정부의 개입 없이 시장세력에 의해 국제수지가 균형으로 복귀되는 과정을 말하고, 조정정책은 정부가 의도적으로 국제수지의 불균형을 제거하는 방법을 말한다.

변동환율제도하에서는 원칙적으로 국제수지의 불균형을 시정하기 위한 정부의 조정정책은 불필요하게 된다. 즉 환율이 시장의 수급세력에 의해 자유롭게 변동하는 변동환율제도하에서 국제수지의 균형은 외환시장에서 환율의 변동을 통해 자동적으로 달성된다.

한편 고정환율제도하에서 국제수지의 자동적 조정은 가격과 소득의 변동을 통해 이루어진다. 그러나 자동적 조정메커니즘은 실업이나 인플레이션과 같은 사회적 비용을 수반하게 된다는 단점이 있다. 조정정책은 이와 같은 사회적 비용을 감소시키기 위해 정부가 의도적으로 국제수지의 균형을 달성하고자 하는 방법이다.

국제수지의 조정과정은 사실 그것이 자동적이건 또는 정책적이건 간에 가격의 변동이나 소득의 변동 또는 양자가 동시에 발생함으로써 이루어지며, 그 밖의 국제수지 조정은 화폐적 조정(monetary adjustment)과정을 통해 분석할 수도 있다. 또한 국제수지 조정은 무역제한수단과 같은 정부의 인위적인 통제에 의해서 이루어질 수도 있다.

2) 국제수지의 자동적 조정

국제수지가 불균형을 보일 때 국제수지의 조정과정이 작동한다. 국제수지가 불균형일 경우 그것은 주어진 환율제도의 제약하에서 국제수지를 좌우하는 요인들인 가격, 소득, 이자율, 화폐공급 등을 변화시킨다.

환율제도가 고정환율제도라면 국제수지의 불균형은 우선 외환보유고의 변동을 가져오고, 다음으로 통화량에 변화를 가져온다. 그리고 이러한 통화량의 변화에 따라 이자율이 변화하고 소득이 변화하며, 가격도 변화하게 된다.

환율제도가 자유변동환율제도라면 국제수지의 불균형은 우선 환율을 변화시키고, 환율변화는 다시 상대가격을 변화시킴으로서 소득의 변화, 이자율의 변화, 통화수요의 변화 등을 유발한다.

환율제도가 관리변동환율제도라면 국제수지의 불균형은 우선 다소간의 통화량의 변화와 다소간의 환율의 변화를 가져온다. 다음으로 이들 변화는 각각 고정환율제도에서의 통화량의 변화 또는 자유변동환율제도에서의 환율의 변화가 그러했던 것처럼 소득, 가격, 통화의 수요나 공급을 변화시킨다.

국제수지의 불균형에 따라 변화하는 가격, 소득, 이자율, 화폐공급 등은 국제수지의 불균형을 해소하는 방향으로 움직인다. 예컨대 고정환율제도 아래에서 국제수지의 흑자가 있을 경우 통화량이 증대되면 그에 따라 가격이 상승하고 이자율이 떨어지며 소득이 커지는데 이들은 모두 국제수지의 흑자를 줄이는 방향으로 작용한다.

또 자유변동환율제도 아래에서 국제수지의 적자가 나타났을 경우 환율이 상승(즉, 자국통화의 평가절하)하게 되고, 그에 따라 자국상품의 가격이 해외에서 상대적으로 하락하는 한편 외국상품의 가격은 국내에서 상대적으로 상승하게 되어 무역수지를 개선하게 된다. 이와 더불어 환율상승에 따라 일반물가가 오르고 실질소득이 떨어지게 되는데, 이것도 무역수지를 개선하게 된다. 또 국내에서의 이자율 상승도 자본수지를 개선한다.

이처럼 국제수지의 불균형이 있게 되면 국제수지를 좌우하는 요인의 전부 또는 일부가 변동하게 되는데, 이들은 대체로 당시의 국제수지의 불균형을 줄이거나 해소하는 방향으로 작동한다.

국제수지의 불균형이 있을 때 이처럼 가격, 소득, 화폐의 수요나 공급이 변화하면서 국제수지의 불균형이 시정되어 국제수지의 균형이 이루어지게 되는 과정을 국제수지의 조정과정(valance of payments adjustment process)이라고 한다. 국제수지의 조정과정은 실제로는 가격, 소득, 이자율, 화폐의 공급 등이 동시에 변화하면서 진행된다. 그러나 이러한 조정과정을 이해하는 데 있어서 이들의 움직임을 한꺼번에 관찰하기보다는 그것을 가격, 소득, 이자율, 화폐의 공급 등의 몇 가지 단면으로 나누어 이들 각각과 관련되는 움직임을 개별적으로 관찰하는 것이 편리하다.

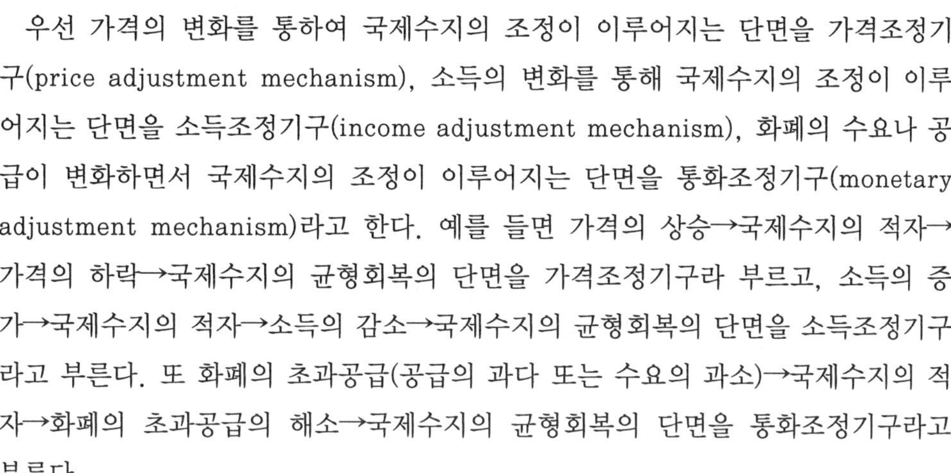

우선 가격의 변화를 통하여 국제수지의 조정이 이루어지는 단면을 가격조정기구(price adjustment mechanism), 소득의 변화를 통해 국제수지의 조정이 이루어지는 단면을 소득조정기구(income adjustment mechanism), 화폐의 수요나 공급이 변화하면서 국제수지의 조정이 이루어지는 단면을 통화조정기구(monetary adjustment mechanism)라고 한다. 예를 들면 가격의 상승→국제수지의 적자→가격의 하락→국제수지의 균형회복의 단면을 가격조정기구라 부르고, 소득의 증가→국제수지의 적자→소득의 감소→국제수지의 균형회복의 단면을 소득조정기구라고 부른다. 또 화폐의 초과공급(공급의 과다 또는 수요의 과소)→국제수지의 적자→화폐의 초과공급의 해소→국제수지의 균형회복의 단면을 통화조정기구라고 부른다.

각종 국제수지의 조정기구를 통한 국제수지의 조정은 불균형상태의 국제수지를 균형상태로 이행해 가도록 한다. 가격, 소득, 화폐의 수요나 공급의 변화를 내용으로 하는 자동조정메커니즘이 있어서 불균형인 국제수지는 균형으로 회복하게 된다.

3. 국제수지조정의 접근방법

국제수지의 불균형이 발생하면 그것이 가격의 적응, 소득의 적응 또는 화폐 시장의 적응에 의해 해소되어 간다고 할 때 이중 어떤 것이 보다 중요한 것인가 하는 점에 대한 견해의 차이에 따라 세 가지의 상이한 접근방법이 제시되고 있다. 이른바 탄력성접근방법, 총지출접근방법, 화폐론적 접근방법이 그것이다.

첫째, 탄력성접근방법(elasticity approach)에 따르면, 국제수지가 불균형을 보이고 있는 것은 각종 가격이 국제수지의 균형과 대응하는 올바른 수준에 있지 못하기 때문이라고 한다. 따라서 이 접근방법은 각종 가격을 변경함으로써 올바른 상대가격체계를 확립하면 국제수지는 자동적으로 균형에 이르게 된다고 보고, 또 각종 가격을 올바른 상대가격체계를 확립할 수 있는 수단으로서 환율의 변경을 중시한다.

이 접근방법은 상대가격의 변화에 대해 민감한 반응을 보이는 수출과 수입, 즉 무역수지를 중시하는데, 환율을 인상하여 무역수지를 개선하기 위해서는 수출과 수입의 가격탄력성이 일정한 조건을 충족할 수 있을 만큼 충분히 커야 한다는 것이다. 따라서 이 접근방법에서는 수출과 수입에서의 가격탄력성이 중요한 관심사가 되고, 이에 따라 이는 탄력성접근방법이라고 불리게 된다. 이 접근방법은 수출과 수입에 초점을 두고 있기 때문에 국제수지 중 무역수지와 연관을 맺고 있다고 할 수 있다.

둘째, 총지출접근방법(absorption approach)에서는 경제 전체의 소득과 경제 전체의 총지출(즉, 흡수)의 격차를 국제수지 불균형을 가져오는 근본적 요인으로 중시한다. 이 접근방법은 국민경제 전체의 지출규모(즉, 흡수의 크기)를 조정하여 국제수지의 불균형을 극복할 수 있다고 본다.

국제수지가 적자를 보이고 있을 때 그것을 극복하기 위해서는 소득을 늘리거나 지출(흡수)을 줄여야 한다. 그런데 단기적으로 소득을 늘린다는 것은 쉬운 일이 아니기 때문에, 총지출을 줄이는 것이 전략적인 관건이 된다. 이 접근방법에서는 총지출이 핵심적 역할을 하고 있기 때문에 그것을 총지출접근방법이라고 부른다. 총지출은 수출이나 수입과는 직접적 관련을 가지지만 자본이동과는 그다지 긴밀한 관계를 가지고 있지 않다. 따라서 이 접근방법은 국제수지 중 경상수지와 관련되어 있다고 할 수 있다.

셋째, 화폐론적 접근방법(monetary approach)에서는 화폐시장에서의 수요와 공급의 불일치에서 국제수지의 불균형의 원인을 찾는다. 화폐당국에 의한 화폐공급이 국민경제의 상황과 화폐수요함수에 따라 결정되는 민간부문의 화폐수요와 일치하지 않으면 국제수지의 불균형이 발생한다고 본다. 예를 들어 당초에 국제수지가 균형을 이루고 있을 때 화폐가 추가로 공급됨으로써 화폐의 공급이 수요를 초과하게 되면 민간부문은 초과공급된 화폐를 해외에 유출시키려 하게 되며, 이때 화폐의 유출은 수입의 증가 또는 해외로부터의 금융자산의 매입이라는 형태로 이루어진다고 본다. 그리고 이러한 수입의 증가 또는 금융자산의 매입과 더불어 무역수지나 자본수지가 악화되므로 국제수지의 적자가 초래된다고 본다. 반대로, 화폐의 공급이 그 수요에 미치지 못할 때는 민간부문은 부족한 화폐를 해외로부터 수입하려 할 것이고, 이를 위하여 수출을 늘리거나 금융자산을 해외로 매출하게 된다고 본다. 따라서 화폐시장에서 화폐의 초과수요가 나타나게 되며, 수출증대에 따른 무역수지의 개선이나 금융자산의 매출에 따른 자본수지의 개선을 통하여 국제수지의 적자가 나타나는 것이다.

화폐론적 접근방법은 국제수지 불균형의 원인을 화폐시장에서의 수요와 공급의 불일치에서 찾고, 국제수지 불균형의 시정을 위해서 화폐시장의 수요와 공급이 일치하도록 화폐수요의 변화를 유도하거나 화폐공급을 조정해야 한다고 본다. 화폐론적 접근방법은 화폐시장의 초과수요 또는 초과공급을 시정하는 방법으로서 재화의 추가수출과 금융자산의 추가매출이나 재화의 추가수입과 금융자산의 추가매입을 감안하고 있으므로 무역수지와 자본수지 모두와 관련을 맺고 있다. 이러한 점에서 화폐론적 접근방법은 오직 무역수지 또는 경상수지와 관련을 갖는 탄력성 접근방법이나 총지출접근방법보다 포괄적이라고 할 수 있다.

한편 최근에 들어 자산선택접근방법(portfolio choice approach 또는 portfolio balance approach)으로 확대·발전되었다. 이는 국제수지 불균형의 원인이 화폐시장에서의 수요와 공급의 불일치에 있다고 보는 점에서는 화폐론적 접근방법과 같으나 화폐의 수요를 식별하는 데 있어서는 종래 거시경제론에서 흔히 사용되던 화폐수요함수를 기계적으로 이용하는 것에 반대하고, 화폐의 수요를 채권의 수요·주식의 수요 등 여러 가지 종류의 자산에 대한 전체적인 수요체계의 일부로서 파악하려고 한다는 점에서 차이가 있다. 이를 통해 이 접근방법은 화폐시장에서의 불균형의 이유를 보다 폭넓은 시각을 가지고 식별하고 있다.

이러한 세 가지 접근방법은 상이한 점을 강조하면서 서로 보완적인 위치를 점하는 것들이다. 각각의 접근방법은 모두 국제수지 조정의 중요한 단면을 조명하고 있으나 모두 부분만을 밝힐 뿐 전체를 완전히 해명하는 것이라고는 할 수 없기 때문이다.

역사적으로 보면 탄력성접근방법이 가장 먼저 논의되었고, 그것에 대한 불만에서 총지출접근방법이 나타났다. 그리고 총지출접근방법이 밝히지 못하는 점을 조명하려는 데서 화폐론적 접근방법이 나타났고, 이것이 자산선택접근방법으로 정밀화되었다.

가격·소득·화폐공급 등 국제수지를 좌우하는 요인들의 값이 주어지면 그것에 대응하여 국제수지의 값이 결정된다. 나아가 이렇게 결정된 국제수지가 균형이 아니라면 국제수지의 조정과정이 전개되어 가격, 소득, 화폐공급 등을 바꾸면서 국제수지의 불균형을 줄여가게 된다.

제 15 장 Global Investment

제1절 해외직접투자 개요

1. 개념

해외투자는 국가간 장기자본 이동의 한 형태로서 장래의 수익을 목적으로 외국에 자본을 투하하는 것으로 투자자의 경영참가 여부에 따라 해외직접투자(Overseas Direct Investment)와 해외간접투자(Overseas Indirect Investment 또는 Portfolio Investment)로 구분된다. 전자는 국내자본의 해외 이동과 함께 외국법인의 경영참여를 목적으로 하는 것으로 생산·경영기술의 이전 또는 인력의 진출 등이 수반된다. 이에 반해 후자는 경영에 대한 참여는 없이 단순히 이자, 배당 또는 시세차익 등 투자 과실의 획득만을 목적으로 한다.

따라서 해외직접투자는 외국법인의 경영에 참가하기 위한 목적으로 외국에 투자하는 것이라고 정의할 수 있다. 그러나 투자동기에 근거한 구분은 실제 거래에서 명확하지 않기 때문에 각국에서는 일정 기준을 정하여(예컨대, 일정비율 이상의 지분 보유 등) 동 기준에 적합한 해외투자를 해외직접투자로 간주하는 방법을 취하고 있다. 이러한 해외직접투자의 형태는 국가마다 조금씩 다른 기준을 적용하고 있으나 일반적으로 아래와 같은 경우를 포함한다.

① 외국법인을 설립하거나 이미 설립된 외국법인을 인수하기 위하여 당해 법인

의 주식 또는 출자지분을 취득하는 방법

② 외국법인의 경영에 실질적인 영향력을 행사하기 위하여 당해 법인의 사업수행에 필요한 자금을 장기 대부하여 주는 경우

③ 외국에서 개인기업을 영위하거나 자원개발 및 기술개발사업에 참여하는 경우

④ 외국에서 영업활동을 하기 위하여 영업소(지점, 사무소)를 설치하거나 해외부동산을 보유하는 경우

제2절 해외직접투자의 동기

1. 기업의 전략적 동기

1) 통상·무역마찰 회피를 통한 시장 확보

수입국이 자국시장 내지 자국기업의 보호를 목적으로 수입관세율을 인상한다든지 수입쿼터제를 실시하는 등 수입제한 또는 수입금지조치를 취하는 것에 대응하여 수출기업이 기존시장과 판매망을 유지·확보하기 위하여 현지에 직접 진출, 현지생산과 판매를 행하는 경우이다. 또한 이미 높은 무역장벽이 설치되어 있는 나라에 진출하여 시장을 개척하기 위해 현지 직접생산을 행하기도 하며, 투자대상국 시장뿐만 아니라 제3국 시장 진출을 위한 우회수출기지로도 활용할 수 있다.

한편 투자대상국 정부의 현지조달비율 제고 요청이 강해지면서 투자국 내에서 협력관계에 있던 관련기업(원재료, 부품 등)을 다시 현지에 진출시키는 경우도 이러한 동기의 해외직접투자라고 할 수 있다.

2) 생산원가 절감

생산성에 비하여 생산요소가격이 상대적으로 저렴한 지역에 진출코자 하는 것으로 노동집약적 산업에서 이러한 동기로 투자가 많이 이루어지고 있다. 대개 해외의 저임금을 찾아서 투자하는 경우가 일반적이기 때문에 이를 저임금지향형 해

외투자라고 할 수 있다.

3) 원자재의 원활한 조달

각종 생산원료가 풍부하고 저렴한 지역을 찾아 투자하는 것으로, 당해 생산물은 현지수요에 충당되기도 하나 주로 본국 또는 제3국에 수출되며 원유, 광업, 농림업 등의 투자가 주종을 이룬다. 우리나라나 일본 같은 원료부족국에서는 주로 자국의 부족한 부존자원을 안정된 가격으로 장기공급받기 위하여 자원개발업체가 현지에 진출하여 자원을 개발, 수입하기 위한 투자가 많다.

4) 선진기술, 경영기법 습득

외국의 선진기술이나 경영관리기법을 습득하기 위한 동기에서 투자를 하는 것으로 첨단기술을 보유한 현지기업을 인수합병(M&A)하는 방식의 해외투자사업에서 이러한 동기가 많다.

5) 안정된 정치 · 사회적 환경

몰수, 국유화 등의 정치적 위험이 없고, 사기업에 대한 정부의 간섭이 적은 국가에 진출하는 기업들의 해외투자 동기는 정치적으로 안정된 환경을 활용한 자유로운 기업활동을 위해서인 경우가 많다.

2. 국민 경제적 필요성

1) 해외시장 기반의 구축 및 확장

해외직접투자는 국내생산기지의 해외 이전을 통해 선진국과의 통상마찰 없이 계속적인 사업활동을 전개토록 함으로써 현지시장 진출을 용이하게 하고, 수입제한 등과 같은 무역장벽을 회피하여 해외시장을 확보할 수 있게 한다. 특히 대외지향적인 경제구조를 갖고 있는 우리로서는 이러한 목적의 해외직접투자가 절실히 필요하다고 할 수 있다.

2) 주요자원 및 원자재의 안정적 확보

국재 부존자원이 부족한 우리로서는 주요자원 및 원재료의 안정적 확보를 위해서도 해외직접투자가 요구된다. 이는 자원보유국의 수출제한 강화 등 자원 내셔널리즘에 능동적으로 대처하고, 원자재 등을 장기간 안정적으로 확보함으로써 국민경제의 안정적 발전을 도모하기 위해서이다.

3) 산업구조의 조정촉진

해외직접투자는 또한 비교열위산업의 개도국 이전을 통한 제품의 수명주기연장, 첨단기술의 개발·습득을 통한 국내산업구조 고도화 등 국내산업구조의 조정 촉진을 위한 중요한 정책수단으로도 활용되고 있다.

4) 경제협력의 강화

해외직접투자는 투자대상국의 외국인투자 유치를 위한 각종 인센티브의 활용과 투자대상국과의 경제협력 강화를 위한 수단으로 활용되고 있으며 또한 외교협력까지도 확대해 나가는 계기가 되기도 한다.

제3절 해외투자 허가

1. 해외투자의 방법

우리나라에서 허용되고 있는 해외투자방법은 다음과 같다.

1) 증권취득에 의한 투자

외국에서 발행되는 증권에 응모하거나 발행된 주식을 취득하는 경우로서 현지법인의 설립, 기설립법인의 인수(일부 경영참여 포함) 또는 증자에 따른 증권취득을 보관하는 외화증권의 취득에 의한 투자를 말하며 해외투자 방법의 주종을 이룸.

2) 대부에 의한 투자

비거주자 또는 외국에 있는 자에 대하여 상환기간 1년 이상으로 업무수행에 필

요한 자금을 대부하는 경우로서 현지법인에 대한 운영자금의 대부, 합작사업의 공동출자자에 대한 대부 등에 의한 투자.

3) 부동산취득에 의한 투자

거주자가 외국에 있는 부동산을 취득하거나 이에 관한 권리를 취득하는 방법에 의한 투자.

4) 공동사업 참여 투자

거주자가 외국에서 비거주자의 명의 또는 비거주자와 공동 명의로 영위하는 해외자원개발사업(단, 조사단계는 제외) 또는 첨단기술개발사업에 투자하는 경우로서 증권취득에 의한 현지법인의 설립 없이 자원개발 또는 기술개발을 영위하는 투자로서 석유, 유연탄 개발투자와 같이 비교적 투자규모가 크고 위험도가 높은 투자.

5) 개인기업 영위에 의한 투자

증권취득에 의한 현지법인의 설립이나 인수 없이 현금 또는 현물투자에 의해 주유소, 슈퍼마켓 등 개인기업을 외국에서 영위하는 경우의 투자.

2. 해외투자의 요건

1) 투자자의 요건

(1) 투자자의 자격요건 조회[해외직접투자 지침 제3조(투자자)]

① "금융기관의 신용정보 교환 및 관리규약"에 의거 주의거래처, 황색거래처, 적색거래처 또는 금융부실 거래처로 분류된 자가 아닐 것. 다만 황색거래처 또는 적색거래처에 대한 조치 관련 규정의 적용이 배제되는 법정관리업체가 기존의 유휴설비나 보유기술을 투자하는 경우에는 그러하지 아니함.

② 개인 또는 개인사업자의 경우에는 해외이주 수속중인 자가 아닐 것.

(2) 투자자의 자격요건 확인

① 신용정보조회표 출력

i) 해외직접투자를 하고자 하는 기업체 및 동 기업체의 대표자
ii) 투자자가 개인의 경우 동 개인
* 허가(신고수리, 인증) 후 불량거래처로 분류되었을 경우의 문제점 등을 방지하기 위해 외국환은행이 해외투자자금 송금시 또한 불량거래처 확인을 철저히 하도록 유도하고 있음

② 불량거래처 여부 허가·신고수리 및 인증후 불량거래처로 분류되었을 경우의 문제점 등을 방지하기 위해 해외투자자금의 송금시에도 외국환은행이 재차 확인함

③ 투자자가 개인 및 개인사업자인 경우의 해외이주 수속중인지의 여부 확인은 투자자의 주민등록 등본에 의함

④ 개인투자가 해외투자한도
i) 매출실적이 없는 경우: 투자사업비 지급한도(U$ 300천) 이내
ii) 매출실적이 있는 경우: 최근 회계연도 매출액의 30%(투자사업비에 미달되는 경우 동금액) 이내

2) 투자대상국의 요건

(1) 한국수출입은행이 평가한 국별 신용도가 A급 내지 D급에 해당하여야 함
(2) 다음의 경우에는 예외로 함
① 당해국의 정부가 외국인 투자를 적극 유치·보호하기 위하여 설치한 자유무역지대, 경제 개방지구 등에 진출하는 경우
② 우리나라와 당해국 사이에 투자보장협정이 체결되어 있는 경우
③ 당해국의 투자가 특히 필요하다고 인정되는 사업의 경우

3. 해외투자의 절차

1) 해외투자의 흐름도

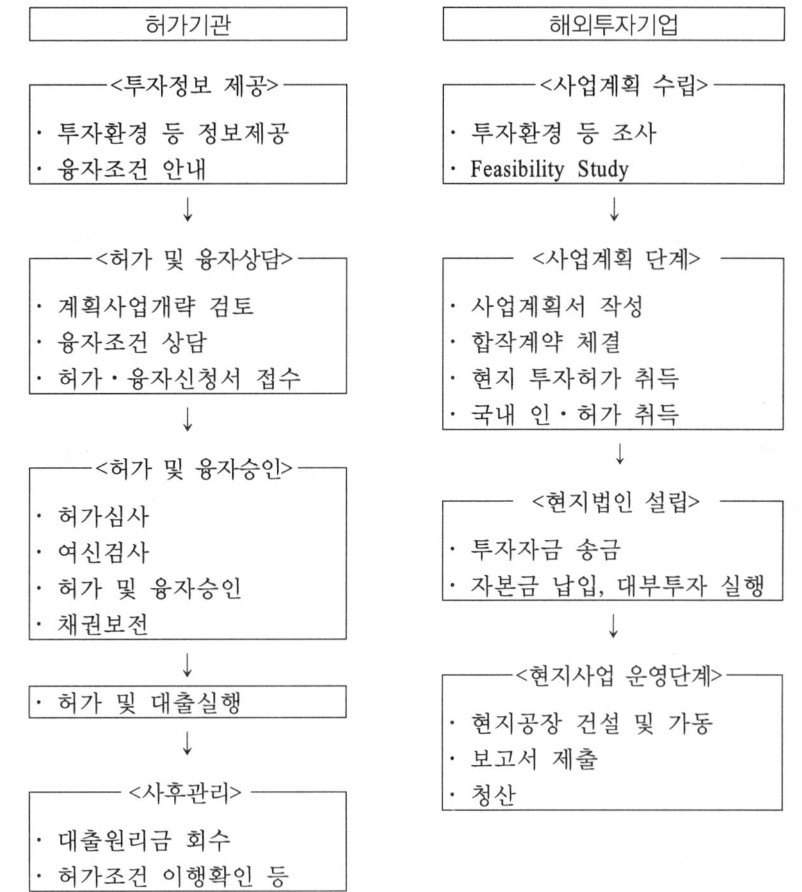

제4절 해외투자 지원여신

우리나라 기업들의 해외직접투자는 1960년대 말에 시작되어 1990년대 들어 본격화되었으며 1997년 외환위기 이전까지 지속적으로 확대되어 왔다. 이와 동시에 금융기관의 해외투자지원 금융 업무도 급격한 성장을 보여 왔다. 그러나 외환위기 이후 국내기업의 해외직접투자 수요의 절대적 감소와 금융기관의 외화유동성 부족 등으로 크게 위축되었다가 중국을 중심으로 한 중소기업의 해외투자 수요증가, 한국은행 외화여수신규정 폐지 등 외환자율화의 진전 등으로 최근 다소 회복세를 보이고 있다.

1. 해외투자 지원금융의 종류

국내기업이 이용할 수 있는 금융수단으로는 해외투자 자금대출(역내)과 역외금융, 현지금융 등이 있다.

1) 해외투자 자금대출

한국은행 외화여수신 규정의 폐지로 각 금융기관(외국환은행)이 대출한도, 대출형식, 대출기간 등을 자체적으로 정하여 운용하고 있다. 대출대상은 해외직접투자 소요자금으로 증권취득자금(현지법인 신설, 인수 또는 증자를 위한 주식 또는 출자지분 취득자금) 또는 융자자금(외국법인에 투자한 거주자가 당해법인에 상환기간 1년 이상으로 융자하기 위한 자금) 등이 있다.

2) 역외금융

외국환은행이 비거주자로부터 외화자금을 조달하여 비거주자를 상대로 운용하는 금융으로 역외계정과 일반계정은 구분계리하고 계정간 자금이체의 경우 재경부장관의 허가를 받아야 한다. 다만 직전 회계연도중 역외외화자산평잔의 100분의 10 범위 내에서 자금이체는 허가사항이 아니다(외국환거래규정 제2-10조).

대출대상은 국내기업이 투자한 해외현지법인 및 지점, 외국의 국내물품 수입업자, 외국정부 및 기업, 다른 역외계정 보유자 등이며 자금용도는 제한이 없다.

3) 현지금융

거주자(개인제외), 거주자의 해외지점, 거주자의 해외현지법인이 외국에서 사용하기 위하여 외국에서 외화자금을 차입하거나 지급보증을 받는 것을 말한다. 현지

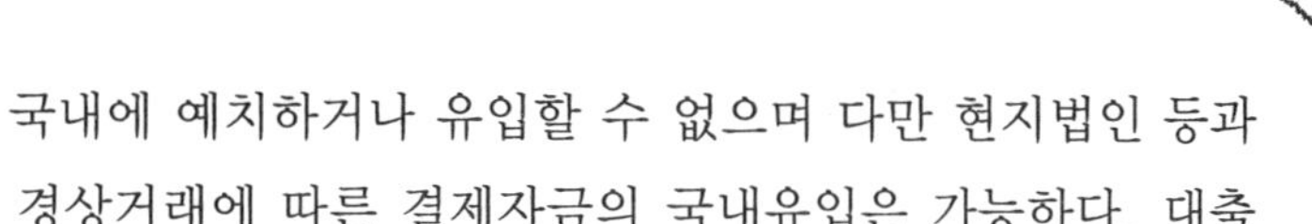

금융으로 조달한 자금은 국내에 예치하거나 유입할 수 없으며 다만 현지법인 등과 국내 거주자간의 인정된 경상거래에 따른 결제자금의 국내유입은 가능하다. 대출 대상은 거주자나 거주자의 해외지점 또는 현지법인이며 용도는 제한이 없다.

2. 해외투자 지원금융에 대한 규제

국내금융기관으로부터의 해외투자자금대출은 계열기업의 신규 보증 또는 담보 제공을 금지시키고 있으며, 해외현지법인의 현지금융 또는 역외금융에 의한 조달에 있어서도 모기업 또는 계열사의 신규 보증 또는 담보제공을 제한하고, 자체신용(자체담보제공 포함)만으로 조달하도록 제한함으로써 상대적으로 국내금융기관 및 해외영업점의 자금지원 축소가 불가피하게 되었다. 반면 현지금융 용도제한 폐지 및 외화대출의 용도폐지 등으로 국내기업 보증부 대출의 경우를 제외하고는 시장규제가 다소 완화된 측면이 있다.

한편 국내기업의 외자조달은 1년 이하의 단기자금을 재무구조가 우량한 기업에게만 허용하는 등 상대적 제한을 가하였으나, 상환기간 1년 초과의 중장기 외화조달은 전면 허용하였다. 이는 국내금융기관의 해외지점에서 직접 국내기업 앞 자금지원을 가능케 함으로써 국내금융기관의 업무영역의 확대를 가져왔다.

제5절 해외투자의 위험

1. 해외투자위험의 특징

해외투자사업은 국내에서와는 달리 현지국 정부의 세제, 외환통제, 투자자산의 몰수와 문화적 차이에 따른 노무관리의 문제 등 정치, 경제, 사회, 문화적인 다양한 리스크를 수반하고 있다. 따라서 이들 제반 리스크를 사전에 철저히 규명하고 또한 이들 위험요인들을 사전에 분산 또는 회피할 수 있는 방안들도 강구되어야 한다.

해외투자의 위험은 본질적으로 현지의 투자환경으로부터 기인하는 것과 투자기업 내부의 운용과정에서 비롯되는 위험으로 대별할 수 있다. 전자는 기업외부의 전략적 통제범위 밖에서 발생하는 투자위험으로서 기업의 적극적인 위험관리가 극히 어려운 반면, 후자는 기업의 전략적 경영성과에서 비롯되는 만큼 어느 정도까지는 관리가 가능한 투자위험이다.

해외투자에 따르는 위험을 검토하는 목적은 사전에 해외투자의 위험을 감안한 사업계획을 수립함으로써 투자위험을 최소화하는 한편, 적극적으로는 해외투자의 위험요소를 제거하는 전략을 수립하거나 헷징(Hedging)과 같은 위험 상계처리를 통하여 투자위험 요소를 통제관리 수준으로 조정하는 데 있다. 이러한 위험관리의 입장에서 먼저 해외투자에 따르는 위험의 유형별 특성을 살펴보는 것이 중요하다.

2. 투자위험의 발생유형

1) 정치적 위험(Political Risk)

정치적 위험은 국가위험(Country Risk)의 핵심적인 사항으로서 다음과 같은 두 가지 측면에서 투자유치국 내의 경제환경 및 사업조건을 형성하며 또한 영향을 주고 있다. 먼저 정치적 위험은 현존하는 경제체계의 급격한 변동을 초래하는 통치행위에 관한 것이다. 예컨대 주변국의 침공, 혁명에 의한 정권교체, 특정 외국인 재산의 몰수(Expropriation), 특정 산업의 국유화(Nationalization) 등을 들 수 있다. 과거 남미국가들과 인도네시아, 이란 등에서의 외국인 재산몰수는 그 대표적인 사례로서 해외투자 관련 위험 중 가장 부담이 크고 예측이 곤란한 위험이다.

다음으로는 이러한 통치행위에는 미치지 못하나 직접 또는 간접적으로 투자기업의 경제활동에 영향을 끼치는 경제제도나 환경에 의한 정치적 위험이다. 예를 들면 경제적 제국주의, 종교적 계율이나 문화적 이질성 등을 말한다.

2) 정책적 위험(Policy Risk)

정책적 위험은 현지금융에 대한 통화규제, 조세 및 공과금 등에 대한 재정적 규제, 관세 및 비관세장벽과 외환관리에 대한 규제, 장비나 시설재 또는 부품의 현지화 요청 등 단기적인 투자운용과 관련되어 투자유치국의 일반적이고 일상적인

정책들에 대한 변수이다. 정치적 위험이 주로 장기적인 투자효과에 영향을 끼치는 기업 외부적 정책변수라면 정책적 위험은 투자유치국 정부와 해외투자기업간의 상호 협상에 의한 변수라는 점에서 구별된다.

3) 외환위험(Foreign Exchange Risk)

해외투자에 따른 자금 및 상품 이동에는 다양한 외환거래가 개입되는 바, 국내와 달리 해외투자에는 환율의 급격한 변동으로 기대하지 못한 손익이 발생되며 이러한 환율변동에 따른 위험은 다음과 같은 3가지 형태로 나타난다.

(1) 경제적 위험(Economic Exposure)

경제적 위험은 투자유치국 내의 생산요소 및 상품가격의 변화에 의해 야기된 손실의 가능성을 의미한다. 투자유치국의 인플레이션은 결국 그 나라 통화의 평가절하로 귀결되고 본국의 화폐가치를 기준으로 하는 투자회수금의 감소로 이어지게 된다.

(2) 거래위험(Transaction Exposure)

거래위험은 환율의 변동에 따른 금전적 의무이행에 부가되어 발생하는 손실의 가능성을 의미한다. 대부분의 해외투자는 국제금융시장에서의 자본조달을 통해 소요자금의 일부를 충당하는 것이 보통인데, 외국화폐로 상환해야 하는 이러한 해외부채에 대하여 투자유치국 내의 환율변동은 그 자체만으로도 외화기준부채의 변동을 야기하기 때문에 해외투자기업은 환율의 급격한 변동에 따른 뜻하지 않은 추가부담을 입게 될 수 있다.

(3) 환가위험(換價危險 : Translation Exposure)

환가위험은 현지에서의 회계처리시 환율변동에 의해 발생하는 자산평가 손실을 말한다. 환율의 변동은 대외적인 채무의 증가뿐만 아니라 기업내에 있어서 자산의 실질적인 감소를 초래하기도 한다. 대부분의 개도국은 수출촉진 및 수입억제를 위해 경제개발의 어느 단계까지는 자국화폐를 지속적으로 평가절하하는 경우가 발생하는 바, 투자유치국의 지속적인 평가절하는 결국 투자자산의 실질적인 감소를 초래함으로써 해외투자에 따른 내부수익률(IRR : Internal Rate of Return)이 저하되어 예기치 않은 손실을 입게 되는 것이다.

4) 진입장애 위험

명시적, 혹은 묵시적으로라도 투자유치국 정부는 내국기업과 차별적으로 해외투자기업을 대우하기 쉽다. 예컨대, 투자가능 산업분야의 제한, 국산화율 또는 현지조달비율의 지속적인 제고 요구, 외국인 소유지분의 연차적인 감축, 투자국의 모기업과의 내부거래에 대한 일정한 규제 등 해외투자기업은 다양한 분야에서 직·간접적으로 특별한 간섭과 통제가 있을 수 있다. 이러한 차별적 조치에 따른 진입의 장벽과 경영 및 소유권에 대한 위험이 진입장애위험이다.

제6절 투자위험의 관리

해외투자 위험관리는 위험요인별로 세심한 분석을 통해 최적의 방안을 채택하게 된다. 대표적인 외환위험의 관리대책으로는 재무구조 조정 및 재원조달의 다각화, 파생금융상품을 이용한 헷징(Hedging) 등이 있다. 한편 정치적 위험 및 정책적 위험에 대하여는 해외투자보험을 활용하거나 지역별 다변화를 통해 위험을 분산하는 방안이 있다.

1. 외환·금리 위험관리

1) 기업 내부적 위험관리기법

기업 내부적인 환·금리 위험 관리방식은 재무구조 조정을 통하여 행해진다. 이는 해외투자 소요자금 전체를 놓고 볼 때의 총체적인 위험관리를 말한다. 여기에는 먼저 재무구조의 최적화(Leverage Approach), 즉 재무구조와 부채비율(Leverage)의 조정에 따른 총 소요자금부담의 분산방식과 재원조달의 다각화를 통한 방식(Netting Approach)을 들 수 있다.

먼저 레버리지 접근방법이란, 총소요자금의 몇 퍼센트를 차입금으로 충당할 것인가 하는 자기자본 및 부채간의 최적 의사결정 문제와 관련된 위험관리 고려사항이다. 자기자본 비율이 높을수록 현지기업의 대외적 신뢰도가 높아질 뿐 아니라 모기업의 경영권 행사도 용이한 반면, 이에 따른 기회비용의 증가와 함께 투자원리금 회수에 관한 불확실성은 더욱 커지게 마련이다. 따라서 이러한 총체적인 위험을 최소화하면서 대외 신뢰도 유지에 필요한 재무비율, 즉 자기자본 대 타인자본의 비율을 최적화하는 것이 레버리지전략의 핵심이다.

다음으로는 재원조달의 다각화, 즉 상계거래 접근방법은 상계(Netting)란 용어 그대로 외화자산과 외화부채의 단일통화권 운용과 같이 상호간의 이익 또는 손실을 연계시킴으로써 투자위험을 감소시킨다는 것이다. 이러한 장점 때문에 자산 및 부채운용과 관련된 동종 통화권 구성(단일상계), 또는 차입원의 다각화와 이에 대응하는 자산의 다각적 구성(복합상계)은 해외투자에 있어서 거의 필수적인 요소라 하겠다.

한편, 이러한 차입원의 다양화와 관련하여 특히 신중한 고려를 필요로 하는 분야는 현지차입과 모기업에 의한 직접차입방식 중 어느 것을 택할까 하는 것이다. 현지 차입은 환차손이 발생할 염려가 없고 차입금 상환에 현지정부의 저항이나 규제가 극히 적은 반면, 대부분의 개도국의 경우 현지차입비용은 상대적으로 매우 높아 재무구조 악화 및 수익성 저하를 초래하게 된다. 모기업의 현지기업에 대한 자금대여는 투자형태의 하나로 투자위험의 분산과 수익률의 증가를 위해 행해진다. 모기업의 간접대출은 출자에 비해 원리금상환이 용이하고 현지기업의 운영이 여의치 않을 경우에 최저한의 회수가능액이 될 수 있다는 점에서 유리하다. 따라서 모기업이 일부는 출자하고 일부를 대출하는 것은 위험회피 및 수익성 향상을 도모한다는 점에서 해외투자 재원조달과 관련하여 고려해야 하는 중요 요소가 된다.

2) 기업 외부적 위험관리기법

해외투자시의 환·금리위험에 관한 기업 외부적인 위험관리방식과 관련하여 가장 많이 활용되는 것은 헷징에 의한 구체적인 시기별·거래별 위험회피방식이다. 헷징거래란 해외투자에 따른 자금수지에 맞추어 사전에 상계거래를 미리 발생시킴으로써 환 또는 금리위험을 회피하고자 하는 것으로 자금의 이동과 관련하여 미래의 확실시되는 자금이전활동을 대상으로 사전에 외환거래를 체결함으로써 불확실한 환·금리변동에 의한 손실을 방지하는 수단이다. 헷징거래로는 선물환거래(Forward Contract), 선물거래(Futures), 스왑거래, 옵션거래 등 다양한 파생금융상품이 이용된다.

2. 해외투자보험

해외투자보험은 현지정부의 정책적 비상위험, 즉 전쟁위험, 수용위험, 송금불능위험 및 약정불이행위험 등으로 인해 투자원리금의 회수가 어렵게 되어 입는 손실을 보상함으로써 기업의 해외투자 리스크를 경감시켜 주는 수단이다. 해외투자보험은 해외투자자를 보호하고 나아가 해외투자를 장려하기 위한 정책의 일환으로 시행되고 있으며 이러한 공공성 및 대규모 손실발생 가능성 등으로 인해 대부분의 국가에서는 국가가 직접 보험제도를 운용하거나 정부기관에 의해 운용되고 있다.

우리나라는 1972년 수출보험법 개정시 동 제도를 도입하여 현재 한국수출보험공사에서 운용하고 있으며 동사의 부보대상 투자유형 및 대상위험은 다음과 같다.

1) 부보대상 투자유형

(1) 주식

외국법인의 주식 또는 지분을 취득하는 것으로 현지법인의 신설, 기설립법인의 인수, 증자 참여 등이 있다.

(2) 사채

대한민국 국민이 실질적으로 지배하고 있는 외국법인의 사채 또는 장기대출금에 대한 채권을 취득하는 투자, 그리고 대한민국 국민이 취득, 소유한 외국법인의 주식을 취득하려는 외국인에게 그 주식 취득에 필요한 자금을 장기대출함으로써 채권을 취득하는 투자가 대상이다.

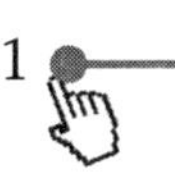

(3) 보증채무

대한민국 국민이 경영을 실질적으로 지배하는 외국법인이 필요한 사업자금을 장기 차입하거나 그 법인의 주식을 취득하려는 외국인이 거기에 필요한 자금을 장기차입하는 경우에 대해 보증채무를 부담하는 것을 말한다.

(4) 부동산에 대한 권리

국외에서 영위하는 사업에 사용되는 부동산 또는 설비에 관한 권리, 광업권, 공업소유권, 기타의 권리 등의 취득이 대상이다.

2) 부보대상 위험

(1) 수용위험

외국의 정부가 해외투자 현지법인의 주식 및 주식에 대한 배당금지급 청구권, 사채 또는 대출금채권의 원금이나 사채 등의 이자지급 청구권 등을 박탈하는 경우 또는 외국 정부가 현지법인의 부동산, 설비, 원자재, 기타 중요한 물건에 관한 권리, 광업권, 공업소유권, 기타의 권리를 침해함으로써 손해를 입어 사업계속이 불가능하거나 파산, 은행에 의한 거래정지, 6개월 이상의 사업정지 등이 발생하는 경우

(2) 전쟁위험

해외투자 현지법인이 전쟁, 혁명, 내란, 폭동 또는 소요로 손해를 입어 사업계속이 불가능하거나 파산, 거래정지 등이 발생하는 경우 또는 위 사유로 당해 부동산에 관한 권리 등을 사업용으로 사용할 수 없게 되는 경우

(3) 송금위험

주식 등의 상실, 사채 또는 대출금채권의 원금의 상실로 취득한 금액이나 이자 등을 다음과 같은 사유로 2개월 이상 국내로 송금할 수 없게 된 경우

① 외국에서 환거래의 제한 또는 금지

② 전쟁, 혁명, 내란 기타 사유로 인한 환거래 불능

③ 외국정부 또는 공공단체에 의한 당해 취득금의 관리
④ 송금허가의 취소
⑤ 위 사유 발생 후 외국정부에 의한 취득금 등의 몰수

(4) 약정불이행 위험

외국정부가 해외투자 현지법인의 사업수행상 중요한 약정(보험계약자가 해외투자보험 계약체결시 한국수출보험공사에 통지하여 공사가 인정한 경우에 한 함) 등을 불이행함으로써 손해를 입어 사업계속이 불가능하거나 파산, 거래정지 등이 발생하는 경우

3. 2국간 투자보장협정

투자보장협정은 전쟁, 수용, 송금제한 등 비상위험으로부터 해외직접 투자자를 보호함으로써 협정체결국간 투자교류를 증진하기 위한 것이다. 이 협정의 주요 내용에는 ① 최혜국 대우 ② 내·외국인 차별금지 ③ 투자재산 및 수익의 보호와 보장 ④ 국유화의 조건과 보상 ⑤ 국가에 의한 구상대위권 ⑥ 분쟁해결의 처리, 수속, 중재 등의 규정이 포함되어 있다.

2003년 10월 현재 우리나라는 73개국과 투자보장협정을 체결하고 있다. 투자보장협정은 구서독에서 가장 먼저 시작되었는데 그 배경에는 제2차대전 후 식민지를 중심으로 각국이 패전국인 독일의 해외자산을 국유화하기 시작하자 독일 정부가 이를 보호하기 위한 목적이 있었다. 현재 세계 여러 국가에서 채택, 운용하고 있는 이 협정은 해외투자의 안전보장을 도모하는 데 중요한 역할을 하고 있는 것은 사실이지만 이 협정에도 다음과 같은 한계가 있다는 점에 주의할 필요가 있다.

첫째, 전쟁, 내란, 혁명, 재해 등 투자대상국 정부가 의도하지 않은 사태가 발생하는 경우 이 협정의 효과는 매우 미약하다. 둘째, 갑작스런 정책변경에 의한 수용 등 현지 정부의 의도적인 행위에 의한 경우라도 이 같은 사태의 공공목적에 의한 수용 및 정당한 보상여부 등의 해석은 최종적으로 현지 정부의 판단에 의할 수밖에 없다는 점이다. 셋째, 간접수용에 대처하기 위한 명확한 규정이 없다는 점이다. 2국간 투자보장협정은 해외투자의 안전을 보장하는 절대적인 방법은 아니지만 동 협정의 체결은 국유화의 견제 및 보상에 있어 정부의 구상대위라는 중요한

의의를 갖고 있다. 보통 이 협정의 체결은 2~3년의 기간이 필요하다.

4. 지역별 · 국별 위험분산

위험분산은 현재 해외투자기업이 리스크대책상 가장 중요시하는 방법으로 각 기업은 이에 대한 꾸준한 조사와 연구를 하고 있다. 최근까지 발생한 컨트리 리스크 발생 사례를 보면 지역별, 국별, 발생시기별로 집중화되는 경향을 보이고 있다. 즉 국유화는 1960년대의 중남미 그리고 1970년대 전반의 아프리카에서 집중적으로 발생하였다. 또한 전쟁위험은 1980년대 중동, 중미, 아프리카에서 집중적으로 발생하고, 동일 지역에서도 특정국에서 집중적으로 발생하는 경향을 나타내고 있는데, 즉 중동지역의 이스라엘, 레바논, 이란, 이라크 등이 대표적이라 할 수 있다.

이에 따라 지역별, 국별로 투자위험을 분산하는 것이 리스크 관리차원에서 매우 중요한 수단이지만, 이 같은 위험분산방식에는 다음과 같은 한계가 있다. 첫째, 자원개발투자의 경우 자원의 부존상황과 직결되어 있기 때문에 투자대상국을 선택할 여지가 많다. 동일한 자원이 선진국에도 부존되어 있는 경우에는 기업은 채산상 다소 불리한 점이 있더라도 선진국에의 진출을 선호하는 경우가 있는데, 이는 투자위험분산을 도모하기 위한 것이다. 둘째, 특정국에 대한 해외투자의 집중인데 최근 우리나라의 해외투자는 중국, 미국, 동남아 등에 집중되고 있다. 이 같은 국별 투자집중화는 현지의 투자환경 및 성장잠재력 등을 반영하는 면이 적지 않으나 때로는 우리나라 기업의 특정국 선호태도에도 기인한다. 셋째, 중소기업의 해외투자이다. 중소기업의 경우는 각 기업당 1건의 투자건수를 갖는 경우가 대부분을 점하고 있고, 투자지역도 중국과 동남아에 집중되어 있다. 지역별, 국별 위험분산은 당연히 투자건수의 증가를 전제로 하고 있으나 자본과 인력 등이 부족한 중소기업으로서는 이러한 위험분산효과를 누리기는 한계가 있다.

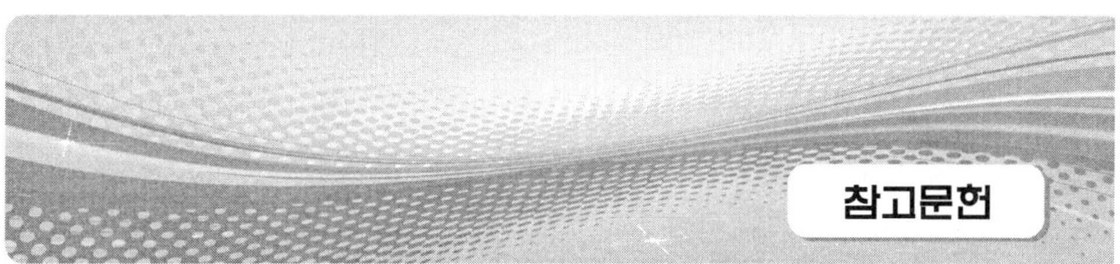

강승원 외, 「전자상거래의 이해」, 학현사, 2002.

강인수 외, 「국제통상론」, 박영사, 2000.

권영민, 「WTO체제출범 이후의 무역분쟁추이분석 및 사례연구」, 한국경제연구원, 1998.

______, 「한국의 개방정책 진단과 향후 통상정책 방향」, 한국경제연구원, 2005.

김완순 외, 「세계경제와 국제통상」, 무역경영사, 2000.

김정수, 「국제통상정책론」, 박영사, 2000.

대외경제정책연구원, 「WTO출범과 신교역질서」, 1994.

대한무역진흥공사, 「북미자유무역협정의 체결과 우리의 대응」, 1993.

박종수, 「국제통상론」, 박영사, 2000.

박희종・권영민, 「국제통상정책론」, 도서출판 두남, 2008.

산업자원부, 사이버 무역인력 양성대책, 1999.

설영기, 「국제통상학개론」, 상조사, 2001.

손병해, 「경제통합론」, 법문사, 1999.

손정식, 「국제경제학」, 문영사, 2000.

손찬현, 「미국통상정책 기조변화와 대미 통상정책 방향」, 대외경제정책연구원

송용종, 「국제통상개론」, 도서출판 두남, 2008.

신현종, 「세계통상정책론」, 박영사, 1999.

온병훈, 「세계통상정책론」, 법문사, 1998.

윤기관·오근엽·강승원·조원권·문희철, 「국제통상론」, 법문사, 1998.

이대호, 「국제통상학개론」, 형설출판사, 2001.

이남구, 「국제무역정책」, 무역경영사, 1994.

______, 「국제통상정책」, 삼영사, 2000.

이지석·권종욱, 「통상정책과 e-비즈니스」, 도서출판 두남, 2002.

이춘삼, 「국제통상법」, 법문사, 1999.

정도영, 신판 「국제경제」, 박영사, 2000.

조동성, 「국제경영학」, 경문사

조영정, 「국제통상법의 이해」 무역경영사, 2000.

조영정, 「국제통상학」, 학현사, 1999.

조홍석, 「국제통상법」, 도서출판 두남, 2005.

채대석, 「국제통상정책」, 상조사, 2001.

채욱·서창배, 「WTO 신통상라운드의 전망과 대책」, 대외경제정책연구원, 1999.

최낙균, 「세계통상질서와 한국의 통상정책」, 산업연구원, 1998.

최낙복, 「국제무역실무」, 도서출판 두남, 2007.

최낙복, 「국제금융론」, 도서출판 두남, 2008.

최낙복, 「아시아경제론」, 도서출판 두남, 2009.

최세형, 「신국제통상론」, 도서출판 두남, 1999.

최의목·문창권, 「무역정책」, 삼영사, 1995.

Balassa, B., "Tariff Protection in Industrial Countries: An Evaluation", Journal of Political Economy, December 1965, pp.573~597, reprinted in R. E. Caves and H. G. Johnson, Readings in International Economics (Homewood, Ill.: Irwin, 1968), pp.579~604.

Balassa, B., The Theory of Economic Integration(Homewood, Ill.: Irwin, 1961).

Baldwin, R. E., "Trade Policies in Developed Countries", in T. W. Jones and P. B. Kenen, eds., Handbook of International Economics, Vol. I(New York:North-Holland, 1984), pp.571~619.

Baldwin, R. E. and A. O. Krueger, The Structure and Evolution of Recent U. S. Trade Policy(Chicago : University of Chicago Press , 1984).

Bastable, C. F., The Theory of International Trade, 4th ed.(1887), pp.140~143.

Bhagwati, J. N., ed., The New International Economic Order: The North-South Debate(Cambridge, Mass.: MIT Press, 1977).

Bhagwati, J. N., Protectionism(Cambridge, Mass.: MIT Press, 1988).

Bhagwati, J. N., The World Trading System at Risk(Princeton, N. J.: Priceton University Press, 1991).

Bhagwati, J., "Immiserizing Growth : A Geometrical Note", Review of Economic Studies, June 1958, pp.201~205, reprinted in R. E. Caves and H. G. Johnson, Readings in International Economics(1968), pp.300~305.

Brada, J. C. and J. A. Mendez, "An Estimate of the Dynamic Effects of Economic Integration", The Review of Economics and Statistics, February 1988, pp.163~167.

Breuss, F., ed., The World Economy After the Uruguay Round(Vienna : Service Fachverlag, 1995).

Brown, D. K. A., V. Deardorff, and R. M. Stern, "North American Integration", *Economic Journal*, November 1992, pp.1507~1518.

Bruton, H., "A Reconsideration of Import Substitution", Journal of Economic Perspectives, June 1998, pp.903~936.

Bruton, H., "Import Substitution", in H. B. Chenery and T. N. Srinivasan, eds., Handbook of Development Economics, Vol 2(Amsterdam: North-Holland, 1989), pp.1601~1644.

Cline, W. R., ed., Trade Policies in the 1980s(Washington, D. C.: Institute for International Economics, 1983).

Viner, J., The Customs Union Issue(New York: The Carnegie Endowment for International Peace, 1950).

Whalley, J. and C. Hamilton, the Trading System After the Unguay Round (Washington, D. C.: Institute for International economics, 1996).

World Bank, A Symposium on Regionalism and Development(Washington, D.C.: The World Bank, May 1998).

World Trade Organization(WTO), Regionalism and the World Trading System (Geneva: WTO, 1995).

WTO, Electronic Commerce and the Role of the WTO, 1998.

■ 저자소개 ■

※ 최 낙 복

- 한국외국어대학교 무역학과 졸업
- 고려대학교 대학원 수료 MBA
- University of Hawaii PAMI 과정수료
- London City University 최고경영자 과정수료
- 영국 Barclays Bank International 연수

- 우리은행(전 상업) London 지점 Manager
- 우리은행 Jakarta Office 사무소장
- 우리은행 Singapore 지점 지점장
- 우리은행 미주본부(미국, 카나다) 본부장
- Woori America Bank 은행장(CEO & President)
- 대우전자 감사
- 한국금융연수원 강사
- 한국무역연수원 강사
- 세무공무원교육원 강사
- 협성대학교 국제통상학과 강사
- 인덕대학 영어과 강사

(현) 한국외국어대학교 국제경영학과 겸임교수

- 주요저서
  - 국제통상영어, 도서출판 두남, 2006
  - 국제금융, 도서출판 두남, 2007
  - 국제무역실무, 도서출판 두남, 2007
  - 아시아경제론, 도서출판 두남, 2009

국제통상개론 – 개정판

초　판 1쇄 발행 —— 2009년 9월 5일
개정판 1쇄 발행 —— 2012년 2월 25일
개정판 2쇄 발행 —— 2014년 2월 20일
지은이 —— 최 낙 복
펴낸이 —— 전 두 표
펴낸곳 —— 도서출판 **두남**
서울시 강동구 성내로6길 34-16 두남빌딩
신 고 : 제25100-1988-9호
TEL : 02) 478-2065, 2066, 2067, 2311
FAX : 02) 478-2068
E-mail : dunam1@unitel.co.kr
http://www.dunam.co.kr

정가 27,000원

ISBN 978-89-6414-305-6　93320